Migration, Flucht und Religion – Band 1

Regina Polak

Migration, Flucht und Religion

Praktisch-Theologische Beiträge

Band 1:
Grundlagen

Matthias Grünewald Verlag

Gedruckt mit Unterstützung
der Ordensgemeinschaften Österreichs

– Superiorenkonferenz und Vereinigung der Frauenorden –

Ordensgemeinschaften Österreich
einfach. gemeinsam. wach.

sowie der Stadt Wien

WIEN KULTUR

MIX
Papier aus verantwortungsvollen Quellen
FSC® C083411
FSC www.fsc.org

Für die Verlagsgruppe Patmos ist Nachhaltigkeit ein wichtiger Maßstab ihres Handelns. Wir achten daher auf den Einsatz umweltschonender Ressourcen und Materialien.

Bibliografische Information der Deutschen Nationalbibliothek
Die Deutsche Nationalbibliothek verzeichnet diese Publikation in der Deutschen Nationalbibliografie; detaillierte bibliografische Daten sind im Internet über http://dnb.d-nb.de abrufbar.

ein Unternehmen der Verlagsgruppe Patmos
in der Schwabenverlag AG, Ostfildern
www.gruenewaldverlag.de

Umschlaggestaltung: Finken & Bumiller, Stuttgart
Umschlagabbildung: KNA-Bild
Druck: CPI – buchbücher.de, Birkach
Hergestellt in Deutschland
ISBN 978-3-7867-3088-0

Inhalt

Prolog

Zu diesem Buch ... 19
1. Anliegen ... 19
2. Gliederung und Inhalt ... 20
3. Zur Genese ... 22

Migration als Ort der Theologie

Flucht und Migration als Chance? ... 29
1. Bedrohung oder Chance? ... 29
2. Flucht und Migration: Aktuell, aber nicht neu ... 31
3. Flucht und Migration als Enthüllungsvorgänge ... 33
4. Flucht und Migration: Theologisch betrachtet ... 36
5. Flucht, Migration und die Kirche ... 39
6. Convivenz: Modell des Zusammenlebens ... 42

Migration als Ort der Theologie ... 45
1. Vorbemerkung ... 45
2. Sozialwissenschaftlicher Zugang ... 47
2.1 Was ist Migration? ... 47
2.2 The „Age of Migration“ ... 51
2.2.1 Migration fördert Entgrenzung und Konnektivität ... 52
2.2.2 Migration fördert Pluralisierung und Diversität ... 57
3. Migration ist ein „Zeichen der Zeit“ und ein *locus theologicus* ... 62
3.1 Inwiefern ist Migration ein „Zeichen der Zeit“? ... 65
3.1.1 Marie-Dominique Chenu ... 65
3.1.2 Hans-Joachim Sander ... 66
3.1.3 Guiseppe Ruggieri ... 67
3.2 Migration als *locus theologicus* ... 69
3.2.1 *locus theologicus* bei Melchior Cano ... 69
3.2.2 *locus theologicus* in der zeitgenössischen (Praktischen) Theologie ... 70

3.2.3 Migration als biblischer *locus theologicus* 73
4. Anfragen an die Theologie 78

Migration: Herausforderung für Theologie und Kirche 83
1. Das Phänomen 83
2. Praktisch-Theologische Beiträge, ein erster Versuch 88
2.1 Migration als gesellschafts- und kirchenverändernder Prozess 90
2.2 Subjekte der Migration wahrnehmen 91
2.3 Sensibilität in Sprache und Theorieentwicklung 92
3. Migration in Theologie und Kirche 94
3.1 Migrationsblinde Theologie 94
3.2 Weiterblickendes Lehramt 96
3.3 Entwicklungsfähige Kirche 96
4. Theologische Motive 98
4.1 Bibeltheologische Motive 98
4.2 Systematische Motive 100
5. Migration als Segen und Verheißung: ein Versuch 101
5.1 Leben in kultureller und religiöser Differenz 101
5.2 Die Frage nach der Gerechtigkeit 103
5.3 Religion im öffentlichen Raum 104

Migration: Heimkehr zu Gott und seiner Sozialordnung 107
1. Neue Perspektiven biblischer Texte 107
2. Auf der Suche nach Erzählungen der Orientierung und Hoffnung 108
3. Migration als Lernort 109
4. Migration als Befreiung von Unrecht und Ungerechtigkeit 113
5. Migration als Ringen um die Beziehung zu „Fremden“ 115
6. Migration als Ort praktischer Theophanie 117
7. Migrationstheologie als Hermeneutik des Neuen Testaments 118
8. Migration als Aufbruch der Menschheit zu Gott 119
9. Migration heute 122

Sozialwissenschaftliche Zugänge zu Religion im Kontext von Migration

Religion im Kontext von Migration: mehr als ein Integrationsfaktor ... 127
1. Vorbemerkung ... 127
2. Das Phänomen wahrnehmen ... 128
3. Die These und ihre Begründung ... 132
3.1 Nicht-Wahrnehmung des Phänomens (differenter) Religion im Kontext von Migration ... 132
3.1.1 „Unsichtbare Religion“ im öffentlichen Diskurs ... 132
3.1.2 „Unsichtbare Religion“ in den Sozialwissenschaften und in der Religionswissenschaft ... 135
3.2 Wahrnehmung von Religion zu Beginn der 90er-Jahre ... 136
3.2.1 Im öffentlichen Raum ... 136
3.2.2 In der Forschung ... 139
3.3 Was gewinnt man, wenn man Religion im Kontext von Migration wahrnimmt? ... 140
Exkurs: Modell Judentum ... 141
4. Zugänge ... 142
4.1 Historisches ... 142
4.2 Religionssoziologischer Zugang ... 144
4.2.1 Welche Rolle spielt Religion in Inklusions- und Exklusionsprozessen? ... 144
4.2.2 Welche Rolle spielt Religion bei Integrationsprozessen? ... 145
4.2.3 Wie verändert sich die sozio-religiöse Situation im Ankunftsland? ... 148
4.3 Religionswissenschaftlicher Zugang ... 150
4.3.1 Veränderungen ... 150
4.3.2 Theorien ... 151
4.4. Praktisch-Theologischer Zugang ... 153
4.4.1 Sorge um die „Fremden“ und Gerechtigkeit ... 153
4.4.2 Was kann Theologie einbringen? ... 156
5. Ausblick: Kirchen als Akteure im Migrationsprozess ... 157

„Wir sind keine Indianer!“ Pastoraltheologische Reflexionen zu den Erfahrungen einer katholischen Migrationsgemeinde in Wien 161
1. Hinführung: Das Problem des Anderen ... 161
1.1 Hinführung ... 161
2. Das Forschungsprojekt „Convivenz“: Fragestellungen, Design, Daten 163
2.1 Convivenz: Fragestellungen ... 163
2.2 Die kroatische Gemeinde: Design der Befragung, Auswahl der Befragten, Daten ... 163
3. Begriffsklärung: „Migration“ bzw. „Migrationsgemeinde“ ... 165
3.1 „Migration“ ... 165
3.2 „Migrationsgemeinde“ ... 166
4. Forschungsstand zu christlichen Migrationsgemeinden im deutschsprachigen Raum ... 167
5. Christliche Migration in Wien ... 169
6. Die kroatische Gemeinde – Hintergrund und Beschreibung ... 170
7. Ergebnisse der inhaltsanalytischen induktiven Auswertung ... 172
7.1 Die soziale Bedeutung der Gemeinde ... 172
7.1.1 „Sozialarbeit“ ... 172
7.1.2 „Gemeinschaft“ ... 175
7.2 Die religiös-spirituelle Bedeutung der Gemeinde ... 176
7.3 Die Bedeutung der „Heimat“ ... 178
7.3.1 „Kollektive Erinnerungen“ ... 179
7.3.2 Individuelle Erinnerungen ... 179
7.3.3 „Heimat“ als Raum geteilter Erinnerung ... 180
7.3.4 Aktuelle Bezüge ... 181
7.3.5 Veränderungen des Heimatverständnisses ... 181
7.4 Die Bedeutung der Sprache ... 182
7.5 Die Kontakte zur Ortskirche ... 183
7.6 Weitere Themen ... 187
7.6.1 Wie steht es um den Bezug der Gemeinde zur Gesellschaft? 187
7.6.2 Welche Bedeutung hat Migration als explizites Thema in der Gemeinde? ... 187
7.6.3 Welche Schwierigkeiten, welche Herausforderungen stellen sich der Gemeinde mit Blick auf die Zukunft? ... 188

8. Soziologische Zugänge 189
8.1 Integration 189
8.2 Inklusion 193
9. Pastoraltheologische Reflexionen und Perspektiven 195
9.1 Rückfragen an bisherige theologische Kritik von Migrationsgemeinden 195
9.2 Convivenz – ein Modell zur theologischen Vertiefung 197
9.3 Zusammenfassung 199

Die Erfahrungen von MigrantInnen zur Sprache bringen 203
1. Zum Projekt 203
2. Zur Begrifflichkeit 204
2.1 „Migration“ 204
2.2 „Religiosität“ 207
2.3 „Migrationsgemeinde“ 208
3. Forschungsstand 211
3.1 ChristInnen – weltweit die Mehrheit der MigrantInnen 211
3.2 Studien 212
4. Zum Projekt 216
4.1 Forschungsfragen 216
4.2 Datenspektrum 217
4.2.1 Spezifische Daten: Einzelinterviews 217
4.2.2 Sampling bzw. Auswahl der Interviewpartner 217
4.2.3 Aggregierte Daten: Experten-Interviews 219
4.3 Auswertung 219
5. Auswertung 219
5.1 Religiosität 220
5.1.1 Begrifflichkeit 220
5.1.2 Religiöse Praxis 221
5.1.3 Funktionen von Religion 223
5.1.4 Inhalte 224
5.1.5 Erinnerungen 225
5.1.6 „Religiöse Identität“ 227
5.2 Spirituelle Erfahrungen 228
5.3 Krisen 233

5.4 Veränderungen der Religiosität und Migration 235
5.4.1 Veränderungen: generell 235
5.4.2 Migration als Veränderungsgrund? 239
5.4.3 Vergleich mit Österreich 244
6. Deutung – ein erster Versuch 247

Religion und Integration: Ein exemplarischer Überblick 253
1. Integration 253
2. Schwierigkeiten dieses Begriffes 254
3. Ein psychologisches Modell: Akkulturation nach John W. Berry 255
4. Ein soziologisches Modell: „Partizipative Integration" nach Wolfgang Vortkamp 258
5. Ein politikwissenschaftliches Modell: Inklusion und Exklusion 260
6. Integration durch Religion? 261
7. Die integrative Leistung von Migrationsgemeinden 263
7.1. Karsten Lehmann: Migrantenvereine als „Medien der Integration" 263
7.2 Das integrative Sozialkapital religiöser Gemeinden nach Alexander Stepick 265
7.3 Das zivilgesellschaftliche Potential religiöser Migrantengemeinden nach Alexander-Kenneth Nagel 267
7.3.1 Begrifflichkeiten 267
7.3.2 Fördernde und hemmende Einflussfaktoren 268
7.4 Partizipatives Integrationspotenzial von religiösen Immigrantenvereinen nach Martin Baumann 269
7.5. Der Beitrag christlicher Diaspora-Gemeinden zum Integrationsprozess 270

Bibliographie (Auswahl) 275

Prolog

Hier ist sie nicht geboren.
Unsere Sprache spricht sie nicht.
Gearbeitet hat sie ohne Papiere.
Gewohnt hat sie wechselnd
bei einer Freundin
in einem Container.
Sie würde gern anfangen
zu arbeiten
hier bei uns.
Ihr Name ist Hoffnung.
Hier kennt sie niemand.

Dorothee Sölle

Seit Herbst 2015 kann Europa nicht mehr wegsehen: Flucht und Migration sind eine Jahrhundertherausforderung. Daran wird auch das europaweite Bekämpfen der Ankunft von geflüchteten und armen Menschen anstelle des überfälligen und entschiedenen Kampfes gegen die Ursachen von Flucht und Migration nichts verändern.

Die öffentlichen und politischen Diskurse sowie das Verhalten gegenüber geflüchteten Menschen und MigrantInnen erwecken dabei den Eindruck, als würden damit das „Beste" und das „Schlechteste" in Menschen geweckt. Zivilgesellschaftliches Engagement, Solidarität und Einsatz für eine gerechtere Welt intensivieren sich seither ebenso wie Hass, Hetze und Gewalt. Politische Parteien, Gesellschaften, Freundschaften und Familien geraten über diesem Thema in massive Konflikte. Polarisierungen und Spaltungen kennzeichnen die Situation. Religion und Kultur bilden einen Brennpunkt der Konflikte. Große Teile der europäischen Bevölkerungen wollen sogar einen „Kampf der Kulturen" oder „Kampf der Religionen" erkennen: zwischen dem „jüdisch-christlichen Abendland" und der „islamischen Welt". Und zwischen den Terroranschlägen des „Islamischen Staates" und brennenden Flüchtlingsheimen gärt die Angst.[1] Dichothome Deutungen, die die Welt in religiöse und kulturelle Gruppen aufteilen, die einander angeblich bekämpfen, dominieren die öffentlichen und politischen Debatten.

Die großen Bruchlinien unserer Epoche verlaufen aber weder global noch lokal zwischen Religionen und Kulturen. Der zentrale Konflikt trennt jene, die sich mit friedlichen Mitteln für eine humane, gerechte und friedliche, von allen gemeinsam bewohnte und geteilte Welt einsetzen von jenen, die mit Gewalt und Terror ihre hegemonialen Machtinteressen durchsetzen wollen. Einander gegenüber stehen jene, die religiöse Lebensformen und Spiritualitäten entwickeln, die dem Leben dienen, und jene, die mit Rekurs auf Religion Leben einengen, beschädigen, zerstören und vernichten. Die Kluft findet sich zwischen jenen, die solidarisch in einem menschheitlich-universalen Horizont denken und handeln, und jenen, deren Solidarität ausschließlich dem eigenen „Stamm", den eigenen Partikularinteressen dient; zwischen jenen, die auf Liebe, Gerechtigkeit und Versöhnung setzen, und jenen, die Angst, Hass und Krieg verbreiten. Diese Bruchlinien verlaufen quer durch alle Religionen und Kulturen. Sie werden maßgeblich

---

[1] Analysen zu diesen Ängsten u. a.: Zygmunt Baumann: Die Angst vor den Anderen. Ein Essay über Migration und Panikmache, Berlin 2016; Heinz Bude: Gesellschaft der Angst, Hamburg 2014; Martha Nussbaum: Politische Emotionen. Warum Liebe für Gerechtigkeit wichtig ist, Frankfurt am Main 2014; Ruth Wodak: Politik mit der Angst. Zur Wirkung rechtspopulistischer Diskurse, Wien/Hamburg 2016; Paul M. Zulehner: „Entängstigt euch!" Die Flüchtlinge und das christliche Abendland, Ostfildern[2] 2016.

durch politische Framings und Entscheidungen hergestellt und verdanken sich zugleich den Entscheidungen Einzelner, die Dynamiken des Lebens oder des Todes zu stärken.

In seiner Analyse der psychischen Grundlagen zeitgenössischer globaler Katastrophenszenarien – Gewalt, Kriege, Umweltzerstörung – spitzt der Psychoanalytiker Arno Gruen dies zu: „Menschen, die ihr Lebensgefühl aus Unterdrücken, Besitzen und Herrschen beziehen, bestimmen die Geschichte. Mir scheint, daß Geschichte ein mühsamer Kampf ist zwischen jenen, die dem Leben verbunden sind, und den zerstörerischen Kräften der Nichtgeliebten."[2] Enttäuschte, verletzte Liebe ist für ihn die Quelle von Hass und Gewalt. Insofern Liebe die zentrale Form christlicher Spiritualität ist, sind wir auch mit einem spirituellen Problem konfrontiert: In welchem Geist begegnen Menschen der Wirklichkeit? Auf welchen Geist stoßen sie? Liebe wiederum ist aus der Sicht des Glaubens untrennbar mit jenem friedlichen Einsatz für Gerechtigkeit und Frieden verbunden, zu dem Flucht und Migration aufrufen.

In dieser gefährlichen Situation benötigt Europa neue Narrative, die den inneren Sinn und Auftrag der zeitgenössischen Flucht- und Migrationsphänomene erschließen. „Was hält Europa zusammen, damit Flüchtlinge Teil Europas werden können?"[3] fragt die Kulturwissenschaftlerin Aleida Assmann: „Die heutigen Migranten tragen die Wirklichkeit der Krisenherde und Kriege, die außerhalb Europas weiterschwelen und immer wieder explodieren, ins Herz Europas. Sie verweisen uns nachhaltig auf das, wovor wir lieber die Augen verschließen würden: unser Eingebundensein in eine Welt der Globalisierung, die von positiven wie negativen Formen der Mobilität gekennzeichnet ist. Was wir fern glaubten oder hofften, auf Distanz halten zu können, ist in unmittelbare Nähe gerückt. Unter diesen Umständen erkennen wir heute Migration als eine lange und uneinheitliche Geschichte, die noch lange nicht angemessen erzählt und erinnert worden ist. Die aktuelle Dringlichkeit, die durch die massenhafte Zuwanderung in Richtung Europa entstanden ist, bündelt den Blick auf diese Geschichte wie ein Brennglas."[4]

Blickt man auf diese Geschichte aus der Perspektive des Glaubens, lässt sie sich als *Kairos* erkennen: als epochal-geschichtliche Wirklichkeit, in der sich hier, jetzt und heute Gottes Zuspruch und Anspruch erkennen lassen. Für die Katholische Kirche sind Flucht und Migration daher „Zeichen der

---

[2] Arno Gruen: Verratene Liebe – Falsche Götter, Stuttgart[4] 2016, 16 f.

[3] Aleida Assmann: Der europäische Traum. Was wir aus Flucht und Vertreibung lernen können, in: Herder Korrespondenz 9 (2016), 13–16, 14.

[4] Ebd., 15.

Zeit". So formuliert es bereits 2004 die Instruktion des Päpstlichen Rates der Seelsorge für Migranten und Menschen unterwegs *Erga migrantes caritas Christi*, das Grundlagendokument zu diesem Thema. Nicht ohne Grund hat Papst Franziskus in seinem *motu proprio „humana progressionem"*[5] vom 17. August 2016 ein neues Dikasterium gegründet, das mit 1. Jänner 2017 seinen Dienst aufgenommen hat. Dieses „Dikasterium für den Dienst zugunsten der ganzheitlichen Entwicklung des Menschen" widmet sich zahlreichen drängenden Fragen der Gegenwart: Migration, Umwelt, Armut, Kranke und Ausgeschlossene, Gefangene, Arbeitslose, Opfer von Kriegen und Naturkatastrophen, von Sklaverei, Menschenhandel und Folter. Die „Abteilung für Flüchtlinge und Migranten" wird von Papst Franziskus selbst geleitet: Migration ist also „Chefsache".

Flucht und Migration sind ein „Kernthema" des christlichen Glaubens und damit kirchlicher Praxis. Dies hat tiefe spirituelle und theologische Gründe, denen dieser Sammelband nachgeht. Flucht und Migration erinnern daran, dass die Menschheit eine ist und eröffnen daher die Möglichkeit, zu lernen, was diese Glaubenserfahrung im 21. Jahrhundert praktisch bedeutet.

Das jüngste Dokument des Päpstlichen Rates der Seelsorge für Migranten und Menschen unterwegs und des Päpstlichen Rates Cor unum formuliert daher:

> „Die Menschheit, eine Familie
> 9. „Das Predigen und die Vermittlung zwischen den verschiedenen Kulturen und dem Evangelium, um die sich Paulus, 'ein Migrant aus Berufung' kümmerte", veranlassten ihn, auf dem Areopag in Athen festzustellen, dass 'Gott, der die Welt geschaffen hat und alles in ihr, … aus einem einzigen Menschen das ganze Menschengeschlecht geschaffen hat, damit es die ganze Erde bewohne' (Apg 17,24.26). Das bedeutet, dass „das Menschengeschlecht… aufgrund des gemeinsamen Ursprungs eine Einheit bildet" (KKK 360). Später stellt Paulus in dieser Rede fest, dass alle Menschen in Gott leben, „so wie auch einige von euren Dichtern gesagt haben 'Wir sind von seiner Art,' wir sind göttlichen Geschlechts…" (Apg 17,28–29).
> 10. Die Menschheit ist also eine Familie; daher sind alle Männer und Frauen Brüder und Schwestern in Menschlichkeit und sie sind durch die Gnade dazu bestimmt so zu sein, im Sohn Gottes, Jesus Christus. Aus dieser Sicht können

[5] Apostolisches Schreiben in Form eines „Motu Proprio" seiner Heiligkeit Papst Franziskus, mit dem das Dikasterium für den Dienst zugunsten der ganzheitlichen Entwicklung des Menschen eingerichtet wird, URL: https://w2.vatican.va/content/francesco/de/motu_proprio/documents/papa-francesco-motu-proprio_20160817_humanam-progressionem.html (07. 06. 2017).

wir sagen, dass Flüchtlinge, Migranten, Menschen unterwegs und die ortansässige Bevölkerung alle eine einzige Familie bilden. Aus diesem Grund dürfen Solidarität und Nächstenliebe keinen Einzelnen, keine Kultur und kein Volk ausschließen (vgl. KKK 361). Die besonders schutzbedürftigen Menschen sind nicht einfach Menschen in Not, für die wir uns aus Solidarität großmütig einsetzen, sondern sie sind Mitglieder unserer Familie, und es ist unsere Pflicht, die Mittel, die uns zur Verfügung stehen, mit ihnen zu teilen."[6]

[6] Päpstlicher Rat der Seelsorge für Migranten und Menschen unterwegs/Päpstlicher Rat Cor unum: In Flüchtlingen und gewaltsam Vertriebenen Christus aufnehmen. Richtlinien für eine Seelsorge, Vatikanstadt 2013.

Zu diesem Buch

1. Anliegen

Die vorliegende Publikation ist der erste von zwei Sammelbänden, die in insgesamt 16 Beiträgen meine bisherige praktisch-theologische Forschung zum Themenbereich „Migration, Flucht und Religion“ präsentieren. Diese Beiträge sind bis auf zwei neue Beiträge in diesem Band bereits in thematisch einschlägigen Werken bzw. wissenschaftlichen Fachzeitschriften erschienen und werden nun nach entsprechender Überarbeitung einem breiteren Publikum gesammelt zur Verfügung gestellt.

Ich möchte mit beiden Bänden all jenen, die sich für geflüchtete Menschen und MigrantInnen einsetzen und mit ihnen gemeinsam lernen wollen, wie Menschen in einer Migrationsgesellschaft friedlich miteinander leben können, „Bausteine“ für eine praktisch-theologische Reflexion ihrer Erfahrungen zur Verfügung stellen. Die einzelnen Beiträge versuchen, Flucht und Migration in ihrem theologischen Sinn zu erschließen und Perspektiven für deren Wahrnehmung und Deutung sowie Handlungsperspektiven zu entwickeln. Auf diese Weise formuliere ich auch einen Beitrag zu neuen, ressourcenorientierten und positiven Narrativen zu Flucht und Migration. Dieser bedarf Europa mehr denn je, wenn es die anstehenden Herausforderungen bestehen will. Dabei werden die Probleme und Schwierigkeiten keinesfalls ausgeblendet. Aber für jenen langen Atmen, den Europa in den nächsten Jahrzehnten benötigen wird, um sich angesichts des „Jahrhundertphänomens“ Migration zu bewähren, braucht es auch positive Zugänge. Diese formuliere ich aus einer katholischen Perspektive, sie können und wollen aber – ins Säkulare übersetzt – auch Anregungen für Menschen anderer Konfessionen und Religionen sowie Menschen bieten, die einem humanistischen Ethos verpflichtet sind.

Das Buch möchte Hoffnung stiften. Angesichts von Millionen Menschen in den Flüchtlingslagern rund um Europa; angesichts von Kindern und Jugendlichen, die durch Kriegs- und Fluchterlebnisse schwer traumatisiert sind; angesichts globaler Armut, die – wenn ihre Ursachen nicht bekämpft werden – weitere Millionen zum Aufbruch zwingen, kann das naiv und zynisch klingen. Ich halte die Förderung von Hoffnung dennoch für alternativlos. Denn wer die Hoffnung aufgibt, stimmt dem Leiden, dem Tod und dem Bösen zu. Viele der geflüchteten Menschen können uns EuropäerInnen solche Hoffnung lehren: Denn sie sind „Hoffnungsflüchtlinge“. Sie haben den Glauben, dass ein besseres Leben möglich ist, noch nicht aufgegeben. Der Frage, wie man den zwischenzeitlich immer deutlicher sichtbar werdenden Problemen mit Angst, Hass und Ressentiment, mit Autoritarismus und Abschottung – quer durch alle Gruppen der Mehrheits- wie der Minderheitsgesellschaft – konstruktiv und im Interesse des friedlicheren Zusammenlebens begegnen kann, ohne dabei ethnische und religiöse Gruppen pauschaliter unter Verdacht zu stellen und auszugrenzen – arbeite ich. In den beiden ersten Bänden mache ich mich für eine positive und ressourcenorientierte Sicht auf Flucht und Migration stark.

2. Gliederung und Inhalt

Der erste Band widmet sich theologischen und sozialwissenschaftlichen Grundlagenfragen und gliedert sich in zwei Teile.

Der erste Teil befasst sich mit dem Phänomen Migration als einem „Ort der Theologie" und bietet eine Fülle theologischer Zugänge zu einem vertieften Verständnis des Phänomens. Der Beitrag *„Flucht und Migration als Chance?"* zeigt – als eine Art theologischem „Vorzeichen" – auf der Basis einer Situationsanalyse, dass diese Phänomene auch als „Enthüllungsvorgänge" gesehen werden können, die die Sünde von Menschen ebenso sichtbar machen wie sie sich in einen Ort der Erfahrung der Gnade Gottes verwandeln können. Dies geschieht, indem sie die Möglichkeit bieten, in Verschiedenheit und Gerechtigkeit zusammenleben zu lernen. Der Beitrag *„Migration als Ort der Theologie"* beschreibt zunächst aus einer sozialwissenschaftlichen Perspektive die Herausforderungen, vor die das „Age of Migration" Theologie und Kirche stellt. Auf der Basis zweier theologischer Konzepte – den „Zeichen der Zeit" und den *„loci theologici"* im Sinne theologiegenerativer Orte – wird Migration sodann theologisch reflektiert, um im nächsten Schritt auf der Basis von Gesprächen mit MigrantInnen kritische Rückfragen an die Theologie zu stellen und den Wunsch nach mehr Migrationssensibilität zu formulieren. Den Anforderungen und Fragen, die sich für Theologie und Kirche stellen, widmet sich vertieft auch der Beitrag *„Migration: Herausforderung für Theologie und Kirche"*. Dazu gehören u. a. die Wahrnehmung der Veränderungen in der Aufnahmegesellschaft sowie die Sensibilität für die Subjekte der Migration, die Sprache *über* MigrantInnen und die wissenschaftliche Theorienentwicklung. Migration wird aus biblischer und systematischer sowie der Sicht des kirchlichen Lehramtes reflektiert. Eine Fülle an Reflexionsfragen, denen man sich in der Praxis stellen kann, soll schließlich dabei helfen, Migration zum Segen werden zu lassen. Sie ranken sich um die Themen kultureller und religiöser Diversität, Gerechtigkeit und Religion im öffentlichen Raum. Der Beitrag *„Migration: Heimkehr zu Gott und seiner Sozialordnung"* legt abschließend eine praktisch-theologische Auslegung der Heiligen Schrift vor und zeigt, dass und inwiefern Migration ein zentraler Lernort für Glaube und Theologie zahlreicher biblischer Texte war – und auch hinkünftig werden kann.

Der zweite Teil des ersten Bandes bietet sozialwissenschaftliche Perspektiven und vertieft so den empirischen Einblick in das Phänomen Migration. Der Beitrag *„Religion im Kontext von Migration: mehr als ein Integrationsfaktor“* reflektiert ausgewählte religions- und sozialwissenschaftliche Forschungsergebnisse zu diesem Thema. Wie sich Religion im Kontext von Migration zeigt – in der Forschung lange ein unterbelichtetes Thema – wird am Beispiel Wien exemplarisch verdeutlicht. Sodann wird im interdisziplinären Gespräch begründet, warum bei einer Analyse von Migration Religion nicht ausgespart werden darf und worin der Gewinn liegt, sich mit Religion im Kontext von Migration interdisziplinär und theologisch zu beschäftigen. Der Beitrag *„'Wir sind keine Indianer!' Pastoraltheologische Reflexionen zu den Erfahrungen einer katholischen Migrationsgemeinde in Wien“* widmet sich christlichen Migrationsgemeinden und zeigt auf der Basis inhaltsanalytisch ausgewerteter Leitfadeninterviews mit Mitgliedern einer kroatischen Gemeinde in der Erzdiözese Wien Einblicke in Bedeutung und Funktion einer solchen Gemeinde für MigrantInnen. Diese Interviews wurden im Rahmen meines qualitativ-empirischen Forschungsprojektes „Religiosität und Migration“ (2012–2013) zur Frage durchgeführt, wie diese sich wechselseitig verändern. Ausgewählte Ergebnisse, die anhand konkreter Erfahrungen von kroatischen KatholikInnen, deutschen ProtestantInnen und serbisch-orthodoxen Gläubigen verdeutlichen, welche Rolle Religiosität im Migrationsprozess spielt und ob bzw. wie sie sich dabei verändert, werden im Beitrag *„Die Erfahrungen von MigrantInnen zur Sprache bringen“* erstmals veröffentlicht. Den Abschluss bildet ein Beitrag zum Verhältnis *„Religion und Integration: Ein exemplarischer Überblick“*, der sich jenem Thema widmet, das in der öffentlichen Diskussion zumeist im Zentrum der Aufmerksamkeit steht. Der Beitrag gibt Einblick in ausgewählte Theorieansätze und eröffnet differenzierte Sichtweisen auf das Thema Integration sowie die Rolle, die Religion darin spielt, spielen kann und soll.

Die acht Beiträge des vorliegenden Bandes bilden die Basis für weiterführende praktisch-theologische Überlegungen, die im zweiten Band: „Konsequenzen und Vertiefungen“[7] entfaltet werden und sich vor allem der Frage des Zusammenlebens – der Convivenz – in einer Migrationsgesellschaft und den Herausforderungen für Theologie und Kirche widmen.

[7] Regina Polak: Migration, Flucht und Religion: Praktisch-Theologische Beiträge. Band 2: Vertiefungen und Konsequenzen, Ostfildern 2017.

Alle Beiträge können jeweils für sich gelesen werden. Redundanzen habe ich daher nur dort entfernt, wo dies ohne Sinnstörung für den einzelnen Text möglich war. Bei der Überarbeitung meiner Beiträge habe ich manches bewusst unverändert gelassen, damit die LeserInnen die rasanten Veränderungen wahrnehmen können, die seit der Verfassung der Beiträge in der öffentlichen und politischen Debatte von Flucht und Migration stattgefunden haben. Korrigiert habe ich vor allem die Situationsbeschreibungen, d.h. aktuelle Zahlen. Ergänzt habe ich, wo es nötig schien, aktuelle Forschungsergebnisse. Die Internetverweise wurden überprüft und, wenn möglich, aktualisiert. Die Sprache ist, soweit es die Lesbarkeit nicht stört, weitgehend gegendert.

3. Zur Genese

Als ich mich 2008 mit der Thematik „Migration" wissenschaftlich auseinanderzusetzen begann, gab es im Raum deutschsprachiger Theologie – mit wenigen Ausnahmen in der Sozialethik und der Missionswissenschaft – so gut wie keine theologische Auseinandersetzung mit diesem Thema. Auch in der Pastoral, insbesondere auf der Ebene der Gemeinden – mit Ausnahme der Caritas und der Diakonie – widmete sich kaum jemand systematisch dieser Frage. Auch ich selbst war von dieser „Migrationsblindheit" geschlagen. Ich verdanke es meinem langjährigen Kollegen, dem Religionspädagogen Univ.-Prof. Dr. Martin Jäggle, von dieser Ignoranz befreit worden zu sein. Auf der Suche nach einem gemeinsamen Seminarthema war er es, der „Migration" als Forschungsthema vorgeschlagen hat. Ihm sei an dieser Stelle ausdrücklich gedankt.

Auch wenn es zu Beginn für mich beschämend war, die globale und lokale sowie theologische Relevanz dieser Thematik „übersehen" zu haben, hat sich mir in der wissenschaftlichen Erforschung und persönlichen Auseinandersetzung mit dieser Realität trotz aller Schwierigkeiten und Katastrophen, mit denen ich konfrontiert werde, ein reicher und bereichernder „Kosmos" erschlossen. Mein Glaube und meine Theologie sind seither substantieller geworden. Denn über Flucht und Migration als „Spiegel" und „Fenster" (Vilém Flusser) sowie „Seh-Hilfe" (Arnd Bünker) lassen sich die globalen Herausforderungen, vor denen die Menschheit steht, ebenso präziser und tiefer verstehen wie auch der christliche Glaube. Die Migrationsblindheit, an der ich litt und mit mir viele andere, lässt sich entlernen. Sie hat historische, politische, soziologische und psychologische Ursachen, deren Strukturen und Dynamiken sich verstehen lassen. Auch dazu möchte dieses Buch beitragen. Zwischenzeitlich hat die theologische Forschung zu Flucht und Migration ebenso zu „boomen" begonnen wie zugleich keine christliche Gemeinde, keine kirchliche Organisation mehr „migrationsblind" sein kann – sofern sie Anteil nimmt an den Entwicklungen in der Welt.

Ich bin bei der Überarbeitung allerdings auch erschrocken, wie sehr sich der Diskurs zu Flucht und Migration in nur wenigen Jahren verändert hat. Zwar hat die „Migrationsblindheit" ein abruptes Ende gefunden, aber zugleich sind jene Phänomene, die ich bis vor kurzem noch „Humanophobien" genannt habe (i. e. Fremdenfeindlichkeit, (antimuslimischer) Rassismus, Antisemitismus uvm.), zwischenzeitlich in manchen Teilen der Gesellschaft zu blankem Menschenhass mutiert. Mehr oder weniger diffuse Ängste scheinen zu „explodieren". Wohlgemerkt: Dabei ist öffentlich ausschließlich von den Ängsten der Mehrheitsbevölkerung die Rede. Die „Angst der Anderen" ist so gut wie kein Thema.[8] Die schrittweise Desensibilisierung und Erosion ethischer, (menschen)rechtlicher und politischer Normen und Werte in politischen Diskursen auch der Mainstream-Parteien, die überall in Europa Sprache und Praxis rechtspopulistischer Parteien übernehmen[9], ist bedrohlich. Beunruhigend finde ich auch die „Vereisung" der Gefühle (Arno Gruen) viel zu vieler EuropäerInnen angesichts der tausenden Menschen, die an den Grenzen Europas ertrinken: Allein 2016 waren das über 5.000 Menschen.[10] Der deutsche Psychoanalytiker und Sozialphilosoph Horst-Eberhard Richter begründet solche Ignoranz gegenüber dem Leiden anderer mit der Unfähigkeit, selbst zu leiden. Dies äußert sich in Hass, Zynismus und eben auch Gefühlskälte und wurzelt in der mangelnden Aufarbeitung von individueller wie politischer Geschichte.[11] Diese Spannungen, Konflikte und Bruchlinien lassen sich auch inmitten der Kirchen finden: Familien und Freundschaften zerbrechen; Erfahrungen von Hass und Hetze aus den Reihen von Kirchenmitgliedern gehören zum Alltag von Menschen, die sich in der kirchlichen Flüchtlingsbegleitung engagieren.

Aber auch positive Entwicklungen sind mir aufgefallen. So berichtet der ehemalige Flüchtlingsbeauftragte der Erzdiözese Wien, Dr. Rainald Tippow, von einem enormen Zuwachs ehrenamtlichen Engagements im Bereich der Flüchtlingshilfe seit Herbst 2015 und der Entstehung interreligiösen Dialogs zwischen Christen und Muslimen auf „grassroot" Ebene: „Noch nie haben so viele Frauen mit Kopftuch in Kirchenchören gesungen, Afghanen Krippen aufgestellt, noch nie waren so viele Katholiken bei Iftars eingela-

---

[8] Eine Ausnahme bildet: Bude, Gesellschaft der Angst, 134–143.

[9] Dazu: Wodak, Politik mit der Angst.

[10] Zu den jeweils aktuellen Zahlen vgl. das Projekt „Missing Migrants"der International Organisation for Migration, URL: https://missingmigrants.iom.int/ (07.06.2017).

[11] Horst-Eberhard Richter: Wer nicht leiden will, muss hassen: Zur Epidemie der Gewalt, Gießen 2007.

den."[12] Unzählige Menschen, die bisher der Kirche fern waren, seien gekommen und hätten mitgearbeitet. Die Bischöfe in Europa entdecken das Thema; freilich keinesfalls überall in Europa, wenn man an die Stellungnahmen polnischer oder ungarischer Bischöfe denkt. Aber das Engagement der Deutschen Bischofskonferenz in Fragen von Migration, Flucht und Asyl sowie im Kampf gegen Rassismus und Fremdenfeindlichkeit ist beispielhaft.[13] Das zivilgesellschaftliche Engagement innerhalb und außerhalb der Kirche wird politisch und medial zwar so gut wie tot geschwiegen (*cui bono?*), wächst aber in beeindruckender Weise. Seit dem Zweiten Weltkrieg hat sich europaweit in großen Teilen der Bevölkerung dank historischer Erinnerungskultur und Bildung ein humanistisches, gerechtigkeits- und menschenrechtssensibles Ethos entwickelt, das jetzt der Bewährung harrt – auch wenn es scheinbar nicht alle erreicht hat. Vor allem junge Menschen – und hier wiederum gebildete, junge Frauen – sind gegenüber MigrantInnen und geflüchteten Menschen deutlich aufgeschlossener und praktisch engagiert als die ältere Bevölkerung. Der Philosoph Richard David Precht und der Sozialpsychologe Harald Welzer weisen in diesem Zusammenhang darauf hin, dass die Debatte in Deutschland über die Flüchtlingskrise vor allem von „älteren Intellektuellen" bestimmt wird, die „Ängste schüren, wo Offenheit vorherrscht".[14] Viele von jenen, die es sich in den bestehenden Verhältnissen gut eingerichtet haben, haben an Veränderung so gut wie kein Interesse. In einer demographisch alternden Gesellschaft ist dies ein massives Problem: Wie können die Anliegen junger Menschen zu Wort kommen, die zunehmend zur Minorität werden, für deren Zukunft aber derzeit gerade die Weichen gestellt werden?

Ich schließe mit einer biblischen Erinnerung an die Zukunft. Im Zuge meiner Arbeit an diesem Buch bekam ich den Eindruck, dass wir uns inmitten jenes Prozesses befinden, der in Matthäus 25,31–46 als „Weltgericht" beschrieben wird. Dieses Gericht ereignet sich heute vor unseren Augen: Flucht und Migration verlangen von uns klare, ethische Entscheidungen.

---

[12] Bei seinem Vortrag im Rahmen meines Seminars „Leben und Lernen von und mit Flüchtlingen" am 10. November 2016 an der Universität Wien.

[13] Dokumentensammlungen, Praxishilfen und Initiativen sind einsehbar u. a. unter: URL: http://www.dbk.de/fluechtlingshilfe/home/; http://www.dbk.de/katholischer-preis-gegen-fremdenfeindlichkeit-und-rassismus/lesenswert/ (07.06.2017).

[14] Richard David Precht/Harald Welzer: Jugend an die Macht!, in: „Die Zeit" vom 19. März 2016, URL: http://www.zeit.de/2016/13/migration-debatte-gefluechtete-zuversicht-jugend (07.06.2017).

Wenn der Menschensohn in seiner Herrlichkeit kommt und alle Engel mit ihm, dann wird er sich auf den Thron seiner Herrlichkeit setzen. Und alle Völker werden vor ihm zusammengerufen werden und er wird sie voneinander scheiden, wie der Hirt die Schafe von den Böcken scheidet. Er wird die Schafe zu seiner Rechten versammeln, die Böcke aber zur Linken. Dann wird der König denen auf der rechten Seite sagen: Kommt her, die ihr von meinem Vater gesegnet seid, nehmt das Reich in Besitz, das seit der Erschaffung der Welt für euch bestimmt ist. „Denn ich war hungrig und ihr habt mir zu essen gegeben; ich war durstig und ihr habt mir zu trinken gegeben; ich war fremd und obdachlos und ihr habt mich aufgenommen; ich war nackt und ihr habt mir Kleidung gegeben; ich war krank und ihr habt mich besucht; ich war im Gefängnis und ihr seid zu mir gekommen. Dann werden ihm die Gerechten antworten: Herr, wann haben wir dich hungrig gesehen und dir zu essen gegeben, oder durstig und dir zu trinken gegeben? Und wann haben wir dich fremd und obdachlos gesehen und aufgenommen, oder nackt und dir Kleidung gegeben? Und wann haben wir dich krank oder im Gefängnis gesehen und sind zu dir gekommen? Darauf wird der König ihnen antworten: Amen, ich sage euch: Was ihr für einen meiner geringsten Brüder getan habt, das habt ihr mir getan. Dann wird er sich auch an die auf der linken Seite wenden und zu ihnen sagen: Weg von mir, ihr Verfluchten, in das ewige Feuer, das für den Teufel und seine Engel bestimmt ist! Denn ich war hungrig und ihr habt mir nichts zu essen gegeben; ich war durstig und ihr habt mir nichts zu trinken gegeben; ich war fremd und obdachlos und ihr habt mich nicht aufgenommen; ich war nackt und ihr habt mir keine Kleidung gegeben; ich war krank und im Gefängnis und ihr habt mich nicht besucht. Dann werden auch sie antworten: Herr, wann haben wir dich hungrig oder durstig oder obdachlos oder nackt oder krank oder im Gefängnis gesehen und haben dir nicht geholfen? Darauf wird er ihnen antworten: Amen, ich sage euch: Was ihr für einen dieser Geringsten nicht getan habt, das habt ihr auch mir nicht getan. Und sie werden weggehen und die ewige Strafe erhalten, die Gerechten aber das ewige Leben.

Regina Polak
Wien, am 7. Juni 2017

Migration als Ort der Theologie

Flucht und Migration als Chance?

Erschienen in: Zeitschrift für Missionswissenschaft und Religionswissenschaft (ZMR) 99 (2015), 3/4, 202–212. (peer-reviewed)

1. Bedrohung oder Chance?

> „Entweder können wir in diesem Jahrhundert eine gemeinsame Zivilisation aufbauen, mit der jeder sich identifizieren kann, die von denselben universellen Werten zusammengehalten, von einem kraftvollen Glauben an das Abenteuer Menschheit geleitet und durch all unsere kulturellen Unterschiede bereichert wird; oder wir gehen alle in einer gemeinsamen Barbarei unter."[1]

Diese drastische Zukunftsperspektive des libanesisch-französischen Schriftstellers Amin Maalouf aus dem Jahr 2010 liest sich sechs Jahre später, konfrontiert mit dem „Beginn eines schleichenden dritten Weltkrieges"[2], globalisiertem Terror und weltweiten Massenmigrationen, noch bedrohlicher.

Für Maalouf hat das Gelingen oder Scheitern des Zusammenlebens mit den Immigranten in Europa sogar paradigmatischen Charakter: „Hier, um die Immigranten, wird der entscheidende Kampf unserer Epoche geführt werden müssen, hier wird er gewonnen oder verloren. Entweder gelingt es dem Westen, die Immigranten zurückzuerobern, ihr Vertrauen zurückzugewinnen, sie für die von ihm proklamierten Werte einzunehmen und so zu beredten Vermittlern in seinen Beziehungen zur übrigen Welt zu machen; oder aber sie werden sein größtes Problem."[3] Auch diese prophetischen Worte lesen sich im Kontext des Krieges in Syrien, der Brandherde im arabischen Raum, der Radikalisierung islamistischer Gruppen und rechtspopulistischer Parteien in Europa sowie im Angesicht tausender Flüchtlinge

---

[1] Amin Maalouf: Die Auflösung der Weltordnungen, Berlin 2010, 27.

[2] So z. B. Erhard Busek, der lange Jahre in der Spitzenpolitik aktive ÖVP-Politiker: „Wir stehen am Beginn eines schleichenden Dritten Weltkriegs, für den wir ganz und gar nicht gerüstet sind", vgl. URL: https://www.euractiv.de/section/osterreich/news/fluchtlingskrise-wir-stehen-vor-einem-schleichenden-dritten-weltkrieg/ (07.06.2017). Auch Papst Franziskus hat anlässlich seines Besuchs in Sarajevo im Juni 2015 von einer „Art drittem Weltkrieg" gesprochen, der „stückweise geführt wird", sowie von einer globalen Kommunikation, in der er ein „Klima das Krieges" wahrnimmt, vgl. http://www.welt.de/politik/ausland/article142060798/Eine-Art-dritter-Weltkrieg-ist-im-Gang.html (07.06.2017).

[3] Maalouf, Die Auflösung der Weltordnungen, 196 f.

brisant. Die Frage nach dem Zusammenleben ist eine globale Überlebensfrage.

Flucht und Migration können eine Chance für Europa sein, das Zusammenleben in Verschiedenheit und Gerechtigkeit neu zu lernen. Christliche Gemeinden können dabei eine wichtige Rolle spielen.

Ist diese Hoffnung angesichts des obigen Befundes naiv? Ist sie nicht sogar zynisch? Während ich diesen Beitrag schreibe, stellt die Journalistin Petra Ramsauer im Radio ihr neues Buch vor: „Die Dschihad-Generation. Wie der apokalyptische Kult des Islamischen Staates Europa bedroht"[4]. Wer sich mit der politischen Lage im Nahen Osten befasst, fürchtet sich nicht ohne Grund: Der Nahe Osten ist ein für die ganze Welt gefährliches Pulverfass. Auch das Leid der Flüchtlinge wirft einen großen Schatten auf meine Hoffnungen. In meiner Pfarre in Wien übernachteten von August bis Dezember 2015 jede Nacht an die 200 Flüchtlinge. Ein Ärzteteam versorgte jene, deren Füße wund gelaufen waren und deren Kinder Lungenentzündung hatten. Ob diese vielen Menschen, ein Großteil darunter Kinder und Jugendliche, angesichts der wachsenden Ablehnung gegenüber der Aufnahme von Flüchtlingen in Europa[5], der Solidaritätskrise und dem politischen Abwehrkampf der Europäischen Union gegenüber Flüchtlingen eine Zukunft haben werden, ist offen. Darf ich angesichts dieser Lage hoffen, dass daraus Gutes entstehen kann? Wohl nur dann, wenn dabei weder die realen Gefahren noch Konflikte, Gewalt und Leid ausgeblendet oder verharmlost werden.

---

[4] Petra Ramsauer: Die Dschihad-Generation. Wie der apokalyptische Kult des Islamischen Staates Europa bedroht, Wien/Graz 2015.

[5] Die internationale Umfrage des bundesdeutschen IPSOS-Instituts dokumentierte im August 2016 in vielen Ländern erhebliche Vorbehalte gegen den Zuzug von Immigranten. Für die Erhebung wurden rund 16.000 Menschen in 22 Ländern befragt. Von den Befragten weltweit sagten 49 %, in ihrem Land gebe es „zu viele Immigranten". 46 % stimmten der Aussage zu, Immigration verändere ihr Land in einer Weise, die ihnen nicht gefalle. Rund sechs von zehn Befragten äußerten die Sorge, Terroristen könnten als Flüchtlinge getarnt in ihr Land kommen. Gut 40 Prozent wünschten sich eine Schließung der Grenzen ihres Landes. Von den befragten Deutschen etwa gaben in der Studie nur 18 Prozent an, sie sähen die Auswirkungen der Zuwanderung positiv. In Frankreich und Belgien lag dieser Wert nur bei elf Prozent; beide Länder waren Ziel schwerer islamistischer Anschläge. In Italien waren 65 Prozent der Auffassung, in ihrem Land gebe es zu viele Immigranten. In Belgien waren es 60 Prozent, in Frankreich 57 Prozent und in Deutschland 50 Prozent. Unbehagen angesichts der Veränderungen durch die Zuwanderung äußerten 44 Prozent der befragten Deutschen, 63 Prozent der Italiener und 74 Prozent der Türken. Vgl. IPSOS, URL: http://www.ipsos.de/publikationen-und-presse/pressemitteilungen/2015/deutsche-bei-einwanderungsfragen-gespalten (07.06.2017).

Auch Elias Bierdel – Menschenrechts-Aktivist und Gründer der Organisation „borderline-europe"[6] – gibt trotz intensiver Erfahrungen mit dem zum Teil brutalen Grenzregime der Europäischen Union die Hoffnung nicht auf. Seit Jahren berichtet er über die humanitäre Katastrophe – tausende ertrunkene Flüchtlinge – an Europas Grenzen. Seit dem Frühling 2015 baute er auf der Insel Lesbos eine Infrastruktur zur Aufnahme der Flüchtlinge aus Syrien, Irak und Afghanistan auf. Trotz des Leides, das er täglich erlebt, ist er überzeugt: Wenn es Europa gelänge, „in Freundschaft" mit den Flüchtlingen zu leben, wäre dies als Zeichen für die Versöhnung zwischen West und Ost und in seiner Bedeutung für den globalen Frieden kaum zu unterschätzen.[7] Meine Überlegungen zur Convivenz – dem nachbarschaftlichen Zusammenleben von Menschen mit und ohne Migrationsgeschichte in all ihrer Vielfalt – gehen in eine ähnliche Richtung. Theologisch geht es um das schöpfungs- und heilsgeschichtlich ausgerichtete (Wieder)Erlernen, dass die Menschheit eine ist und als solche nur gemeinsam überleben und leben kann, sowie mit Blick auf die Verantwortung der Kirche in diesem Kontext um ein Verständnis von Katholizität als universaler und heilsgeschichtlicher Kategorie. Es geht um das Zusammenleben von Menschen verschiedener kultureller und religiöser Traditionen in versöhnter Einheit.

2. Flucht und Migration: Aktuell, aber nicht neu

Flucht und Migration beherrschen seit dem Sommer 2015 Politik, Medien und den Alltagsdiskurs in Europa. Beide Phänomene sind nicht neu und auch nicht so bedrohlich, wie es medial kommuniziert wird. Die Zahl der internationalen Migranten[8] ist weltweit seit 1990 zwar um 53 Millionen auf 244 Millionen Menschen im Jahr 2015 gestiegen. Insgesamt handelt es sich dabei aber nur um 3.2 % der Weltbevölkerung. Die Zahl der Flüchtlinge hat

---

[6] borderline-europe ist eine Organisation, die seit Jahren zivilen Widerstand gegen die Abschottung der Europäischen Union und ihre tödlichen Folgen leistet, umfassende Informationsarbeit bietet sowie europäische Initiativen und Lobbyarbeit erbringt, um das Schweigen über das Massensterben von Flüchtlingen an Europas Grenzen zu brechen, vgl. URL: http://www.borderline-europe.de/ (07.06.2017). Vgl. Elias Bierdel/Maximilian Lakitsch (Hg.): Flucht und Migration. Von Grenzen, Ängsten und Zukunftschancen, Berlin 2014.

[7] So Elias Bierdel auf dem Internationalen Fachsymposium „Religion und Migration: Aktuelle Herausforderungen in Wissenschaft und Politik", das an der Universität Wien am 24./25. September 2015 unter meiner Leitung von der Forschungsplattform „Religion and Transformation in Contemporary Society" veranstaltet wurde.

[8] Internationale Migranten sind Menschen, die ihren Hauptwohnsitz seit mindestens einem Jahr in einem anderen als ihrem Herkunftsland haben. Binnenmigranten und nicht-dokumentierte Migranten sind nicht mitgerechnet.

2015 mit 65.3 Millionen Menschen seit dem Zweiten Weltkrieg einen Höhepunkt erreicht. Die Mehrheit dieser Flüchtlinge aber kommt nicht nach Europa, sondern befindet sich in arabischen und afrikanischen Ländern. Die Rede von „Flüchtlingsströmen“ und MigrantInnen, die Europa „überschwemmen“, ist also irreführend. Sie greift auf Narrative zurück, die seit der Zeit der sogenannten „Völkerwanderung“ aufs engste mit Fremdenhass verbunden sind.[9] Ein verantwortungsloser politischer Diskurs kann diese offenbar jederzeit wieder aus dem kollektiven Gedächtnis abrufen. So verbinden sich Flucht und Migration in Europa mit zunehmend polarisierten gesellschaftlichen und politischen Auseinandersetzungen. Das Problem sind dabei nicht die Zahlen. Verhandelt werden Fragen nach Recht, Gerechtigkeit und dem Zusammenleben in ethnischer und kultureller, religiöser sowie sozialer Diversität. Das Problem besteht in der Wahrnehmung der Phänomene und dem fehlenden politischen Willen, die Ursachen von Flucht und Migration ausdrücklich und entschieden zu bekämpfen.

Flucht und Migration konfrontieren Europa mit einem in seinen Folgen noch überhaupt nicht absehbarem Epochenwandel. Neu ist deren Qualität. Dank der modernen Möglichkeiten globaler und virtueller Kommunikation haben Menschen weltweit heute Zugang zum Wissen über die Ungerechtigkeit der Ressourcenverteilung auf dieser Erde – und fordern ihre Rechte auf Teilhabe ein, vor allem gegenüber dem global gesehen reichen Westen. Im Verein mit gestiegener Mobilität wird daher nichts die Menschen aufhalten, zu kommen: keine zu durchquerenden Wüsten und Meere, keine Strapazen und Entbehrungen und auch keine Mauern. Bedrohlich neu ist die Gleichzeitigkeit globaler Probleme, mit denen die Menschheit konfrontiert ist: Klimawandel und Krise der Ökologie, eine wirtschaftsimperialistische neoliberale Ökonomie, die zunehmend mehr Menschen weltweit „überflüssig“[10] werden lässt und zu deren Exklusion aus dem menschlichen Verbund führt.[11] Neu ist schließlich, dass es auch in Europa nicht mehr länger möglich ist, wegzusehen. Eine Rückkehr zu nationalegoistischer Beschaulichkeit wird es nicht geben – sie wäre lebensgefährlich. Europa befindet sich an einer Wegscheide.

---

[9] Vgl. Walter Pohl: Die Entstehung des europäischen Weges: Migration als Wiege Europas, in: Österreichische Forschungsgemeinschaft (Hg.): Migration. Bd 15. Wien/Köln/Weimar 2013, 27–44.

[10] Ilija Trojanov: Der überflüssige Mensch. Unruhe bewahren. Ein Essay zur Würde des Menschen im Spätkapitalismus, Wien 2013.

[11] Vgl. Saskia Sassen: Expulsion – Brutality and Complexity in the Global Economy, Cambridge 2014.

3. Flucht und Migration als Enthüllungsvorgänge

Flucht und Migration „überfallen" Europa keinesfalls unerwartbar „plötzlich". Die Millionen Armuts- und Kriegsflüchtlinge aus dem Nahen Osten und Afrika kommen entweder von Kriegsschauplätzen, die das Zerfallsprodukt zumeist völkerrechtswidriger Militärinterventionen der USA und ihrer Bündnispartner sowie Russlands sind, oder aus Ländern, deren Ausbeutung durch den Westen nicht unwesentliche Basis europäischen Wohlstands sind. Die Flüchtlinge dieser Tage stehen vor den Grenzzäunen jener, deren Vorfahren im Kolonialismus Millionen Menschen ermordeten; die um der Rohstoffe willen jahrzehntelang Despoten toleriert haben; und die um des Wirtschaftswachstums willen die Ressourcen der Erde zu zerstören bereit sind. Auch um die unzähligen bei der Flucht ertrunkenen Toten kann man seit Jahrzehnten wissen. Der Kardinal von Agrigent, Francesco Montenegro, zählt die Ertrunkenen in Leichensäcken seit Jahren: „Die Zeit wird nicht mehr in Jahren gemessen, sondern in der Zahl der Toten."[12]

Die „Flüchtlingskrise" ist daher präziser formuliert eine fahrlässig selbst verschuldete Krise der politischen Institutionen der Europäischen Union sowie Ausdruck eines Mangels an Solidarität und Gemeinwohlorientierung der Nationalstaaten. Sie verweist auf Geschichtsamnesie und Ausblendung globalpolitischer und -ökonomischer Zusammenhänge.

Auch die sozialen und politischen Schwierigkeiten im Umfeld von Migration und dem Zusammenleben von ethnisch und religiös verschiedenen Menschen – Stichwort: Integration – enthüllen eine nach wie vor beängstigende Schwäche von Teilen der europäischen Gesellschaften, mit Verschiedenheit friedlich zu leben. Das Anwachsen tagesaktueller Rechtspopulismen zeigt, dass viele Menschen in Europa noch nicht gelernt haben, dass es „normal ist, verschieden zu sein". Europa ist schon lange ein Migrationskontinent, aber „ohne Angst verschieden sein können" – nach Adorno ein wesentliches Merkmal von Demokratie[13] – ist immer noch nicht selbstverständlich. Stattdessen werden sozioökonomische und -politische Konflikte ethnisiert und „religionisiert". Mit Rekurs auf die „Kultur und Religion der Anderen" werden soziale Schieflagen und politische Unrechts- bzw. Ungerechtigkeitsverhältnisse verschleiert, die die *ganze* Gesellschaft betreffen.[14] Auch das Ausmaß der Angst vor einer „Islamisierung" des „christlichen Abendlandes", vor Dschihad und Terror steht in einem dis-

[12] Am internationalen Fachsymposium „Religion und Migration", siehe FN 7.

[13] Theodor W. Adorno: Minima Moralia. Frankfurt am Main 1997 (1944).

[14] So ist z.B. die sogenannte „Bildungsferne" von migrantischen Milieus ein gesamtgesellschaftliches soziales Problem, da sie auch die sozial schwachen Milieus der Aufnahmegesellschaft betrifft.

proportionalen Verhältnis zum vergleichsweise heftigen Schweigen zu Fragen rechtlicher, politischer, sozialer und kultureller Teilhabemöglichkeiten von Migranten, von Rechten der Asylsuchenden oder zur Verteilung materieller und immaterieller Güter innerhalb Europas und weltweit. Die einseitige Konzentration auf Diversitätsprobleme, ohne zugleich die Frage nach der Gerechtigkeit zu stellen, droht die befürchteten Gefahren sogar selbst zu erzeugen: Denn Stigmatisierung von Minoritäten führt nicht selten zu deren Segregation und Radikalisierung.[15] Nicht das erste Mal in der Geschichte dienen rassistische Diskurse als Ablenkungsmanöver von sozialen und politischen Problemen rund um Gerechtigkeit.

Die Inklusionstheorie[16] lässt die Schwierigkeiten von MigrantInnen und Asylsuchenden als Probleme der Aufnahmegesellschaft erkennen, die auch die autochthone Bevölkerung bedrohen. So wird ein selbstkritischer Blick auf jene Akteure, Strukturen, Prozesse und Institutionen möglich, die Unrecht und Ungerechtigkeit erzeugen und zu Exklusionsprozessen von Teilen der Bevölkerung führen. Flucht und Migration enthüllen also gesellschaftliche Unfähigkeiten im Umgang mit Diversität und Gerechtigkeit. Sie sind für die Mehrheitsgesellschaft eine „Sehhilfe“[17], ein „Spiegel, in dem sie sich, wenn auch verzerrt, selbst sehen können“[18]: Sie machen sichtbar, welche Gruppen in einer Gesellschaft vulnerabel und von Ausschluss bedroht sind. Dazu gehören neben der MigrantInnen auch Arme und Arbeitslose, Kranke und Alte, Frauen, Kinder und Jugendliche. So können Flucht und Migration Selbstkritik und Transformation der Gesellschaften ermöglichen. Denn Inklusion zielt im Unterschied zu Integration auf gerechte Partizipation aller Verschiedenen am jeweiligen Gemeinwesen, wobei sich immer auch die Mehrheit verändert.

Flucht und Migration enthüllen aber auch „Gutes“ in den europäischen Gesellschaften: Ich denke dabei an die schier unglaubliche Hilfsbereitschaft großer Teile der Zivilgesellschaft in Österreich und Deutschland, die –

---

[15] Zu den Dynamiken, die Abschottung als Reaktion auf verweigerte Anerkennung der Mehrheitsgesellschaft erkennen lassen vgl. Stephen Castles/Mark J. Miller: The Age of Migration. International Population Movements in the Modern World, New York/London[4] 2009, 309 ff.

[16] Ilker Ataç/Sieglinde Rosenberger: Inklusion/Exklusion – ein relationales Konzept der Migrationsforschung, in: Dies. (Hg.): Politik der Inklusion und Exklusion. Wien/Göttingen 2013, 35–52.

[17] Vgl. Arnd Bünker: Migrationsgemeinden als Sehhilfe. Überlegungen zur veränderten Realität des Christlichen in Mitteleuropa, in: Gottfried Bitter/Martina Blasberg-Kuhnke (Hg.): Religion und Bildung in Kirche und Gesellschaft. Festschrift für Norbert Mette, Würzburg 2011, 85–92.

[18] Vilém Flusser: Wohnung beziehen in der Heimatlosigkeit, in: Vilém Flusser: Die Freiheit des Migranten. Einsprüche gegen den Nationalismus, Berlin 2000 (1990), 15–30, 30.

erstmals in der Geschichte – die Politik vor sich hergetrieben hat.[19] Auch Entschlossenheit und Institutionalisierungsprozesse des öffentlichen zivilen Widerstandes von Menschen und Organisationen gegen Rassismus und Fremdenhass sind beeindruckend.[20] Teile der europäischen Bevölkerung haben offenbar „aus der Geschichte gelernt". Es ist wohl kein Zufall, dass die *deutsche* Bundeskanzlerin europäische Leadership zeigt.

Mit der Aufnahme von Flüchtlingen steht Europa aktuell vor einem humanitären Problem. Die längerfristigen Probleme aber werden erst kommen, wenn es um das Zusammenleben mit jenen geht, die bleiben: um die sogenannte „Integration". Deutschland und Österreich wiederholen hoffentlich nicht die Fehler der Vergangenheit, die maßgeblich zu dem geführt haben, was man hochproblematisch „Ghettoisierung" und „Parallelgesellschaften" nennt. Soziologisch handelt es sich bei diesen Segregationsphänomenen in vielen Fällen um eine Reaktion von Minoritäten auf Erfahrungen des Ausschlusses von der Teilhabe an der Mehrheitsgesellschaft und verweigerter Anerkennung des „Anders-Seins".[21]

Die Ankunft von Flüchtlingen und die Herausforderungen des Zusammenlebens mit ihnen könnten aber durchaus auch zu Lernprozessen – auf allen Seiten – anregen: dass Verschiedenheit kulturell und religiös bereichern kann; dass „Kulturen" einander nicht statisch gegenüberstehen, sondern lebendige und sich verändernde Formen des Zusammenlebens sind und Konflikte Neues entstehen lassen können. Institutionen könnten restrukturiert werden, Demokratie vertieft gelernt, Wirtschafts- und Sozialsystem belebt[22] und Religion weiterentwickelt werden. Dabei liegt auf Seiten

---

[19] Bis dann durch die verabsäumte staatliche Unterstützung dieser Kräfte die Stimmung gekippt ist und die Regierungsparteien auf das „rechtspopulistische Pferd" gesprungen sind und so die vorfindbaren – verständlichen – Ängste nicht mit innovativen, zukunftsorientierten Maßnahmen (die Migrations- und Fluchtexperten seit Jahrzehnten in Legion vorlegen) entschieden bekämpft, sondern verstärkt haben. Ausnahme: Angela Merkel, deren politischem Ethos ich hier ausdrücklich Respekt zollen möchte. Ihre Überzeugung, die anstehenden Herausforderungen bewältigen zu können, zeugt von hohem Verantwortungsgefühl den Flüchtlingen wie auch der eigenen Bevölkerung gegenüber. Freilich, gegen „zornige weiße Männer", die die Welt nicht zu verändern bereit sind, in der sie groß und mächtig geworden sind, ist ihre Macht beschränkt. Solche „angry white men" gibt es nicht nur in den USA. Vgl. Michael Kimmel: Angry White Men. American Masculinity at the End of an Era, New York 2013.

[20] Z. B. „Flüchtlinge Willkommen" Plattform für eine menschliche Asylpolitik, URL: http://menschliche-asylpolitik.at/ (07. 02. 2017); Refugees Welcome: European Days of Welcome for Refugees: URL: https://www.facebook.com/events/148023595539140/ ; (07. 06. 2017), uvm.

[21] Deutschland und Österreich erleben die Folgen solcher jahrzehntelangen Segregation derzeit anhand ihrer Schwierigkeiten mit Teilen der türkisch"stämmigen" Bevölkerung im Kontext der diktatorischen Niederschlagung des Militärputschversuches durch Präsident Erdogan.

[22] Der Journalist Doug Saunders zeigt anhand von 12 Städten weltweit, wie Migration für Städte fruchtbar werden kann: Doug Saunders: Arrival City. München 2011.

der Mehrheitsgesellschaft die größere Verantwortung, denn minoritäre Gruppen, erst recht einzelne Personen, können sich in diese Lern- und Veränderungsprozesse nur soweit einbringen, als die Mehrheit ihnen Räume eröffnet. Abverlangt wird allen Beteiligten vieles, allem voran, sich dem Schmerz der Veränderung zu stellen, die Grenzen und Schattenseiten der je eigenen Kultur zu erkennen und sich dem Neuen zu öffnen, das noch nicht klar erkennbar ist.

4. Flucht und Migration: Theologisch betrachtet

Die Hermeneutik von Flucht und Migration mithilfe (biblischer) Theologien und Philosophien zu Alienität und Alterität sind seit den 80er-Jahren bekannt und haben nichts an Relevanz verloren.[23] Ich möchte hier jedoch weitere theologische Traditionen in Erinnerung rufen, die der Fruchtbarmachung im Horizont der aktuellen Herausforderungen harren.

Zunächst enthüllen Flucht und Migration die *Sünde:* die strukturelle Sünde globaler ökonomischer und politischer Strukturen; aber auch die Sünde der Einzelnen – Gier, Neid und Hass gegenüber Menschen, die anders oder fremd erscheinen. Es gehört zum Erfahrungsschatz der biblischen Tradition, dass die Verletzung von Gerechtigkeit und Verstöße gegen Wohl und Würde von Menschen immer auch Sünden gegen Gott sind. Enthüllt werden die Sünden der Vergangenheit: Kolonialismus, Rassismus, Totalitarismen, Genozide, Krieg und deren bis heute andauernden Folgen. Die Strukturen und Einstellungen, die diese erzeugten, sind keinesfalls mit 1945 verschwunden. Offenbar werden auch die Sünden der Gegenwart: menschenverschuldete Armut durch einen neokolonialen Wirtschaftsimperialismus; menschenverursachter Klimawandel infolge von Maßlosigkeit und Ausbeutung der Natur. Aus der Sicht biblischen Glaubens gibt es keine himmlische ohne irdische Gerechtigkeit. Wird letztere verletzt, hat das lebensschädigende und -zerstörerische Folgen bis in die dritte und vierte Generation. Die Schuld der Väter wird verfolgt an den Söhnen (und Töchtern), an der dritten und vierten Generation (Ex 20,5).

Flucht und Migration können auch zum Zeichen des *Segens* werden. Das wage ich angesichts der Bilder von ertrunkenen Kindern und Tränengaseinsätzen an Europas Grenzen kaum zu schreiben. Und doch eröffnet die Bibel auch diese Sichtweise: Am Anfang der Entstehungsgeschichte des

[23] Z.B. Ottmar Fuchs (Hg.): Die Fremden. Düsseldorf 1988; Emanuel Lévinas: Die Spur des Anderen. Überlegungen zur Phänomenologie und Sozialphilosophie, Freiburg 1983; Bernhard Waldenfels: Der Stachel des Fremden, Frankfurt a. M. 1990.

Glaubens von Juden und Christen stehen mit dem Aufbruch Abrahams in eine offene Zukunft, mit dem Exodus sowie mit Erfahrungen von Diaspora und Exil im Babylonischen Exil Flucht- und Migrationserfahrungen, die als Befreiungsprozesse durch Gott erkannt wurden. Steht Europa am Beginn solcher Befreiungsprozesse? Der Befreiung bedürfen die armgemachten Völker. Aber auch die vermeintlich „freien" westlichen Gesellschaften benötigen Befreiung: Denn Wohlstand und Sicherheit, Erfolg und Macht wurden und werden mit Zeit-, Leistungs- und Konkurrenzdruck, einem viele Menschen krankmachenden Lebensstil und einer „Vereisung der Gefühle" (Arno Gruen) erkauft.

Das kirchliche Lehramt liest die gegenwärtigen Migrationen in einer solchen *heilsgeschichtlichen* Perspektive: „Wir können also das gegenwärtige Migrationsphänomen als ein sehr bedeutsames 'Zeichen der Zeit' betrachten, als eine Herausforderung, die es beim *Aufbau einer erneuerten Menschheit* und in der *Verkündigung des Evangeliums des Friedens* zu entdecken und zu schätzen gilt."[24] Migration kann zum Zeichen und Werkzeug der Heilsgeschichte werden.

Mit dem Lehramt kann man sich theologisch auch jener *eschatologischen* Traditionen erinnern, die eine Zeit des Friedens verheißen, in der alle Völker in ihrer Verschiedenheit zu Jahwe strömen und ihn verehren, und die Menschheit gelernt hat, dass sie *eine* ist:

> „17. Die Fremden sind ebenfalls ein sichtbares Zeichen und ein wirksamer Aufruf jenes Universalismus, der ein grundlegendes Element der katholischen Kirche ist. Eine 'Vision' des Jesaja kündigte ihn an: 'Am Ende der Tage wird es geschehen: Der Berg mit dem Haus des Herrn steht fest gegründet als höchster der Berge … Zu ihm strömen alle Völker' (Jes 2, 2). Im Evangelium sagt Jesus selbst voraus: 'Man wird von Osten und Westen und von Norden und Süden kommen und im Reich Gottes zu Tisch sitzen' (Lk 13, 29), und in der Offenbarung des Johannes schaut man 'eine große Schar aus allen Nationen und Stämmen, Völkern und Sprachen' (Offb 7, 9). Die Kirche ist jetzt auf einem mühsamen Weg zu diesem endgültigen Ziel. Die Migrationen können wie ein Verweis auf diese große Schar und eine Vorwegnahme der endgültigen Begegnung der gesamten Menschheit mit Gott und in Gott sein.
> 18. Der Weg der Migranten kann so zu einem lebendigen Zeichen einer ewigen Berufung werden, zum ständigen Impuls für jene Hoffnung, die die

[24] Päpstlicher Rat der Seelsorge für Migranten und Menschen unterwegs: Instruktion Erga migrantes caritas Christi, Vatikanstadt 2004, Abschnitt 14 (Hervorhebungen RP).

Umwandlung der Welt in der Liebe und die eschatologische Überwindung beschleunigt, indem sie auf eine Zukunft jenseits dieser Welt hinweist."[25]

Sind wir am Beginn dieser Endzeit? Flüchtlinge und MigrantInnen könnten dazu beitragen, dass die Menschheit ihre Einheit erkennt und in Gerechtigkeit und Frieden miteinander leben lernt. Sie sind nicht die „besseren Menschen". Aber sie können Europa auf neue Weise lehren, seine Lebensweise zu überprüfen und Verantwortung für die eine Welt und Menschheit zu übernehmen. Der eschatologische Narrativ könnte so einen Beitrag dazu leisten, diesem Jahrhundertproblem auch eine hoffnungsvolle Perspektive abzugewinnen.

Eine universal orientierte Theologie deckt freilich auch die Sünden des Rassismus sowie aller partikularistischen Stammesmentalitäten auf, die die Menschheit seit jeher bedrohen. Hier kann die *Theologie der Diversität*, die sich bereits in der Hebräischen Bibel findet, zu tieferem Verständnis führen. Gott hat Menschen, Völker und Kulturen in Vielfalt erschaffen, gleich in ihrer Würde, verschieden in ihrem Wesen und Auftrag. Diversität ist demnach „normal". Zugleich ist das Leben in dieser Vielfalt keine idyllische Harmonie, sondern von Zersplitterung und Konflikt, Unrecht und Ungerechtigkeit bedroht. Davon berichtet der Erzählzyklus rund um Noah. Von Noahs Söhnen stammen alle Völker der Erde ab (Gen 9,19), d.h. dass alle Menschen und Völker miteinander verwandt sind. Doch kaum beginnt nach der Sintflut Gottes „zweiter Versuch" mit den Menschen, ist die Einheit der Menschheit erneut bedroht von Ungerechtigkeit und Gewalt. Noah verflucht seinen unschuldigen Enkelsohn Kanaan[26] und erklärt ihn zum Knecht seiner Söhne Sem und Jafet (Gen 9). Mit dem Turmbau zu Babel (Gen 11) versuchen die Nachkommen Noahs, die Einheit auf totalitäre Weise selbst herzustellen. Gott schützt seine Menschheit, indem er dieses Vorhaben vereitelt und sie durch die Vielfalt der Sprachen und Kulturen „zwingt", einander in ihrer Verschiedenheit anzuerkennen und in ihrer Fremdheit verstehen lernen zu müssen.[27]

Juden und Christen erhalten in dieser Geschichte einen Auftrag: Sie sollen als „Licht der Völker" die Menschheit dabei unterstützen, ihre ur-

[25] Ebd., 17.18.

[26] Dessen Vater Ham hatte seinen betrunkenen und nackten Vater öffentlich bloßgestellt.

[27] Vgl. die Auslegungen zu Gen 11 von Jürgen Ebach: Globalisierung – Rettung der Vielfalt. Die Erzählung vom „Turmbau zu Babel" im aktuellen Kontext, in: Hartmut Schröter (Hg.): Weltentfremdung, Weltoffenheit, Alternativen der Moderne: Perspektiven aus Wissenschaft – Religion – Kunst. Münster 2008, 39–58; Ched Myers: Cultural Diversity and Deep Social Ecology: Genesis 11 and Acts 2", in: Ched Myers/Matthew Colwell (eds.): Our God is undocumented. Bible Faith and Immigrant Justice, Maryknoll/New York 2012, 17–36.

sprüngliche Einheit in Gott wieder zu erkennen und in Friede und Gerechtigkeit miteinander leben zu lernen. Die Katholische Kirche formuliert diesen Auftrag in *Lumen Gentium* 1 in ihrem Selbstverständnis, „Zeichen und Werkzeug der Vereinigung der Menschen mit Gott und der Einheit der Menschen untereinander" zu sein. Dazu gehört auch die Aufgabe, in Verschiedenheit leben zu lernen.

In dieser Tradition steht auch *Erga migrantes:* „Der Übergang von monokulturellen zu multikulturellen Gesellschaften kann sich so als *Zeichen der lebendigen Gegenwart Gottes in der Geschichte und in der Gemeinschaft der Menschen erweisen*, da er eine günstige Gelegenheit bietet, *den Plan Gottes einer universalen Gemeinschaft zu verwirklichen.*"[28]

Flucht und Migration können also auch „Fenster" sein: „Fenster, in denen die Zurückgebliebenen die Welt erschauen"[29]. Theologisch: Sie ermöglichen Ausblicke in die von Gott verheißene Zukunft, weil sie diese wieder in Erinnerung rufen. Flucht und Migration sind globale und strukturelle Herausforderungen – und können auch nur so angegangen werden. Dies gilt auch theologisch: Sie reaktivieren eine universalgeschichtliche Perspektive.

Praktisch bedeutet das, dass Europa nicht nur aufgefordert ist, zu helfen. Europa muss sich *ändern.* Die biblische Tradition nennt dies jüdisch die *teschuwa:* Reue und Umkehr. Jesus von Nazareth greift diese Tradition auf, wenn er in Mk 1,14 die *Metanoia* als Voraussetzung für neues ethisches Handeln fordert: Besinnt Euch und nehmt wahr, dass das Reich Gottes angekommen ist – und ändert Euer Leben. Das Reich Gottes aber ist „kein Reich der Individuen, sondern (…) *Begründung und Beginn neuen Zusammenlebens.* Eine neue Individualität, die nicht sofort eine neue Sozialität initiierte, ist biblisch undenkbar."[30] Durch diese Umkehr aber verändern sich alle kulturellen, sozialen, politischen und ökonomischen Verhältnisse.[31]

5. Flucht, Migration und die Kirche

Flucht und Migration sind auch eine Herausforderung für die Kirche – und zwar nicht „nur" eine, die von außen auf sie zukommt. Migration ist unabdingbar für die Gestalt, die innere Struktur der Gemeinschaft und die

[28] Erga migrantes 9 (Hervorhebungen RP).

[29] Flusser, Die Freiheit des Migranten, 30.

[30] Hans-Joachim Kraus: Reich Gottes, Reich der Freiheit. Grundriss Systematischer Theologie, Neunkirchen-Vluyn 1975, 20 (Auslassung RP).

[31] Dies beschreibt eindrücklich Urs Eigenmann: Das Reich Gottes und seine Gerechtigkeit für die Erde. Die andere Vision vom Leben, Luzern 1998.

Lebensdynamik der Kirche. Deshalb ist es nicht die Gemeinde bzw. Pfarre, die Migranten „aufnimmt". Es verhält sich umgekehrt: „Die Aufnahme des Migranten, des Reisenden, des Pilgers auf ihren Straßen macht die Pfarrei erst zu einer solchen."[32] Dies betrifft allem voran die Aufnahme von christlichen MigrantInnen. Eine Kirche ohne MigrantInnen ist ein spirituelles Alarmsignal. Migration ist kein kontingentes Problem der Kirche, das es intern und extern sozial und politisch zu lösen gilt. Sie gehört zum inneren Wesen der Kirche. Die Aufnahme von Migranten ist nicht bloß ein gutes Werk der Kirche, sondern gehört zu ihrem Selbstvollzug. *Erga migrantes* formuliert dies so:

> „Die Aufnahme des Fremden, die der frühen Kirche eignet, bleibt also ein dauerhaftes Siegel der Kirche Gottes. Sie bleibt gleichsam gekennzeichnet von einer Berufung zum Exil, zur Diaspora, zur Zerstreuung unter die Kulturen und Volksgruppen, ohne sich je völlig mit einer von ihnen zu identifizieren, denn andernfalls würde sie aufhören, eben Angeld und Zeichen, Sauerteig und Verheißung des universalen Reiches zu sein als auch eine Gemeinschaft, die jeden Menschen ohne Vorzug von Personen und Völkern aufnimmt. Die Aufnahme des Fremden gehört also zum Wesen selbst der Kirche und bezeugt ihre Treue zum Evangelium."[33]

Migration hat eine ekklesiologische Bedeutung: Sie dient dem Aufbau der Kirche.

Freilich leiden Teile der Kirche(n) in Europa an denselben „Krankheiten" wie die Gesellschaft. ChristInnen sind oft kaum weniger fremdenfeindlich als die Bevölkerung.[34] Migrationsblindheit der Ortskirchen oder Ressentiments gegenüber anderssprachigen katholischen Gemeinden verweisen auf interne Schwierigkeiten mit Anderssein und Fremdheit. Dies führt dann nicht selten zu reaktiven Abschottungstendenzen der betroffenen Migrationsgemeinden. Auch innerhalb der Kirche finden sich Rassismen sowie Exklusions- und Segregationsprozesse im Zusammenleben mit den „eigenen" MigrantInnen und deren Gemeinden: Fehlverhalten aus-

---

[32] Carmen Lussi: Die Mobilität der Menschen als theologischer Ort. Elemente einer Theologie der Migration, in: Concilium 44/5 (2008), 551–562, 552.

[33] Erga migrantes 22.

[34] Eine Sonderauswertung der Daten der Europäischen Wertestudie für Österreich hat zudem gezeigt, dass sich Menschen mit religiösem Selbstverständnis hinsichtlich ihrer Vorurteile gegenüber MigrantInnen nicht signifikant vom Rest der Bevölkerung unterscheiden. Ein konfessionelles Selbstverständnis korreliert sogar signifikant mit fremdenfeindlichen Einstellungen: vgl. Will Arts/Loek Halman: Value Research and Transformation in Europe, in: Regina Polak (Hg.): Zukunft. Werte. Europa. Die Europäische Wertestudie 1990–2010: Österreich im Vergleich, Wien u. a. 2011, 79–99.

ländischer Priester wird mittels derer ethnischen Zugehörigkeit „erklärt", migrantische Gläubige sind in den ortskirchlichen Strukturen nicht angemessen vertreten. Die Befragten in meiner Studie zur kroatischen Gemeinde in der Erzdiözese Wien – eine der größten und etabliertesten anderssprachigen Gemeinden – klagten unisono über das Nicht-Wahrgenommenwerden durch die Ortskirche, fühlten sich wie „Indianer" behandelt, die bei Festen zwar ihre „Folklore darbieten" dürften, in pastoralen Fragen aber nicht befragt würden. Dieser Mangel an Partizipation führt zum Rückzug in die eigene Gemeinde und Vorurteilen gegenüber der Ortskirche.[35]

Migration ist auch für die Kirche ein Spiegel, in dem sie ihre eigenen Probleme wahrnehmen kann. Denn der Mangel an Teilhabe an ortskirchlichen Entscheidungen und transparenten Strukturen sowie öffentlicher Anerkennung von Verschiedenheit betrifft ja auch die ortskirchlichen Gemeinden.

Dort, wo es umgekehrt gelingt, dass die Ortskirche mit ihren anderssprachigen Gemeinden Formen des Zusammenlebens entwickelt, die Gemeinsamkeit und Partizipation stärken und zugleich Diversität anerkennen, öffnet sich ein Fenster in die Zukunft einer wahrhaft Katholischen Kirche.[36] Eine solche Kirche hat sakramentalen Charakter: Sie ist ein Zeichen in der und ein Beitrag für die Migrationsgesellschaft. So gesehen kann die Ankunft der Flüchtlinge für die Kirche ein Segen werden:

> „Die Migrationen bieten den einzelnen Ortskirchen die Gelegenheit, ihre Katholizität zu überprüfen, die nicht nur darin besteht, verschiedene Volksgruppen aufzunehmen, sondern vor allem darin, unter diesen ethnischen Gruppen eine Gemeinschaft herzustellen. Der ethnische und kulturelle Pluralismus in der Kirche stellt keine Situation dar, die geduldet werden muss, weil sie vorübergehend ist, sondern eine ihr eigene strukturelle Dimension. Die Einheit der Kirche ist nicht durch den gemeinsamen Ursprung und die gemeinsame Sprache gegeben, sondern vielmehr durch den Pfingstgeist, der Menschen aus unterschiedlichen Nationen und verschiedener Sprache zu einem einzigen Volk zusammenfasst und so allen den Glauben an denselben Herrn verleiht und aufruft zur selben Hoffnung."[37]

---

[35] Vgl. in diesem Sammelband: „Wir sind keine Indianer!", 161.

[36] Vgl. Monika Scheidler: Interkulturelles Lernen in der Gemeinde: Analysen und Orientierungen zur Katechese unter Bedingungen kultureller Differenz, Ostfildern 2002.

[37] Erga migrantes 103.

6. Convivenz: Modell des Zusammenlebens

Das Modell der *Convivenz*[38] zeigt abschließend eine Möglichkeit, worin der Beitrag christlicher Gemeinden im Migrationskontext bestehen könnte. Das Modell stammt von dem evangelischen Theologen Theo Sundermeier. Der Begriff stammt aus Lateinamerika und meint dort zunächst das alltägliche, nachbarschaftliche Zusammenleben von Menschen in Basisgemeinden. Convivenz meint das Zusammenleben christlicher Gemeinden mit den anders-religiösen, anders-kulturellen Menschen und Gemeinschaften ihrer lokalen-regionalen Umgebung. Zentral für dieses Modell ist die grundsätzliche Anerkennung von Diversität – der Andersheit und Fremdheit kultureller und religiöser Traditionen – jener, die an einem Ort zusammenleben. Das Modell formuliert als basale Elemente des alltäglichen Zusammenlebens drei wesentliche Dimensionen:

- Convivenz bedeutet „Leben teilen“: Menschen begleiten einander im Alltag, unterstützen und helfen einander, sind miteinander in Freude und Leid unterwegs. Alle sind aufeinander angewiesen.
- Convivenz bedeutet, wechselseitig von- und miteinander zu lernen. Alle verstehen sich als Lernende. Lernen bedeutet, dass sich alle Beteiligten durch Erfahrung verändern lassen. Das Erlernte und der Lernprozess selbst stehen dabei im Dienst des Lebens. Lernthemen sind die konkreten gemeinsamen Herausforderungen.
- Convivenz bedeutet, miteinander zu feiern. Im Feiern verdichtet sich Alltag und wird dieser zugleich überstiegen. Das Fest wird zur Quelle des Zusammenlebens. Dabei handelt es sich um Feste, die gemeinsam gefeiert werden, aber auch das Zu-Gast-Sein bei den Festen der jeweils Anderen.

Durch diese Art des Zusammenlebens entstehen auf der Mesoebene der Gesellschaft vielfältige Beziehungen und Vernetzungen. Communities – und daher auch christliche Gemeinden – bilden dabei zentrale Knotenpunkte eines Netzwerks von Beziehungen, in denen Alltag und Leben geteilt werden. Vielfalt und Qualität nachbarschaftlicher Vernetzungen zwischen verschiedenen Gruppen aller Art an konkreten Orten sind *der* entscheidende Faktor für den gelebten Frieden. So sind Gemeinden nicht nur Heimat für die Gläubigen, sondern sie werden zu Orten, in denen Anerkennung von Verschiedenheit, politisches und soziales Bewusstsein, letztlich: Zu-

[38] Theo Sundermeier: Konvivenz und Differenz. Studien zu einer verstehenden Missionswissenschaft, Erlangen 1995 (hg. von Volker Kuster). Konvivenz wird hier mit „C“ geschrieben, um die eigenständige Weiterarbeit an diesem Modell anzuzeigen.

sammenleben in Frieden eingeübt werden. Menschen können über diese „Plattformen" gemeinsam ihre Umwelt gestalten lernen.

Convivenz ist keine Theorie, die umgesetzt wird. Sie erwächst durch Lernen in und aus der Praxis und eröffnet so großen Freiraum für orts-, zeit- und kontextspezifische Konkretionen. Gleichwohl ist solches Zusammenleben nicht beliebig oder pragmatisch, da es aus dem Glauben seine „Qualitätskriterien" gewinnt. Convivenz ist eine theologische Theorie gelebter Praxis und ein offenes „work in progress". Sie beruft sich u.a. auf den Auszug des Abraham in das Gelobte Land, wo dieser dann inmitten einer religiös pluralen Gesellschaft lebt. Sie argumentiert inkarnationstheologisch, d.h. Gottes Wirklichkeit geht in alle menschlichen Verhältnisse ein und verändert diese zu ihrem Wohlergehen und ihrem Heil, ihrer Befreiung und Erlösung. Maßstab wären die Qualitätskriterien des Reiches Gottes. Christliche Gemeinden „mit und ohne Migrationshintergrund" werden so ermutigt, ihre je spezifische Convivenz vor Ort in einer Vielzahl lokaler, regionaler Laboratorien zu erproben.

Convivenz bedeutet, *mit*einander leben. Dies erleichtert auch Partizipation. So werden MigrantInnen in diesem Modell als MitgestalterInnen, LehrerInnen, Akteure anerkannt. Sie sind PartnerInnen im Engagement für ein besseres Leben für alle. Sie kommen selbst zur Sprache und können ihre Erfahrungen und Fähigkeiten einbringen. Differenz wird in diesem Modell weder verschleiert noch verharmlost Im Gegenteil: Sie wird zum paradigmatischen Erkenntnis- und Lernmoment. Konflikte werden als notwendige Horizonterweiterung des Lebens und Lernens verstanden. Convivenz ist keine idealistische Norm. Solange das Konfliktpotential nicht bewusstgemacht ist, ist Zusammenleben gar nicht möglich.

Das Modell geht damit wesentlich über Vorstellungen von Multikulturalität und Integration hinaus. Es konkretisiert und vertieft aus einer theologischen Sicht das Konzept der Inklusion. Im Mittelpunkt des Convivenz-Verständnisses steht die gemeinsame Suche nach einem guten und gerechten Leben für alle in Würde: das Leben im Reich Gottes.

Migration als Ort der Theologie

Erschienen in: Tobias Keßler (Hg.): Migration als Ort der Theologie. Reihe: Weltkirche und Mission. Band 4, Regensburg 2014, 87–114.

1. Vorbemerkung

Migration ist eine der zentralen Antriebskräfte der globalen und lokalen Transformationsprozesse, die spätestens seit 1989 und dem damit verbundenen Beginn des Kampfes um eine politische und ökonomische Weltordnung den Übergang in eine neue geschichtliche Ära markieren. In der Pluralität ihrer Erscheinungsformen lässt sich Migration als wissenschaftliche Querschnittsmaterie erkennen: Denn sie verändert nahezu alle geistes-, kultur- und sozialwissenschaftlichen Fragestellungen. Dies setzt freilich die Anerkennung voraus, dass Gesellschaften heute weltweit Migrationsgesellschaften sind: auch die europäischen Gesellschaften.

Dieses Faktum betrifft auch die Theologie, die durch Migration vor völlig neue Herausforderungen gestellt wird. Die praktisch-theologischen Fächer sind aufgrund ihrer Option für aktuelle gesellschaftliche Entwicklungen davon wohl als erste betroffen. Ortskirchen aller Konfessionen verändern aufgrund von Zuwanderung ihre innere Zusammensetzung und stehen vor neuen pastoralen Herausforderungen. Im Religionsunterricht wird die innerkonfessionelle Multikulturalität zur Normalität und die Frage nach der theologischen Bedeutung der religiös „Anderen" virulent. Schließlich sind auch Gläubige als Teil der Gesellschaft betroffen von den aktuellen politischen Debatten rund um Migration und Flucht und müssen dazu Stellung beziehen. Dies verlangt nach einer theologischen Reflexion dieses Weltphänomens aus der Sicht aller theologischen Disziplinen ebenso wie nach dem „Umbau" theologischer Zugänge im Kontext von Migration. Insofern Migration die Weltkirche konkret vor Ort bringt, eröffnen sich z. B. mit Blick auf kontextuelle Christologien oder Ekklesiologien neue systematisch-theologische und ökumenische Fragestellungen. Heterogene Zugänge zu Bibelexegese oder Liturgie fordern ebenso heraus wie in einer religiös pluralen Gesellschaft der interreligiöse Dialog und dessen Reflexion komplexer werden. Nicht zuletzt gewinnt die politische Dimension der Theologie an Relevanz. Migration verunmöglicht jegliches theologische „Glasperlenspiel" und bietet der Theologie, insbesondere der deutschsprachigen, eine einzigartige Chance, wieder zu einem unverzichtbaren Akteur in Gesellschaft und Politik zu werden sowie den Bruch zwischen (akademischer) Elite und Bevölkerung – der kirchlich wie nicht-kirchlich gebundenen – zu überwinden; ein Problem, das nicht nur die Theologie betrifft, sondern derzeit die Europäische Union aus den Fugen zu heben droht.

Die folgenden Überlegungen formulieren Impulse zu einer *praktisch-theologischen* Perspektive auf Migration. Dies geschieht in drei Schritten:

1) In einem ersten Schritt stelle ich „Bausteine" eines *sozialwissenschaftlichen Zugangs* zur Verfügung: Was ist Migration? Wie lässt sich das Phänomen sozialwissenschaftlich beschreiben?
2) In einem zweiten Schritt erörtere ich Migration als *Zeichen der Zeit* und als *locus theologicus:* Was bedeuten diese theologischen Konzepte? Inwiefern lässt sich mit ihrer Hilfe Migration aus der Sicht des christlichen Glaubens erschließen?
3) Daraus ergeben sich abschließend *Anfragen* an die Theologie sowie der Wunsch nach einer *migrationssensiblen* Theologie.

Vorweg noch eine Anmerkung: Ich nähere mich der Thematik aus der Perspektive einer gut dotierten Wissenschaftlerin, einer katholischen Wienerin der Mittelschicht, einer sesshaften Österreicherin und Europäerin. Ich könnte mich zwar als „Migrantin der vierten Generation" bezeichnen, da alle meine Urgroßeltern Zuwanderer aus Tschechien waren, die um 1910 das „Heimatrecht" in Wien bekamen. Aber abgesehen davon, dass meine Biographie zeigt, wie eine zugewanderte Familie im Zeitraum von wenigen Generationen Teil der Mehrheitsgesellschaft wird – ich habe meinen Großvater, ein tschechisches „Migrantenkind", nie als „Migranten" wahrgenommen – und die Begrifflichkeit eines „Migrationshintergrundes"[1] damit überaus fragwürdig wird: Ich selbst habe keine persönliche Migrationserfahrung. Ich bin weder ausgewandert noch geflüchtet noch vertrieben

[1] Dieses Un-Wort lässt sich nur im deutschen Sprachraum, konkret: in Deutschland und Österreich finden. Ursprünglich sollte es – in den 1990er-Jahren von der Pädagogin Ursula Boos-Nünning formuliert – dazu dienen, im öffentlichen Diskurs für die sprachliche, kulturelle, religiöse Heterogenität von Kindern und Jugendlichen (konkret: Russlanddeutsche in Deutschland) zu sensibilisieren, um auf diese entsprechend einzugehen. Mittlerweile ist es politisch funktionalisiert zu einem gesellschaftlichen Stigma geworden und signalisiert für viele MigrantInnen „Nicht-Zugehörigkeit". Es dient zur Trennung zwischen dem autochthonen „Wir" und den angeblich fremden „Anderen". Gespeist ist diese problematische Begriffsentwicklung vom Erbe eines „ius solis", das den Erwerb von Bürgerrechten an autochthone Familienherkunft bindet. Dies kann frappant an gefährliche Rassetheorien oder sogar an das Lösener-Memorandum vom 1. November 1935 erinnern, das einen langwierigen, „wissenschaftlichen" Definitionsprozess abschloss, wer „Nicht-Arier" ist – und dessen Definitionen Grundlage der anschließenden Enteignungs- und Vernichtungspolitik der Nazis waren. Vgl. Raul Hilberg: Die Vernichtung der europäischen Juden. Band 1, Frankfurt am Main[10], 2007(1961), 69–84; zur Begriffsproblematik: Bernhard Perchinig/Tobias Troger: Migrationshintergrund als Differenzkategorie, in: Regina Polak (Hg.): Zukunft. Werte. Europa. Die Europäische Wertestudie 1990–2010: Österreich im Vergleich, Wien 2011, 283–323.

worden. Ich musste mir noch nie in einem fremden Land ein neues Leben aufbauen und dessen Sprache und Kultur lernen. Ich habe noch nie Armut und Hunger gelitten. Meine Wahrnehmung von Migration wird daher möglicherweise in so mancher Hinsicht verzerrt oder zumindest einseitig sein. Zu einer praktisch-theologischen Reflexion von Migration gehört der Dialog mit und die Perspektive von Menschen mit Migrationserfahrung. Auch wenn ich in meiner Forschung das (nicht nur forscherische) Gespräch mit MigrantInnen bewusst pflege: Eine gemeinsam entwickelte Theologie der Migration ist ein Zukunftsprojekt. Die folgenden „Bausteine" haben daher vorläufigen Charakter und formulieren wesentliche Grundlagen einer Praktischen Theologie der Migration.

2. Sozialwissenschaftlicher Zugang

2.1 Was ist Migration?

Migration gehört untrennbar zur Geschichte der Menschheit. Von jeher hat sie demographisches und ökonomisches Wachstum, technologischen, sozialen und kulturellen Wandel, aber auch politische Konflikte und Krieg mit sich geführt.[2] Sie ist keine Abirrung, sondern eine Konstante der Geschichte.[3] Freilich ist es den „Meistererzählungen dynastischer und nationaler Staaten" gelungen, Abwanderung und Zuwanderung „Fremder" zum Verschwinden zu bringen, nicht zuletzt mithilfe der Zunft von Historikern, die nur „ihrer" Nation und deren Staatsgrenzen verhaftet waren. Durch deren „Definitionshoheit" über die Vergangenheit können bis heute politische Systeme, ganze Bevölkerungsteile und Ideologen „nur eine monolithische Kultur als funktionstüchtig begreifen und fühlen sich von Vielfalt bedroht".[4]

Ohne Migration wäre auch die Besiedelung der Erde gar nicht möglich gewesen. Seit prähistorischen Zeiten sind *homo und femina sapiens* immer auch *homines migrantes.* Dies belegen die Fossilfunde jener Menschen, die sich vor 200 000 Jahren in Afrika entwickelt hatten und innerhalb von 50 000

[2] Massimo Livi Bacci: Kurze Geschichte der Migration. Berlin 2015; Dirk Hoerder: Migrationen und Migrationsprozesse als globalgeschichtliches Phänomen, in: Reinhard Neck/Heinrich Schmidinger (Hg.): Migration. Band 15 der Reihe Wissenschaft – Bildung – Politik, hg. von der Österreichischen Forschungsgemeinschaft Wien/Köln/Weimar 2013, 65–86.

[3] Stephen Castles/Mark J. Miller: The Age of Migration. International Population Movements in the Modern World, New York/London[4] 2009, 299. Vgl. auch URL: http://www.age-of-migration.com/ (07.06.2017); Klaus Bade (Hg.): Enzyklopädie Migration in Europa. Vom 17. Jahrhundert bis zur Gegenwart, Paderborn/Wien 2007.

[4] Alle Zitate: Hoerder, Migrationen und Migrationsprozesse, 66.

Jahren bis Australien gelangt waren.[5] Auch in der antiken Welt und im Mittelalter gehörten Wanderungsbewegungen zur Normalität der Menschen; selbst die Verlagerung von Lebensmittelpunkten war nur eine mögliche Form von Migration. Das Römische Reich soll beispielsweise unter anderem auch deshalb so groß geworden sein, weil es „immer und in großer Zahl Verfolgte aufgenommen habe“[6]. Zum römischen Gründungsmythos gehört desgleichen die Erzählung, dass Romulus und Remus, selbst Vertriebene aus dem Trojanischen Krieg, nach der Gründung der Stadt als erste Siedler einen „heiligen Bezirk“ abgesteckt haben, der allen Menschen, die verfolgt wurden, Asyl und Schutz gewähren sollte.[7] Die Gewaltmigrationen der frühen Neuzeit, die zum Großteil durch konfessionelle Auseinandersetzungen bedingt waren, sollen wiederum einen wesentlichen Beitrag zur Entstehung des frühen Kapitalismus geleistet haben, da Flüchtlinge in der Regel zwar auch aus religiösen, aber primär aus utilitaristischen Gründen aufgenommen wurden, um deren wirtschaftliche, soziokulturell oder militärische Kompetenzen für das eigene Land fruchtbar zu machen – wofür die verfolgten Gruppen sich auch selbst offensiv bewarben, um Schutz und Aufnahme zu erhalten.[8] Dennoch: Bei aller „Normalität“ von Migrationsphänomenen in der europäischen Geschichte sind historische Vergleiche nur beschränkt möglich, zu sehr sind die gegenwärtigen Bedingungen verschieden von jenen der Vergangenheit.[9] Gleichwohl ist eine solide Kenntnis

[5] Johannes Krause: Ancient Human Migrations, in: Neck/Schmidinger (Hg.), Migration, 45–63.

[6] Jochen Oltmer: Kleine Globalgeschichte der Flucht im 20. Jahrhundert, in: Aus Politik und Zeitgeschichte (APuZ) 26–27 (2016), 18–25, 19. Ausführlich dazu: Jochen Oltmer: Globale Migration. Geschichte und Gegenwart, München[2] 2016.

[7] Ebd.

[8] Susanne Lachenicht: Religion und Flucht im mittelalterlichen und frühneuzeitlichen Europa, in: Aus Politik und Zeitgeschichte 26–27 (2016), 10–16. So warben Hugenotten mit ihrer kulturellen Überlegenheit und ihrem Handwerks- und Manufakturwesen, Sepharden sowie presbyterianische Schotten und Schweizer Calvinisten mit ökonomischen Netzwerken (ebd.,16).

[9] Ein Beispiel dafür, das in der aktuellen Diskussion immer wieder benützt wird, um Migrationen je nach Interesse als Bedrohung oder Gewinn darzustellen, ist die sogenannte „Völkerwanderung“. Die aktuelle Geschichtsforschung hat nicht nur gezeigt, dass dieser Begriff irreführend ist und überhaupt erst im Zuge der Bildung des deutschen Nationalstaates erfunden worden ist, um die volksgenerierende Macht des „deutschen Volkes“ schon in der Frühzeit nachzuweisen. Vielmehr gibt es bis heute keine konsensuale Theorie zu den damaligen Migrationsprozessen. So sind Ausmaß, Intensität und Dauer dieses Prozesses ebenso umstritten wie die Frage, ob primär Innen- oder Außengründe zum Untergang des Römischen Reiches geführt haben, ob also die Migrationen das Imperium zerstört haben oder umgekehrt die Römer durch die gezielte Förderung von Migration ihren Untergang selbst herbeigeführt haben. Wie auch immer: Geschichte sollte nicht instrumentalisiert werden. Vergleiche können hilfreich sein, müssen aber sehr sorgfältig gezogen werden. Vgl. Mischa Meier: Die „Völkerwanderung“, in: Aus Politik und Zeitgeschichte 26–27 (2016), 3–16.

der europäischen Migrationsgeschichte unabdingbar, um die globale politische Gegenwart besser zu verstehen.

Die Sozialwissenschaften[10] wiederum definieren Migration als „dauerhafte Ortsveränderung", „die mit einer Grenzüberschreitung verbunden sein kann und mit einem Wechsel des sozialen und kulturellen Bezugssystems einhergeht"[11]. Raum und Zeit, Grenzen, Sozialordnungen und kulturelles System werden im Rahmen von Migrationsprozessen auf neue Weise miteinander verknüpft. Dies führt zu Ortsveränderungen und Veränderungen des Zeithorizonts, zur Überschreitung politisch-administrativer Trennlinien und den damit verbundenen, v. a. rechtlichen Folgen, zu neuen Statusordnungen und Änderungen im Schichtgefüge sowie in den Werte- und Normensystemen.

Migration beschreibt vielfältige und mehrdimensionale Phänomene: räumliche Mobilität, dauerhafte Aus- und Einwanderung, zirkuläre Migrationsformen wie Pendel- und Saisonarbeit, die sich strukturell von Wanderungen im Lebenszyklus und Formen unfreiwilliger Migration wie Flucht und Asyl oder transnationaler Migration unterscheiden. Je nach Organisationsform spricht man sodann auch von Anwerbemigration, Familiennachzug oder irregulärer bzw. nicht dokumentierter Migration. Heterogen sind auch die Motive für Migration: Sie liegen zwischen den Polen der persönlichen Autonomie und des strukturellen Zwanges: zwischen individueller Entscheidung und dem Druck systemischer Logiken durch Herrschaft oder Gewalt, die Migration erzwingen.

Dementsprechend verschieden sind die Definitionen sogenannter „MigrantInnen": Während die UNO jene Menschen als „internationale MigrantInnen" bezeichnet, die ihren gewöhnlichen Aufenthaltsort (i. e. der Ort, an dem jemand seine alltägliche Ruhe- und Freizeit verbringt) mindestens ein Jahr lang außerhalb ihres Herkunftslandes haben[12], kennt man in Deutschland und Österreich „Menschen mit Migrationshintergrund" und sogar „MigrantInnen der zweiten/dritten Generation": Das sind Personen, von denen mindestens ein Elternteil im Ausland geboren wurde bzw. Kinder und Enkel von Zuwandererfamilien.[13] Aber auch Arbeitsmigran-

---

[10] Vgl. zum Folgenden: Christoph Reinprecht/Hilde Weiss: Migration und Integration: Soziologische Perspektiven und Erklärungsansätze, in: Heinz Fassmann/Julia Dahlvik (Hg.): Migrations- und Integrationsforschung – multidisziplinäre Perspektiven. Ein Reader, Wien[2] 2012, 13–34, 15–16.

[11] Ebd., 15.

[12] Vgl. United Nations, Department of Economic and Social Affairs, Statistics Division: Recommendations on Statistics of International Migration (Statistical Papers Series M, No. 58, Rev. 1), New York 1998, 18.

[13] Die überaus akribischen Definitionen von Menschen, die in Österreich leben, gliedern diese nach Staatsangehörigkeit, Geburtsland und Geburtsland der Eltern, wodurch sich eine Fülle

tInnen, UmweltmigrantInnen, Flüchtlinge und Asylsuchende, nationale BinnenmigrantInnen werden – im deutschsprachigen Raum – unter diesem vieldeutigen Begriff „Migrant" subsumiert.

Zugleich ist Migration immer auch ein zeitspezifisches Phänomen, da ihre Motive und Rahmenbedingungen geschichtlich kontingent sind. So lassen sich die Migrationen prähistorischer Zeit, des Mittelalters und des 21. Jahrhunderts nur beschränkt miteinander vergleichen, zu unterschiedlich sind z. B. allein die politischen Organisationsformen und -kontexte. Gehörten „Wanderbewegungen" im Mittelalter z. B. noch zu einer ökonomisch bedingten „Normalität" vieler Menschen, veränderte das Aufkommen von Nationalstaaten auch die politische Bedeutung von Migration. Oder: Die zum großen Teil armutsbedingten Massenmigrationen des 19. Jahrhunderts von EuropäerInnen in die Vereinigten Staaten – heute würde man von WirtschaftsmigrantInnen sprechen, weil diese Menschen auf der Suche nach ökonomisch besseren Lebensbedingungen waren – fanden weltweit noch offene Grenzen und Aufnahmebereitschaft vor. Demgegenüber landen die ArmutsmigrantInnen von heute vor der „Festung Europa"oder ertrinken im Mittelmeer.[14] Neu an der gegenwärtigen Situation ist u. a. das globale Ausmaß der Migrationen. Internationale Mobilität und globale Kommunikationsmöglichkeiten führen dazu, dass Menschen überall auf der Welt um die ungleiche Verteilung der Ressourcen wissen – und ihren Teil einfordern.

Schließlich hat Migration Auswirkungen nicht nur auf MigrantInnen, sondern auch auf die sesshaften Menschen und Institutionen der jeweiligen Ankunfts- bzw. Herkunftsländer. So führt Zuwanderung zu Veränderungen im rechtlichen, politischen, soziokulturellen und religiösen Bereich des Ankunftslandes; Abwanderung forciert den sogenannten Brain Drain und wird mitunter vom Verlust junger und gebildeter Schichten eines Landes begleitet wie z. B. in Spanien, Rumänien oder Griechenland. Transnationale Migration wiederum – d. h. das „Pendeln" bzw. die Mehrfachbeziehungen zwischen Aufnahme- und Herkunftsland – zieht durch den Geldtransfer zwischen neuer und alter Heimat ökonomische und politische Folgen in den Herkunftsländern nach sich. Diese Zusammenhänge werden derzeit in unseren Breitengraden noch zu wenig wahrgenommen. Zudem stehen die Institutionen europäischer Gesellschaften vor der gewaltigen Aufgabe, auf

an „Typen" ergibt. So wird unterschieden zwischen „Ausländern", „im Ausland geborener Bevölkerung" und „Bevölkerung mit Migrationshintergrund", die wiederum nach erster und zweiter Generation unterteilt wird. Vgl. Österreichischer Integrationsfonds: Statistisches Jahrbuch Migration & Integration. Zahlen. Daten. Indikatoren 2015. Wien 2015, 22 ff.

[14] Seit 2000 sind ca. 30.000 Menschen auf dem Weg nach Europa ertrunken, vgl. The Migrants' Files, URL: http://themigrantsfiles.com (Stand: 20.06.2016).

die migrationsinduzierten Transformationsprozesse der Gesellschaft zu reagieren, indem z. B. Bildungssysteme adaptiert, das Rechtswesen geprüft, gesellschaftliche und politische Partizipationsmöglichkeiten für MigrantInnen gestärkt werden müssen uvm.

Wer Migrationsstatistiken liest und über Migration bzw. MigrantInnen nachdenkt, ist daher gut beraten, rückzufragen, was und wer denn jeweils mit diesen Begriffen bezeichnet wird. Wem und wozu dienen diese Definitionen?[15] Jede theologische Hermeneutik der Migration muss die mit diesen Begriffen verbundenen Probleme wahrnehmen; sie muss Unterschiede, Widersprüche sowie konkrete Wirklichkeiten berücksichtigen und Rechenschaft darüber ablegen: Wovon und von wem spricht sie? Für wen spricht sie? *Mit* wem spricht sie? Mit welchem Interesse spricht sie?

Ein reflektiertes Beispiel, wie eine christlich motivierte kritische Migrationsbegrifflichkeit aussehen könnte, ist die Resolution der „Evangelisch-Methodistischen Kirche Schweiz – Frankreich – Nordafrika" vom Juni 2016. Diese unterscheidet zwischen Flüchtlingen und Asylsuchenden, durch Menschenhandel betroffene MigrantInnen, ÜberlebensmigrantInnen, Saisonarbeitenden, WirtschaftsmigrantInnen, „LiebesmigrantInnen", „Expats" (i. e. höchstausgebildete Menschen, die in großen multinationalen Konzernen im Ausland arbeiten) und Steuerflüchtlingen, die sich der Steuerverpflichtung im eigenen Land entziehen. Von daher ergeben sich auch verschiedene (politische) – in diesem Fall theologisch begründete – Handlungsperspektiven.[16]

2.2 The „Age of Migration"

Nach Stephen Castles und Mark J. Miller[17] weist die zeitgenössische Migration Merkmale auf, die in Quantität und Qualität historisch so neuartig sind, dass man von einem „Zeitalter der Migration" („Age of Migration") sprechen kann. Ich möchte dies an zwei Dynamiken näher beschreiben.

[15] Vgl. Bernhard Perchinig: Migration, Integration, Staatsbürgerschaft – was taugen die Begriffe noch?, in: Herbert Langthaler (Hg.): Integration in Österreich. Sozialwissenschaftliche Befunde, Innsbruck 2010, 13–33.

[16] Evangelisch-Methodistische Kirche: Unser Glaube hat einen Migrationshintergrund, URL: http://www.emk-kircheundgesellschaft.ch/de/resolutionstexte/resolutionstexte-der-evangelisch-methodistischen-kirche/unser-glaube-hat-einen-migrationshintergrund.html#.V2hahmx5gmY.twitter (07.06.2017).

[17] Vgl. Castles/Miller, The Age of Migration. Die folgende Darstellung folgt weitgehend deren Studie.

2.2.1 Migration fördert Entgrenzung und Konnektivität

Entgrenzende Zahlen

Mehr Menschen als jemals zuvor in der Geschichte migrieren oder sind auf der Flucht. Nach Schätzungen des UNO ist seit der Jahrtausendwende die Zahl der internationalen MigrantInnen von ca. 173 Mio. auf 244 Millionen (2015) weltweit gestiegen.[18] Zwei Drittel der internationalen MigrantInnen leben in Europa (76 Millionen) oder Asien (75 Millionen). In Europa sind die Mehrheit dieser MigrantInnen Frauen.

Dazu kommen 65.3 Millionen durch Gewalt Vertriebene – darunter 21.3 Millionen Flüchtlinge, 40.8 Millionen intern Vertriebene, 3.2 Millionen Asylsuchende:[19] Das ist laut der UNHCR die höchste Zahl seit dem Zweiten Weltkrieg. 50 % dieser Menschen sind Kinder. Der prozentuell höchste Anteil in Bezug auf die Bevölkerung „lebt" im Libanon (183 Flüchtlinge auf 1.000 Einwohner) und in Jordanien (87 auf 1.000). Unter den ersten fünf Ländern, die weltweit die meisten Menschen aufnehmen – Türkei, Pakistan, Libanon, Iran, Jordanien – befindet sich kein europäisches Land.

Schließlich wächst die Zahl der sog. Klimaflüchtlinge („Flüchtlinge vor Naturkatastrophen"): Man schätzt, dass derzeit ca. 150 Millionen[20] vor Naturkatastrophen auf der Flucht sind, Tendenz infolge von Versteppung, Dürre oder Überschwemmungen steigend.

Saison- und BinnenmigrantInnen, die nicht registrierten MigrantInnen oder die Nachkommen von MigrantInnen sind in diesen Zahlen nicht inbegriffen.

Das Phänomen hat längst die Grenzen demographischer Erfassung gesprengt. Die traditionellen Vorstellungen von Staat, Nation, Ethnie sowie Recht werden dadurch massiv erschüttert. Auch die Qualität von Migration hat sich in den vergangenen Jahren verändert: Die „Super-Diversifizierung"[21] globaler Migration führt zu einem nicht mehr überschaubaren Ausmaß an Pluralisierung und Mobilität. Zeitgenössische Mobilitäts- und Kommunikationsmöglichkeiten fördern „transnationale Migration" und

[18] United Nation: International Migration Report 2015, New York 2016, URL: http://www.un.org/en/development/desa/population/migration/publications/migrationreport/docs/MigrationReport2015_Highlights.pdf (07.06.2017).

[19] UNHCR: URL: http://www.unhcr.de/service/zahlen-und-statistiken.html (07.06.2017).

[20] Dazu gibt es derzeit nur Schätzungen, da der Begriff selbst von der UNO nicht eindeutig definiert ist und in der Genfer Flüchtlingskonvention nicht vorkommt, vgl. z. B. International Displacement Monitoring Centre. URL: http://www.internal-displacement.org/ (07.06.2017).

[21] Vgl. Max Planck Institute for the Study of Religious and Ethnic Diversity: Global Migration Patterns (Video); International Migration Flows, vgl. URL: http://media.mmg.mpg.de/ (07.06.2017).

lassen Mehrfachzugehörigkeiten entstehen, die nicht mehr in die klassischen Formate von „Heimat" und „Fremde" passen. Rund um den Globus findet eine „transnationale Revolution" statt, die Gesellschaften und Politiken neu formt.[22]

Globale Entgrenzung

Migration fördert Entgrenzungsprozesse, die übergreifende Tendenzen aufweisen:[23]

- *Globalisierung:* Zunehmend mehr Länder sind zu gleicher Zeit von Migration betroffen. Einwanderungsländer empfangen Migranten aus immer mehr Herkunftsländern. Die meisten Einwanderungsländer haben Zuwanderer aus einem breiten Spektrum ökonomischer, sozialer und kultureller Herkunft.
- *Akzeleration:* Alle großen Weltregionen sind zu gleicher Zeit von einem quantitativen Wachstum internationaler Migration betroffen. Die Regierungen geraten so immer mehr unter Druck.
- *Differenzierung:* In den meisten Ländern gibt es eine Vielfalt an Migrationstypen: Arbeitsmigration, Flüchtlinge, dauerhaft Ansässige, nicht dokumentierte Migration. Diese Ausdifferenzierung zählt zu den größten Herausforderungen für nationale oder internationale politische Maßnahmen.
- *Feminisierung:* In allen Regionen und Migrationsformen sind vorwiegend Frauen Betroffene. Seit den 60er-Jahren übernehmen sie weltweit die Hauptrolle in der Arbeitsmigration; in manchen Flüchtlingsbewegungen und im organisierten Menschenhandel machen sie die Mehrheit aus.
- *Wachsende Politisierung:* Internationale Migration fordert bilaterale und regionale Beziehungen zwischen Staaten und nationale Sicherheitspolitiken heraus. Das Bewusstsein für die Notwendigkeit einer Kooperation zwischen Aufnahme-, Transit- und Herkunftsländern sowie für *global governance* wächst. Zugleich wachsen aber weltweit politische Bewegungen, die durch Renationalisierung und Forderungen nach Migrations-Stopp diese Entwicklungen beenden wollen, vielfach begleitet von Neo-Rassismen und faschistoiden bzw. neofaschistischen sowie neoautoritären Bewegungen.

---

[22] Castles/Miller, The Age of Migration, 7.

[23] Ebd., 10–12.

- *Proliferation* von „Übergangsländern"[24]: Zunehmend mehr traditionelle Auswanderungsländer werden zu Übergangsländern – zumeist ein Vorspiel am Weg zum Einwanderungsland (in Europa z. B. Polen und Spanien).

Zwischen Gewalt und Vernetzung

Massenmigrationen haben in den vergangenen 500 Jahren eine Hauptrolle im Kolonialismus, in der Industrialisierung, in der Bildung von Nationalstaaten und in der Entwicklung des kapitalistischen Weltmarktes gespielt. Damit verbunden waren Vertreibung, Deportationen, Gewalt, Unrecht und Ungerechtigkeit. Zugleich haben diese Migrationen auch den Austausch von Ideen und Werten, kulturellen und religiösen Traditionen gefördert und beschleunigt. Neu an der gegenwärtigen Situation ist der durchdringende und globale Charakter von Migration. Migration ist ein komplexes System aus sozialen Interaktionen mit einer umfassenden Reichweite an institutionellen Strukturen und informellen Netzwerken zwischen entsendenden, aufnehmenden und Übergangsländern. So führt die Entgrenzung durch Migration zugleich zu größerer Konnektivität. Migration ist deshalb sozioökonomisch und politisch bedeutsam wie nie zuvor. Neu ist daher die Aufmerksamkeit, die Politiker diesem Phänomen zollen. Allerdings ist auch der politische Widerstand gegen Migration so heftig wie nie zuvor. Noch nie war er so eng mit nationalen Sicherheitsdiskursen, mit sozialen, kulturellen und politischen Konflikten und Unübersichtlichkeit auf globaler Ebene verbunden.

Entwicklung in Europa

Europa ist im 20. Jahrhundert – nach 1945 – zum Einwanderungskontinent geworden und hat sich – wiederum – in eine Migrationsgesellschaft gewandelt. Die massenhaften Flüchtlingsbewegungen nach dem Zweiten Weltkrieg (damals waren europaweit 50 Millionen Menschen auf der Flucht, 12 Millionen davon in Deutschland), die Einwanderungen im Zuge der Dekolonialisierungsprozesse (die im Zuge der Dekolonialisierungskriege Millionen Flüchtlinge produzierten), sowie die Fluchtbewegungen im Kontext des „Kalten Krieges", insbesondere aus den Ländern, in denen dessen globale „Stellvertreter-Kriege" geführt wurden (z. B. Vietnam, Afghanistan) sowie die Binnenmigration im Zuge der Integrationsprozesse der Europäischen Union haben dazu wesentlich beigetragen. In Europa hat es genaugenommen nur in den vergangenen 25 Jahren keine nennenswerten

[24] Das sind Länder, in denen die Zuwanderung schrittweise größer wird als die Auswanderung (Transitionsländer).

Migrations- und Flüchtlingsbewegungen gegeben. Schwer nachzuvollziehen ist daher eher die kollektive Amnesie, die ausblendet, dass „Europa im 20. Jahrhundert lange das Hauptproblem der europäischen Flüchtlingsfrage bildete – Europa als Kriegsschauplatz und Europa als Träger eines weltumspannenden Kolonialismus“[25].

Bei oder vielmehr trotz alledem ist bemerkenswert, dass es inmitten dieser massenhaften Gewaltmigrationen, die die europäische Geschichte nicht nur im 20. Jahrhundert, sondern seit jeher kennzeichnen, dennoch zu einem rege Austausch von Ideen und Werten, kulturellen und religiösen Traditionen gekommen ist. Was wäre alles möglich (gewesen), wären Migration und Flucht politisch mit positivem Vorzeichen gestaltet gewesen?

Seit den 70er-Jahren ist Migration nach und in Europa primär ökonomisch motiviert.[26] So dominierte zunächst die Arbeitsmigration. Danach hatten Familienzuzug und Flüchtlings- sowie Asylbewegungen nachhaltige Auswirkungen auf Arbeitsmärkte und Volkswirtschaften, auf demographische und soziale Strukturen, auf Kultur und politische Institutionen sowohl der Sende- als auch der Aufnahmeländer. Westeuropa reagierte in den 90er-Jahren auf diese Entwicklungen mit „massiver Angst vor unkontrollierbaren Zuströmen“[27] der Armen aus dem Osten und dem Süden. Grenzkontrollen und Einwanderungsgesetze wurden restriktiver. Migration wurde zur Sicherheitsfrage erklärt, die Zuwanderung nahm zunächst ab. Seit 1997 nimmt sie wieder zu – vor allem durch die forcierte Zuwanderung gut ausgebildeter Migranten, aber auch durch Asyl und nicht dokumentierte Zuwanderung. Mit Herbst 2015 schließlich erreichen Migration und Flucht ein für Europa quantitativ neuartiges Ausmaß. Dieses ist im globalen Vergleich zwar nach wie vor relativ gering[28], führt jedoch mangels entspre-

---

[25] Vgl. Oltmer, Kleine Globalgeschichte, 20.

[26] Vgl. zum Folgenden Castles/Miller, The Age of Migration, 122.

[27] So Castles/Miller, The Age of Migration, 122. Ich würde diese Reaktionsweise ergänzen um Aggression, Neid, Hass und die daraus resultierende Fremdenfeindlichkeit als durch den politischen Diskurs induzierte Reaktivierung tiefsitzender Muster im Umgang mit den sogenannten „Fremden“. Es ist bemerkenswert, dass man das Phänomen der Fremdenfeindlichkeit vor allem mit Angst einer Mehrheit vor einer Minorität erklärt, während von der Angst der MigrantInnen niemand spricht. Zugleich hat diese Angst auch gute Gründe, denn sie ist auch zu verstehen als Reaktion auf die Auswirkungen eines globalisierten neoliberalen Wirtschaftsregimes, in dessen Zuge in Europa Sozialsysteme massiv abgebaut wurden und im Verein mit den Auswirkungen der Finanzkrise 2008 zunehmend mehr Menschen auch in Europa von Armut und sozialem Ausschluss bedroht sind.

[28] So lebten 2015 86 % der Flüchtlinge (das sind 9 von 10 Flüchtlingen) in Ländern, die als wirtschaftlich weniger entwickelt gelten, 25 % sogar in Staaten, die auf der UN-Liste der am wenigsten entwickelten Länder zu finden sind. Der Libanon beherbergt im Vergleich zu seiner Bevölkerungszahl die höchste Zahl von Flüchtlingen: auf 1.000 Einwohner kommen dort 183 Flüchtlinge. Die Türkei nahm mit 2,5 Millionen weltweit die meisten Flüchtlinge auf. Europa

chender europapolitischer Konzepte zu massiven politischen und sozialen Verwerfungen.[29]

Konsequenzen

Migration verändert also die Welt. Dennoch ist sie weltweit gesehen die Ausnahme menschlichen Verhaltens: Nur 3–4 % der Weltbevölkerung migrieren. Aber sie beschleunigt Entgrenzung und Konnektivität. Dies verlangt nach Konsequenzen: SozialwissenschaftlerInnen votieren seit Jahren für mehr internationale Kooperation und *global governance*, für Entwicklungspolitik, für politische Maßnahmen angesichts irregulärer Migration, Regulierung legaler Einwanderung und legale Fluchtwege für Flüchtlinge, für bessere und raschere Integrationsprozesse ansässiger Migranten sowie einen gerechteren Umgang mit den Auswirkungen ethnischer Diversität auf den soziokulturellen Wandel.

Aus theologischer Sicht ist bemerkenswert, dass in den migrationspolitischen Debatten immer wieder implizit und explizit die Frage nach der Gerechtigkeit auftaucht. Denn Migration entlarvt globale Ungerechtigkeit: In der Mehrzahl der Fälle ist Migration erzwungen – durch Armut, Gewalt und Not. Migration offenbart die Armut in der Welt, an die viele Reiche nicht erinnert werden wollen, weil damit die Frage nach deren Verantwortung auftaucht. Dabei sind es gar nicht die Ärmsten, die das Risiko der Migration auf sich nehmen: Migration muss man sich auch leisten können. Die globale Finanz- und Wirtschaftskrise, der Klimawandel und die mit diesen eng verbundenen Bürgerkriege werden diese Situation in den kommenden Jahren vermutlich noch verschärfen.[30]

SozialwissenschaftlerInnen stellen angesichts des Zusammenhangs von Migration und internationaler Entwicklung allerdings eine fundamentalethische Frage: „Warum sollen entwickelte Staaten souveräne Rechte zugunsten internationaler Regulation von Migration aufgeben?“[31] Anstelle von

---

nahm 2015 zwar mehr Flüchtlinge auf als die Jahre davor, hat aber mit 2 Millionen Flüchtlingen immer noch einen prozentuell niedrigen Anteil aller Flüchtlinge, der sich noch dazu auf wenige Länder konzentriert (Deutschland, Frankreich, Schweden), vgl. URL: https://www.uno-fluechtlingshilfe.de/fluechtlinge/zahlen-fakten/wc/J102?gclid=CjwKEAjw3Nq9BRCw8OD6s4eI5HASJABsfCIaBHLxM7usitNXbLCUmMpE58F6pl3mnZL _04EBJhRlVhoCteDw_wcB (07.06.2017), dort findet sich auch der „Global Trends Forced Displacement 2015“ – Report zu den Weltflüchtlingszahlen.

[29] Zur europäischen Migrations- und Asylpolitik vgl. URL: http://www.bpb.de/gesellschaft/migration/dossier-migration/56551/asyl-fluechtlingspolitik?p=all; Europäische Kommission für Migration: Towards a European agenda on migration, URL: http://ec.europa.eu/priorities/migration_en; Europäisches Parlament: URL: http://www.europarl.de/de/europa_und_sie/politikfelder_a_z/migration_und_asyl.html (alle: 07.06.2017).

[30] Vgl. Details dazu URL: http://www.age-of-migration.com/ (07.06.2017).

[31] Castles/Miller, The Age of Migration, 303.

Migrationsreduktion verlangen sie verstärkten Einsatz für größere ökonomische und soziale Gleichheit zwischen Nord und Süd, damit Migration unter besseren Bedingungen stattfinden kann und die Erfahrungen und Fähigkeiten von MigrantInnen Gemeinschaften bereichern können.[32] Offen bleibt dabei aber: *Warum* sollen sich reiche Staaten überhaupt für arme Staaten einsetzen? Wie kann man Migration anders als Bedrohung und sogar als Bereicherung wahrnehmen? Wie lassen sich die Forderungen nach Gerechtigkeit, Gleichheit und Solidarität, nach Anerkennung von Diversität begründen?

Diese Fragen betreffen auch die Theologie. Denn aus biblischer Perspektive gibt es ohne das Engagement für eine gerechte Welt kein religiöses Heil. Maßstab eines theologisch verantworteten Verständnisses von Gerechtigkeit sind Würde und Wohl der Armen und Ausgeschlossenen. Der sozialwissenschaftliche Befund verdeutlicht, dass sich die Theologie gegenwärtig im Kontext einer Menschheit verstehen lernen kann, die ihre traditionellen Grenzen verliert, verändert und übersteigt; die sich vielfältig verbindet und vernetzt - und die zugleich in ihrer Zusammengehörigkeit durch Unrecht und Ungerechtigkeit massiv bedroht ist. Das Bewusstsein für die Zusammengehörigkeit der Menschheit als auch für die politische Verantwortung für eine gerechte Welt wächst - vielleicht gerade deshalb, weil die Situation prekär ist. Eine Theologie der Migration muss in diesem Horizont entwickelt werden.

2.2.2 Migration fördert Pluralisierung und Diversität

Homogenität als Norm – Heterogenität als Normalität

Wenn auch nur wenige Staaten in Europa tatsächlich ethnisch einheitlich waren, haben Faschismus und Nationalismus, Nationalsozialismus und Sowjetkommunismus der vergangenen zwei Jahrhunderte doch massiv zum Mythos und zur immer noch bzw. wieder mächtigen Leitidee eines homogenen Nationalstaates beigetragen. Zugleich weisen viele Staaten infolge von Migration ein höheres Ausmaß an Diversität auf als noch vor einer Generation. Diese Spannung zwischen einer politisch induzierten und kollektiv eingeübten Wahrnehmung, dass störungsfreie Homogenität der gesellschaftliche „Normalfall“ sei, auf der einen Seite und einer pluralen Wirklichkeit auf der anderen Seite, führt zu sozialen und politischen Konflikten und Krisen. Als positive Herausforderung und Chance zu kultureller Entwicklung - Heterogenität als „Normalfall“ des Zusammenlebens zu erlernen

[32] Ebd., 304.

und an der kritischen Auseinandersetzung mit Diversität menschlich zu wachsen – wird diese Situation nur beschränkt wahrgenommen.

Dynamiken

Diversität zeigt sich u.a. in der Entstehung zahlreicher ethnischer Gemeinschaften.[33] Selbst wenn Zuwanderung morgen radikal gestoppt würde, hat die derzeitige Situation Auswirkungen[34] über Generationen. Ethnische Gemeinschaften können sich in bestimmten soziopolitischen Kontexten zu Minoritäten verwandeln, die sich entschieden von der Mehrheitsgesellschaft abgrenzen. Sie entstehen durch das Ineinander von rassistischen, diskriminierenden und exkludierenden Zuschreibungsprozessen durch die Umwelt und reaktiven, mitunter ebenso rassistischen Selbstdefinitionen. Je stärker die erfahrene Ab/Ausgrenzung, umso intensiver erfolgt die Zustimmung und Pflege der jeweiligen ethnischen Identität, ihrer Symbole und Praktiken vor der Migration. Diese dienen dann zur Mobilisierung gegen Diskriminierung und Exklusion.

Genese

Eine der Ursachen[35] für die Entstehung ethnischer Minoritäten in Europa liegt im Zusammenfall der Arbeitsmigration mit dem Übergang zu postindustrialisierten Gesellschaften und der ersten Modernitätskrise in den 90er-Jahren. Kapitalakkumulation, wachsende internationale Mobilität, die elektronische Revolution sowie der Niedergang klassischer Industriezweige hatten die Erosion der Arbeiterklasse und die Polarisierung auf dem Arbeitsmarkt zur Folge. ArbeitsmigrantInnen waren davon zweifach betroffen, denn sie litten unter Arbeitslosigkeit *und* sozialer Diskriminierung. Zugleich wurden sie von der Politik als Ursache des Problems dargestellt. In vielen Ländern wurde Migration für politische Interessen instrumentalisiert. Verschärfungen von Migrations- und Asylrechten, soziokulturelle Segregation und eine Zunahme von Rassismus und Fremdenfeindlichkeit waren die Folge.

Die sozioökonomischen Auswirkungen dieser Entwicklung kann man in den „Mega-Cities" bzw. *global cities* – in Europa z.B. die Millionenmetropolen Paris und London – wahrnehmen: Sie sind die Schmelztiegel sozialer

[33] Castles/Miller, The Age of Migration, 309. Diversität zeigt sich auch im Bereich von Religion, Werten, Lebensformen und -stilen, Geschlecht und sexueller Orientierung usw.

[34] Welche sozialen Folgen die politische Ignoranz der spezifischen Lebenssituation von MigrantInnen hat, konnte man z.B. 2005 an den Aufständen junger Franzosen nordafrikanischer Herkunft in Paris sehen, die sich gegen Diskriminierung und Arbeitslosigkeit gewalttätig zur Wehr gesetzt haben. Vgl. Castles/Miller, The Age of Migration, 1.

[35] Castles/Miller, The Age of Migration, 310.

Veränderung, politischer Konflikte, aber auch kulturellen Wandels.[36] Sie lassen soziale Kluften erkennen: zwischen geschlossenen Eliten und informellen Teilzeitarbeitern, zwischen reichen, gut bewachten Wohnvierteln und Innenstädten mit hoher Kriminalitätsrate, zwischen demokratischen BürgerInnen und nicht dokumentierten NichtbürgerInnen, zwischen dominanten und minoritären Kulturen. MigrantInnen finden sich in beiden Gruppen, sind aber mehrheitlich bei den Ausgeschlossenen zu finden. Die Gruppen benötigen einander. Ihr Zusammentreffen kann zu kultureller Innovationsdynamik führen, birgt aber auch das Potential für soziale Zusammenbrüche, Konflikte, Unterdrückung und Gewalt. Diese Situation lässt die Inklusions- und Exklusionsprozesse[37] einer Gesellschaft erkennen und enthüllt damit Strukturen der Ungleichheit, der Benachteiligung, von Unrecht und Ungerechtigkeit einer Gesellschaft, die *alle* betreffen. Die ethnische Segregation ist maßgeblich deren Folge – nicht deren Ursache.[38] Die gegenwärtige Situation konfrontiert die Gesellschaften mit den Fragen nach politischer Partizipation, Leben mit kultureller Pluralität und nationaler Identität und verlangt nach der Entwicklung universaler Konzepte von *citizenship*. Wenn es nicht gelingt, MigrantInnen politisch teilhaben zu lassen und *citizenship* von Vorstellungen ethnischer Homogenität und kultureller Assimilierung zu entkoppeln, werden Demokratien destabilisiert.[39] Denn um in Demokratien mitwirken und mitgestalten zu können, benötigen Menschen strukturelle Möglichkeiten, die diese Partizipation durch öffentliche Kommunikation herstellen, funktional bereit stellen und rechtlich absichern. Wer aus solchen Prozessen ausgeschlossen ist, wird sich für sein soziales Leben „Parallelgesellschaften“ schaffen.

Kultur und Ethnizität sind zu einem Marker für gesellschaftlichen Ausschluss und infolgedessen auch zum Symbol des Widerstands von Minoritäten geworden. Wenn Partizipation verweigert und stattdessen auf Abgrenzung und Eindeutigkeit gesetzt wird, ist mit sozialen Konflikten und

---

[36] Vgl. Doug Saunders: Arrival City. München 2011: Der Journalist bezeichnet diese Städte als *Arrival Cities* und zeigt an vielen Beispielen, unter welchen politischen Rahmenbedingungen Migration zum Potential für eine Gesellschaft werden kann, aber auch, welchen sozialen Sprengstoff Migration birgt, wenn diese nicht bewusst und planvoll gestaltet wird.

[37] Vgl. Martin Kronauer: Inklusion/Exklusion: Kategorien einer kritischen Gesellschaftsanalyse der Gegenwart, in: Ilker Ataç/Sieglinde Rosenberger (Hg.): Politik der Inklusion und Exklusion, Wien/Göttingen 2013, 21–34.

[38] Vgl. Richard Wilkinson/Kate Pickett: Gleichheit ist Glück. Warum gerechte Gesellschaften für alle besser sind, Berlin^4 2012 (2009), 204.

[39] In Wien z. B. waren 2013 21 % der Einwohner bei der Gemeinderatswahl nicht wahlberechtigt, da sie keine Staatsbürgerschaft haben, vgl. Sophia Freynschlag: Wahlrecht auch ohne Staatsbürgerschaft, in: Wiener Zeitung vom 20.08.2013. URL: http://www.wienerzeitung.at/nachrichten/oesterreich/politik/569712_Wahlrecht-auch-ohne-Staatsbuergerschaft.html (07.06.2017).

Gewalt zu rechnen. Insbesondere eine sozial marginalisierte zweite und dritte Generation kann für politische Strukturen eine gewaltige Herausforderung werden.

Konsequenzen

Nationalstaaten sind demnach gut beraten, ihre nach wie vor unersetzlichen Aufgaben im Horizont einer „Migrations-Welt" zu reformulieren.[40] Mehrheitsgesellschaften könnten so ihre Vorstellungen von sozialer Konformität verändern und mit Pluralität leben lernen. Denn Unterschiede in Sprache, Kultur und Religion sind auch dann Realität, wenn alle Rassismen und Diskriminierungen beseitigt wären[41] und stellen die Frage nach dem Zusammenleben in Verschiedenheit.

„Wie kann eine Nation definiert werden, wenn nicht in Begriffen einer geteilten oder einzigen ethnischen Identität? Wie kann man sich im Angesicht einer Pluralität von Kulturen und Traditionen auf gemeinsame Werte (*core values*) und Verhaltensnormen einigen?"[42] Auch diese Fragen, von Sozialwissenschaftlern formuliert, beinhalten ethische und theologische Dimensionen. Sie können auch als Fragen nach Katholizität verstanden werden, da sie das Zueinander von Partikularität und Universalität, von Diversität und Zusammengehörigkeit („Einheit") im Blick haben. Diese Fragen betreffen das Zusammenleben aller. Sie spitzen sich durch Migration zu und sind nicht von dieser verursacht.

Entscheidend für den Umgang mit Migration ist deren Wahrnehmung und Deutung. Der Historiker Walter Pohl[43] hat für Europa gezeigt, wie der Narrativ, der die sogenannten „Fremden" primär als Bedrohung wahrnimmt, bereits seit der sogenannten „Völkerwanderung" [44]die europäische Lesart von Migration prägt. Im Mittelalter ist es durch die christliche Erzählung von der „Einheit der Völker und Kulturen", die biblischen Ursprungs ist, mehr schlecht als recht gelungen, Differenzen und Spannungen zwischen Völkern und Kulturen zu beherrschen. Dies bedeutete zwar „Einheit", aber um den Preis von Unterdrückung von Differenz. Diskriminierung, Exklusion, Gewalt sowie Zwang zur Assimilation und Homogenität waren die Folgen. Die damit verbundenen und dabei erlernten

---

[40] Vorschläge dazu gibt es bereits sonder Zahl, z. B. aktuell auf sozialwissenschaftlicher Grundlage: Timothy Garton Ash/Edward Mortimer/Edward Öktem: Freedom in Diversity. Ten lessons for Public Policy from Britain, Canada, France, Germany and the United States, Oxford 2013 (Dahrendorf Programme for the Study of Freedom).

[41] Castles/Miller, The Age of Migration, 311.

[42] Ebd., 43.

[43] Vgl. Walter Pohl: Die Entstehung des europäischen Weges: Migration als Wiege Europas, in Neck/Schmidinger (Hg.), Migration, 27–44.

[44] Vgl. Meier, Die „Völkerwanderung".

Wahrnehmungs-, Denk- und Praxisformen prägen bis heute den Umgang mit Migration in Europa. Sie werden nur sehr langsam ent-lernt. Ein gesellschaftlich breit anerkannter alternativer Narrativ, der es ermöglicht, Migration als Lern- und Entwicklungsmöglichkeit und Potential für alle wahrzunehmen, steht bisher aus. Keine Weltanschauung, keine Religion, auch nicht das Christentum, werden einen solchen im Alleingang erfinden können. Alle sind hier gefragt, ihre jeweiligen Beiträge einzubringen.

In den Staaten und Gesellschaften Europas wird Migration gegenwärtig primär problem- und defizitorientiert wahrgenommen. Selbst die Katholische Kirche in Europa, die mit ihren lehramtlichen Schreiben über einen potentialorientierten Diskurs verfügt und sich beispielhaft für MigrantInnen und Flüchtlingen engagiert, konzentriert sich stärker auf die problematischen Dimensionen. Die Chancen und Potentiale werden nur selten thematisiert.

Selbstverständlich dürfen Probleme nicht verschwiegen oder schöngeredet werden: Aber es gibt auch andere, ressourcenorientierte Möglichkeiten der Wahrnehmung von Migration. Die Wahrnehmung und Deutung von Migration ist zudem einer der zentralen „Schlüssel“ zur schrittweisen Lösung der praktischen Probleme. Wie man MigrantInnen und Flüchtlinge wahrnimmt, entscheidet über die Praxis.

Dieser Zusammenhang wird bei Papst Franziskus deutlich. In einer Videobotschaft an das Zentrum des Jesuiten-Flüchtlingsdienstes in Rom hatte er sich im Zuge der Flüchtlingskrise bei den Flüchtlingen entschuldigt: „Verzeiht die Abschottung und Gleichgültigkeit unserer Gesellschaft, die die Änderung des Lebens und der Mentalität befürchtet, die eure Anwesenheit erfordert!“[45] Für ihn ist jeder Mensch, der aufgrund von Verfolgung, Krieg, Umweltschäden oder ungerechter Verteilung von Ressourcen aus seiner Heimat flieht, „ein Bruder, mit dem man das Brot, das Haus, das Leben teilt.“ Daher kann er Flüchtlinge als Chance für Europa betrachten: „Ihr werdet als Problem behandelt und seid in Wirklichkeit ein Geschenk!“ Welche Handlungskonsequenzen hätte eine solche Perspektive?

---

[45] Dieses und die folgenden Zitate: „Franziskus entschuldigt sich bei Flüchtlingen“, in: „Die Zeit“ vom 19. April 2016, URL: http://www.zeit.de/gesellschaft/zeitgeschehen/2016-04/papst-franziskus-fluechtlinge-eu-entschuldigung; Videobotschaft: Papst bittet Flüchtlinge um Entschulidgung, vgl. URL: http://de.radiovaticana.va/news/2016/04/19/papst_franziskus_entschuldigt_sich_bei_fl%C3%BCchtlingen/1223875 (30.06.2017).

3. Migration ist ein „Zeichen der Zeit“ und ein locus theologicus

Welche Aufgabe kommt der Theologie im Kontext von Migration zu? Im Folgenden schlage ich vor, Migration als „Zeichen der Zeit“ und als *locus theologicus* wahrzunehmen.

Unter anderen Zeitzeichen erwähnt die Pastoralkonstitution *Gaudium et Spes* 6 die „Wanderung“ von Menschen, aber nur im Blick auf die damit verbundene Änderung ihrer Lebensart. Inspiriert von der konziliaren Kategorie des „Zeichens der Zeit“ in *Gaudium et Spes* 4 kommt Migration als solches Zeitzeichen dann in der Instruktion *Erga migrantes caritas Christi* (2004) des Päpstlichen Rates der Seelsorge für die Migranten und Menschen unterwegs in Abschnitt 14 in den Blick:

> „Wir können also das gegenwärtige Migrationsphänomen als ein sehr bedeutsames 'Zeichen der Zeit' betrachten, als eine Herausforderung, die es beim Aufbau einer erneuerten Menschheit und in der Verkündigung des Evangeliums des Friedens zu entdecken und zu schätzen gilt.“[46]

Neben einer fundierten sozialwissenschaftlichen Beschreibung des Phänomens und den daraus für die Kirche hervorgehenden ethischen, politischen und pastoralen Aufgaben entwirft *Erga migrantes* einen klaren „biblisch-theologischen Bezugsrahmen, der das Migrationsphänomen in die Heilsgeschichte einbezieht als Zeichen der Zeit und der Gegenwart Gottes in der Geschichte und der menschlichen Gesellschaft im Hinblick auf eine universelle '*communio*'.“[47] Bemerkenswert ist dabei die Verschränkung von sozipolitischer, sozioökonomischer und soziokultureller Wahrnehmung und theologischer Interpretation. Dies zeigt sich zum einen in der Verbindung mit der Katholischen Soziallehre:

> „Die internationalen Migrationen sind also, vernünftig betrachtet, als eine wichtige strukturelle Komponente der gesellschaftlichen, ökonomischen und politischen Realität der gegenwärtigen Welt zu sehen. Ihre zahlenmäßige Größenordnung macht eine immer engere Zusammenarbeit zwischen Herkunfts- und Aufnahmeländern nötig, die über angemessene Regelungen zur Harmonisierung der unterschiedlichen Rechtsordnungen hinausgehen muss. Dies hat zum Ziel, die Ansprüche und Rechte der emigrierten Personen und Familien und zugleich der Gesellschaften, die die Migranten

---

[46] Päpstlicher Rat der Seelsorge für die Migranten und Menschen unterwegs: Instruktion Erga migrantes caritas Christi, Vatikanstadt 2004.

[47] Ebd., Einführung.

aufnehmen, zu wahren. Gleichzeitig aber wirft das Phänomen der Migration eine regelrecht ethische Frage auf, nämlich die Frage nach einer neuen internationalen Wirtschaftsordnung für eine gerechtere Verteilung der Güter der Erde, was übrigens nicht wenig dazu beitragen würde, die Wanderströme eines beträchtlichen Teils von Bevölkerungsgruppen in Schwierigkeiten zu reduzieren und einzudämmen. Daraus ergibt sich auch die Notwendigkeit eines wirksameren Einsatzes zur Realisierung von Bildungs- und Pastoralsystemen im Hinblick auf eine Erziehung zu einer 'mondialen Sicht', das heißt zu einer Sicht der Weltgemeinschaft, die als eine Familie von Völkern angesehen wird, der schließlich im Blick auf das universale Gemeinwohl die Güter der Erde zustehen."[48]

Alle zentralen sozialethischen Fragestellungen rund um Migration sind hier angesprochen: Die strukturelle Normalität von Migration und deren positive Bedeutung für Wirtschaft, Politik und Gesellschaft; die Notwendigkeit zu verstärkter internationaler Kooperation, die verschiedene Rechtssysteme nicht nur formal abgleicht, sondern inhaltlich zwei Kriterien entsprechen muss: Dem Schutz von Personen und Familien einerseits und der Verantwortung für die Aufnahmegesellschaften; die Frage nach einer gerechten internationalen Wirtschaftsordnung und nach einer Pastoral sowie einem Bildungssystem, das einem universal-menschheitlichen Ethos verpflichtet ist.

Zum anderen wird das Phänomen in einen großen theologischen Horizont gestellt:

> „Die gegenwärtigen Migrationen stellen außerdem den Christen neue Aufgaben der Evangelisierung und der Solidarität und rufen sie dazu auf, diese Werte zu vertiefen, die sie auch mit anderen religiösen oder weltlichen Gruppen teilen und die zur Sicherung eines harmonischen Zusammenlebens absolut unerlässlich sind. Der Übergang von monokulturellen zu multikulturellen Gesellschaften kann sich so als Zeichen der lebendigen Gegenwart Gottes in der Geschichte und in der Gemeinschaft der Menschen erweisen, da er eine günstige Gelegenheit bietet, den Plan Gottes einer universalen Gemeinschaft zu verwirklichen."[49]

Migration ist für das katholische Lehramt demnach sowohl eine ethische und politische Herausforderung als auch und darin ein heilsgeschichtlich relevantes „Zeichen der Zeit". Sie kann dabei helfen, eine erneuerte

[48] Ebd., 8.
[49] Ebd., 9.

Menschheit aufzubauen und so das Evangelium zu verwirklichen, indem globale Solidarität und das Zusammenleben in Verschiedenheit gelernt werden kann.

Die Kirche legt mit diesem Schreiben eine Sicht auf Migration vor, die es pastoral und politisch einzuholen gilt und die im Vergleich mit den aktuellen Migrationsdiskursen in Europa und der Europäischen Union nachgerade revolutionär ist.

Erga migrantes schlägt dazu eine theologische Deutung vor. Migration wird als Fortsetzung des Pfingstereignisses interpretiert, bei dem Menschen aus verschiedenen Völkern und Rassen einander und die Apostel durch die Gabe des Heiligen Geistes in der je eigenen Sprache (und eben nicht in einer Einheitssprache, sic!) verstehen können. So wird es möglich, einen je umfangreicheren und vielfältigeren Gesellschaftskörper aufzubauen. Migration ist laut *Erga migrantes* nicht nur ein temporäres Phänomen, das es zu beseitigen gilt. Zu beseitigen sind vielmehr die Ursachen der Ungerechtigkeit und der Unfähigkeit, mit Unterschieden zu leben. Die Pluralisierung, die damit einhergeht, ist kein Störfaktor, sondern gehört zum Heilsplan Gottes. Migration und die diese begleitenden Herausforderungen werden als „Geburtswehen einer neuen Menschheit" betrachtet. So gesehen kann der einzelne Migrant kein „Fremder" sein. Vielmehr gilt es, in ihm, in ihr das „Bild Christi" (nach Mt 25) zu entdecken.

Das Bild wird aber keinesfalls geschönt. *Erga migrantes* benennt auch die Leiden, die Migration begleiten, sowie den tiefen Riss, der durch die Sünde in die Menschheitsfamilie kam, und der in den Migrationen erkennbar wird. Migration ist demnach ein Aufruf zu Versöhnung der Menschheit, zu Solidarität und Gerechtigkeit.

Migration wird schließlich verstanden als „Verweis" auf „die große Schar aus allen Nationen, Stämmen, Völkern und Sprachen" (Offb 7,9), auf jene, die „von Osten und Westen und von Norden und Süden kommen und im Reich Gottes zu Tisch sitzen" (Lk 13,29). Migration kann die endgültige Begegnung der gesamten Menschheit mit und in Gott sein. Damit lässt sich Migration auch als „Hoffnungszeichen" sehen, das die „Umwandlung der Welt in der Liebe" (und ich ergänze: in der Gerechtigkeit) beschleunigen kann. Migration verkündigt das Ostergeheimnis, durch das Tod und Auferstehung in die Schöpfung der neuen Menschheit übergehen, in der es mit Gal 3,28 keine Sklaven und keine Fremden mehr gibt.

Mit dieser visionären Wahrnehmung ist *Erga migrantes* der deutschsprachigen Theologie – noch – weit voraus. Die Instruktion entwickelt eine menschheitlich ausgerichtete, soteriologisch und eschatologisch formatierte Theologie der Migration. Für die gesellschaftliche Diskussion eröffnet dieser Zugang Wahrnehmungsperspektiven, die Migration auch als Chance erkennen lassen: als Chance zum gemeinsamen Ringen um Gerechtigkeit und globale Solidarität; als Möglichkeit, in Vielfalt und Verschiedenheit in Frieden miteinander leben zu lernen; als Ort spiritueller Erfahrung und Weg zu Gott – und darin als Lernort zur Humanisierung der Menschheit.

3.1 Inwiefern ist Migration ein „Zeichen der Zeit"?

Was bedeutet: Migration ist ein „Zeichen der Zeit"? Zu einem theologischen Verständnis dieser zentralen Konzils-Kategorie gibt es verschiedene Interpretationen.

3.1.1 Marie-Dominique Chenu

Für den Dominikaner Marie-Dominique Chenu macht nicht die bare Faktizität eines Ereignisses dieses zum „Zeichen der Zeit". Ausschlaggebendes Moment ist die Bewusstseinsbildung, die es bewirkt: „ … die Bündelung von Energien und Hoffnungen eines ganzen Kollektivs von Menschen, jenseits und unabhängig von der reflektierenden Intelligenz des einen oder anderen Individuums", die in einem „massenhaften Bewusstwerdungsprozesse plötzlich die Menschen ungeahnte geistige Räume durchmessen lässt."[50] Nochmals zugespitzt: „Es ist nicht die Zeit, die als solche ein Zeichen ist, sondern die menschliche Wirklichkeit, insofern sie in einem bestimmten geschichtlichen Kontext menschlich bewusst wird."[51]

Migration an sich ist also kein „Zeichen der Zeit". Es bedarf einer gläubigen Wahrnehmung der Wirklichkeit und der Bereitschaft, aus solchen Bewusstwerdungsprozessen ethische Konsequenzen zu ziehen. Denn „Zeichen der Zeit" haben immer eine indikativische und eine appellative Dimension: Sie zeigen etwas an und sie fordern zu etwas auf. Erst indem Menschen sich bewusstwerden, dass der Zeit die Möglichkeit innewohnt, Gottes Präsenz in ihr wahrzunehmen, kann sie zum Zeichen werden. Chenu bezeichnet diesen Vorgang als Gnade. Diese der Zeit immanente Möglichkeit kann man eben allerdings nur im Glauben erkennen. Ohne Glaube können sie ihre religiöse Bedeutung nicht enthüllen. Ehe geschichtliche Ereignisse und Phänomene als „Zeichen der Zeit" bezeichnet werden können, bedürfen sie daher einer theologischen Reflexion. Diese lässt sie dann aber nach Chenu als *praeparatio evangelica* und *potentia oboedientalis*

[50] Marie-Dominique Chenu: Les signes de temps, in: Nouvelle revue théologique 87 (1965), 29–39, 32.
[51] Ebd.

gratiae in den Blick kommen: als Vorbereitung, das Evangelium in der Geschichte wahrzunehmen und zu verkünden und als Möglichkeit, auf die Gnade Gottes hören zu lernen.

Als epochal-geschichtliches Phänomen stellt Migration ein solches Zeichen dar. Migration bündelt nicht nur Freuden und Hoffnungen, Ängste und Sorgen von Menschen mit und ohne Migrationsgeschichte, sondern ganzer Gesellschaften. Sie zieht in ihrem Gefolge „massenhafte Bewusstwerdungsprozesse" nach sich: Strukturen globaler Ungerechtigkeit können dabei ebenso bewusst werden wie die enge Zusammengehörigkeit der Menschheit und die Verantwortung füreinander. Wenn die damit verbundenen ethischen, politischen und spirituellen Herausforderungen ernst genommen werden, kann Migration als eine Art Hinweis Gottes wahrnehmbar werden, der die Gläubigen auffordert, in dieser geschichtlichen Stunde dem Evangelium zu folgen.[52] Diese gläubige Reaktion auf ein „Zeichen der Zeit" ist freilich kein Automatismus, sondern verlangt nach freier Entscheidung. Daher bergen „Zeichen der Zeit" immer auch die Möglichkeit, den Zu- und Anspruch Gottes, der diese begleitet, zu verweigern. Die aktuellen „Antworten" auf Migration – Rassismus und Abschottung – können theologisch in diesem Licht auch als „Nein" zu Gottes Anruf gelesen werden. In diesem Sinn bedeutet Migration als „Zeichen der Zeit" auch Gericht für die Menschheit: konfrontiert zu werden mit der Sünde und dem Aufruf zur Umkehr. Erst dann kann die angebotene Gnade wirksam werden. Für die Menschen der reichen Länder dieser Erde ist Migration ein überaus ernstes „Zeichen der Zeit": Es bietet die Chance zur Umkehr.

3.1.2 Hans-Joachim Sander

Der Fundamentaltheologe Hans-Joachim Sander hat anhand der Konzilstexte drei Kriterien erarbeitet, die ein Phänomen als „Zeichen der Zeit" erkennbar werden lassen. a) „Zeichen der Zeit" sind (historische) Wirklichkeiten, in denen Menschen um ihre und die Würde und Anerkennung der Anderen kämpfen, gleich ob ungläubig oder gläubig (GS 1–4); b) „Zeichen der Zeit" sind Orte (loci), an denen Menschen nach der Anwesenheit Gottes suchen bzw. diese finden können, basierend auf Solidarität der Gläubigen mit allen Menschen (GS 11); c) „Zeichen der Zeit" bedürfen zu ihrer Erkenntnis konstitutiv der Wahrheit der „Anderen" (UR 4).[53]

[52] Dies geschieht nicht durch spirituell-theologische Ideologisierung, Überhöhung oder Legitimierung von Migration, sondern durch Gerechtigkeitspraxis.

[53] Hans-Joachim Sander: Migration as a Sign of the Times and a Precarious *Locus Theologicus Alienus*, in: Judith Gruber/Sigrid Rettenbacher (eds.): Migration as a Sign of the Times. Towards a Theology of Migration, Leiden 2015, 33–35. Vgl. auch: Hans-Joachim Sander:

Die Erkenntnis der „Zeichen der Zeit" ist demnach weniger ein akademischer, als vielmehr ein relationaler Prozess. Wer in einem „Zeichen der Zeit" Gottes Wirklichkeit und seinen Aufruf erkennen möchte, „muss" bereit sein, die prekären Lebenssituationen von Menschen wahrzunehmen und sich solidarisch für marginalisierte Menschen einzusetzen. Die wahrnehmende und praktische *Beziehung* zu Menschen in Not ist die erkenntnistheoretische Grundlage der theologischen Erkenntnis der „Zeichen der Zeit". Zudem vermag die Kirche mit ihren Gläubigen diese Zeichen nicht allein zu erkennen, sondern sie erschließen sich nur gemeinsam mit jenen, die nicht zur Kirche gehören (vgl. auch GS 44). Die Sicht „der Anderen" wird erkenntnis-notwendig. Indem Sander die theologischen Kriterien, die die „Zeichen der Zeit" erkennen lassen, als Beziehungskriterien beschreibt, wird die Gegenwart insgesamt theologierelevant. Das „Außen" der Kirche wird in gewissem Sinn zu ihrem „Innen".

Migration ist eine solche Beziehungs-Wirklichkeit. Sie lässt sich in ihrer theologischen Bedeutung nur auf der Basis von Beziehung und im Zusammenleben mit MigrantInnen erkennen. Eine Mehrheit der MigrantInnen kämpft um Würde und Anerkennung. Im solidarischen Einsatz für und mit ihnen erschließen sich neue Möglichkeiten, nach Gottes Anwesenheit zu suchen. Dabei spielt die „Wahrheit" der MigrantInnen – deren Lebens- und Glaubenserfahrungen – eine konstitutive Erkenntnisrolle. Ohne sie können Sinn und Bedeutung, Zu- und Anspruch Gottes, die sich im Phänomen Migration offenbaren, nicht verstanden werden. Die „Erkenntnis" ist dabei eine wesentlich praktische: Sie will getan werden im Lernen von Gerechtigkeit und Frieden.

3.1.3 Guiseppe Ruggieri

Der Theologe Guiseppe Ruggieri arbeitet drei Merkmale der „Zeichen der Zeit" heraus: a) Die Interpretation der „Zeichen der Zeit" soll gemeinschaftlich und b) im Lichte des Evangeliums geschehen und c) zur Praxis vordringen.[54] Dabei ist auch für Ruggieri die Wahrnehmung der „Zeichen der Zeit" notwendig an die gläubige Wahrnehmung der Wirklichkeit durch christliche Gemeinden gebunden. Ruggieri betont dabei die zentrale Rolle der Liturgie. „Zeichen der Zeit" werden als solche nur erkennbar, wenn sie

Pastoralkonstitution über die Kirche in der Welt von heute, in: Peter Hünermann/Bernd Jochen Hilberath (Hg.): Herders Theologischer Kommentar zum Zweiten Vatikanischen Konzil, Bd. IV, Freiburg u. a. 2005, 581–886.

[54] Guiseppe Ruggieri: Zeichen der Zeit, Herkunft und Bedeutung einer christlich-hermeneutischen Chiffre der Geschichte, in: Peter Hünermann (Hg.): Das Zweite Vatikanische Konzil und die Zeichen der Zeit heute. Freiburg 2006, 61–70, 65.

gläubige Christen in (liturgischer) Gemeinschaft wahrnehmen. Ist damit ein wichtiger Grund benannt, warum die „Zeichen der Zeit“ in Kirche und Theologie zu wenig Rezeption erfahren?

Ohne Gemeinden, die sich dieser Aufgabe stellen, spielen die „Zeichen der Zeit“ in der Pastoral eine marginale Rolle. Wenn deren Wahrnehmung an die gläubige Wahrnehmung gebunden ist, dann gehört sie nicht in erster Linie zur akademisch-theologischen Reflexion, sondern zur theologalen Erfahrung der bekennenden Gemeinde. Theologie kann eine solche Erfahrung nur begleiten, aber nicht ersetzen. Ruggieri fragt: „Ist der Mangel einer Theologie der Zeichen der Zeit in der westlichen theologischen Reflexion zugleich ein Mangel der theologalen Erfahrung der westlichen Kirche in unserer Zeit?“[55] Er schreibt: „Das Verständnis der Zeichen der Zeit ist in der Tat eine vom Geist ermöglichte schöpferische Erkenntnis der Wirklichkeit, wodurch eine neue Weise des Denkens und der Praxis möglich wird. Die Zeichen der Zeit beziehen sich nicht auf die nackte Faktizität der Geschichte, sondern auf die Praxis des glaubenden Denkens, das das geschichtliche Widerfahrnis 'bearbeitet'.“[56] Für Ruggieri bedarf es dazu des vom Geist erfüllten Einzelnen sowie der liturgischen Gemeinde. So kann Migration zu einem Zeitzeichen erst in der Wahrnehmung gläubiger Einzelner *und* der Gemeinden werden.

Bis Herbst 2015 und der Flüchtlingskrise konnten sich christliche Gemeinden eine gewisse Migrationsblindheit leisten. Mittlerweile erkennen auch viele Gemeinden Migration als „Zeichen der Zeit“ und lernen mit MigrantInnen zu leben, insbesondere im Engagement für Flüchtlinge. Dabei entstehen unzählige theologierelevante Erkenntnisse, die der Reflexion bedürfen. Viele Gemeinden und ChristInnen erkennen, dass MigrantInnen und Flüchtlinge den Sesshaften neue religiöse, ethische und politische Entwicklungsmöglichkeiten eröffnen. Migration und Flucht können so als Chance gesehen werden, die die Gemeinden und Gläubigen aufweckt und die Sensibilität für die „Zeichen der Zeit“ fördert. Vielleicht verändert sich dadurch auch die bisher einseitige Verkündigung im deutschsprachigen Raum, die den Glauben vor allem als Heimat, Trost und Sicherheit „propagiert“ und dadurch Migrationsblindheit forciert hat. Heimatlosigkeit, Irritation und Unsicherheit können in ihrer grundlegenden Bedeutung für den Glauben neu in den Blick kommen. Eine solche „Wende“ ist notwendig, denn in der Kirche gibt es zugleich immer noch (zu viele) Gläubige, die

[55] Ebd., 68. Übrigens verweist lt. Ruggieri auch Chenu auf die mystische Erfahrung der Christen als Ort des Verständnisses der „Zeichen der Zeit“.
[56] Ebd., 69.

Migration als Bedrohung wahrnehmen und blind für die „Zeichen der Zeit" sind.

3.2 Migration als *locus theologicus*

Ich verstehe „Zeichen der Zeit"als *loci theologici.*

3.2.1 *locus theologicus* bei Melchior Cano

Wo sich theologische Erkenntnis bilden kann, das wird nach alter Tradition *locus theologicus* genannt. Im Sinn der klassischen Lehre von Melchior Cano gelten jene Instanzen als *loci*, die die Dignität einer theologischen Aussage verbürgen. Cano selbst zählte dazu 1. die Heilige Schrift und 2. die apostolische Tradition, 3. die Katholische Kirche und 4. die Konzilien, 5. die Römische Kirche und 6. die Kirchenväter, ferner 7. die scholastische Theologie und Kanonisten. Die gewichtigsten dieser ersten sieben *loci* sind die Schrift und die apostolische Tradition als eigentliche Prinzipien der Theologie, weil sie die göttliche Offenbarung enthalten. Die *loci theologici* 3–7 dienen der Interpretation dieser Prinzipien oder enthalten aus ihnen abgeleitete Konstruktionen. Damit sind die ersten sieben *loci* glaubensspezifische Bezeugungsinstanzen und werden *loci theologici proprii* genannt. Die letzten drei *loci* – 8. die natürliche Vernunft, 9. die Philosophen, 10. die Geschichte – werden als *loci theologici alieni* bezeichnet und sind notwendig für theologisches Verstehen. Sie dienen dem *intellectus fidei*, der vernünftigen Einsicht in den Glauben. Genuine Bezeugungsinstanzen sind nur die Schrift und die apostolische Tradition, alle anderen *loci* haben Wahrscheinlichkeitscharakter. Sie ermöglichen bei Cano keine zwingenden Argumente und Beweise. Aber Cano leitet eine Wende ein: Die Geschichte – auch die sogenannte Profangeschichte – wird zu einer theologischen Erkenntnisquelle.[57] Glaube und Theologie sind auf eine Pluralität von Bezeugungs- und Verstehensinstanzen verwiesen. Cano eröffnet den Weg zu einer theologischen Erkenntnislehre, für die es unabdingbar bleibt, die geschichtliche Vermitteltheit des Wortes Gottes, der Glaubenszeugnisse und ihrer selbst zu reflektieren.

Denkt man dies weiter, verändert sich damit auch das Verhältnis zur Gegenwart – und damit zu den „Zeichen der Zeit": a) Sie werden zu einer formalen Autorität mit Geltungsanspruch; b) Sie werden zur theologischen

[57] Womit er über Aristoteles und Thomas von Aquin hinausgeht, für die die Geschichte nicht oder nur sehr beschränkt wissenschafts/theologieanschlussfähig war.

Erkenntnisquelle; c) Die Pluralität der Autoritäten gehört notwendig zur theologischen Gegenwartserkenntnis; d) Inhaltlich sind sie nur insofern theologische Autorität, als sie in der biblischen Offenbarung gründen. Geschichtliche Ereignisse lassen sich also nicht zwingend als „Zeichen der Zeit" bezeichnen, sondern können nur auf der Basis theologischer Argumentation, im Dialog mit den anderen Bezeugungsinstanzen und – aufgrund der bleibenden Entzogenheit Gottes – mit mehr oder weniger hoher Wahrscheinlichkeit als solche bezeichnet werden. Dies schützt vor „Schnell-Schuss-Diagnosen". Zugleich sind die Gläubigen aber dazu verpflichtet, historische Ereignisse als theologische Erkenntnisquelle ernst zu nehmen und auf ihren religiösen Gehalt zu prüfen. Dies geschieht, indem mit den von den „Zeichen der Zeit" betroffenen Menschen praktische Beziehung aufgenommen wird. Insofern bestimmen auch Menschen maßgeblich darüber, ob ein Ereignis ein „Zeichen der Zeit" wird oder nicht. Dies betrifft auch das Phänomen Migration, das nach Cano in einem ersten Schritt als *locus theologicus alienus* betrachtet werden und mit den biblischen und kirchlichen Quellen von migrantischen wie nicht-migrantischen Gläubigen gemeinsam in ein kritisches Gespräch gebracht werden muss.

3.2.2 *locus theologicus* in der zeitgenössischen (Praktischen) Theologie

Ohne hier auf die komplexe Geschichte des Verständnisses der *loci*-Lehre eingehen zu können, zeigt sich in der jüngeren Entwicklung, insbes. in der Praktischen Theologie, folgendes Verständnis: „Als *locus* gilt in der Theologie heute nicht mehr allein das, was die Geltung theologischer Aussagen *legitimiert*, sondern und sogar vor allem das, was theologische Aussagen *generiert*. Im Zentrum des Interesses steht nicht mehr die Frage, im Gleichklang mit welchen Autoritäten (*loci*) sich eine Aussage befinden muss, um theologische Anerkennung zu finden; was jetzt in den Vordergrund rückt, ist vielmehr die Frage nach den Entdeckungszusammenhängen (*loci*) theologischer Erkenntnis."[58] Denn Offenbarung kann sich an vielen verschiedenen Orten und auch außerhalb der Kirche ereignen. Mit dieser Bedeutungsverschiebung werden nun auch andere als die klassischen „Orte" relevant für die Theologie. Die Rangordnung der *loci theologici* wird damit in formaler Hinsicht keinesfalls relativiert. Sie werden aber in eine neue Relation zueinander gebracht – in dem Bewusstsein, dass *alle loci* nur Menschenwort sind und in Differenz zum Wort Gottes stehen. Traditionelle

[58] Rudolf Englert: Wenn die Theologie in die Schule geht. Inkulturationserfahrungen, die zu denken und zu lernen geben, in: Norbert Mette/Matthias Sellmann (Hg.): Religionsunterricht als Ort der Theologie, (Questiones disputatae 247), Freiburg im Breisgau 2012, 92–105, 95.

Grenzziehungen – zu den Konfessionen, zu den Religionen, zu Welt und Gegenwart – werden dadurch geweitet und verschoben. Die Bibel als Instanz hat dabei besondere Bedeutung, aber eben erst im Zusammenspiel mit den anderen Orten. Die Folgen dieser Verschiebungen auszuloten, ist die Aufgabe der Theologie in Gegenwart und Zukunft.

Migration als „Zeichen der Zeit" wird so als theologie*generierender locus* denkbar. So plädiert z.B. der Bibelexeget Kuno Füssel dafür, „den Zeichen der Zeit sowohl im Sinne der klassischen Auffassung Melchior Canos als auch der heutigen Theologie der Befreiung den Rang eines *locus theologicus* zuzuerkennen".[59] Diese dienen dabei nicht nur als Archivierung von Themata, sondern als Erkenntnisquellen. Gerade „weil man die Zeichen der Zeit nicht als facta bruta nehmen darf, sondern ihre weiterführende Bedeutung, d.h. Gottes Denken und Planen für den Menschen vermitteln soll"[60], bergen sie das kritisch-weiterführende Potential, durch ihre Analyse die jeweilige Erkenntnismaterie in etwas Neues zu verwandeln.

Ich begründe die Identifikation der Zeichen der Zeit als *locus theologicus*" (je nach Phänomen *proprius* und *alienus*[61]) ergänzend zu diesen Überlegungen auch ekklesiologisch: Ohne Migration ist die Kirche nicht Kirche, da die Ekklesiogenese geschichtlich und daher auch theologisch konstitutiv an Migration gebunden ist. Vor allem aber gibt es für eine solche Sicht auch schöpfungs- und inkarnationstheologische Gründe. Wenn es der „Hilfe der Welt" bedarf, um die Fähigkeit der Kirche zu fördern, das Evangelium in der je eigenen Weise aussagen zu können; wenn es der „Hilfe der Welt" bedarf, um die „geoffenbarte Wahrheit tiefer erfassen" und „besser verstehen" zu können (vgl. GS 44), dann muss diese Wahrheit in diese Welt qua Schöpfung eingegangen sein, ja inkarniert worden sein. „Welt" ist keine abstrakte Größe, sondern jeweils gebunden an konkrete Orte und Zeiten als Teil und Moment der Geschichte Gottes mit der Menschheit. Dann müssen die „Zeichen der Zeit" als theologische Wirklichkeit zugleich *loci theologici* sein.

Von der Begriffsgeschichte her lassen sich *loci theologici* als Orte verstehen, an denen Theologie appliziert werden kann und sich bewähren muss. Der spezifisch praktisch-theologische Zugang besteht nun darin, *loci theologici* auch als Orte anzuerkennen, an denen Theologie entsteht und

[59] Kuno Füssel: Die Zeichen der Zeit als locus theologicus, in: ZPhTh 30 (1983), 259–274, 262.

[60] Ebd.

[61] Migration ist schon allein deshalb nicht nur ein *locus theologicus alienus*, sondern auch ein *l. th. proprius*, weil sie die Kirche im Inneren von jeher aufgebaut hat und aufbaut, heute z.B. dank der Anwesenheit anderssprachiger Gemeinden in einer Ortskirche. Die Kirche muss MigrantInnen nicht erst aufnehmen, sondern diese gehören elementar zu ihr; ja, eine Kirche ohne MigrantInnen ist ein Alarmzeichen.

(neu) gelernt wird. Die „Zeichen der Zeit" – geschaffene und inkarnierte Wirklichkeit Gottes – sind solche Orte theologischer Erkenntnis. Die Gegenwart gilt es, als Anwesenheits-, Wirkungs- und Handlungsraum Gottes zu verstehen. Dies setzt voraus, dass Gegenwart als eigenständige und von der kirchlichen Tradition unabhängige und nicht auf diese zu reduzierende Offenbarungsquelle anerkannt wird. Diese Sicht lässt sich mit *Gaudium et Spes 44* begründen.[62]

Aus praktisch-theologischer Sicht zielt die programmatische Formel „Migration als *locus theologicus*" auf einen Perspektivwechsel: Migration als *locus theologicus* bedeutet nicht, dass Migration bloß ein Anwendungsfall der Theologie ist und deren Erkenntnisse bestätigt. Vielmehr geht es darum, dass Migration in ihrem genuinen Beitrag für theologische Erkenntnisgewinnung gewürdigt und zur Geltung gebracht werden kann und muss. Sie ist nicht nur ein theologielegitimierender, sondern ein *theologiegenerativer* Ort. Migration kann neue Theologie entstehen lassen. Dabei lassen sich verschiedene Fragerichtungen und Themenstellungen ausdifferenzieren:[63]

- Migration als *Applikationsort* von Theologie: Dies ist die (auch praktisch-theologisch) traditionelle Sicht. Theologie tritt in den Dialog mit Sozialwissenschaften, Gesellschaft oder Politik, und bringt dort ihre Sichtweisen auf das Phänomen ein; bestenfalls kommt es dabei zu wechselseitiger Kritik und Erkenntnisfortschritten.
- Migration als *Bewährungskontext* von Theologie: Hier geht es um Bedeutung und Anspruch des christlichen Glaubens in einer Migrationsgesellschaft. Dementsprechend kreative Übersetzungsleistungen innerhalb des Kontextes einer Migrationsgesellschaft sind gefragt.
- Migration als *Entstehungskontext* von Theologie: Theologie kann hier Migrationserfahrungen – von MigrantInnen und Nicht-MigrantInnen – als eigenen Ort des Glaubens wahrnehmen lernen. So kann Migration Theologie hervorbringen. Theologie im Kontext von Migration ist kontextuelle Theologie, die sich als Gemeindetheologie ebenso konkretisieren kann wie als Theologie in bestimmten sozialen und politischen Kontexten. Je nach theologischer Schwerpunktsetzung hat sie dann befreiungs-, fremden-, diaspora- u. a. theologische Färbungen. Migration ist ein theologiegenerativer Ort: ein Ort, der nicht nur von der

[62] Die Legitimität einer solchen Sichtweise auf Gaudium et Spes 44 hat Karl Rahner nachgewiesen: Karl Rahner: Zur theologischen Problematik einer „Pastoralkonstitution", in: Karl Rahner: Schriften zur Theologie, Band VIII, Einsiedeln u. a. 1967, 613–637.

[63] Die folgenden Überlegungen transferieren Überlegungen von Norbert Mette und Matthias Sellmann in den theologischen Migrationsdiskurs, vgl. Matthias Sellmann/Norbert Mette: Religionsunterricht als Ort der Theologie – eine Einführung, in: Dieselben (Hg.), Religionsunterricht als Ort der Theologie, 9–22, 11–12.

Theologie zu lernen hat, sondern von dem auch Theologie lernen kann. Rückkoppelungen und neue Fragen entstehen, die von der Theologie aufgenommen werden müssen.

- Migration als *Lernort* für Theologie: Indem Migration Differenz- und Befremdungserfahrungen ermöglicht und Erfahrungen von Unfreiheit, Unrecht und Ungerechtigkeit freilegt, kann sie als grenzüberschreitender Prozess zu neuen Erkenntnissen und Handlungskonsequenzen inspirieren - im Dialog zwischen Theologie und Sozialwissenschaften, Kirche und Gesellschaft, MigrantInnen und Sesshaften, Aufnahmegesellschaft und Minoritäten. Dabei können Formen und Potential eines Christentums entstehen, das tradiert, indem es lernt.
- Migration als *Forschungsgegenstand* von Theologie: In Gemeinsamkeit und in Differenz zu anderen *loci theologici* kann Migration der Theologie zu einer Reflexion und Entwicklung ihres Selbstverständnisses ebenso verhelfen wie sie sodann praxisrelevante Erkenntnisprozesse ermöglicht. Dies ist möglich nur als gemeinsames Projekt aller theologischen Disziplinen.

3.2.3 Migration als biblischer *locus theologicus*

Migration ist auch ein *locus theologicus proprius,* also ein Ort theologischer Erkenntnis, der untrennbar zum *Inneren* des Glaubens gehört. Dazu ist es allerdings notwendig, die konkrete Geschichtlichkeit der Offenbarung ernstzunehmen, d.h. den Entstehungskontext der biblischen Offenbarung nicht nur als kontingente Formalität zu betrachten, von der man jederzeit theologisch abstrahieren kann. Auch die konkrete geschichtliche Situation, in der sich Gott offenbart hat, hat eine normative Dimension. So hat es eine theologische Bedeutung, dass sich die Heilige Schrift und die Vielfalt ihrer Theologien in weiten Teilen der Reflexion von Migrationserfahrungen[64] verdanken, die von Beginn an in jeweils neuen, schwierigen Lebens- und Gesellschaftssituationen fruchtbar gemacht werden, um die jeweilige konkrete Gegenwart in ihrer theologischen Dimension besser zu verstehen.

So entsteht die Mehrheit der biblischen Texte in einem Kontext von Exil, Flucht, Vertreibung, Wanderschaft und Diasporasituationen.[65] Die jüdische wie die christliche Tradition verdanken sich demnach einem spannungsvollen Zusammenspiel von Erfahrungen der Sesshaftigkeit wie der Migra-

[64] Vgl. Norbert Lohfink: Bücherei und Buch zugleich. Die Einheit der Bibel und die neueren deutschen Übersetzungen, in: Norbert Lohfink: Das Jüdische am Christentum. Die verlorene Dimension, Freiburg/Basel/Wien 1987, 217–234. Er spricht von „Exilliteratur".

[65] Vgl. in diesem Sammelband: Migration: Heimkehr zu Gott und seiner Sozialordnung, 107.

tion, die Anlass zur Entstehung von Theologie(n) wurden. Es ist also keine Erfindung, Migration als *locus theologicus* zu verstehen; bereits die Verfasser der Heiligen Schrift denken gewissermaßen „praktisch-theologisch". Ihre theologischen Entwürfe entstehen nicht im luftleeren Raum, sondern sind Reflexionen konkreter geschichtlicher Erfahrungen: zumeist Erfahrungen von Katastrophen, denen auf diesem Weg Sinn und Hoffnung – d. h. immer auch praktische Handlungsperspektiven – abgerungen werden. Im Alten Testament Vertreibung und Exil, Aufbruch und Exodus; im Neuen Testament die Zerstörung des Tempels und die Erfahrungen von Verfolgung und Fremdheit einer Minorität. In diesen Kontexten ereignet sich die Offenbarung Gottes.

Im Alten Testament[66] lassen dessen Verfasser diese Erfahrungen daher von Anfang an einfließen. Vertreibung gehört offenbar von Anfang an zur Geschichte der Menschheit: mit der Erzählung von der Vertreibung Adams und Evas aus dem Paradies (Gen 3) gleich zu Beginn wird dieser Erkenntnis auch theologisch Rechnung gezollt. Bereits hier zeigt sich die Ambivalenz von Migrationserfahrung: Sie wurzelt in der Sünde, der Abwendung des Menschen von Gott – und kann zugleich mit Gott zum Segen werden, denn erst nach der Vertreibung kommt der Mensch zu sich selbst, indem er mit seiner Freiheit bewusst leben lernen muss. Denn nun kann, muss und darf der Mensch gut und böse unterscheiden. Und auch nach der Vertreibung bleibt Gott den Menschen treu.

Migration durchzieht die gesamte weitere Geschichte. Erzählt wird von der Neuansiedlung Noahs und seiner Nachkommen nach der Sintflut (Gen 8), dem Aufbruch von Abraham und Sarah aus Haran (Gen 12), von Jakobs Flucht vor Esau nach Haran (Gen 28) und Josephs Verschleppung nach Ägypten (Gen 37) bis zur Übersiedlung der ganzen Sippe Jakobs nach Ägypten (Gen 46). Paradigmatisch für die theologische Bedeutung von Migrationserfahrungen ist der Auszug der Israeliten aus Ägypten. Flucht aus der Sklaverei, Durchzug nach Palästina (ab Ex 12) und die Offenbarung der Thora im Niemandsland des Sinai: in diesem schmerzvollen Prozess und zwischen den Grenzen erschließt sich die theologische Bedeutung dieser Erfahrungen. Migrationserfahrungen erweisen sich hier als strukturelle Bedingung der Möglichkeit von Gotteserkenntnis. Sie dienen im weiteren Verlauf zur Interpretation der Geschichte Israels. Diese reicht von den Exils-Erfahrungen nach dem Untergang Israels im 8. bzw. 6. Jahrhundert bis zur

---

[66] Vgl. zum Folgenden Ulrich Dehn/Klaus Hock: „Mein Vater war ein heimatloser Aramäer". Religionswissenschaftliche und theologische Anmerkungen zum Thema Migration, in: Zeitschrift für Missionswissenschaft 1–2 (2005), 99–114, 111–112.

endgültigen Vertreibung der Juden aus Judäa mit der zweiten Zerstörung des Tempels um 135 n. Chr.

Alle diese Ereignisse wurden als „Lernerfahrung und Erfahrungsschatz genutzt und verarbeitet“[67] und biblische Theologie wird zu einer „Theologie der Migration“. Migranten-Identität wird zum Bestandteil des Glaubensbekenntnisses.[68] Die eigene Leidenserfahrung wird zu einer „empathischen Xenologie“[69], die sich im Gebot der Gastfreundschaft und einer differenzierten Gesetzgebung für Fremde verdichtet. Diese findet ihren Höhepunkt im Gebot, den Fremden zu lieben wie sich selbst. So hat das im Alten Testament singuläre Gebot der Nächstenliebe *zwei* Gestalten.[70] In Lev 19,18 bezieht sie sich auf den Nächsten, in Lev 19,34 auf den Fremden: „Wenn bei dir ein Fremder in eurem Land lebt, sollt ihr ihn nicht unterdrücken. Der Fremde, der sich bei dir aufhält, soll euch wie ein Einheimischer gelten, und du sollst ihn lieben wie dich selbst; denn ihr seid selbst Fremde in Ägypten gewesen.“ Aus den katastrophischen Erfahrungen werden auch ethische und politische Schlüsse gezogen, die solche Katastrophen fortan verhindern sollen.

Migration bildet also den Erfahrungsraum, der das ethische, spirituelle und theologische Selbstverständnis von Anfang an prägt. Dabei wird Migration keinesfalls theologisch überhöht, d. h. idealisiert. Im Zentrum stehen vielmehr „Wohl und Würde“ des Migranten sowie sein Recht auf einen „Zielort, eine Bestimmung, die nicht sein 'Heimatland' sein muss, die ihn aber zu sich kommen lässt.“[71] Ebenso zentral ist von Beginn an die enge Verbindung von Migrationserfahrungen mit der Frage nach Recht und Gerechtigkeit. Migration eröffnet die Erkenntnis, dass jeder Mensch, unabhängig von Ethnie, Farbe, Geschlecht, Religion das Ebenbild Gottes ist und daher alle Menschen von gleicher Würde sind. Diese schöpfungstheologische Einsicht führt zu dem Schluss, dass daher für Gerechtigkeit zu sorgen ist. Auf diese Weise kann Gott „erfahren“ werden – auch von Menschen ohne Migrationserfahrung. Grundlegend ist die Einsicht, dass religiöses Heil ohne Sorge um Gerechtigkeit in der irdischen Welt nicht möglich ist.

In diesem Sinn ist Migrationserfahrung ein genuiner „Sitz im Leben“ für theologische Erkenntnisse. Sie sensibilisiert in besonderer Weise für die

[67] Ebd., 111.

[68] Vgl. Dtn 26,5–9: „Mein Vater war ein heimatloser Aramäer.“

[69] Dehn/Hock, „Mein Vater war ein heimatloser Aramäer“, 111.

[70] Vgl. zum Folgenden Georg Braulik: Das Volk, das Fest, die Liebe. Alttestamentliche Spiritualität, in: Georg Braulik/Norbert Lohfink: Liturgie und Bibel. Gesammelte Aufsätze (Österreichische Biblische Studien 28), Frankfurt am Main 2005, 29–49.

[71] Dehn/Hock, „Mein Vater war ein heimatloser Aramäer“, 112.

damit verbundenen Glaubenserkenntnisse. [72] Die Erfahrungen von Heimat- und Schutzlosigkeit, Abhängigkeit, Bedürftigkeit sowie Fremdheit lassen die Frage nach Gott offenkundig in besonderer Weise auftauchen. Sesshafte können selbstverständlich ebenso sensibel sein, allerdings erliegen sie oft leichter der Versuchung, sich Gott als Baldachin über ihrer Heimat zurechtzudenken. Aber sie können von MigrantInnen lernen.

Auch das Neue Testament ist von Migrationserfahrung geprägt, wenn auch in anderer Form. So zeigt bereits das Leben des Jesus von Nazareth zahlreiche Merkmale eines „Migranten". Um dies zu verdeutlichen, lässt z.B. der Evangelist Matthäus das Leben Jesu mit der Flucht nach Ägypten beginnen. Als Wanderprediger in Galiläa, fernab vom religiösen Zentrum in Jerusalem, kennt Jesus zudem die Erfahrungen von Unterwegssein, Fremdheit und Heimatlosigkeit. Liegt darin eine Quelle seiner intimen Vertrautheit mit Gott?

Die Heimatlosigkeit wird auch für seine Jünger zur Verpflichtung. Dies ist den Evangelien zufolge die Voraussetzung dafür, das Reich Gottes verkünden zu können. Daher wird das Selbstverständnis als „Fremde" und „Gäste" auf Erden zu einem wesentlichen Merkmal der ersten Christen, auch der sesshaften (Hebr 11,13; 1 Petr 2,11). Die Bedeutung des Unterwegsseins wird auch darin deutlich, dass junge Christengemeinden von ihrer Umgebung „Anhänger des Weges" (Apg 9,2) oder „die den Weg des Friedens" (Lk 1,79) und „den Weg der Wahrheit gehen" (2 Petr 2,2) genannt wurden. Obwohl also die historischen Erfahrungen der ersten Christengemeinden durchaus andere waren als jene der Verfasser des Alten Testaments, werden Migrationserfahrung und die damit verbundenen theologischen Deutungen auch im Neuen Testament zu einer zentralen Interpretationsfolie. Dies wird in der Deutung der auch für die judenchristlichen Gemeinden katastrophalen Erfahrung der Zerstörung des Tempels in Jerusalem deutlich: Den Erfahrungen der darauffolgenden religiösen und sozialen Heimatlosigkeit, den Erfahrungen von Verfolgung, Vertreibung und Ermordung durch die römische Besatzungsmacht werden nicht zuletzt auch mithilfe der alttestamentlichen migrationstheologischen Motive Sinn und Hoffnung abgerungen. Nicht zuletzt wird auch die Ethik der Verantwortung für den Fremden aufgegriffen: Das Verhalten gegenüber Fremden ist sogar beim jüngsten Gericht heilsentscheidend. Mehr noch: Im Fremden

[72] Vgl. Dianne Bergant: Ruth: The Migrant who Saved the People, in: The Center for Migration Studies (Hg.): Migration, Religious Experience, and Globalization, New York 2003, 49–61. Sie arbeitet die Vulnerabilität, die MigrantInnen in besonderer Weise aufweisen, als Bedingung der Möglichkeit für Gotteserfahrung heraus.

begegnet der Gläubige Christus selbst (Mt 25). Das alttestamentliche Motiv, dass im Fremden Gott selbst begegnet, wird hier weitergeführt.

Auch die Theologie des Apostels Paulus ist eng mit Migrationen verbunden, desgleichen die Verbreitung des christlichen Glaubens. Als erster „international" wandernder Apostel verdichtet er seine „Migrationserfahrungen", die ihn die Pluralität und damit verbundenen Konflikte der Welt erkennen lassen, in eine Theologie von der Einheit der Menschheit in ihrer Verschiedenheit in Christus (z.B. Gal 3,28; Kol 3,10–11). Der rabbinisch gelehrte Paulus greift dabei auf eine weitere theologische Erkenntnis „seiner" Thora zurück, die die Erzählung von der „Migrations-Geschichte" des auserwählten Israel ebenfalls in einen universalmenschheitlichen Horizont eingebettet hat. Genau darin besteht ja die Sendung von Juden wie Christen: Exemplarisch die Einheit der Menschen mit Gott und untereinander sichtbar zu machen und das dafür erforderliche Ethos zu leben und unter den Völkern zu verbreiten. Dabei spielt das Unterwegs-sein eine Schlüsselrolle.

Auch das missionarische Selbstverständnis des Christentums hängt untrennbar mit Migrationserfahrungen zusammen. Die Verbreitung des Glaubens unter den Heiden vollzog sich nicht zuletzt auch durch Migrationen und wurde im weiteren als Verwirklichung des universalen Sendungsauftrages der Kirche gedeutet. Migration ist daher ein wichtiger *locus theologicus* für christliche Missionstheologie. Bis in die Patristik hinein kennt die junge Kirche daher eine Spiritualität der Migration:[73] Sie versteht sich in ihrer Partikularität als universale Kirche, die immer nur provisorisch inkarniert und in eine pilgernde Kirche eingebettet ist. Darin stellt sie ein Zeichen der Hoffnung dar. Denn als solcherart „katholische" Kirche ist sie bereit zur Aufnahme unterschiedlichster Menschen und Völker und lässt in und mithilfe der damit verbundenen Unterschiede Gemeinschaft entstehen. Im Zuge der Sesshaftwerdung und Machtakkumulation ist dieses migratorische Erbe freilich in Vergessenheit geraten. Das Christentum ist seinem Selbstverständnis nicht immer treu geblieben. Der jahrhundertelange christliche Antijudaismus, der Umgang mit Anders-Gläubigen gibt dafür Zeugnis. Die Kirche wurde zur Vertreiberin und Verfolgerin.

Ohne hier nun auf die Folgen dieser Überlegungen für die Bibelhermeneutik eingehen zu können, lässt sich sagen, dass Migration spezifische Möglichkeiten der Gotteserfahrung erschließt. Dabei wird das Phänomen durchaus differenziert und kontextsensibel interpretiert. Migration wird

[73] Carmen Lussi: Die Mobilität der Menschen als theologischer Ort. Elemente einer Theologie der Migration, in: Concilium 5 (2008), 551–562, 557, zitiert die brasilianische Theologin Analita Candaten.

sowohl als Fluch wie auch als Segen wahrgenommen. Sie entwurzelt Menschen, macht sie verwundbar und führt Unrecht, Ungerechtigkeit, Gewalt, kurz: die Sünde des Menschen vor Augen. Zugleich erschließt sie sich als Weg der Gnade Gottes, der im Kontext von Migration seine Treue ebenso erfahren lassen wie Ressourcen der Liebe und Solidarität freigesetzt werden können. Theologisch gedeutete Migrationserfahrungen können, wie z. B. bei den Propheten, die Hoffnung auf die Einheit der Menschheit wecken und als Verheißung für die Zukunft verzweifelten Menschen Perspektiven eröffnen: Migrationen können dabei helfen, dass die Menschheit ihre Einheit erkennt. Migration hat Juden wie Christen Lernwege mit Gott eröffnet: Gelernt wurde dabei, was Glaube und Gerechtigkeit, Liebe und Hoffnung konkret bedeuten können. Diese Erfahrungen können auch für die Gegenwart fruchtbar gemacht werden, wenn auch unter anderen Rahmenbedingungen. Migration kann MigrantInnen und Sesshafte lehren, auf neue Weise glauben zu lernen. Auch heute.

4. Anfragen an die Theologie

Die globalen Migrationsprozesse der Gegenwart eröffnen Orte, an denen sich Theologie bewähren kann und muss. Sie können zu einem Knotenpunkt werden, an dem sich alle theologischen Disziplinen beteiligen. Die Praktische Theologie kann dazu spezifische Fragestellungen einbringen. Exemplarisch sei hier ein Aspekt ausgeführt: die theologische Relevanz konkreter Migrations-Erfahrungen. Wie verändert sich eine Theologie, die den Menschen – den Zuwanderern und den „Eingeborenen" – zuhört? Wie sieht eine Theologie aus, die sich von konkreter Freude und Hoffnung, Trauer und Angst im Kontext von Migration erzählen lässt? Wenn Migration ein theologiegenerativer Ort ist, bedarf sie der Stimmen aller von Migration Betroffenen, insbesondere der MigrantInnen selbst, die es der Theologie ermöglichen, zu sich selbst zu kommen.

Die folgenden Zitate entstammen den 24 Interviews meines Forschungsprojektes „Religiosität und Migration. Eine qualitativ-empirische Studie."[74]

> „Als die Fachinspektorin zu mir in den Unterricht gekommen ist, hat sie mich nachher gelobt, wie gut mein Deutsch ist. Kein Wort zu meinem Un-

[74] Regina Polak: Religiosität und Migration. Eine qualitativ-empirische Studie. Unveröff. Werkstattbericht, Wien 2013.

terricht. Wie lange muss ich eigentlich hier leben, um nicht mehr als Migrantin wahrgenommen zu werden?“
Katholische Religionslehrerin aus Kroatien, seit 20 Jahren in Wien
„Ich werde immer ein Fremder bleiben. Auch in meiner Kirche. Da kann ich mich noch so sehr anpassen. Das ist bitter. Aber wir sind nicht nur für die Folklore da, wir möchten auch pastoral etwas sagen.“
Katholischer Priester aus Kroatien, seit 15 Jahren in Wien
„Es ist schön, anders zu sein. Meine Flucht aus Bosnien und das leben Lernen in der neuen Heimat waren zwar nicht einfach, aber ich habe dabei gelernt, wie reich und vielfältig das Leben sein kann.“
Deutschlehrerin aus Bosnien, während des Jugoslawien-Krieges nach Wien geflohen
„Ich verstehe mich nicht als Migrantin. Das tun die Anderen. Migrantin sein heißt, ein Problem sein.“
Serbin, während des Jugoslawien-Krieges nach Wien geflohen

Diese Aussagen sind nur ein kleiner Einblick in die Vielfalt der Stimmen sogenannter MigrantInnen, die theologisch viel zu denken geben und neue Perspektiven auf die Tradition eröffnen. Die Theologie könnte sich im Weiteren z. B. fragen:

- Die Frage nach der theologischen *Sprache:* Wie spricht die Theologie *über* Menschen mit Migrationsgeschichte? Entwickelt sie ihre Theorien auch im Gespräch oder gar im Zusammenleben *mit* ihnen?
- Die Frage nach der Bedeutung des *Konkreten:* Welche Bedeutung haben konkrete Biographien für die einzelnen theologischen Fächer? Welche theologische Relevanz haben religiöse Erfahrungen von MigrantInnen?
- Die Frage nach dem *Subjekt der Theologie:* Wie können Menschen mit Migrationserfahrung ermutigt werden, eigene Theologien zu entwickeln?
- Die Frage nach der *Methode:* Wie kann den Migrationserfahrungen von Menschen in der Wissenschaft angemessen Rechnung gezollt werden?
- Die Frage nach der *Hermeneutik:* Wie kann Theologie auf Migrationserfahrungen reagieren, ohne auf Stereotypen zurückzugreifen oder die vielen auftauchenden Fragen zu rasch zu beseitigen?
- Die Frage nach der *kirchlichen Rückbindung:* Wie nehmen Theologie und Kirche Menschen mit Migrationsgeschichte in den eigenen Reihen wahr? Wie lassen sie diese teilhaben?
- Die Frage nach der *Katholizität:* Wie geht Theologie mit den kulturellen Unterschieden um, die es auch innerhalb der Katholischen Kirche gibt? Was trägt sie bei zur Einheit inmitten dieser Verschiedenheit?

- Die Frage nach *Gott:* Wie zeigt sich die Gottesfrage in den Migrations-Erfahrungen? Wie kann man angesichts dieser Erfahrungen über Gott (nicht) sprechen?
- ....usw.

Wenn die Theologie Menschen mit Migrationsgeschichte zuhört, verändert sie sich. In diesem Sinne kann jede Theologie „praktisch" werden, d.h. der Tatsache Rechnung zollen, dass sich die Wahrheit des Glaubens immer situations- und ortsgebunden, also konkret mitteilt und getan wird. Damit stellt sich zugleich die Frage nach einer migrationssensiblen Theologie.

Eine migrationssensible Theologie kann und darf damit rechnen, dass Gott inmitten von Migrationsprozessen unerkannt begegnet und neue Perspektiven, vertiefte Einsichten in den Glauben eröffnen kann. Menschen mit Migrationsgeschichte und -erfahrung können jene ExpertInnen sein, von denen *Gaudium et Spes* 44 sagt, sie seien nötig für ein tieferes und besseres Offenbarungsverständnis. Sie sind die sogenannten „Anderen", derer die sesshaften ChristInnen bedürfen, um ihren Glauben besser und tiefer verstehen zu lernen.

Als sogenannte „Fremde" fordern sie dabei zunächst zur diakonalen Pro-Existenz heraus. Aber Menschen mit Migrationsgeschichte sind nicht bloß „Fremde", für die zu sorgen ist. Mögen sie zunächst fremd sein und in vielem auch fremd bleiben, sind sie doch vorrangig *Mit*-Menschen. *Von* und *mit* ihnen kann im Zusammenleben gelernt werden, was Menschsein und Christsein auch bedeutet: Ungesichertheit, Unterwegs-Sein, Aufbruch ins Ungewisse – in der Hoffnung auf ein gutes Leben. Die Frage nach den Gründen solcher Hoffnung (1 Petr 3,15) verändert sich im Kontext von Migration. Migration verändert die Wahrnehmung und das Bezeugen Gottes. Nachfolgepraxis gerät in Bewegung, nicht nur geistig. Neue Dimensionen der göttlichen Wirklichkeit werden sichtbar, z.B. Gottes Fremdheit und zugleich Nähe bei der menschlichen Pilgerfahrt des Lebens; oder die Fremdheit des heimatlosen Christus. Migration eröffnet die Möglichkeit zu spiritueller Transformation und erschließt neue Weisen und Wege der Verkündigung. MigrantInnen erzählen Neues über Gottespräsenz und Gottesverlust. Einheimische werden daran erinnert, dass alles auch ganz anders sein könnte. Sie lernen, wie vielfältig Christsein gelebt werden kann. Sie lernen die Ungesichertheit und Zerbrechlichkeit des Lebens erkennen. Gemeinsam können Menschen mit und ohne Migrationsgeschichte dank ihrer Unterschiede Schöpfungs- und Heilsgeschichte mitschreiben üben. Sie werden zu „Con-Creatores".[75]

Die Geschichten und Erfahrungen, die dabei entstehen, bereichern und verändern die Theologie. Sie eröffnen den Weg zu einer bescheidenen Theologie. Eine solche scheut keinesfalls das Risiko, öffentlich für das von ihr als wahr Erkannte einzutreten. Aber zugleich weiß sie, dass sie Gottes Anwesen in der Gegenwart nicht perfekt und vollständig erklären und dass sie irren kann. Sie weiß, dass sie der Anderen bedarf, um zu ihren Erkenntnissen zu gelangen. Eine bescheidene Theologie weiß, dass sie den riskanten Dienst leisten kann und muss, die verborgene Präsenz Gottes in der Welt behutsam zu erschließen. Sie gibt Zeugnis. Aber die Form dieses Zeugnisses verändert sich. Die Theologie ist sich deren Zeitgebundenheit und Fragmentarität bewusst. Sie stellt Fragen und lässt sich in Frage stellen. Da bleiben Fragen offen, da gibt es Brüche, da lässt sich das Geheimnis Gottes erahnen. Das alles ist eine riskante Aufgabe. Aber ohne diesen Versuch, die Gegenwart zu verstehen, muss und wird Gott den Menschen in der Welt heute fremd bleiben. Ohne das Risiko der Erkenntnis des lebendigen Gottes in der Gegenwart – im Phänomen Migration – droht die Gefahr, einen Leichnam zu verehren.

[75] Grundbegriff in der Schöpfungstheologie von Dorothee Sölle: Lieben und Arbeiten. Eine Theologie der Schöpfung, Stuttgart 1985.

Migration: Herausforderung für Theologie und Kirche

Erschienen in: Diakonia 3 (2011) (42. Jg.), 150–157.

1. Das Phänomen

Die globalen Prozesse von Flucht und Migration verlangen nach einer fundiert theologischen Auseinandersetzung und einer migrationssensiblen Theologie: als fächerübergreifendes Kooperationsprojekt *aller* theologischen Disziplinen.

Den folgenden Beitrag habe ich 2011 für die Fachzeitschrift „Diakonia" verfasst. Die Anliegen, die ich damals darin formuliert habe, sind nach wie vor aktuell. Mit der Flüchtlings- oder besser: Solidaritätskrise, die seit Herbst 2015 Politik, Gesellschaften und Medien in Europa beschäftigt, haben zwischenzeitlich nun zwar auch vermehrt deutschsprachige TheologInnen begonnen, sich systematisch und organisiert mit dieser Thematik zu befassen[1]; aber die theologische Aufmerksamkeit, die dem Ausmaß dieses Phänomens gebührt – nicht zuletzt aufgrund seiner engen Zusammenhänge mit anderen globalen Überlebensfragen wie z. B. dem Klimawandel oder der Krise der Finanzsysteme, aber auch als Querschnittsmaterie der Theologie[2] – hält sich in überschaubaren Grenzen. Flucht und Migration ist allem voran nach wie vor schwerpunktmäßig ein Thema der Sozialethik, der Religionspädagogik sowie der Missionswissenschaften, die zu den Pionieren der Auseinandersetzung mit dieser Thematik zählen, aber weitgehend an der Peripherie des innertheologischen Diskurses wirken.

Mit dem Besuch von Papst Franziskus auf Lampedusa haben Flucht und Migration 2013 auch einen zentralen kirchlichen und theologischen Stellenwert bekommen. Angesichts der globalen Migrationsbewegungen er-

[1] Die Katholische Universität Eichstätt-Ingolstadt konzipiert derzeit ein Kompetenzzentrum für „Flucht und Migration": URL: http://www.ku.de/flucht-migration/ (30.06.2017); die Katholisch-Theologische Fakultät der Universität Tübingen entwickelt ein interdisziplinäres Forschungsnetzwerk zu „Migration und Bildung". In den Studienplänen der Katholisch-Theologischen Fakultät der Paris Lodron Universität Salzburg wiederum wird der Thematik in nahezu allen Fächern breiteste Aufmerksamkeit geschenkt, vgl. URL: http://www.uni-salzburg.at/index.php?id=44895 (30.06.2017).

[2] So verändern sich beispielsweise mit der Internationalisierung der Studierenden auch die kirchlichen und theologischen Vorkenntnisse, Erfahrungen und Zugangsweisen in den Hörsälen, was für jedes Fach neue Fragestellungen und Herausforderungen eröffnet, auf die man in Forschung und Lehre eingehen müsste.

mutigt er zu einer „Globalisierung der Nächstenliebe"[3]. Seine mitunter harsche Kritik an Europa und dessen Umgang mit Flüchtlingen und MigrantInnen finden aber trotz der Dringlichkeit der Agenda vergleichsweise wenig Resonanz bei europäischen KatholikInnen. Zwar hat im Frühjahr 2016 die Deutsche Bischofskonferenz „Leitsätze des kirchlichen Engagements für Flüchtlinge"[4] beschlossen. Der „Päpstliche Rat der Seelsorge für Migranten und Menschen unterwegs"[5] verfasst seit Jahren eine Fülle von Lehrschreiben und Empfehlungen zur Thematik „Flucht und Migration", die der Wahrnehmung auf der Ebene der Gläubigen harren.[6] Und das Engagement kirchlicher Organisationen, Gemeinden und Orden im deutschsprachigen Raum ist beeindruckend. Aber mehrheitsfähig sind all diese migrationsfreundlichen Positionen in der katholischen Bevölkerung keineswegs. Dies belegen unzählige unwirsche bis ausländerhassende Beschwerdeanrufe und -schreiben an kirchliche Stellen, aber auch Stellungnahmen von Journalisten und Politikern, die sich traditionell als „katholisch" verstehen. Das kirchliche Engagement für Flüchtlinge und MigrantInnen wird sinngemäß nicht selten als „naives Gutmenschentum" abqualifiziert[7] bzw. etwas akademischer formuliert als „Gesinnungsethik" verunglimpft, womit ihm Verantwortungslosigkeit vorgeworfen wird – ohne die Gesinnung der Verantwortungsethiker transparent zu machen.[8] Ganz zu schweigen von jenen Bischöfen in Ostmitteleuropa, v.a. in Polen, Ungarn, Slowakei und Tschechien[9], die die migrationspolitischen Positionen des

---

[3] Predigt von Papst Franziskus auf Lampedusa, vgl. URL: https://w2.vatican.va/content/francesco/de/homilies/2013/documents/papa-francesco_20130708_omelia-lampedusa.html (2017).

[4] Deutsche Bischofskonferenz: Leitsätze für kirchliches Engagement für Flüchtlinge (18.02.2016), vgl. URL: http://www.kh-freiburg.de/uploads/media/Leitsaetze_final.pdf (30.06.2017).

[5] Jüngstes Dokument: Päpstlicher Rat der Seelsorge für Migranten und Menschen unterwegs/ Päpstlicher Rat Cor Unum: In Flüchtlingen und gewaltsam Vertriebenen Christus aufnehmen. Richtlinien für eine Seelsorge, Vatikanstadt 2013.

[6] Eine kompakte Übersicht bietet das Internetportal der Konferenz Weltkirche, URL: http://weltkirche.katholisch.de/Themen/Flucht-und-Asyl (30.06.2017).

[7] In Österreich z.B. Hans Winkler: Mildtätigkeit ohne Politik ist keine Lösung, in: „Die Presse" vom 16.06.2016, URL: http://diepresse.com/home/meinung/gastkommentar/5013692/Mildtaetigkeit-ohne-Politik-ist-keine-Losung; regelmäßige kirchenkritische Kommentare von Rudolf Mitlöhner in der österreichischen Wochenzeitschrift „Die Furche".

[8] Ohne diese Begriffe in jenem korrekten Sinn zu verwenden, die diese bei deren Urheber Max Weber haben, vgl. Max Weber: Politik als Beruf. Stuttgart 1999 (1919).

[9] So sprach z.B. im September 2015 der ungarische Bischof Laszlo Kiss-Rogo von einer „muslimischen Invasion", vgl. URL: http://www.faz.net/aktuell/politik/fluechtlingskrise/kritik-an-papst-franziskus-ungarischer-bischof-spricht-von-invasion-muslimischer-fluechtlinge-13790835.html (30.06.2017); der polnische Bischof Piotr Libero verglich im Dezember 2015 muslimische Flüchtlinge mit deutschen Kreuzrittern, vgl. http://www.cicero.de/weltbuehne/fluechtlinge-polen-tueren-zu-im-christenland/60248 (30.06.2017) und repräsentiert mit

Papstes schlichtweg ablehnen.[10] Die Mehrheit der ChristInnen in Europa scheint sich in Bezug auf ihre Einstellungen nicht von jener Mehrheit der Bevölkerung zu unterscheiden, die der Aufnahme von Flüchtlingen und dem Zuzug von MigrantInnen ablehnend gegenüber stehen.[11]

Diese Situation lässt erkennen, wie wenig migrationstheologische Motive in Kirche und Pastoral als konstitutiv für den christlichen Glauben be- und anerkannt sind. Hier besteht Forschungs-, Bildungs- und Handlungsbedarf. Ein praktisch-theologischer Zugang zu Flucht und Migration kann und möchte dabei aus empirischer Perspektive die anstehenden Herausforderungen theologisch reflektieren und Flucht und Migration als theologiegenerierenden Ort bewusstmachen. Einige basale Elemente einer solchen Praktischen Theologie, wie ich sie 2011 formuliert habe, sollen daher hier kompakt nochmals in Erinnerung gerufen werden.

Die europäischen Gesellschaften haben sich bereits vor Herbst 2015 in einem Transformationsprozess hin zu einem Selbstverständnis als Migrationsgesellschaften befunden. Migration verändert seit längerem die sozialen, kulturellen und religiösen Verhältnisse nachhaltig, ohne dass dies mit Blick auf die Mehrheitsgesellschaft gezielt erforscht worden wäre. Freilich, die strukturell notwendigen Antworten auf Migration – in den institutionalisierten Bereichen von Recht, Politik oder Bildung – erfolgten allerdings mehr als schleppend. Mit viel Widerstand Europa schien dennoch zu lernen, dass Migration, wie in vielen Ländern dieser Erde, eine „normale“ Lebensrealität ist.[12] Aversive Reaktionen der Menschenfeindlichkeit – Xenophobie, (antimuslimischer) Rassismus, Antisemitismus – gab es ebenfalls bereits vor 2015.[13]

---

seiner Ablehnung der Aufnahme von Flüchtlingen die Mehrheit der polnischen Geistlichen; in Tschechien und der Slowakei konzentrierten sich die Bischöfe v. a. auf die Aufnahme von christlichen Flüchtlingen, vgl. URL: https://www.evangelisch.de/inhalte/129466/16-12-2015/kirchen-tschechien-und-der-slowakei-tun-sich-schwer-mit-fluechtlingen (30.06.2017).

[10] Zur besseren Vernetzung der in der Flüchtlingshilfe engagierten Gläubigen veranstalteten die Katholische Aktion Österreich und das Zentralkomitee der Deutschen Katholiken von 29.09. – 02.10.2016 daher in Kärnten eine Konferenz „Ich war fremd und ihr habt mich aufgenommen“. Fachleute, TheologInnen und in der Flüchtlingsarbeit Engagierte aus ganz Europa sowie aus den Herkunftsländern der Flüchtlinge nahmen teil und besuchten auch eine Grenzstation.

[11] Vgl. Studie des Markt- und Meinungsforschungsinstitutes IPSOS vom Sommer 2016, vgl. „Europäer sehen Zuwanderung besonders kritisch“, URL: http://www.zeit.de/gesellschaft/2016-08/zuwanderung-migration-internationale-umfrage-europa (30.06.2017).

[12] So begann man in Österreich und Deutschland nach den Versäumnissen der vergangenen Jahrzehnte bei der Integration der sogenannten „GastarbeiterInnen“ gezielt ambionierte und erfolgreiche Integrationsprogramme lokal, regional und national umzusetzen.

[13] Vgl. dazu das Langzeitprojekt der Universität Bielefeld: Wilhelm Heitmeyer: Deutsche Zustände. 10 Bände. Berlin 2002–2011, das zehn Jahre lang das Phänomen „gruppenbezogener

Seit Herbst 2015 hat sich die Situation in Europa und auch im deutschsprachigen Raum aber drastisch verändert. Die Ankunft schutzsuchender Menschen wird von einer wachsenden Mehrheit als Bedrohung wahrgenommen; nicht zuletzt deshalb, weil Regierungen um ihre Macht fürchten, sich von rechtspopulistischen und neofaschistischen Parteien und Bewegungen vorantreiben lassen und infolgedessen meinen, in erster Linie auf Abgrenzungs- und Abschottungsmaßnahmen setzen zu müssen. Mit ihrer Politik der Flüchtlingsabwehr sind sie dafür verantwortlich, die aufkeimende migrationsfreundlichere Stimmung massiv unterbrochen zu haben und Menschenfeindlichkeit salonfähig zu machen.[14] So dominieren derzeit – ungeachtet des ungebrochenen Engagements maßgeblicher Teile der Zivilgesellschaft[15], das in den Medien kaum mehr zur Sprache kommt – flüchtlings- und migrantinnenstigmatisierende Diskurse den (ver)öffentlich(t)en Raum. Statt auf der Ebene der Europäischen Union alle Staaten zu einer solidarischen gerechten internationalen Lastenverteilung zu verpflichten, die Flucht- und Migrationsursachen entschieden zu bekämpfen und im Sinne der Integration alle gesellschaftlichen und politischen Kräfte zu bündeln, wurde im Sommer 2016 in Europa um Burkini- und Burkaverbote gestritten. Die verantwortlichen Politiker versuchen, Kriege und Terror, globale Armut und Perspektivlosigkeit auf dem Körper von Frauen zu lösen. Besorgniserregend ist dabei das Phänomen der „shifting baselines"[16], i. e. die schleichende Veränderung normativer Standards, d. h. auch

Menschenfeindlichkeit" untersucht hat; das Langzeitprojekt „Mitte-Studien Leipzig", das seit 2002 Rechtsextremismus in Deutschland untersucht; jüngste Publikation: Oliver Decker/Johannes Kiess/Elmar Brähler: Die enthemmte Mitte. Autoritäre und rechtsextreme Einstellung in Deutschland, Gießen 2016, URL: https://www.boell.de/de/2016/06/15/die-enthemmte-mitte-studie-leipzig (30.06.2017).

[14] Die Europäische Wertestudie 2010 hat nachgewiesen, dass der maßgebliche Faktor bei der Stärkung rechtspopulistischer Bewegungen und Parteien das Vordringen fremdenfeindlicher Diskurse in die Mitte der Gesellschaft ist und durch die Mainstream-Parteien forciert wird, die diese Diskurse übernehmen, vgl. Sieglinde Rosenberger/Gilg Seeber: Kritische Einstellungen: BürgerInnen zu Demokratie, Politik, Migration, in: Regina Polak (Hg.): Zukunft. Werte. Europa. Die Europäische Wertestudie 1990–2010: Österreich im Vergleich. Wien 2011, 165–190.

[15] Für Deutschland hat die Bertelsmann-Stiftung dazu eine Studie vorgelegt, der zufolge sich bis Ende 2015 8 Millionen Deutsche ehrenamtlich in der Flüchtlingshilfe engagierten: Bertelsmann-Stiftung: Koordinationsmodelle und Herausforderungen ehrenamtlicher Flüchtlingshilfe in den Kommunen. Qualitative Studie des Berliner Instituts für empirische Integrations- und Migrationsforschung, URL: http://www.bertelsmann-stiftung.de/fileadmin//files/BSt/Publikationen/GrauePublikationen/Koordinationsmodelle_und_Herausforderungen_ehrenamtlicher_Fluechtlingshilfe_in_den_Kommunen.pdf (30.06.2017).

[16] Harald Welzer: Das Shifting-Baselines-Syndrom – Einführung in ein heuristisches Konzept, URL: http://webcache.googleusercontent.com/search?q=cache:AwAFSSHF7mEJ:www.springer.com/cda/content/document/cda_downloaddocument/9783658032463-c1.pdf%3FSGWID%3D0-0-45-1426317-p176436897+&cd=2&hl=de&ct=clnk&gl=de (30.06.2017).

moralischer Grenzen, in der öffentlichen Wahrnehmung und Handhabung von Flucht und Migration.[17] Dies führt dazu, dass man sich als moralisch integer auch dann noch fühlen kann, wenn bestimmte Grenzen – wie z. B. die rechtliche Anerkennung der Genfer Flüchtlingskonvention – in Theorie und vor allem Praxis schon längst überschritten sind und ignoriert werden.

In dieser Situation daran zu erinnern, dass nicht nur die individuelle Hilfestellung, sondern auch die gesellschaftliche und politische Verantwortung für Flüchtlinge und MigrantInnen zutiefst christliche Aufgabe sind; vielleicht sogar noch darauf zu hoffen, dass die Ankunft von MigrantInnen und Flüchtlingen für alle – auch die Mehrheitsgesellschaft – ein humanisierendes Potential sowie eine Chance zu sozialem, kulturellem, politischem, ökonomischem und religiösem Wachstum bergen, erscheint nachgerade „naiv" und wird vielerorts lächerlich gemacht. Aber wie schrieb Friedrich Nietzsche: „Das Gute missfällt uns, wenn wir ihm nicht gewachsen sind."[18] Wer sich den moralischen Ansprüchen des Phänomens, und seien diese noch so komplex, nicht gewachsen fühlt, muss jene, die das tun, demzufolge abwerten. Angst, Überforderung, Ohnmacht sind angesichts der Schwierigkeit der Situation legitim. Daraus die Reduktion politischer Moralität abzuleiten, ist illegitim. Bemerkenswert ist in diesem Zusammenhang freilich, dass jene, die sich aktiv im Flüchtlingsbereich engagieren, deutlich weniger Angst und Ohnmacht empfinden als die passiven Beobachter.[19]

Ich bin jedoch zutiefst davon überzeugt, dass Europa und seine BewohnerInnen fähig sind, sich inmitten dieser Krise im „Guten" zu bewähren. Neben der Aufnahme von Flüchtlingen und deren rascher Integration sowie einer nicht nur ökonomisch und politisch, sondern auch international und human verantwortlichen Migrationspolitik gehört dazu freilich auch die klare und nüchterne Benennung der Schwierigkeiten, vom patriarchalen Ehre-Ethos und der Frauenverachtung mancher Flüchtlinge bis zum Antisemitismus vieler ankommender Muslime. Aber Machismus und Antise-

[17] Besonders deutlich wird das z. B. in den in Österreich nahezu wöchentlich vorgeschlagenen Maßnahmen zur Verschärfung des Asylrechtes, die von einer schrittweisen Desensibilisierung zeugen: denn von einem Recht auf Asyl und dem damit verbundenen Recht auf möglichst rasche Integration in die Aufnahmegesellschaft, wie sie die Genfer Konvention vorsieht, ist kaum mehr die Rede: Notverordnung, Strafrecht gegen illegale Migranten, Mindestsicherung reduzieren, Ein-Euro-Job, Abschiebung, Grenzmanagement, militärischer Grenzeinsatz .... Vgl. zu diesen Entwicklungen: Klaus Heidegger: Argumentarium zur Flüchtlings- und Asylpolitik in Österreich, URL: http://www.klaus-heidegger.at/?p=2381 (30.06.2017).

[18] Friedrich Nietzsche: Menschliches, Allzumenschliches. Ein Buch für freie Geister. Erster Band, Zweite Abteilung. Vermischte Meinungen und Sprüche (1878–1880). (Kritische Studienausgabe von Giorgio Colli und Mazzino Montinari). Berlin 1999.

[19] Vgl. Bertelsmann-Stiftung, Koordinationsmodelle und Herausforderungen ehrenamtlicher Flüchtlingshilfe in den Kommunen.

mitismus lassen sich ja auch in der Aufnahmegesellschaft finden. Desgleichen bedarf es einer entschiedenen Bekämpfung des aufkeimenden Rechtsextremismus, der sich in einer wachsenden Zahl von Übergriffen auf MigrantInnen und Flüchtlingsheime sowie Moscheen zeigt. Zu einer solidarischen Anstrengung, sich dem globalen Phänomen Migration und Flucht konstruktiv und mehrdimensional zu stellen und einen angemessenen europäischen Beitrag zu leisten, gibt es keine Alternative.

Hoffnungsvoll stimmt mich in diesem Zusammenhang, dass die Mehrheit der jungen Menschen – empirisch nachgewiesen für Deutschland – anders „tickt“ als die alternde Bevölkerung, die möglicherweise in ihrer wohl erarbeiteten Ruhe nicht gestört werden möchte. Während die erwachsene Bevölkerung Zuwanderung mehrheitlich ablehnt und die anstehenden Veränderungen abblockt, blicken laut der jüngsten Shell-Studie 2016[20] junge Deutsche optimistischer in die Zukunft, interessieren sich trotz hoher Politikverdrossenheit wieder mehr für Politik und sprechen sich sogar für (mehr) Zuwanderung aus. Diese jungen Menschen scheinen die „Zeichen der Zeit“ zu verstehen.

2. Praktisch-Theologische Beiträge, ein erster Versuch

Eine Praktische Theologie der Migration bedarf zunächst einer interdisziplinären Auseinandersetzung mit dem Phänomen. Seit Jahrzehnten erforschen zahlreiche Disziplinen – Soziologie, Kulturanthropologie, Politikwissenschaft, Psychologie, Geographie, Geschichte, Bildungswissenschaft, Religionswissenschaft uvm. – Migration aus unterschiedlichen Perspektiven und mit heterogenen Methoden, sodass sich zwischenzeitlich eine eigene Disziplin der Migrationsforschung entwickelt hat. Die deutschsprachige (Pastoral)Theologie hat diese Entwicklungen weitgehend „verschlafen“ und bis auf wenige Ausnahmen kaum rezipiert. Einzig Paul Zulehner hat bereits 1990 in seiner „Pastoralen Futurologie“ die Ankündigungen des „Club of Rome“ aufgegriffen:

[20] Shell-Studie 2016, Zusammenfassung: URL: http://www.shell.de/ueber-uns/die-shell-jugendstudie/multimediale-inhalte/_jcr_content/par/expandablelist_643445253/expandablesection_1535413918.stream/1456210063290/ace911f9c64611b0778463195dcc5daaa039202e320fae9cea34279238333aa4/shell-jugendstudie-2015-zusammenfassung-de.pdf (30.06.2017). Dazu auch Harald Welzer/Richard David Precht: Jugend an die Macht!, in: „Die Zeit“ vom 19. März 2016, URL: http://www.zeit.de/2016/13/migration-debatte-gefluechtete-zuversicht-jugend (07.06.2017).

„Große Wanderbewegungen sind vorhersehbar, und das nicht nur aus Gründen der politischen, rassistischen oder religiösen Verfolgung, sondern um des wirtschaftlichen Überlebens willens. Solche Wanderbewegungen werden künftig in Europa nicht nur aus dem Osten in den Westen, sondern noch mehr aus dem Süden in den Norden stattfinden. Die demographische Entwicklung ist im Süden der Erde eine andere als im Norden. Bis Mitte des kommenden Jahrhunderts werden die Bewohner der heutigen Industrieländer nicht einmal mehr 20% der Weltbevölkerung stellen. Das schafft einen enormen Bevölkerungsdruck, der in Verbindung mit fehlender Chancengleichheit sowie von Tyrannei und Unterdrückung massiven Auswanderungswillen in Richtung Norden auslösen wird, der sich nicht eindämmen lässt.

Unsere Nachkommen werden vermutlich Massenwanderungen ungekannten Ausmaßes erleben. Dieser Prozess hat bereits begonnen, denken wir nur an die boat-people aus dem Fernen Osten, an die Mexikaner, die illegal in die Vereinigten Staaten kommen, und an die Asiaten und Afrikaner, die nach Europa drängen. Man kann sich unschwer ausmalen, dass im Extremfall unzählige ausgehungerte und verzweifelte Immigranten mit Booten an den Nordküsten des Mittelmeeres landen werden."[21]

Die langjährige Migrations-Forschung gilt es zur Kenntnis zu nehmen, ehe man sie mit theologischen Hermeneutiken in einen kritischen Dialog bringt. Zusätzlich braucht es eigenständige praktisch-theologische, v.a. verstärkt empirische Forschung, da die Migrationswissenschaft v.a. im Bereich Religion und Kirchen einen blinden Fleck bzw. eine einseitige Konzentration auf den Islam aufweist. Kirchliche Flüchtlingsarbeit, die Auswirkungen von Zuwanderung auf kirchliche Gemeinden und Diözesen, dementsprechende Entwicklungen in der Liturgie, interreligiöser Dialog in einer Migrationsgesellschaft – all dies sind Zukunftsthemen, zu denen es bisher im deutschsprachigen Raum nur wenig empirische Forschung und theologische Reflexion gibt.

Für diesen Beitrag streiche ich drei Perspektiven heraus, die für die Praktische Theologie in besonderer Weise relevant sind:

[21] Hier zitiert nach Alexander King u.a.: Die globale Revolution, in: Spiegel Spezial 2/1991: Bericht des Club of Rome 1991, 42 f.

2.1 Migration als gesellschafts- und kirchenverändernder Prozess

Migration ist ein Prozess, in dem einzelne oder mehrere Menschen ihren Lebensmittelpunkt für längere Zeit an einen anderen Ort versetzen. Migrationen lassen sich unterschiedlich klassifizieren: nach ihrer Motivlage (autonome individuelle oder kollektive Entscheidung oder Zwang durch systemische Logiken, Herrschafts- oder Gewaltzusammenhänge, d. h. Flucht, Asyl, Vertreibung), nach ihrer Organisationsform (Anwerbemigration, Familiennachzug, irreguläre Migration) oder nach ihrer raum-zeitlichen Dimension (zirkuläre Migrationsformen wie Pendel- oder Saisonarbeit, dauerhafte Aus- oder Einwanderung, kurzfristige räumliche Mobilität, transnationale Mobilität).

Migration verändert zunächst das Leben von MigrantInnen und Flüchtlingen. Deren Erfahrungen und Ängste finden allerdings in Forschung, Politik und Medien kaum Gehör. Die Erfahrungen von Fremdheit – fremdes Land, fremde Kultur, fremde Sprache – betreffen in erster Linie diese, da sie sich in einer völlig veränderten Lebenssituation zurechtfinden müssen – im Fall von Flucht und Vertreibung noch dazu unfreiwillig. Mit ihren heterogenen Biographien und Herkünften (Stadt/Land; soziale Schicht usw.), ihren Verletzungen und Traumatas sind sie dazu in der Regel auch mit eingeschränkten Rechten konfrontiert und werden nicht als vollwertige gesellschaftliche Mitglieder anerkannt. Die Erfahrungen, die Flüchtlinge und MigrantInnen in ihrer neuen „Heimat" machen, werden sich auswirken – auch und vor allem in den nächsten Generationen; so wie sich ja auch die Erfahrungen, Verletzungen und Traumata und auch die Schuld der europäischen Kriegsgeneration auf uns Nachkommen ausgewirkt haben und auswirken.[22] Besonderes Augenmerk ist daher den Kindern und Jugendlichen – 50 % der Flüchtlinge sind Minderjährige![23] – zu schenken, die als Flüchtlinge ankommen bzw. auch der zweiten und dritten Generation von MigrantInnen im Land. Die Weichen für deren Zukunft werden heute gestellt.

Migration wirkt sich weiters auf die Aufnahme- und Herkunftsländer aus (z. B. durch den sogenannten Brain Drain). Dadurch verändert sich das soziale, kulturelle, religiöse, politische Selbstverständnis in diesen Gesellschaften. Familien werden zerrissen. Junge Männer, die oft vorausgeschickt werden, weil sie die Kraft für die Strapazen einer Migration haben, fehlen für

[22] z. B. Markus Brunner/Jan Lohl/Rolf Pohl/Sebastian Winter (Hg.): Volksgemeinschaft, Täterschaft und Antisemitismus. Beiträge zur psychoanalytischen Sozialpsychologie des Nationalsozialismus und seiner Nachwirkungen, Gießen 2011.

[23] Vgl. Elisabeth Rohr/Mechthild M. Jansen/Jamila Amadou (Hg.): Die vergessenen Kinder der Globalisierung: Psychosoziale Folgen von Migration, Gießen 2014.

den (Wieder)aufbau des Herkunftslandes. Andererseits ermöglichen die sogenannten „Remittances", also der Geldtransfer in die Herkunftsländer von MigrantInnen, dort oft ökonomischen Aufschwung oder zumindest Linderung von Armut – was aber keinesfalls einen Ersatz für gezielte Entwicklungspolitik darstellt, die v.a. auf die Förderung struktureller Veränderungen vor Ort abstellen muss.

Migration wirkt sich nicht zuletzt in den Aufnahmegesellschaften auf die einheimische Bevölkerung aus. Wenn man dies zulässt, kann es zu sozialer, ökonomischer, kultureller, politischer, religiöser Innovation kommen. Dies ist aus historischer Sicht belegt[24] und zeigt sich deutlich auch in den internationalen Metropolen Europas wie London oder Paris, aber auch in Berlin und Wien, wo kulturelle und religiöse Pluralität schlichtweg Alltagsrealität sind. Auch im religiösen Feld lassen sich heute schon Transformationsprozesse erkennen.[25] So kann z.B. die Erfahrung religiöser Diversität zur Beschäftigung mit der christlichen Tradition anregen.[26] Empirische Studien, die diese Entwicklungen systematisch öffentlich zugänglich machen, können chancenorientierte Migrationsnarrative fördern und so zu einem positiven Zugang im Zusammenleben mit MigrantInnen motivieren.

2.2 Subjekte der Migration wahrnehmen

Menschen sind also von Migration in verschiedener Weise betroffen. Für jene, die ihren Lebensort wechseln, zieht Migration auch einen Wechsel des sozialen Beziehungsgeflechtes mit sich. Sie werden mit politischen, ökonomischen, sozialen, kulturellen und religiösen Grenzerfahrungen konfrontiert. Migration ist zudem als Prozess im Moment der Ankunft keinesfalls abgeschlossen. Migration konfrontiert mit der Frage nach der eigenen Identität. Dies gilt auch für die Menschen der Aufnahme- und Her-

[24] Massimo Livi Bacci: Kurze Geschichte der Migration. Berlin 2015 (2010); Klaus Bade (Hg.): Enzyklopädie Migration in Europa. Vom 17. Jahrhundert bis zur Gegenwart, Paderborn/Wien 2007; Martin Baumann: Migration and Religion, in: Peter B. Clarke/Peter Beyer (eds.): The World's Religions. Continuities and Transformations, London/New York 2009, 338–353.

[25] Vgl. dazu die Forschungsprojekte des Religionswissenschaftlers Martin Baumann: https://www.unilu.ch/fakultaeten/ksf/institute/religionswissenschaftliches-seminar/mitarbeitende/prof-dr-martin-baumann/#c1288 (30.06.2017).

[26] So führt die Anwesenheit muslimischer und jüdischer Kinder in kirchlichen Privatschulen – sofern ihre Religion explizit Thema wird – dazu, dass die Eltern der christlichen Kinder beginnen, sich mit dem christlichen Glauben neu zu beschäftigen. Die Kinder erzählen daheim z.B. von Ramadan oder Jom Kippur und fragen die Eltern: „Was glauben denn wir?" In der „Drei-Religionen-Grundschule" in Osnabrück werden solche wechselseitigen Lernprozesse beispielsweise gezielt gefördert, vgl. http://www.bistum-osnabrueck.de/bildung/drei-religionen-grundschule.html (30.06.2017).

kunftsgesellschaft. Die einen stehen ihnen fremden oder neuen kulturellen Traditionen gegenüber – und reagieren oftmals mit Angst, Abwehr oder Aggression; die anderen erleben Trennung und Verlust. Wie können die Erfahrungen mit Migration für alle Betroffenen fruchtbar werden? Was kann man tun, dass die Ankommenden gut aufgenommen werden, an den hiesigen Lebenschancen teilhaben und den gemeinsamen Lebensraum mitgestalten können? Wie kann man die Ansässigen unterstützen, diesen Prozess als Bereicherung zu erfahren, nicht nur trotz, sondern auch *wegen* der Unterschiede, Konflikte und Probleme? Dazu ist es allem voran nötig, in den MigrantInnen nicht primär Objekte zu sehen – und sei es Objekte der Fürsorge. MigrantInnen sind Subjekte und Akteure, die ihre Migrationsprozesse eigenständig gestalten wollen und können. Diese Eigeninitiativen sind zu fördern. Die Erfahrungen der MigrantInnen brauchen zudem Gehör, damit sie auch für die Mehrheitsgesellschaft fruchtbar gemacht werden können. Man kann von MigrantInnen über den Glauben in schwierigen Situationen lernen.[27] Man kann Hinweise bekommen, wie man Institutionen (Schulen, Gerichte, Polizei, kirchliche Gemeinden und Diözesen usw.) so verbessern kann, dass diese ihre Aufgaben besser erfüllen können, denn deren Strukturen behindern ja nicht selten auch das Zusammenleben der Einheimischen. Dazu bedarf es geschützte wie auch öffentliche, vor allem aber strukturierte Räume intensiver Kommunikation. Diese Orte gibt es bereits. Sie verlangen nach öffentlicher Wahrnehmung und Erforschung.[28] Die Basis für solchen Austausch bildet allem voran nachbarschaftliches Zusammenleben. Dafür ist u.a. ein diversitätssensibler Wohnbau inkl. Wohnpolitik erforderlich.

2.3 Sensibilität in Sprache und Theorieentwicklung

Im gesellschaftlichen und politischen Diskurs wird Migration jedoch in aller Regel nicht als Phänomen wahrgenommen, das die ganze Gesellschaft betrifft. Die Aufmerksamkeit konzentriert sich auf die „MigrantInnen“ und reduziert diese auf die „Fremden“, bestenfalls die „Anderen“. Durch Prozesse solchen „Otherings“ entstehen oftmals problematische Zuschreibungen. Diese werden von den Betroffenen im Laufe der Zeit nicht selten zur

[27] Vgl. z.B. den Workshop „Welchen Glauben bringen uns die Migranten?“, in: Dokumentation des Studientages der Deutschen Bischofskonferenz, Schönau 16.–17. Februar 2016, unveröff. Manuskript.

[28] Der österreichische Sender Ö1 hat dazu bereits im Herbst 2015 ein Projekt gestartet: Geschichten vom Helfen. Landkarte einer neuen Zivilgesellschaft, URL: http://oe1.orf.at/miteinander_geschichten (30.06.2017).

Identitätsbestimmung übernommen – warum sollten MigrantInnen und Flüchtlinge weniger xenophob sein als Einheimische? – und verstärken dann gesellschaftliche Konflikte.

In den Migrationswissenschaften beginnt derzeit eine Diskussion, ob die Begrifflichkeit und Methodik der Migrationsforschung nicht Exklusionsprozessen oder gar einem subtilen Rassismus Vorschub leisten. Was erklärt der „Migrationshintergrund" tatsächlich an Unterschieden? Werden in manchen Schwierigkeiten von und mit MigrantInnen nicht Probleme sichtbar, die Gesellschaft als ganze betreffen wie z. B. Ungleichheit, Ungerechtigkeit, Armut, soziale Exklusion, politischer oder religiöser Fundamentalismus, Gewalt oder Bildungsferne? Wer sich mit Migration beschäftigt, braucht ein Sensorium für das Ganze des Phänomens Migration.

Zugleich braucht es Theorien in einer Sprache, die die Migrationserfahrung von Menschen und die damit verbundenen Differenz- und Konflikterfahrungen thematisieren, ohne dabei Prozessen des „Othering" Vorschub zu leisten. Das Problem besteht dabei keinesfalls, wie manche wohlmeinende Engagierte meinen, im Wahrnehmen, Benennen oder ethischen Bewerten von Differenz, sofern man sich dabei einem universal-humanen Ethos und den Menschenrechten verpflichtet weiß. Die Schwierigkeiten beginnen, wenn man diese differenzierenden Vorgänge zu Zuschreibungen gerinnen lässt, die dann pauschal einer ganzen Gruppe zugeordnet werden, und explodieren, wenn die „Anderen" dabei die jeweils negativen Zuschreibungen erhalten, von denen man sich selbst positiv abgrenzt, erhebt und erhöht. Dies wird z. B. immer wieder deutlich in der öffentlichen Diskussion um die sogenannten guten „europäischen (christlichen) Werte" die den als weniger entwickelt wahrgenommenen „arabischen (islamischen) Werten" gegenübergestellt werden. Wie gut auch immer z. B. die sogenannten „Werte-Kurse" gemeint sind: Sie legen diese Wertung in jedem Fall nahe. Würde es nicht genügen, von Kultur und Gesetz zu sprechen, die MigrantInnen und Flüchtlinge kennen lernen müssen, um im Aufnahmeland teilhaben und leben zu können? Ein anderes Beispiel ist die Debatte um die Vollverschleierung. Selbstverständlich kann und muss man über deren Bedeutung sprechen, die ein Ausdruck von Frauen- und Körperfeindlichkeit sein kann. Aber dann muss man zugleich nachfragen, was Verschleierung für die Trägerinnen bedeutet[29] und vor allem auch die Sexualisierung oder die Ökonomisierung des nackten weiblichen Körpers in den westlichen Kulturen diskutieren. Von solchen Gesprächen könnten alle profitieren. Die situationsfeministische Gegenüberstellung zwischen „westlichen emanzi-

---

[29] Vgl. Sigrid Nökel: Die Töchter der Gastarbeiter und der Islam. Zur Soziologie alltagsweltlicher Anerkennungspolitiken. Eine Fallstudie, Bielefeld 2002.

pierten Frauen“ und „östlichen unterdrückten Frauen“ führt jedenfalls nicht weiter, sondern verschärft soziale Konflikte, Gewalt und Ausgrenzung auf Kosten der Migrantinnen. Gespräche hingegen, die zum menschlichen Wachstum aller Beteiligten und Zivilisierung aller betroffenen Kulturen[30] führen sollen, benötigen Dialoge auf Augenhöhe, geschützte Räume, Freiheit, Geduld und gemeinsam auszuhandelnde ethische Kriterien, die überlappende Konsense ermöglichen.[31]

3. Migration in Theologie und Kirche

Das Phänomen Migration betrifft auch Theologie und Kirche, in ihrem Selbstverständnis als Dienst an Mensch und Gesellschaft wie auch in ihrem Inneren aufgrund des Zusammenlebens mit christlichen MigrantInnen und Flüchtlingen.
Wie wird Migration wahrgenommen?

3.1 Migrationsblinde Theologie

Die deutschsprachige Theologie, von der Religionspädagogik bis zur Systematischen Theologie, verfügt seit langem über unzählige und gediegene interkulturelle Konzepte, die in den Auseinandersetzungen mit kontextuellen Theologien der verschiedenen Erdteile und auch im Bildungsbereich hierzulande gewachsen sind. Dies ist ein reicher Schatz, der für die Frage der Migration in Europa zur Verfügung steht, aber erst gehoben und im Kontext migrationswissenschaftlicher Theoriebildung reformatiert werden muss. Auch die „Fremdentheologie“[32] bzw. einer Theologie der „Gastfreundschaft“, die in den 80er-Jahren des vorigen Jahrhunderts – v.a. in der Auseinandersetzung mit der Biblischen Theologie des Alten Testaments und

[30] Tzvetan Todorov: Die Angst vor den Barbaren. Kulturelle Vielfalt versus Kampf der Kulturen, Hamburg 2010: Der Philosoph Todorov zeigt, dass alle Kulturen inhumane wie humane Anteile haben und eines Zivilisierungsprozesses bedürfen. Kultur als menschlich notwendige Lebensweise darf nicht mit Zivilisation verwechselt werden, die nach ethischen Kriterien erfolgt.

[31] Werner Schiffauer: Parallelgesellschaften. Wie viel Wertekonsens braucht unsere Gesellschaft? Für eine kluge Politik der Differenz, Bielefeld 2008: Der Kulturwissenschaftler Schiffauer zeigt, dass das Ziel einer universalen Leitkultur nicht nur empirisch-praktisch nicht erreichbar, sondern auch theoretisch nicht haltbar ist. Stattdessen plädiert er für das gemeinsame Aushandeln ethischer Teilkonsense.

[32] In der Praktischen Theologie hat Ottmar Fuchs in dieser Hinsicht Pionierarbeit geleistet: Ottmar Fuchs (Hg.): Die Fremden. Düsseldorf 1988.

der Philosophie von Emanuel Lévinas entstanden ist – enthält weitere wertvolle hermeneutische Ansätze, Migration zu erschließen.

Migrationstheologische Fragen können allerdings nicht nur auf diese beiden Aspekte reduziert werden. Denn MigrantInnen und Flüchtlinge als „Fremde“ zu bezeichnen, ist problematisch; ebenso geht es um das Zusammenleben, nicht allein um bloße Gastfreundschaft. Wer mit diesen Zugängen operiert, muss sich bewusst sein, dass die Bezeichnung „Fremder“ sprachpragmatisch gegenwärtig eine sozial exkludierende Wirkung hat und im Unterschied zur biblischen Tradition keine positive Zuschreibung hat – im übrigen auch bei MigrantInnen selbst. Zu unterscheiden ist daher zwischen Erfahrungen von Fremdheit *zwischen* Menschen („das Fremde“[33]) und der Hypostasierung dieser Erfahrung zu einer angeblichen Eigenschaft eines Menschen. Mariano Delgado schrieb bereits 1991, dass mit der Fremdentheologie zwar eine „theologische Verhaltenstherapie für die Einheimischen im Angesicht des Fremden vorliegt“, aber noch keine Theologie, „die Lebens- und Kulturwelt der eingewanderten Minderheiten und die gesellschaftliche Mehrheitskultur als gleichwertige theologische Herausforderungen wahrnimmt“[34]. Die Theologie übersieht insbesondere die von der Arbeitsmigration geschaffene interkulturelle Herausforderung „vor der Haustür“ weitgehend bis heute. Gerade die globalen Migrationen der Gegenwart lassen heute aber andere theologische Zugänge in den Blick kommen, die der vertieften Hermeneutik der Phänomene dienen können: die Schöpfungs- und Heilstheologie, mit ihren menschheitlichen Ansätzen und der Frage nach Befreiung und Gerechtigkeit; die Eschatologie mit ihrer Frage nach Gründen berechtigter Hoffnung für die Zukunft und der Verheißung und Zusage des Reiches Gottes; die Ekklesiologie mit ihrer Frage nach Wesen und Auftrag in der Welt von heute und einem neu zu gewinnenden Verständnis von Katholizität. Das Thema Flucht und Migration im Kontext des „größeren Ganzen“ und nicht als isoliertes Phänomen zu betrachten, ist die fächerübergreifende Aufgabe der Stunde.

[33] Zur Phänomenologie des Fremden sei auf das Werk des Philosophen Bernhard Waldenfels hingewiesen, z. B. Bernhard Waldenfels: Der Stachel des Fremden, Frankfurt am Main 1990; im Bereich der Theologie hat v. a. Franz Gmainer-Pranzl zu dieser Frage intensiv geforscht, z. B. Franz Gmainer-Pranzl: Beunruhigungen. Diskurs über das Unzugängliche, in: Severin Lederhilger (Hg.): Auch Gott ist ein Fremder. Fremdsein – Toleranz – Solidarität, Frankfurt am Main 2012, 53–75.

[34] Mariano Delgado: Glauben lernen zwischen Kulturen, Berlin 1991, in: Werner Simon/Mariano Delgado (Hg.): Lernorte des Glaubens. Glaubensvermittlung unter den Bedingungen der Gegenwart, Berlin 1991, 171–212, 180.

3.2 Weiterblickendes Lehramt

Die Katholische Kirche gehört zu den ersten internationalen Organisationen, die sich mit der Frage der Migration befasst haben. So wurde bereits 1952 die International Catholic Migration Commission gegründet; im selben Jahr erschien die apostolische Konstitution *Exsul familia.* Die lehramtlichen Schreiben seither zeigen eine kontinuierliche Weiterentwicklung des theologischen und pastoralen Horizontes. Konzentriert man sich zunächst vor allem auf die Sorge um den Glauben katholischer „Wanderarbeiter", findet man in der Instruktion *Erga migrantes caritas Christi* von 2004[35] bereits eine fundierte Auseinandersetzung mit internationaler und innerstaatlicher Migration. Die Instruktion fordert die Integration der MigrantInnen in die Strukturen der allgemeinen Pastoral, spricht von interreligiösem Dialog und nimmt muslimische MigrantInnen wahr. Das Phänomen Migration wird theologisch in den großen Kontext der Heilsgeschichte gestellt: „Wir können also das gegenwärtige Migrationsphänomen als ein sehr bedeutsames ‚Zeichen der Zeit' betrachten, als eine Herausforderung, die es beim Aufbau einer erneuerten Menschheit und in der Verkündigung des Evangeliums des Friedens zu entdecken und zu schätzen gilt." (EMCC 14). 2013 haben der „Päpstliche Rat für die Seelsorge von Migranten und Menschen unterwegs" sowie der „Päpstliche Rat Cor unum" ein Dokument zur Seelsorge von Flüchtlingen vorgelegt, das bisher kaum wahrgenommen wurde: „In Flüchtlingen und gewaltsam Vertriebenen Christus aufnehmen. Richtlinien für eine Seelsorge".[36]

3.3 Entwicklungsfähige Kirche

Die christlichen Kirchen sind auch Akteure im Prozess der Migration, werden aber als solche selektiv bis kaum wahrgenommen – innerhalb der Migrationswissenschaften, aber auch in der Theologie und der Pastoral.

So gibt es auf der Ebene der Kirchenleitungen ausgezeichnete Initiativen, Projekte und Stellungnahmen zu Migration. 2010 war das „Jahr der Europäischen Kirchen für Migration" – eine gemeinsame Initiative der Konferenz Europäischer Kirchen und der Churches Commission for Migrants in

[35] Päpstlicher Rat der Seelsorge für die Migranten und Menschen unterwegs: Instruktion Erga Migrantes Caritas Christi. Vatikan 2004.

[36] Päpstlicher Rat der Seelsorge für die Migranten und Menschen unterwegs/Päpstlicher Rat Cor unum: In Flüchtlingen und gewaltsam Vertriebenen Christus aufnehmen. Richtlinien für eine Seelsorge, Vatikan 2013.

Europe.[37] Der Zentralausschuss des Ökumenischen Rates der Kirchen in Genf hat 2005 in seinem Papier zur „Praxis der Gastfreundschaft in einer Zeit neuer Migrationsformen“[38] eine Analyse der Situation und konkrete Handlungsvorschläge vorgelegt. Migration war auch ein zentrales Thema bei der 3. Europäischen Ökumenischen Versammlung in Hermannstadt/Sibiu 2007. In Österreich haben 2008 die in der „Integrationsplattform“ des Innenministeriums vertretenen Kirchen und Religionsgemeinschaften Österreichs (Christen, Juden, Muslime) ein gemeinsames Papier zur Integration herausgegeben: „Herausforderung Integration – Überlegungen und Forderungen aus Sicht der Kirchen und Religionsgemeinschaften“[39]. Intensiv engagiert in der Migrationspastoral im deutschsprachigen Raum sind ebenfalls die kirchlichen Hilfswerke Caritas und Diakonie. Neben der Sorge um Flüchtlinge und Asylwerbende entstehen zahlreiche Projekte, die die Integration von MigrantInnen und das bessere Zusammenleben von Einheimischen und Zugewanderten fördern. Viele Gemeinden engagieren sich in der Flüchtlingsarbeit.

Die traditionelle Gemeindepastoral nahm bis zur Flüchtlingskrise die gesellschaftliche und pastorale Herausforderung durch die „alltägliche Normalität“ Migration nur sehr schwach und in ausgewählten Gemeinden wahr. Ein Bewusstsein dafür, dass Migration ein „Zeichen der Zeit“ ist, gab es faktisch so gut wie gar nicht. Dies hat sich massiv geändert, was ich allein an der wachsenden Zahl der Anfragen für Vorträge zum Thema erkenne.

Zu viele Gemeinden übersehen aber leider immer noch die Veränderungen durch Migration *innerhalb* der Kirchen und *innerhalb* der Christenheit, durch Zuwanderung von KatholikInnen aus aller Welt und v.a. durch die wachsende Zahl der orthodoxen ChristInnen in Europa. Diese interne Diversität wird in der Regel ausgeblendet. So liegen kaum adäquate Konzepte für die strukturelle Integration der anderssprachigen Gemeinden in die jeweiligen Diözesen vor. Selbst diözesane Strukturreformprozesse laufen oft abseits dieser Gemeinden oder zeigen eine große Hilflosigkeit und mangelnde theologische Hermeneutik im Umgang mit den auftauchenden Problemen. Die anderssprachigen Gemeinden sind ihrerseits segregiert, nicht zuletzt eine „Antwort“ auf die Erfahrung des Nicht-Wahrgenommen-Werdens. Zugleich bieten sie den Zuwanderern religiöse Heimat, dienen als soziale Stützpunkte, helfen vielfach sogar bei der Arbeitsplatzsuche. Ihr

[37] Migration2010, vgl. URL: http://www.migration2010.eu/ (30.06.2017).

[38] Ökumenischer Rat der Kirchen: Migration – neue Realität in den Kirchen, URL: https://www.oikoumene.org/de/resources/documents/central-committee/2006/report-of-the-general-secretary (30.06.2017).

[39] Herausforderung Integration, URL: http://www.eduhi.at/dl/Herausforderung_Integration.pdf (30.06.2017).

gesellschaftspolitisches Potential wird jedoch zu wenig wahrgenommen.[40] Zudem haben alteingesessene Gemeinden Schwierigkeiten mit den „Ausländern“ im Bezirk oder mit ChristInnen aus anderen Ländern und Kulturen. Hier ist noch großes pastorales Lernpotential.

4. Theologische Motive

Migration gehört in die Mitte einer Theologie, die die „Zeichen der Zeit“ ernstnimmt und sich ihrer Ursprünge erinnert. Ein „Zeichen der Zeit“ ist ein Phänomen von kollektiver-gesellschaftlicher Bedeutung, das eine ganze Generation, ein Volk, eine Zivilisation ergreift, eine Erschütterung der bisherigen Geschichte anzeigt und langfristige Veränderungen des bisherigen Denkens und Handelns nach sich zieht. In einem solchen Zeichen offenbart sich Gott mit Verheißungen und Aufgaben. Migration war und ist für die Theologie ein solches Zeichen und verlangt nach einer – noch ausständigen – Hermeneutik. Im Folgenden werden exemplarisch theologische Motive in Erinnerung gerufen, die zur Interpretation zeitgenössischer Migration zur Verfügung stehen.

4.1 Bibeltheologische Motive

Die Offenbarungsgeschichte Gottes des Alten und Neuen Testaments sowie die Entstehung der jüdischen wie christlichen Tradition sind zuinnerst verbunden mit Migrationsprozessen. Migration wird dabei nicht nur als geschichtliches Ereignis gewürdigt, sondern erweist sich als genuin theologische und spirituelle Kategorie. Sie eröffnet spezifische Weisen der Gotteserfahrung und -erkenntnis.

Migration kann als Fluch erfahren werden, z. B. Gen 4,12: „Rastlos und ruhelos wirst Du auf der Erde sein“. Migration kann als Verlust des Paradieses – als Verlust der innigen Gottesbeziehung – erfahren werden. Die Erfahrungen von Vertreibung und Exil und die damit verbundenen theo-

[40] Mit dem Projekt „Der zivilgesellschaftliche Beitrag von Diaspora/Migrationsgemeinden zur Inklusion am Beispiel der rumänisch- und serbisch-orthodoxen Kirche in Wien“, das 2016 an der Katholisch-Theologischen Fakultät Wien vom Institut für Praktische Theologie, Theologie des Christlichen Ostens und Byzantinistik in Kooperation mit der Stiftung Pro Oriente durchgeführt wurde, soll dem abgeholfen werden. Im Bereich der Sozialwissenschaft hat sich hier v. a. der Soziologe Alexander-Kenneth Nagel verdient gemacht, vgl. Alexander-Kenneth Nagel (Hg.): Religiöse Netzwerke. Die zivilgesellschaftlichen Potentiale von Migrantengemeinden, Bielefeld 2015.

logischen Deutungen als „Strafe" (Konsequenz) für eine dem Willen Gottes nicht entsprechende Lebensweise (z. B. im Buch Deuteronomium) verdeutlichen, dass Migration eine Folge ungerechter Lebensverhältnisse sein und zugleich neue Perspektiven auf Gott und darin Quellen der Solidarität (oder umgekehrt) erschließen kann.

Migration kann als Segen und Verheißung erfahren werden: Der Weg mit Gott erschließt neue Lebensmöglichkeiten, z. B. Gen 12,1: „Abraham, zieh weg aus deinem Land (...) in das Land, das ich dir zeigen werde. Ich werde dich zu einem großen Volk machen, dich segnen und deinen Namen großmachen." Migration kann motiviert sein von der Hoffnung auf ein besseres Leben und vom Glauben, dass Gott auf der Suche danach die Menschen nicht im Stich lässt. Schließlich lässt sich Gott selbst erfahren als jener, der Menschen zum Aufbrechen ermutigt und ermächtigt.

Migration kann als Befreiung durch Gott aus Unterdrückung erfahren werden. Der Exodus wird zu *dem* identitätsstiftenden Ereignis des Volkes Israel. Migration wird der Weg mit Gott in das Gelobte Land. Migration erweist sich als ein Instrument der Heilsgeschichte. Die Erfahrung, selbst Fremde in Sklaverei gewesen und befreit worden zu sein, verpflichtet zugleich dazu, selbst Fremde zu befreien. Dutzende Gebote zum Umgang mit Fremden sind im Alten Testament zu finden wie etwa: „Und den Fremdling sollst du nicht unterdrücken: denn ihr kennt die Seele des Fremdlings, denn Fremdlinge seid ihr gewesen im Land Ägypten" (Ex 23,9).

Auch Jesus ist eine Art „Migrant" – er hat keine feste Wohnstatt und ist zeitlebens Wanderprediger: Migration ist ein Moment der Glaubensexistenz. Die erste Bezeichnung für die junge Gemeinde lautete „die, die auf dem Weg sind" (Apg 9, 2). Migration ist ein Markenzeichen der neuen Gemeinschaft. Migration gilt dabei nicht wertvoller als Sesshaftigkeit, denn ohne das spannungsvolle Verhältnis zwischen den christlichen Wanderpredigern und den sympathisierenden sesshaften Gemeinden wäre das Christentum nicht gewachsen. Die Migrationserfahrungen der jungen ChristInnen eröffnen eine missionarische Dimension, Mut zu Aufbruch und Grenzüberschreitung, ermöglichen interkulturelles und interreligiöses Lernen sowie Inkulturation und erschließen so die Vielfalt möglicher Gotteserfahrung. Dazu gehören auch die Erfahrungen von Fremdheit und Heimatlosigkeit, Verfolgung und Vertreibung. Die große Aufgabe besteht heute darin, diese biblischen Erfahrungen Gläubigen in einer Hochsicherheitsgesellschaft nachvollziehbar zu machen, die zugleich in Angst zu erstarren scheint. Ziel wäre das Fördern einer migratorischen Identität, die auch Sesshafte entwickeln können, wenn sie Aufbruch, Risiko und das Sich-Aussetzen in ihnen fremde Situationen wagen.

Migration vergegenwärtigt und verheißt die Einheit des Menschengeschlechtes und verpflichtet zur Sorge um sie. Das Monogenismusdogma erschließt eine weitere Dimension von Migration. Der Katechismus der Katholischen Kirche[41] schreibt dazu in Abschnitt 360: „Das Menschengeschlecht bildet aufgrund des gemeinsamen Ursprunges eine Einheit. Denn Gott hat 'aus einem einzigen Menschen das ganze Menschengeschlecht erschaffen' (Apg 17, 26)." Daraus folgt Abschnitt 361: „Das Gesetz der Solidarität und Liebe versichert uns, dass bei aller reichen Vielfalt der Personen, Kulturen und Völker alle Menschen wahrhaft Brüder und Schwestern sind." Auch das Sozialkompendium der Katholischen Kirche[42] spricht im Abschnitt 432 von der Unzerstörbarkeit der menschlichen Schicksalsgemeinschaft, da diese aus Menschen besteht, die gleichberechtigt an der naturgegebenen Würde teilhaben. Daher ist immer in geziemender Weise das universale Gemeinwohl anzustreben.

In jedem Migranten das Antlitz Gottes zu erkennen und Migration als Gabe und Aufgabe zu betrachten: Dies ermöglicht der Schöpfungsglaube, demzufolge alle Menschen Gottes Anwesenheit in der Welt repräsentieren. Wenn Gott in der Genesis den Menschen als sein „Abbild" (Gen 1) schafft, stellt er – so der hebräische Text – eine „Gottesstatue" mitten in die Welt. In der damaligen Zeit war dies eine Revolution, denn im altorientalischen Denken darf und kann nur der Pharao bzw. der König Gott in der Welt darstellen, dem daher anderen Menschen sich unterzuordnen haben. Die Genesis erzählt, dass nun jeder einzelne Mensch „König" ist und an Gott in der Welt erinnert. Mit der Verheißung einer gerechten Welt verpflichtet die Schöpfungstheologie zur Verantwortung für Befreiung zu Gerechtigkeit und Liebe für alle Menschen, insbesondere die Marginalisierten, Armen, Unterdrückten und Opfer. Denn die Schöpfungstheologie erzählt keinesfalls nur von der „Natur", sondern schildert das Entstehen und Wachsen einer Welt, in der Menschen mit Gottes Hilfe darum ringen und lernen, in der Verschiedenheit ihrer Völker und Kulturen miteinander in Frieden und Gerechtigkeit gut zusammenzuleben.

Der Glaube, dass in und mit der Erlösung Christi eine neue Menschheit gestiftet ist, da diese nun an der Heilsgeschichte Israels und am Glauben an dessen Gott teilhat, lässt Migration als jenes Heilszeichen erkennbar werden,

---

[41] Katechismus der Katholischen Kirche, URL: http://www.vatican.va/archive/ccc/index_ge.htm (30.06.2017).

[42] Sozialkompendium der Katholischen Kirche, URL: http://www.sozialkompendium.org (30.06.2017).

das beim Aufbau dieser Menschheit und der Verwirklichung des Evangeliums helfen kann. Denn Migration kann lehren, wie man in Verschiedenheit versöhnt miteinander leben und glauben kann. In Christus als dem neuen Adam hat Gott alle Menschen miteinander versöhnt. Schriftstellen wie Epheser 2, 11–22 (Einheit der Juden und Heiden in Christus), Gal 3, 28 (Überwindung von religiös-kultureller, sexistischer und sozialer Diskriminierung), Mt 25,31–46 (Gerichtsrede) können den spirituellen und ethischen Tiefensinn von Migration erhellen.

5. Migration als Segen und Verheißung: ein Versuch

Aus der Vielfalt der theologischen Motive wähle ich exemplarisch die Glaubenserfahrung von Migration als Segen und Verheißung, um anhand dreier ausgewählter gesellschaftlicher Herausforderungen für Europa nach den Potentialen von Migration zu fragen. Welche neuen Möglichkeiten und Fragen eröffnet Migration für Theologie und Kirche? Aber auch: Was tragen Theologie und Kirchen in Theorie und Praxis dazu bei, dass sich das Potential von Migration erschließen kann – in der Gesellschaft, innerhalb der Kirchen?

5.1 Leben in kultureller und religiöser Differenz

Migration beschleunigt den Prozess der Pluralisierung; sie ist nicht dessen Ursache. MigrantInnen bringen verschiedene kulturelle Erfahrungen mit und entwickeln neue kulturelle Formen. Die damit verbundene kulturelle Vielfalt kann ein Segen und eine Verheißung sein: Sie kann Lebenschancen mehren. Sozial- und Geschichtswissenschaft zeigen, dass kulturell plurale Gesellschaften hohes Innovationspotential bergen. Die Migrationsforschung weist nach, dass Zuwanderer mittelfristig zum Sozial- und Bildungskapital der neuen Heimatländer beitragen. Das Aufwachsen in zwei Sprachen fördert metasprachliche Kompetenzen wie z. B. Reflexionsfähigkeit. Wie kann dieses Potential in Europas Migrationsgesellschaften fruchtbar gemacht werden? Eine Schlüsselfrage dabei spielt der Umgang mit Differenz: Reflektierte Differenzerfahrung ermöglicht Lern- und Entwicklungschancen in besonderer Weise. Denn an den Grenzen und in Konflikten kann Neues entstehen. Wie gehen Menschen angesichts kultureller Pluralität mit Differenz um? Religion als relevantes Potential zum Leben lernen in einer Migrationsgesellschaft wird im Kontext von Migration entweder übersehen oder auf den Islam reduziert und problematisiert. Dabei gehört die Mehrheit der Menschen mit Migrationsgeschichte in Europa einer christlichen Konfession an.[43] Diese Vielfalt verändert das sozioreligiöse Feld, auch innerhalb der Kirchen. Migration verändert Religion und Religion verändert Migration. Im Zentrum steht auch dabei die Frage: Wie gehen Menschen mit religiöser Differenz um?

Wenn kulturelle und religiöse Pluralität und Differenz ein Segen – d. h. Lebenschancen mehrend – werden sollen, stellen sich für Theologie und Kirche viele Fragen, z. B.:

- Wie können die Erfahrungen von Menschen mit Migrationsgeschichte für die Theologie fruchtbar gemacht werden? Diese sind ein *locus theologicus* und können Theologie insgesamt bereichern.
- Wie verändert die Wahrnehmung von Migration die Theologie? Migration verstärkt z. B. die Notwendigkeit eines ökumenischen Horizontes beim Theologisieren: der kleinen Ökumene der christlichen Kirchen, der großen Ökumene der Religionen und der Ökumene der einen gemeinsamen Welt.
- Wie können Glaubenserfahrung und Glaubenspraxis von Menschen mit Migrationsgeschichte für Gemeinde, Kirche, Gesellschaft fruchtbar gemacht werden? „MigrantInnen-Religion“ erinnert daran, dass Glaube vielfältig gelebt werden kann und immer auch Aufbruch bedeutet.
- Wie können Gemeinden zu Orten interkulturellen und interreligiösen Lebens und Lernens werden? Monika Scheidlers[44] Konzept zum interkulturellen Lernen in der Gemeinde ist hier wegweisend. Gemeinden könnten ausstrahlende Knotenpunkte solchen Lernens für die Menschen in einer Kommune, in einer Region werden: Begegnungsräume, Kommunikationsräume, Lernräume.
- Was trägt Kirche zum Entlernen von Fremdenfeindlichkeit und zum Erlernen von Pluralitätsfähigkeit bei – und damit zum friedlichen Zusammenleben von Menschen aus verschiedenen Kulturen und Religionen? Gelungene Praxiserfahrungen sind ein weiterer *locus theologicus* für eine Theologie der Vielfalt der kulturellen und religiösen Traditionen, die es noch zu schreiben gilt.

---

[43] PEW-Research Center's Forum on Religion and Public Life (2012): The Global Religious Landscape, vgl. URL: http://www.pewforum.org/2012/12/18/global-religious-landscape-exec/ (30. 06. 2017).

[44] Monika Scheidler: Interkulturelles Lernen in der Gemeinde. Analysen und Orientierungen zur Katechese unter Bedingungen kultureller Differenz, Ostfildern 2002.

5.2 Die Frage nach der Gerechtigkeit

Zahlreiche Studien belegen die prekäre soziale Situation von MigrantInnen: die Diskriminierung in Bildungssystemen; die Diskriminierung am Arbeitsmarkt; die mangelnde Integration in die gesellschaftlichen und politischen Institutionen. Dies bedeutet – seit Jahren! – eine Riesenchance, Diskurse zur Frage nach Gerechtigkeit anzuzetteln: In welcher *Gesellschaft* wollen wir leben? In welcher *Welt* wollen wir leben? An dieser Stelle möchte ich noch einmal die Bedeutung der jungen Menschen betonen, denn es ist vor allem deren Welt, die wir heute gestalten. Sie sind daher als erste zu befragen: migrantische wie sesshafte junge Menschen.

Wie verteilen wir unsere Ressourcen an jene, die in diesem Land leben? Welche Möglichkeiten und Lebenschancen bieten wir Menschen, um hier ihre Potentiale zu entfalten und sich an der Gestaltung des Gemeinwesens – auch des politischen – zu beteiligen? Migration ist eine Chance, die Frage nach Gerechtigkeit in der Gesellschaft neu zu stellen und Demokratisierungsprozesse zu fördern.

Für Theologie und Kirche bedeutet dies:

- Wie kann Theologie in Europa ihr Befreiungspotential stärken? Migration kann für die Theologie ein wichtiger Stimulus werden, eine spezifische Art europäischer Theologie der Befreiung zu entwickeln mit einer speziellen Option für die MigrantInnen und den Einsatz für Gerechtigkeit. Theologen und Theologinnen müssen dazu das Leben der MigrantInnen aus der Nähe kennen und verstehen lernen. Befreiung bedürfen aber auch die vielen EuropäerInnen, deren Herzen erstarrt und verhärtet sind und daher zum Mit-Leiden angesichts der Herausforderung Flucht und Migration nicht (mehr) fähig sind. Solches Mit-Leiden – eine sensible Com-Passion – ist die Basis jedes substantiellen Engaments.
- Wie können Kirche und Gemeinden zu Orten der Befreiung werden? Migrationserfahrungen können an die befreiende Dimension des Glaubens erinnern und Menschen ermutigen und ermächtigen, sich für mehr Freiheit und Gerechtigkeit einzusetzen. Migration weckt so die Erinnerung an die politische Dimension des Glaubens. Dies belebt auch die einheimischen Gläubigen.
- Wie können Gemeinden zu Orten der Convivenz werden? Convivenz bedeutet: in einer kulturell und religiös pluralen Situation den Alltag teilen, einander beistehen in sozialer Not, in Krankheit und Tod; miteinander und voneinander lernen; gemeinsam das Leben und den Glauben feiern. Solche Gemeinden pflegen gute Nachbarschaft mit dem gesellschaftlichen Umfeld und gestalten dieses mit. Gemeinden tragen so auch zum sozialen Frieden bei. Sie strahlen auf das gesellschaftliche

Umfeld aus und sind ein Zeichen und Werkzeug der Einheit der Menschen mit Gott und untereinander (LG 1).

5.3 Religion im öffentlichen Raum

In den vergangenen Jahren ist eine verstärkte Aufmerksamkeit für Religion im öffentlichen Raum zu bemerken. Soziologen wie José Casanova[45], Paul Nolte[46], Hans Joas[47] fordern schon länger ein Umdenken Europas in seinem Verhältnis zu Religion im öffentlichen Raum. In jüngerer Zeit boomt auch die Literatur zur (politischen) Rolle von Religion in der Öffentlichkeit.[48] Dies hat viele Ursachen. Mit der „Wende" 1989 endet die Aufteilung der Welt in eine kommunistische und eine kapitalistische Ordnung. An die Stelle des Feindbildes „Kommunismus" trat vielfach im Westen „der Islam". Der 11. September 2001 und seine Folgen führen dazu, dass Religion, insbesondere der Islam, primär im Kontext von Gewalt und Krieg diskutiert wird. Der Terror, der zwischenzeitlich auch Europa erreicht hat, intensiviert diese Debatten. Kirchen und Religionsgemeinschaften treten selbstbewusster auf und mischen sich verstärkt in gesellschaftliche Fragen ein. Die Kinder der Zuwandererfamilien sind heimisch geworden und errichten religiöse Institutionen – Zeichen, dass sie hier leben wollen. Dabei kommt es auch zur deutlicheren Sichtbarkeit der Religion der MigrantInnen. Dies wird in vielen Ländern zum umstrittenen Politikum (Moscheenbau). Die neue Präsenz von Religion im öffentlichen Raum bietet viele Chancen. Der öffentliche Dialog zwischen Religion und Gesellschaft fördert neue Ideen und Kooperationen. Die Gesellschaft erhält Impulse durch wichtige und vergessene Fragen nach dem Sinn und Grund des Lebens.[49] Neue Formen religiösen Alltagslebens entstehen. Kirchen und Religionsgemeinschaften bekommen

---

[45] Z. B. José Casanova: Europas Angst vor der Religion. Berlin 2009.

[46] Paul Nolte: Religion und Bürgergesellschaft. Brauchen wir einen religionsfreundlichen Staat?, Berlin 2009.

[47] Z. B. Hans Joas/Klaus Wiegandt (Hg.): Säkularisierung und die Weltreligionen. Frankfurt am Main 2007.

[48] Peter L. Berger: Altäre der Moderne. Religion in pluralistischen Gesellschaften, Frankfurt am Main 2015; Detlef Pollack/Gergely Rosta: Religion und Moderne. Frankfurt 2015; Urs Winter-Pfändler: Kirchenreputation. Zürich 2015; Judith Könemann/Christiane Frantz u. a.: Religiöse Interessensvertretung. Kirchen in der Öffentlichkeit – Christen in der Politik, Paderborn 2015; Jörg Stolz/Judith Könemann u. a.: Religion und Spiritualität in der Ich-Gesellschaft, Zürich 2014; Ulrich Willems/Detlef Pollack u. a.: Moderne und Religion. Kontroversen um Modernität und Säkularisierung, Bielefeld 2013.

[49] Mit einem solchen Religionsverständnis gehen u. a. einige Autoren des folgenden Bandes der Frage nach dem Verhältnis von Religion und Politik nach: Doron Kiesel/Ronald Lutz (Hg.): Religion und Politik. Analysen, Kontroversen, Fragen, Frankfurt am Main 2015.

im Dialog mit der Gesellschaft Anregungen zur Selbsttransformation und Erneuerung. Religion, die durch Migration mitgebracht wird, kann diesen Prozess beschleunigen.

Mögliche Fragen, die sich hier stellen:

- Wie verändert sich das Gedächtnis von Glaube, Kirche und Theologie? Religion als institutionalisiertes Gedächtnis angereichert durch die Impulse von Menschen mit Migrationsgeschichte kann einen wichtigen Beitrag in die Gesellschaft einbringen.
- Welche Rolle sollen Kirche und Kirchen zukünftig in Europa spielen? Migration spielt dabei eine Schlüsselrolle: Wie verändern sich die Kirchen durch Migration? Was kann, darf, muss sich verändern, wenn man von der mitgebrachten Religion der MigrantInnen lernen möchte? Wie sieht die religiöse, wie sieht die politische Sorge um Menschen mit Migrationsgeschichte aus? Was bedeutet das für das ökumenische Zusammenspiel zwischen den Kirchen und Religionsgemeinschaften?

Viele neue und spannende Fragen stellen sich, wenn Theologie und Kirchen Migration zu entdecken beginnen. Das kann zum Segen gereichen: Migration verheißt neue Lebensmöglichkeiten für Gesellschaft, Theologie und Kirche.

Migration: Heimkehr zu Gott und seiner Sozialordnung

Erschienen in: Dialog-DuSiach, christlich-jüdische Informationen 104 (2016), 21–38.

1. Neue Perspektiven biblischer Texte

Schriftauslegung ist vom Lebens- und Gesellschaftskontext der Auslegenden geprägt – mehr oder weniger bewusst und reflektiert. „Was auch immer wahrgenommen wird, wird entsprechend der Art des Wahrnehmenden wahrgenommen“[1], um dieses erkenntnistheoretische Prinzip wusste bereits der Kirchenlehrer Thomas von Aquin. So sind die meisten Christinnen und Christen in Europa gewohnt, die biblischen Texte im Horizont ihrer Sesshaftigkeit zu interpretieren – mit den entsprechenden Verlustanzeigen angesichts von Texten, die von Erfahrungen mit Flucht und Migration durchtränkt sind.

Denn im Kontext einer Migrationsgesellschaft erschließen sich neue Perspektiven biblischer Texte. Insbesondere die Bilder von der Ankunft Tag für Tag schutzsuchender Menschen an den Grenzen Europas können an die Erzählungen vom Exodus erinnern. Flucht und Migration der Gegenwart lassen vor allem die Texte des Alten Testaments[2] als Sammlung von Erzählungen, Gebeten und Geboten erkennen, die in vergleichbaren Situationen entstanden sind.[3] Aufbruch und Auswanderung, Flucht und Vertreibung, Exil und Diaspora waren für die Verfasser dieser Texte *loci theologici:* glaubens- und theologiegenerative Orte. Inmitten dieser Ereignisse entstand biblische Theologie. Diese lässt sich daher auch als buchstäblich „verdichtete“ Migrationserfahrung beschreiben. Not, Leid, Gewalt, Armut, Ungewissheit: Die katastrophischen Erlebnisse, die Flucht und Migration mit sich bringen, wurden reflektiert und als Geschichte der Befreiung durch Gott gedeutet. So wurde konkreten geschichtlichen Ereignissen Sinn und

[1] „Quidquid recipitur, ad modum recipientis recipitur“, vgl. Thomas von Aquin: Summa theologiae 1a, q. 75, a. 5, q. 5.

[2] Ich wähle hier den Begriff „Altes“ und nicht „Erstes Testament“ oder „Hebräische Bibel“, weil sich meine Interpretation auf die katholische Bibel bezieht. Zudem verstehe ich das Wort „Alt“ als Ehrentitel, von dem her sich das „Neue“ überhaupt erst formulieren kann.

[3] Norbert Lohfink spricht von „Exilliteratur“: vgl. Ders.: Bücherei und Buch zugleich. Die Einheit der Bibel und die neuen deutschen Übersetzungen, in: Ders.: Das Jüdische am Christentum. Die verlorene Dimension, Freiburg/Basel/Wien 1987, 217–234, 223. Vgl. auch Ilse Müllner: Heimat im Plural. Biblische Stimmen zum babylonischen Exil, in: Johanna Rahner/Mirjam Schambeck (Hg.): Zwischen Integration und Ausgrenzung. Migration, religiöse Identität(en) und Bildung – theologisch reflektiert, Münster 2011, 83–106.

Bedeutung verliehen: *theologischer* Sinn. So dramatisch und lebensbedrohlich Flucht und Migration, Exil und Diaspora auch sind: Gott steht seinem Volk treu zur Seite. In solcherart „bewegten" Zeiten entstanden die zentralen Elemente des jüdischen Glaubens, an dem Christinnen und Christen teilhaben.

Die Migrationen und Fluchtbewegungen des 21. Jahrhunderts lassen diese vor Jahrtausenden vertexteten Glaubenserfahrungen wieder flüssig und fruchtbar werden. Die alten Texte können plötzlich in ganz neuem Licht erscheinen und lebendigen Sinn auch in den zeitgenössischen Ereignissen erschließen. Freilich ist dieser Sinn für Flüchtlinge, Migrantinnen und Migranten ein jeweils anderer als für Sesshafte.

2. Auf der Suche nach Erzählungen der Orientierung und Hoffnung

Für Europas Migrationsgesellschaften birgt die biblische „Migrationstheologie" großes Potential. Denn sie kann dazu beitragen, über Flucht und Migration differenzierter nachzudenken und nach deren innerem Sinn zu fragen. Während nämlich Flucht und Migration von der Mehrheit der europäischen Bevölkerungen als Störung, Problem und Gefahr wahrgenommen werden, eröffnen die Texte der Bibel die Möglichkeit, in den zeitgenössischen Ereignissen auch Chancen und Potentiale, Ressourcen und praktische Lösungsmöglichkeiten zu erkennen. Solcherart können die biblischen Erinnerungen Hoffnung stiften. Denn die Verfasser der Schriften wissen zwar um die Ängste und Bedrohungen durch Migration (v. a. für die Migrantinnen und Migranten) und betrachten diese zunächst als Übel und Fluch. Aber dieser negativen Sicht lassen sie nicht das letzte Wort. Sie erzählen, wie Migration zum Segen werden kann und wurde. Dies ermöglicht – nicht nur damals – Orientierung und Zukunftsperspektiven. Auch heute könnte die Erinnerung an die Erfahrungen der damaligen Zeit dabei unterstützen, dass Europa Perspektiven auf Flucht und Migration gewinnt, die Mut machen und in die Zukunft weisen.Denn gegenwärtig dominieren im öffentlichen Diskurs Angst, Ablehnung, Hass und Orientierungslosigkeit, die spätestens seit Herbst 2015 durch den Rassismus rechtspopulistischer, autoritärer und postfaschistischer Parteien überall in Europa angefacht werden.[4]

[4] Vgl. die Berichte zu Rassismus, Intoleranz, Antisemitismus und anderen Formen des Menschenhasses der European Agency for Fundamental Rights: http://fra.europa.eu/en/publications-and-resources/publications?title=&year[min][year]=&year[max][year]=&related_content=3513&language=All&countries_eu=All&publisher=81 (30.06.2017).

Bei der Entwicklung von Hoffnungsperspektiven kommt den Lebens- und Glaubenserfahrungen von Flüchtlingen und Migranten – biblischen wie zeitgenössischen – eine Schlüsselrolle zu. Wenn die Sesshaften ihnen zuhören, können sie in ein neues Verhältnis zu den biblischen Gründungstexten treten. Sie lernen die Geschichte und das Wesen des jüdischen wie des christlichen Glaubens tiefer und angemessener zu verstehen. Weil in diesem Glauben die Erfahrung von Migration und Flucht eine theologische Bedeutung hat, lassen sich sodann auch die aktuellen Ereignisse auf ihren religiösen Sinn hin befragen. Die biblischen Erinnerungen können so dabei helfen, Migration und Flucht als Lernorte des Glaubens und des gerechten Zusammenlebens in Frieden zu erkennen. Nicht zuletzt eröffnen sich dabei Situationen, Gott auf neue und andere Weise kennen- und verstehen zu lernen, der sich zuerst Flüchtlingen und Migranten offenbart hat. Im Folgenden möchte ich exemplarisch diesen theologischen Dimensionen von Flucht und Migration in der Bibel nachgehen.[5]

3. Migration als Lernort

Migrationsgeschichte wurde von den biblischen Verfassern als „Erfahrungsschatz genutzt und verarbeitet“[6]. Biblische Theologie enthält daher auch eine „Theologie der Migration“. Migration ist ein, vielleicht sogar *der* Lernort der biblischen Verfasser des Alten Testaments. Die migratorische Identität ist ein wesentlicher Bestandteil des Glaubensbekenntnisses und muss daher immer wieder erinnert werden. So beschreibt das „kleine historische Credo“ in Dtn 26,5–9[7], das bei der Darbringung der Erstlings-

---

[5] Ich danke an dieser Stelle em. Univ.-Prof. Georg Braulik, der diesen Beitrag aus der Sicht alttestamentlicher Bibelexegese kritisch gegengelesen hat. Als Nicht-Biblikerin betrete ich ja gleichsam „fremdes Gelände“. Ich verstehe meinen Beitrag auch nicht als bibelwissenschaftlichen, sondern als Versuch, aus der Sicht einer praktischen Migrationstheologie die biblischen Spuren zum Thema Flucht und Migration im Licht der zeitgenössischen Migrations-Herausforderungen zu reinterpretieren. Eine bibelwissenschaftliche Studie, die der Frage nachgeht, ob und inwiefern Migration eine zentrale „Matrix“ der Bibeltheologie darstellt, liegt vorläufig leider noch nicht vor.

[6] Ulrich Dehn/Klaus Hock: „Mein Vater war ein heimatloser Aramäer“. Religionswissenschaftliche und theologische Anmerkungen zum Thema Migration, in: Zeitschrift für Missionswissenschaft 1–2 (2005), 99–114, 111.

[7] „Du aber sollst vor dem Herrn, deinem Gott, folgendes Bekenntnis ablegen: Mein Vater war ein heimatloser Aramäer. Er zog nach Ägypten, lebte dort als Fremder mit wenigen Leuten und wurde dort zu einem großen, mächtigen und zahlreichen Volk. Die Ägypter behandelten uns schlecht, machten uns rechtlos und legten uns harte Fronarbeit auf. Wir schrien zum Herrn, dem Gott unserer Väter, und der Herr hörte unser Schreien und sah unsere Rechtlosigkeit, unsere Arbeitslast und unsere Bedrängnis. Der Herr führte uns mit starker Hand und hoch

früchte die Erinnerung an den Exodus bekennt, eine Art „Migrationssummarium" von Wanderung, Auszug und Einzug, teilweise freiwillig, teilweise gewaltsam erzwungen.[8] Dieser Schlüsseltext verdichtet die Erfahrung von Befreiung aus Rechtslosigkeit und sozialer Ausbeutung zu einer Befreiung durch Gott und bestätigt so das Recht des Migranten auf einen Kampf um ein besseres Leben. Zugleich verpflichtet diese Befreiung zu Dankbarkeit und Treue Gott gegenüber, zu Freude und Fröhlichkeit angesichts der Freiheit und zum Zusammenleben mit Fremden. Die Erfahrung von Migration am eigenen Leib ermöglicht zugleich, mit und von Gott dessen gute und gerechte Sozialordnung zu lernen. So verheißt z. B. die „Heimkehrverheißung" in Dtn 30,1–10 einen untrennbaren Zusammenhang zwischen einem guten und erfüllten Leben im Überfluss und dem Hören und Einhalten der Gebote und Gesetze der Thora.

Migrationstheologische Motive ziehen sich wie ein „roter Faden" durch das gesamte Alte Testament. Die Erfahrungen von Aufbruch und Wanderschaft, aber auch Vertreibung und Verbannung, vom Leben im Exil als Fremde prägen die Wahrnehmung von Welt und Wirklichkeit und dienen an vielen Stellen zur Deutung menschlicher Existenz. Sie werden zur Quelle einer Spiritualität, die Migrationserfahrungen in ihrer Ambivalenz zwischen Fluch und Segen als konstitutives Merkmal des Menschen erkennbar werden lässt.

So beschreibt bereits die Anthropologie der Genesis Mann und Frau als von Gott aufgrund eigener Schuld aus dem Paradies Vertriebene (Gen 3). Die Erfahrung, in der Welt fremd, ja von ihr entfremdet zu sein, ist mit dem selbstreflexiven Bewusstsein des Mensch-seins zuinnerst verbunden. Der Schritt von einem „paradiesischen", ungebrochenen Einheitsbewusstsein mit der Welt hin zu einem der Welt gegenüber differenzierten, distanzierten Bewusstsein führt zu Erfahrungen von Fremdheit. In der christlichen Tradition als Sündenfall interpretiert, kennt die jüdische Tradition auch Sichtweisen auf diese erste Vertreibung, die diesen Schritt aus dem Paradies als Befreiung hin zu jenem freien und selbst-bewussten Partner verstehen, den Gott geschaffen hat. Gehört die Erfahrung von Fremdheit notwendig zur Befreiungsgeschichte des Menschen? Warum fühlen sich Menschen auf

erhobenem Arm, unter großem Schrecken, unter Zeichen und Wundern aus Ägypten, er brachte uns an diese Stätte und gab uns dieses Land, ein Land, in dem Milch und Honig fließen. Und siehe, nun bringe ich hier die ersten Erträge von den Früchten des Landes, das du mir gegeben hast, Herr. Wenn du den Korb vor den Herrn, deinen Gott, gestellt hast, sollst du dich vor dem Herrn, deinem Gott, niederwerfen. Dann sollst du fröhlich sein und dich freuen über alles Gute, das der Herr, dein Gott, dir und deiner Familie gegeben hat: du, die Leviten und die Fremden in deiner Mitte."

[8] Vgl. Georg Braulik: „Sage, was Du glaubst ….". Stuttgart 1979.

Erden, als wären sie aus einem idyllischen Garten Vertriebene? Woher aber kommt dann dieses Wissen um „paradiesische Zustände"?

Menschen mit Migrationserfahrung, die diese Ätiologie schufen, scheinen jedenfalls in besonderer Weise sensibel zu sein für Erfahrungen des Fremdseins in der Welt und der damit verbundenen Gottferne. Unter irdischen Verhältnissen ist die Beziehung zu Gott nicht unmittelbar und ungebrochen. Gott scheint fern, sehr fern. Dass dies nicht an Gott, sondern an der Lust des Menschen liegt, Grenzen göttlicher Gebote auszuloten und zu überschreiten, wissen die biblischen Autoren zu gut. Gerade deshalb deuten sie die Entfremdung von Gott als Vertreibung – Grenzüberschreitungen können unangenehme Folgen haben –, nehmen aber zugleich die Sehnsucht nach einer Rückkehr zu Gott und die Notwendigkeit der Bindung an ihn besonders deutlich wahr.

Nach der Vertreibung aus dem Paradies lebt der Mensch in einer Welt, die ihm in ihrer Unmittelbarkeit fremd geworden ist. Mit Kain entfernt sich die Menschheit von Generation zu Generation weiter von Gott (Gen 4,14.16). Nicht nur räumlich, sondern auch geistig und sozial: Denn diese Entfernung führt zu Entfremdung und Gewalt – sogar die Tiere werden gewalttätig. Gott entschließt sich, so die Erzähler der Schrift, diese Gewaltgeschichte mit der Sintflut zu beenden und das „Projekt Menschheit" nochmals neu zu beginnen. Auch der „Neubeginn" mit Noah, der zum Gründervater aller Völker und damit der ganzen Menschheit wird, erzählt von der Flucht vor der Katastrophe in der Arche und endet mit der „Neuansiedlung" Noahs. Dem Bösen entkommt man mitunter nur durch Flucht. In all diesen Gründungserzählungen schimmert Migrationserfahrung durch.

Die Biographien der Patriarchen und ihrer Familien werden ebenfalls als von Migration durchzogene Lebenswege beschrieben. Für die damalige Zeit sind Wanderungen und Aufbrüche – aufgrund von Kriegen, Dürren, Hungersnöten oder der Suche nach neuen Weidegebieten – zwar keine Besonderheit, aber die Migrationserzählungen der Patriarchen werden theologisch gedeutet. So verlässt Abraham mit seiner Frau Sara nicht nur einen geographischen Ort, sondern auch seine soziale, ökonomische und vor allem religiöse Heimat (Gen 12). Er lässt die Götter seiner Familie zurück und wird so zum Befreier von jeglicher Idolatrie. Dabei verlässt er sich ausschließlich auf die Verheißung eines unbekannten Gottes, dem er sich bedingungslos anvertraut und in die Ungewissheit einer offenen Zukunft aufbricht, mit nichts als einem Versprechen, ein Segen für die Völker zu werden (Gen 12,2). Wie abstrus mag das wohl seiner Umgebung erschienen sein? Migration als Aufbruch wird hier in ihrer glaubensgenerativen Dimension erkennbar. Denn der Migrant verliert mit seinem Ortswechsel immer auch ortsgebundene, kulturell geprägte Kulte und Gottesvorstellungen, die bis dahin selbstverständlich erschienen. Der Aufbruch führt nicht nur an neue Orte, sondern auch zum Kennenlernen neuer Gottesvorstellungen. So kann sich der Migrant verlassen fühlen, seinen Glauben verlieren oder angsterfüllt festhalten. Er ist gezwungen, Gott neu verstehen zu lernen. Der Aufbruch Abrams erzählt vom Aufbruch mit einem Gott, der für Wandel, Veränderung und der Notwendigkeit des Loslassens und Vertrauens steht.

Migrationen prägen auch das weitere Geschehen. Jakob flieht vor Esau nach Haran (Gen 28), die räumliche Entzweiung steht auch für die soziale und geistige. Joseph wird nach Ägypten verschleppt (Gen 37) und wird zum Paradigma des sozialen Aufstiegs eines Migranten, mit all den Schwierigkeiten in einer Mehrheitsgesellschaft, die ihn sein Nicht-wirklich-dazugehören und seine Abhängigkeit von der übergeordneten politischen Macht immer wieder spüren lässt. Zugleich wird er dadurch zum Retter seiner Sippe, die nach Ägypten übersiedelt und dort zu jenem großen Volk wird, das später einmal durch sein Vorbild die Menschheit zu Gott „heimholen" soll. Aber diese Heimkehr ist offenkundig ohne Aufbruch in die Fremde, ohne Migration und die damit verbundenen Schwierigkeiten nicht zu haben.

Die moderne Bibelwissenschaft zeigt, dass die meisten dieser Erzählungen in einem historischen Sinn so nicht stattgefunden haben. Umso interessanter ist daher, *wie* die Verfasser der Texte ihre Migrationserfahrungen erzählen und deuten. Diese sind nicht nur bloße Metaphern, sondern werden als jene Realität beschrieben, in der sich Gott geschichtlich bevorzugt offenbart. Nomadenexistenz, Verlust von Heimat, Erfahrungen von Fremdheit, prekäre Lebenssituationen der Heimatlosigkeit mit ungesicherter Zukunft werden zu *theologischen* Grundmotiven. Sie ermöglichen eine spezifische Form der Gotteserkenntnis. Sie können in besonderer Weise für die Frage nach Gott sensibilisieren. Heimatlosigkeit und Ausgeliefertsein, Verlust von sicherem Raum und abgesicherter Zeit, Fremdheit und die Vulnerabilität[9] der Migrantinnen und Migranten, die auf andere angewiesen sind, um überleben zu können: Sind dies jene „Ingredienzen", die in besonderer Weise empfänglich für die Erfahrung der Ferne und Nähe Gottes machen?

Solche Erfahrungen können auch Sesshaften widerfahren, weil es sich dabei immer auch um Beziehungserfahrungen handelt: Die Erfahrung der Nicht-Zugehörigkeit und Heimatlosigkeit ist nicht notwendig an einen Ort

---

[9] Z. B. Dianne Bergant: Ruth: The Migrant who Saved the People, in: The Center for Migration Studies (ed.): Migration, Religious Experience and Globalization. New York 2003, 49–61: Sie zeigt in diesem Artikel die Bedeutung der Vulnerabilität.

gebunden; gewohnte Vorstellungen von Raum und Zeit oder Gott kann auch verlieren, wer Trennungen, Leid und Tod erfährt. Doch der physische Ortsverlust macht diese Erfahrungen für Migrantinnen und Migranten unausweichlich und lässt so die Frage nach Gott in aller Schärfe auftauchen. Die eigene Lebensweise mit Gott zu legitimieren – die Versuchung des Sesshaften – wird weitaus schwieriger.

4. Migration als Befreiung von Unrecht und Ungerechtigkeit

Nährboden spiritueller Erfahrung und theologischer Reflexion des Alten Testaments bildet der Exodus: die Flucht sozial diskriminierter und ökonomisch ausgebeuteter Sklavengruppen aus Ägypten und mesopotamischen Stadtstaaten.[10] Denn die Hebräer waren in Ägypten zu einem so großen Volk herangewachsen, dass – wie man heute vielleicht sagen würde – die Ägypter Angst vor „Überfremdung" bekamen. Sie reagierten mit Unterdrückung und Ausbeutung. Aus dieser Situation werden Abrahams Nachkommen befreit. Die biblischen Autoren[11] deuten diese Ereignisse als Befreiungshandeln Gottes. Dieses Befreiungshandeln ist freilich begleitet von einer Unzahl von Katastrophen (die 10 Plagen). Die Sklaven haben wohl das Recht auf Befreiung, aber sie muss erkämpft werden und bringt Gewalt, Leid und Not mit sich, so tief ist die schuldhafte Verstrickung der Mächtigen.

In den danach folgenden vierzig Jahren des Durchzugs durch die Wüste – einer Epoche von Leid, Gefahr, Rückkehrsehnsüchten – formt sich Gott aus dieser Gruppe von Israeliten und „einem Haufen anderer Leute" (Ex 12,38) ein auserwähltes Volk. Am Sinai schließt er einen Bund mit diesem und verpflichtet sich selbst und sein Volk zur Treue gegenüber seinen Verheißungen und Gesetzen. Es soll ausschließlich Gott verehren und sich für den Aufbau einer gerechten Gesellschaft einsetzen, deren Ordnungsgesetze sie von Gott erhalten haben. Denn die Verehrung fremder Götter

[10] Der Ägyptologe Jan Assmann listet in seiner jüngsten Publikation zum Exodus die dieser Erzählung mit gewisser Wahrscheinlichkeit zugrundeliegenden historischen Ereignisse und Erinnerungen auf. Er zeigt, dass aber weniger diese als vielmehr deren Sinngeschichte im Gedächtnis Israels von entscheidender Bedeutung ist. Die Wahrheit der Exodus-Erzählung erweist sich „im Akt der Erinnerung und jeder sich erinnernden Gegenwart". Vgl. Jan Assmann: Exodus. Die Revolution der Alten Welt, München 2015, 57–71. 105.

[11] Auch in der ägyptischen Geschichtsschreibung gibt es Erinnerungen an diese Ereignisse, sie werden jedoch anders gedeutet: Die Hebräer sind – so z. B. laut Manethos – nicht geflohen, sondern wurden aus Ägypten vertrieben, weil die Fremden Unglück über das Land brachten, vgl. David Nirenberg: Antijudaismus. Eine andere Geschichte des westlichen Denkens, München 2015, 38–44. Dazu auch Ex 12,31–33, wo der Pharao nach der Katastrophe des Todes der Erstgeborenen selbst den Aufbruch der Israeliten befiehlt.

steht für andere, inhumane Gesellschaftssysteme, wie der Pharao für den Sklavenstaat. Israel erkennt im Weiteren, v. a. durch seine Propheten, dass es dazu befreit wurde: mit seinem Glauben an den einen Gott und dem Engagement für eine gerechte Sozialordnung ein „Licht für die Völker“ zu sein. Dass diese Treue zu Gott und seiner Bundesordnung für Israel auch Leiden bedeutet, lässt Jesaja in seinen Gottesknechtliedern erkennen.

Auch das Exil wird zum Ort der Gotteserkenntnis. Die Zerstörung des Nordreiches im 8. und des Südreiches im 6. Jahrhundert vor der christlichen Zeitrechnung enden in der sich über Jahrzehnte erstreckenden Auswanderung aus den südlich von Samaria gelegenen Gebieten[12] sowie der Vertreibung bzw. Deportation der Israeliten aus ihrer Heimat.[13] Zwar keine Sklaven, waren die Israeliten Menschen zweiter und dritter Klasse und von politischem Zusammenleben im Babylonischen Reich ausgeschlossen.

In seiner theologischen Reflexion dieser Ereignisse kommt das deuteronomistische Geschichtswerk (i. e. die Bücher Deuteronomium bis 2 Könige) zu dem Schluss, dass die Verbannung maßgeblich Folge des eigenen schuldhaften Verhaltens ist. Das Volk hat Gottes Gesetze nicht gehalten und dadurch den Bund gebrochen: Götzendienst, Armut und Ungerechtigkeit in Israel waren Anzeichen dieses Bundesbruches. Das Exil ist Konsequenz („Strafe“) und Prüfung Gottes angesichts dieser Untreue. Die Rückkehr in die Heimat wird im Buch Jesaja verheißen und in Esra und Nehemia beschrieben. Sie wird erneut als Rettung durch Gott gedeutet.

Die Migrationserfahrungen dieser Zeit werden theologisch verbunden mit Befreiung: spirituell als Befreiung zur rechten Gottesverehrung und politisch als Befreiung zu einer egalitär-gerechten Gesellschaftsordnung. Diese Befreiung verläuft alles andere als problemlos und idyllisch. Denn das Deuteronomium betrachtet die Katastrophe des Exils als bitteren Lernort, der zur religiösen und sozialen Umkehr zwingt. Nur so kann die Freiheit wiedergewonnen werden. Als Reaktion auf die Erfahrung des Exils entsteht sodann ein Gesetzeswerk, in dessen Mitte die Vision einer gerechten Gesellschaft ohne Arme steht, die diese Freiheit gewährleisten soll.[14]

---

[12] Vgl. Israel Finkelstein: Das vergessene Königreich. Israel und die verborgenen Ursprünge der Bibel, München 2015.

[13] Vgl. Ludger Schwienhorst-Schönberger: „… denn Fremde seid ihr gewesen im Lande Ägypten.“ Zur sozialen und rechtlichen Stellung von Fremden und Ausländern im alten Israel, in: Bibel und Liturgie 63/2 (1990), 108–117, 112. So gab es z. B. nach der assyrischen Invasion 722 v. Chr. einen – mittlerweile auch archäologisch nachweisbaren – massenhaften Ansturm von Flüchtlingen in das Südreich, v. a. nach Jerusalem. Diese Flüchtlinge brachten die Erzähltraditionen Israels nach Jerusalem und so fanden sie später unter judäischer Redaktion Aufnahme in die entstehende Bibel.

[14] Georg Braulik: Eine Gesellschaft ohne Arme. Das altorientalische Armenethos und die biblische Vision, in: IKaZ Communio 6 (2015), 563–576.

Flucht, Vertreibung, Migration werden also keinesfalls ideologisch überhöht oder idealisiert. Die inhumanen Ursachen und Begleiterscheinungen von Migration werden nüchtern beschrieben: Armut, Unrecht, Ungerechtigkeit, Unterdrückung, Leid und Gewalt (vgl. Dtn 28). Sie sollen fortan beseitigt bzw. verhindert werden, damit erzwungene Migration nicht mehr nötig wird.[15] Auch an Selbstkritik mangelt es nicht, denn die Opfer haben ihren Anteil an der Katastrophe. Flüchtlinge und Migranten werden nicht idealisiert, sondern (selbst)kritisch betrachtet, wie die Erzählungen vom Scheitern des Volkes Israel zeigen: sei es in der Wüste auf dem Weg in das verheißene Land, sei es in der neuen Heimat oder dann im Exil. Dieses wird zum Ort der Prüfung: Bewährung und Erneuerung des Bundes. Das theologische Zentrum bildet die Erfahrung der unverbrüchlichen Treue Gottes zu seinem so ganz und gar nicht vollkommenen „Migrantenvolk".

5. Migration als Ringen um die Beziehung zu „Fremden"

Die biblischen Verfasser ziehen aus ihrer Migrationserfahrung auch ethische und politische Konsequenzen: Die üblen Erfahrungen werden für eine bessere Zukunft fruchtbar gemacht. „Migrations-Ethik" und „Migrations-Politik" sollen dafür sorgen, dass sich die negativen Erfahrungen nicht wiederholen müssen – nicht für Israel, aber auch nicht für andere Menschen, die als Fremde in Israel leben, ohne Familienanschluss und Eigentum weitgehend schutzlos und ausgeliefert. So verdichtet sich die migrantische Leidenserfahrung zu einer „empathischen Xenologie"[16], die sich im Gebot der Gastfreundschaft und einer differenzierten Gesetzgebung für Fremde konkretisiert.

In den Büchern des Alten Testaments zeigt sich eine intensive Auseinandersetzung und Lerngeschichte mit der Frage nach dem Umgang mit Fremden.[17] Das Hebräische kennt verschiedene Begriffe für den „Fremden": *ger*, *tosaw*, *nokri* und *zar*.[18] Die Bedeutung dieser Begriffe lässt sich nicht

[15] Fluchtgründe sind auch zu biblischen Zeiten Hungersnot und Krieg, aber auch unerträglich gewordene Schuldknechtschaft, politische Verfolgung oder Suche nach Arbeit, vgl. Schwienhorst-Schönberger, „Fremde", 108.

[16] Dehn/Hock, „Mein Vater war ein heimatloser Aramäer", 111.

[17] Für das Dtn z. B. Ruth Ebach: Das Fremde und das Eigene. Die Fremdendarstellungen des Deuteronomiums im Kontext israelitischer Identitätskonstruktionen, BZAW 471, Berlin/Boston 2014.

[18] Ich gehe hier nur auf *ger* und *nokri* ein, die beiden wichtigsten Bezeichnungen. Dabei beziehe ich mich maßgeblich auf Schwienhorst-Schönberger, „Fremde". *Tosaw* und *zar* sind tendenziell negative Beschreibungen für den Fremden, der als Gefahr, als Verräter wahrgenommen wird. Auch diese Erfahrungen sind den Verfassern der Texte nicht fremd.

unmittelbar auf die Gegenwart übertragen, da die politischen und sozialen Strukturen damals anders waren. So gab es weder Staaten oder Staatsbürgerschaften in unserem heutigen Sinn. Aber die Debatten verdeutlichen, dass „Fremdsein“ keine Wesenseigenschaft ist, sondern Relationen zwischen „Eigenem“ und „Anderem“ beschreibt, um die jeweils gerungen werden muss. Gerungen wird daher um eine gerechte Beziehung zu jenen, die als „fremd“ im eigenen Volk bzw. Lebensraum wahrgenommen werden.

So bezeichnet der *ger* einen Beisassen bzw. Fremden, der sich in Israel aufhält. Wie überall im Alten Orient gehört dieser Fremde – gemeinsam mit den Witwen und Waisen – zu jenen sozialen Randgruppen, die mangels Bodenbesitz keine ökonomische Existenzgrundlage haben. Ein *ger* zu sein, sagt also wenig über kulturelle Andersartigkeit aus, sondern ist ein *sozialer* Typus. In der Regel wird dieser Fremde zum eigenen Volk gerechnet, weil er sich den (religiösen) Gesetzen Israels bereits angenähert hat. Die soziale und rechtliche Stellung dieses *ger* hat sich im Lauf der Geschichte Israels gewandelt: Während in den ältesten Texten des Bundesbuches vor allem der Schutz des *ger* vor wirtschaftlicher Ausbeutung im Zentrum steht, entwickelt sich im 8. und 7. Jahrhundert – der Zeit des Deuteronomiums – ein umfassendes Reformprogramm zur sozialen und ökonomischen Integration des *ger*, das schließlich in der exilisch-nachexilischen Gemeinde in dessen völliger Gleichberechtigung mündet.[19] Die Frage nach dem Umgang mit Fremden ist also untrennbar verwoben mit Fragen nach Armut und Gerechtigkeit. Modern ausgedrückt: Die soziale Not des Fremden deckt die soziopolitische Unrechtsordnung auf und stimuliert zu einer Suche nach rechtlichen und politischen Lösungen für die *gerim*.

Demgegenüber ist der *nokri* jener in Israel lebende „Ausländer“, der – wirtschaftlich und sozial unabhängig – fremden Gesetzen gehorcht und in der Regel ein kapitalkräftiger Händler ist, der keiner sozialen Schutzbestimmungen bedarf. Diesem *nokri* gegenüber lässt sich im Laufe der Geschichte Israels eine zunehmend distanzierte Haltung erkennen.[20] Im Hintergrund steht die Erfahrung der assyrischen und babylonischen Invasions- und Deportationspolitiken. Diese bedrohten mit ihren polytheistischen Anschauungen die Identität Israels. Der *nokri* steht für ungerechten Reichtum, Götzendienst und soziale wie kulturell-religiöse Okkupation.

Die Abgrenzung gegenüber diesen *nokrim* führt aber keinesfalls zum Verlust des universalen Anspruchs Israels zur Veränderung der Welt. Dies bezeugt die nachexilische Erzählung des Jona, der das assyrische Ninive zur Umkehr zu Gott bewegte. Diese Umkehr ist wichtiger als die Zugehörigkeit

---

[19] Schwienhorst-Schönberger, „Fremde“, 114.

[20] Ebd.

zum Volk Israel. Dies belegt auch die Erzählung von Ruth, die sich selbst als *nokrija*, als Angehörige einer fremden politischen Macht, bezeichnet (2,10). Entscheidend für die Zugehörigkeit zum Volk Gottes sind Treue zu Gott und ethisches Verhalten. So kann Ruth zur Stamm-Mutter des Jesus von Nazareth werden (Mt 1).

6. Migration als Ort praktischer Theophanie

Einen Höhepunkt der Fremdengesetzgebung bildet die Sozialordnung des Deuteronomium. Diese holt den Fremden aus seiner Armenrolle. Migrationspolitik ist demnach Sozialpolitik. So muss der Zehnte, üblicherweise an den Tempel abzuliefern, jedes dritte Jahr vor Ort zur Ernährung der Fremden, Witwen und Waisen eingesetzt werden – und zwar nicht als Almosen, sondern als Rechtsanspruch auf Lebensunterhalt.[21] Auch Flüchtlinge müssen in Israel aufgenommen werden: Wenn ein fremder Sklave, aus welchen Gründen auch immer, seinem Herrn entflieht, darf er nicht nur nicht ausgebeutet werden, sondern darf sich selbst den Ort aussuchen, an dem er wohnen will (Dtn 23,16–17). Zahlreiche solcher Gesetze sollen eine Gesellschaft ohne Arme entstehen lassen, in der auch Fremde und Flüchtlinge gleichberechtigt behandelt werden. Fremde haben auch – wie Witwen und Waisen – von Rechts wegen teil an den Festen im Jerusalemer Heiligtum (Dtn 16,11.14; Ex 20,10; Dtn 5,14). Erst in diesem gemeinsamen Feiern, dessen Zentrum das freudige Mahl ist, ist die geschwisterliche Gemeinschaft vor Gott vollständig. Soziale Barrieren sind beseitigt und es muss keine Fremden und Bedürftigen mehr geben.

Diese Verantwortung gegenüber dem Fremden wird „Liebe" genannt und beschreibt konkretes Handeln. Das Gebot der Nächstenliebe findet sich im Alten Testament in zwei Gestalten. In Lev 19,18 bezieht es sich auf den Nächsten, in Lev 19,34 auf den Fremden: „Wenn bei dir ein Fremder in eurem Land lebt, sollt ihr ihn nicht unterdrücken. Der Fremde, der sich bei dir aufhält, soll euch wie ein Einheimischer gelten, und du sollst ihn lieben wie dich selbst; denn ihr seid selbst Fremde in Ägypten gewesen."

Dieses Gebot wurde auch vom deuteronomischen Gesetzeswerk aufgenommen: „Er (= Gott) verschafft Waisen und Witwen ihr Recht. Er liebt die Fremden und gibt ihnen Nahrung und Kleidung – auch ihr sollt die

[21] Vgl. Norbert Lohfink: Armut in den Gesetzen des Alten Orients und der Bibel, in: Studien zur biblischen Theologie (Stuttgarter Biblische Aufsatzbände 16), Stuttgart 1993, 239–259; Braulik, Eine Gesellschaft ohne Arme.

Fremden lieben, denn ihr seid Fremde in Ägypten gewesen." (Dtn 10,18 f)[22] Fremdenliebe wird als Nachahmung Gottes verstanden. Sie zeigt sich praktisch in der Verantwortung für das Wohl und die Würde jedes Menschen und in Recht und Gerechtigkeit. Im Vollzug dieser Praxis lässt sich Gott erkennen. So kann diese Art der Liebe zum Fremden zum Ort der Theophanie werden. Im Fremden begegnet dem Einheimischen Gott. Und umgekehrt kann der Fremde erfahren, wie Gott handelt.

7. Migrationstheologie als Hermeneutik des Neuen Testaments

Die Schriften des Neuen Testaments sind nicht im Kontext von Flucht, Vertreibung und Exil entstanden. Aber wie die Verfasser des Alten, sind auch die des Neuen Testaments mit Katastrophen und Erfahrungen des Ausschlusses, der Diaspora und der Fremdheit konfrontiert. So lassen sich die Evangelien nicht verstehen ohne die Zerstörung des Tempels, die auch für die Judenchristen eine religiöse Tragödie darstellte.[23] Hinzu kamen Bedrohung, Verfolgung und Kreuzigungen durch die römische Imperialmacht. Auch die späteren Texte entstanden in Kontexten der Diaspora, in der sich die ersten juden- wie heidenchristlichen Gemeinden vorfanden. Beim Deuten dieser Erfahrungen von Not, Leid, Fremdheit und Ausschluss wird zurückgegriffen auf die migrationstheologischen Deutetraditionen der Vorfahren. Erneut ermöglichen die Erfahrungen des Volkes Israel Orientierung und Hoffnung für die schwierige politische Gegenwart, deren theologische Bedeutung auch für das Neue Testament heute mitunter übersehen und spiritualisiert wird.

So lässt Lukas das Leben des Jesus von Nazareth an der sozialen Peripherie einer fremden Stadt beginnen. Die religiöse und soziale Veränderung beginnt nicht im politisch und religiösen Zentrum der Macht, sondern an dessen Rand. Das Motiv von Jesu Geburt in Bethlehem, sein Leben in Galiläa – also am Land bei den einfachen, armen Leuten – bestätigt die Erfahrungen Israels und führt sie konsequent weiter. Er verkündet seine Botschaft als Wanderprediger in Galiläa und wird als Heimatloser beschrieben (Lk 9,58).

Matthäus wiederum greift auf das Motiv der Flucht nach Ägypten zurück, aus dem auch Jesus geholt werden muss (Mt 2, 13–15). Damit wird

---

[22] Vgl. Georg Braulik: Das Volk, das Fest, die Liebe. Alttestamentliche Spiritualität, in: Georg Braulik/Norbert Lohfink: Liturgie und Bibel. Gesammelte Aufsätze (Österreichische Biblische Studien 28). Frankfurt am Main 2005, 29–49.

[23] Darauf macht der Theologe Ton Veerkamp immer wieder aufmerksam, Ton Veerkamp: Autonomie und Egalität: Ökonomie, Politik und Ideologie in der Schrift, Berlin 1993; Ders.: Die Welt anders. Politische Geschichte der Großen Erzählung, Hamburg 2012.

nicht nur bestätigt, dass Jesus zuinnerst mit Israel verbunden ist, auch die Parellele mit Moses ist offenkundig. Zugleich kann Ägypten so zum Ort möglicher Befreiung werden. Denn Jesus überschreitet die Grenzen Israels und kann zum Messias der Völker werden, die auf diese Weise ihren Weg zum Gott Israels finden. Nicht zuletzt wird erneut an einem Flüchtling Gottes Wirken erkennbar.[24]

Die Heimatlosigkeit des Jesus von Nazareth wird auch für seine Jünger zur Verpflichtung und Voraussetzung, um das Reich Gottes verkünden zu können. Das Selbstverständnis als „Fremde" und „Gäste" auf Erden (Hebr 11,13; 1 Petr 2,11) gehört zum Selbstverständnis der ersten Christen ebenso wie die Erfahrung der Diaspora. Durch Christus aber sind nun auch Heiden im Reich Gottes nicht mehr „Fremde ohne Bürgerrecht", sondern „Mitbürger der Heiligen und Hausgenossen Gottes" (Eph 2,19).

Das Unterwegs sein ist zentrales theologisches Motiv im Neuen Testament. So wurden die ersten Gemeinden „Anhänger des Weges" (Apg 9,2), „die den Weg des Friedens" (Lk 1,79) und „den Weg der Wahrheit" (2 Petr 2,2) gehen, genannt. Gott erschließt sich im Aufbruch und in Bewegung.

Auch die Weltgerichtsrede in Matthäus 25 steht in der Tradition der theologisch begründeten Verantwortung für den Fremden (z. B. Jes 58,7). Die Treue zu den Sozialgesetzen Gottes wird zum entscheidenden Maßstab der Treue zu Gott und darin zum spirituellen Begegnungsort mit Christus selbst.

8. Migration als Aufbruch der Menschheit zu Gott

Bedeutet nun die hohe Relevanz, die Migrationserfahrung für den biblisch begründeten Glauben hat, dass Sesshafte keinen Zugang zu Gott finden können? Dieser Eindruck könnte durchaus entstehen.

Wie gesagt: Migration wird in den Texten der Bibel keinesfalls idealisiert und spiritualisiert. Die Erfahrungen von Migrantinnen und Migranten haben aber einen besonderen erkenntnisgenerativen Wert und eine theologische Bedeutung auch für Nicht-Migrantinnen und -migranten. Diese können heute auch von Sesshaften – auch im immer noch reichen und mächtigen Europa – wiederentdeckt werden, indem sie sich auf die Migrationen und Fluchtbewegungen der Gegenwart einlassen und ihnen „antworten".

[24] Vgl. Thomas Söding: Das Refugium des Messias. Die Flucht der Heiligen Familie nach Ägypten, in: IKaZ Communio 4 (2015), 343–354.

Denn Migration ist keinesfalls die einzige Möglichkeit der Gotteserkenntnis. Auch die praktische Teilhabe an den Erfahrungen von Migranten und Flüchtlingen sensibilisiert für die theologische Bedeutung von Migration heute. Dies ist zunächst eine ethische und politische Aufgabe. So wären die ethischen und politischen Erkenntnisse der Bibel im Horizont zeitgenössischer Migrationserfahrungen wiederzugewinnen. Im konkreten Einsatz für Flüchtlinge und im Zusammenleben mit ihnen sowie mit Migrantinnen und Migranten könnte sich sodann die Beziehung zu Gott erneuern oder vertiefen oder ein Zugang zur Gottesfrage eröffnet werden, so wie auch für die Verfasser der biblischen Texte.

Migrantinnen und Migranten sind keinesfalls „bessere" Menschen. Aber mit den Lebens- und Glaubenserfahrungen, die sie mitbringen, können sie die Sesshaften in Bewegung versetzen. Das gilt für die biblisch bezeugten Migranten-Erfahrungen ebenso wie für jene Erfahrungen, die Migranten und Flüchtlinge heute bezeugen. Indem die Migrations-Gegenwart im Licht der biblischen Migrationsvergangenheit interpretiert wird, kann die Migrationsgeschichte des Volkes Israel auch heute für die „Heiden", also die nicht- oder anders Religiösen, heilsam und befreiend werden. In diesem Licht kann dann zugleich die Migrationsgeschichte der Gegenwart ein Ort der Gottesbegegnung werden. So sieht dies z. B. das Lehramt der Katholischen Kirche, wenn es die gegenwärtigen Migrationen als „Zeichen der Zeit", als „Herausforderung, die es beim Aufbau einer erneuerten Menschheit und in der Verkündigung des Evangeliums des Friedens zu entdecken und zu schätzen gibt" und sogar als „eine günstige Gelegenheit" bezeichnet, „ den Plan Gottes einer universalen Gemeinschaft zu verwirklichen".[25]

Indem nämlich „Fremde" in der „Heimat" auftauchen, begegnen einander Menschen verschiedener Herkunft, Kultur und Religion. Auf diese Weise können der archaische menschliche Tribalismus und die damit verbundenen Stammesmentalitäten in Frage gestellt werden, an denen (nicht nur) Sesshafte nicht selten leiden. Das buchstäbliche Aufflammen – wenn Flüchtlingsheime brennen – bezeugt dies ex negativo, denn eben die damit verbundenen nötigen Veränderungen, die kritische Selbstreflexion werden auf diese Weise gewalttätig abgewehrt.

In der Erinnerung an biblische Erfahrungen könnte Migration aber auch ermöglichen, die Zusammengehörigkeit und Einheit der Menschheit zu erkennen und sich auf einen gemeinsamen Lernprozess einzulassen. Migration lädt zur Erkenntnis ein, dass jeder Mensch – unabhängig von Ethnie,

[25] Vgl. Päpstlicher Rat der Seelsorge für die Migranten und Menschen unterwegs: Instruktion Erga migrantes caritas Christi, Vatikanstadt 2004, Abschnitt 14.9.

Geschlecht, Religion, Kultur – das Ebenbild Gottes ist und daher alle Menschen von gleicher Würde sind. Migration offenbart dabei zugleich die sozialen, rechtlichen und politischen Ungleichheiten und Unrechtsverhältnisse, die dieser Erfahrung zuwiderlaufen: Diese sind heute global zu erkennen. Migration ist damit eine Chance, Zusammenleben in Verschiedenheit, Einheit und Gerechtigkeit neu zu lernen und dafür entsprechende Gesellschaftsstrukturen, eben eine gerechte globale Sozialordnung, zu schaffen. Darin besteht der soteriologische Charakter von Migration.

Flüchtlinge, Migrantinnen und Migranten könnten dann als jene in den Blick kommen, die der Menschheit wie „Botschafter" dabei helfen, zu Gott aufzubrechen und in das Haus seiner Sozialordnung zurückzukehren. Insofern eröffnet Migration auch einen Zugang zur eschatologischen Dimension des Glaubens. Sie erinnert an dessen große Verheißungen und Hoffnungen: das Zusammenleben der einen Menschheit in ihrer Verschiedenheit in Frieden und Gerechtigkeit. Das zentrale Bild für diese Hoffnung ist die Wallfahrt der Völker, wie sie beide Testamente für das Ende der Zeiten erhoffen und erwarten (dürfen). So hatten Propheten die Vision, dass am Ende der Zeiten die Völker zum Zion pilgern werden und Gott loben und preisen, ohne dabei ihre Identität aufgeben zu müssen (Jes 2,2; 60,3, Mich 4, 1). Gott ist kein Stammesgott; er ist der Gott aller Menschen. So nimmt er auch die Opfer jener Ausländer an, die dem Herrn dienen, den Sabbat halten und an seinem Bund festhalten – denn das Haus Gottes „wird ein Haus des Gebetes für alle Völker genannt" (Jes 56,6–8).

Dieses Motiv taucht auch im Neuen Testament immer wieder auf: Laut Eph 2,14 werden Juden und Christen versöhnt, indem durch das Sterben des Juden Jesus die „trennende Wand der Feindschaft" niedergerissen wurde. In Mt 8,11 erinnert sich Jesus von Nazareth angesichts des Glaubens des Hauptmanns von Kafarnaum an dieses Bild der Völkerwallfahrt: „Viele werden von Osten und Westen kommen und mit Abraham, Isaak und Jakob im Himmelreich zu Tisch sitzen". Schließlich taucht das Motiv auch in der Offenbarung des Johannes als Zukunftsvision auf (Offb 21,24).

Gott möchte allen Menschen sein Heil zukommen lassen. Der damit verbundene Prozess vollzieht sich als Bewegung, als eschatologisch-zentripetale Migration: Gott erschließt sich vom Ende her und holt über das auserwählte Volk Israel alle Menschen zu sich zurück. Dies geschieht, indem seine Sozialordnung Schritt für Schritt, mühsam und mit unzähligen und riskanten Rückschritten erlernt wird. Spirituell genährt ist dieser Lernprozess aus gläubiger Sicht von den Erinnerungen an die Verheißungen Gottes an Israel. Weil Gott sein Volk immer wieder aus Knechtschaft, Unterdrückung, Unrecht und Tod gerettet hat, wird er es wieder tun.

Gott wählt für diesen Lernprozess zuerst und bis heute ungebrochen sein Volk Israel als Lernende und Lehrer: ein Volk, das das Drama der Migrationen, der Vertreibungen und Verfolgungen, Exil, Diaspora und Fremdheit, bis zur Shoa durchlebt und durchlitten hat und durchleidet. Was können und müssen (nicht nur) Christinnen und Christen in Europa aus der Geschichte von Jüdinnen und Juden für die heutige Migrations-Herausforderung lernen? Wie können sie angesichts der Geschichte heute tausende Menschen politisch weitgehend konseqenzenlos an Europas Grenzen ertrinken lassen?

Durch Jesus von Nazareth sind auch die Heiden zu Schülern (= Jüngern[26]) der Sozialordnung Gottes geworden. Nach Ostern und mit Paulus sowie der Apostelgeschichte haben die „Heidenvölker" Anteil am Gott Israels. Paulus, der erste „international" wandernde Apostel, erinnert sich „in Christus" (d. h. indem er dessen Praxis folgt) der Einheit der Menschheit in aller Verschiedenheit (Gal 3,28; Kol 3,10–11). Die Kirche bekommt in dieser Geschichte die Aufgabe, ebenfalls Zeichen und Werkzeug dieser sich verwirklichenden Vereinigung mit Gott und der Einheit der Menschheit zu werden.[27] Nicht ohne Grund versteht sie sich als pilgerndes Volk – eine (vielleicht etwas schwache) Erinnerung an den eigenen Migrationshintergrund.

9. Migration heute

Selbstverständlich lassen sich die biblischen Erfahrungen nicht 1:1 in die Gegenwart übersetzen. Die konkreten globalen Probleme der Gegenwart können und werden sie nicht lösen. Flucht und Migration, Exil und Diaspora folgen 2016 veränderten Gesetzmäßigkeiten als zu biblischen Zeiten. Sie haben andere Ursachen, andere Strukturen und Dynamiken, andere Konsequenzen. Eine in Bezug auf Krieg und Waffenhandel globalisierte Welt, transnationale Mobilitäts- und Kommunikationsstrukturen, vernetze und oligarchische ökonomische und politische Strukturen verlangen heute nach anderen Antworten. Aber die Fülle der theologischen, ethischen und

[26] Die *Mathetes* sind die Lernenden.

[27] Dies ist die römisch-katholische Sicht auf Wesen und Auftrag der Kirche in der Dogmatischen Konstitution über die Kirche Lumen Gentium, Vatikanstadt 1964, Abschnitt 1. Von einer „Gemeinschaft in Einheit und Vielfalt", die im Dienst der Heilung der Welt steht, spricht auch die Studie des Ökumenischen Rates der Kirchen: Die Kirche: Auf dem Weg zu einer gemeinsamen Vision. Eine Studie der Kommission für Glaube und Kirchenverfassung des Ökumenischen Rates der Kirchen (ÖRK), Gütersloh/Paderborn 2014.

politischen Motive und Kriterien eröffnet Wahrnehmungs-, Denk- und Deutemöglichkeiten, die auch heute noch hilfreich sein können.

Sie lassen viele Fragen auftauchen: Worin bestehen die Ursachen globaler Migration und Flucht heute? Welche Unrechtsverhältnisse, welche Ungerechtigkeiten zwingen Menschen zum Aufbruch aus ihrer Heimat? Worin besteht der Anteil Europas an diesem Drama? Worin bestünde Befreiung heute – für Flüchtlinge und Migranten, aber auch für die Sesshaften? Wie steht es um den Umgang und das Zusammenleben mit „Fremden"? Welche Umkehr ist nötig? Was kann und muss angesichts von Flucht und Migration gelernt werden?

In gewissem Sinn bieten die biblischen Erinnerungen eine Art „Seh-Hilfe", aber auch ein „Frühwarnsystem" für die Gegenwart an. Sie helfen dabei, die sozialen, ökonomischen und politischen Strukturen von Flucht und Migration zu erkennen; sie warnen vor Katastrophen, die eintreten, wenn man bestimmte Parameter sozialer Ordnung anhaltend vernachlässigt und verletzt. Nicht zuletzt können sie aber auch Hoffnung stiften, in den größten Schwierigkeiten den Mut nicht aufzugeben und auf einen inneren Sinn der Ereignisse und den Beistand Gottes zu vertrauen. Sie ermutigen, die konkreten geschichtlichen Erfahrungen im Horizont der biblischen Erinnerungen, Erfahrungen, Gebote und Verheißungen zu reflektieren. Sie verpflichten aber auch dazu, um ein gerechtes Verhältnis zu Flüchtlingen und Migranten zu ringen.

Selbstverständlich kann dies nur auf der Basis zeitgenössischer Expertise zu Flucht und Migration und im Gespräch mit zeitgenössischen Migranten und Nicht-Migranten geschehen. Dann aber könnte Migration auch heute zu einem Lernort werden: für die Gesellschaft, für die Kirchen, für die Gläubigen und deren Glauben. Migrantinnen und Migranten werden dabei zu anderen Erkenntnissen kommen als Sesshafte. Beide Gruppen werden verschiedene Aufgaben haben. Aber die Erfahrungen von Flucht und Migration können auch heute allen Menschen zur Befreiung gereichen. Ein solch – theologischer – Blick auf Flucht und Migration ist keine Garantie auf ein „Happy end" der aktuellen global kritischen Situation. Die Menschheit kann auch scheitern und in einer Orgie der Barbarei untergehen. Aber ein biblisch fundierter Zugang ist schon allein aufgrund seiner Hoffnungsperspektive alternativlos. Ohne die Hoffnung, dass die zeitgenössischen Flucht- und Migrationsprozesse durch unser Handeln auch in „etwas Gutes" verwandelt werden können, sehe ich keine Zukunft. Denn einzig die Hoffnung – als Fähigkeit und Gabe, auch in schwersten Zeiten die Orientierung an Gott und einer besseren Zukunft nicht aufzugeben – eröffnet neue und mutige Handlungsspielräume. Auch davon zeugen Aufbruch, Flucht und Migration: Dass Menschen die Hoffnung auf ein besseres Leben noch nicht aufgegeben haben und dafür ihr Leben riskieren. Das kann Ansporn und „Vorbild“ für die Sesshaften werden.

Sozialwissenschaftliche Zugänge zu Religion im Kontext von Migration

Religion im Kontext von Migration: mehr als ein Integrationsfaktor

Erschienen in: Heinz Fassmann/Julia Dahlvik (Hg.): Migrations- und Integrationsforschung. Multidisziplinäre Perspektiven. Ein Reader, Wien 2011, 279–310. (peer-reviewed)

1. Vorbemerkung

Der folgende Beitrag war die erste Veröffentlichung im Rahmen meiner Auseinandersetzung mit dem Themenkomplex „Religion und Migration". Grundlage bildet ein Vortrag im Rahmen der 1. Jahrestagung der Migrations- und Integrationsforschung in Österreich (20.-22.10.2010)[1] in Wien. Ich habe den Beitrag weitgehend unverändert gelassen, weil man an ihm erkennen kann, wie sehr sich seither sowohl der wissenschaftliche als auch der gesellschaftspolitische Diskurs verändert haben. Einige Aspekte habe ich um aktuelle Forschung erweitert, manche Thesen haben sich seither verifiziert, andere falsifiziert. So ist aus den „gefährlichen Entwicklungen" von Rassismus, Antisemitismus und Hass gegen Muslime zwischenzeitlich eine massive Gefahr für die Gesellschaft und auch für Europa geworden. Ein unreflektierter Integrationsbegriff ist im politischen Diskurs weiterhin und noch stärker – trotz massiver Kritik der Sozialwissenschaften, die längst Alternativen (wie z. B. das Inklusionskonzept) entwickelt haben – *die* zentrale politische Leit-Antwort auf die Frage nach dem Zusammenleben mit MigrantInnen und geflüchteten Menschen. Das Thema Flucht war zum Zeitpunkt der Veröffentlichung noch nicht so stark im Fokus, wie es aus heutiger Sicht bereits damals hätte sein müssen. Zugleich haben die Themen „Religion" und „Migration" im wissenschaftlichen Diskurs an Relevanz gewonnen. Manche Überlegungen – vor allem der zweite und der dritte Abschnitt – sind aber von bleibender Aktualität.

Der Beitrag gliedert sich in drei Abschnitte. In einem ersten Schritt soll das Phänomen anhand exemplarischer „Blitzlichter" wahrgenommen werden: aus einer internationalen wie aus einer spezifischen Wiener Perspektive: Wie zeigt sich Religion im Kontext von Migration? In einem zweiten Schritt wird gezeigt, warum bei einer Analyse von „Migration"

[1] Informationen zu den mittlerweile vier Jahrestagungen für Migrations- und Integrationsforschung in Österreich, eine Kooperation zwischen der Österreichischen Akademie der Wissenschaften und der Universität Wien (inkl. Publikationen), vgl. URL: http://www.oeaw.ac.at/kmi/aktivitaeten/jahrestagung/ (30.06.2017).

Religion nicht ausgespart bleiben darf. Schließlich wird in einem dritten Schritt aus dem Blickwinkel verschiedener wissenschaftlicher Zugänge gezeigt, worin der wissenschaftliche Gewinn liegt, das Phänomen Religion im Kontext von Migration aus der Perspektive von Geschichte, Religionssoziologie, Religionspsychologie sowie Praktischer Theologie zu beleuchten.

2. Das Phänomen wahrnehmen

Erste Analysen zeigen, dass die Frage nach der Religion in der Migrationsforschung – noch – ein Randthema ist – wie auch umgekehrt Migration in der deutschsprachigen Religionswissenschaft[2] und Theologie so gut wie kein Thema ist.[3] So kommt Religion beispielsweise im Human Development Report[4] nur „nebenbei" in den Blick: durchgehend im Kontext kultureller Identität sowie in der Beobachtung, dass sechs von zehn MigrantInnen in ein Land emigrieren, in dem die Mehrheitsreligion des Aufnahmelandes dieselbe ist wie die des Geburtslandes. Wenn überhaupt, kommt Religion als Teil der Kultur in den Blick migrationswissenschaftlicher Forschung. In Statistiken sucht man oft vergeblich nach dem Faktor Religion. Zugleich wird Religion in den öffentlichen bzw. politischen Migrationsdiskursen ein zunehmend brisantes Thema: Es verbindet sich mit gesellschaftlich gefährlichen Entwicklungen wie der Zunahme von Xenophobie, Rassismus und Diskriminierung sowie Antisemitismus und Hass gegen Muslime und „den" Islam.[5]

Migration und Fremdenfeindlichkeit hängen freilich nicht „naturgesetzlich" zusammen, insofern Migration nicht die Ursache für Fremdenfeindlichkeit ist und nicht notwendig zu solchen Reaktionen führen muss. Es wären auch andere Reaktionen auf die Erfahrungen von Fremdheit mög-

---

[2] Pionier in der Religionswissenschaft ist Martin Baumann (Luzern), der dieses Thema bereits zum Titel seiner Antrittsvorlesung im Jahr 2002 gemacht hat, vgl. Martin Baumann: Religion und ihre Bedeutung für Migranten, Antrittsvorlesung von Martin Baumann, Professor für Religionswissenschaft, Vortragsmanuskript vom 20. Juni 2002, Universität Luzern, vgl. URL: http://www.unilu.ch/files/antritts-vl-web.doc (20.09.2010).

[3] Ausnahmen bildeten bereits damals die Christliche Sozialethik sowie die Missionswissenschaften.

[4] Human Development Report: Overcoming barriers: Human mobility and development, Published for the United Nations Development Programme (UNDP), Hampshire/New York 2009, 21–22.

[5] Den Begriff „Islamophobie" verwende ich zwischenzeitlich nicht mehr, weil er manchmal von radikal-muslimischer Seite dazu verwendet wird, Kritik am Islam grundsätzlich unter Verdacht zu stellen. Gleichwohl ist der Hass, der vielen Muslimen entgegenschlägt auch mit einem oft irratonalen Hass gegen „den" Islam verbunden, der als monolithischer Block vorgestellt wird.

lich.[6] Ebenso wenig lässt sich Religion im Kontext von Migration primär auf ein Problem reduzieren. Eine differenzierte Auseinandersetzung mit diesem Phänomen lässt die sozial, politisch, kulturell und religiös relevanten Potenziale von Religion ebenso sichtbar werden wie alternative Reaktionen auf sogenannte „MigrantInnen-Religion".[7]

Um für die Thematik zu sensibilisieren, wird ein fragmentarischer und empirischer Blick auf Religion im Kontext von Migration mit dem Fokus auf Österreich und Wien geworfen.

In Wien ist die Vielfalt der christlichen Orthodoxie sowie der orientalisch-orthodoxen Kirchen präsent. So leben in Österreich ca. 300.000 Serben, davon in Wien und Umgebung ca. 130.000, viele davon sind serbisch-orthodox. In allen Landeshauptstädten gibt es Pfarren der serbisch-orthodoxen Gemeinde, in Wien existieren zurzeit drei Gemeinden.[8] Neben der serbisch-orthodoxen Kirche gehören auch ca. 2.000 Menschen zur russisch-orthodoxen Kirche (Moskauer Patriarchat) in Österreich:[9] Gemeinden gibt es in Wien, Linz und Graz. In Wien gehören zu dieser Gemeinde im 3. Bezirk in der Jauresgasse 2 primär Auslandsrussen und ein paar wenige Konvertiten, die vor allem über die Beschäftigung mit der Ikonenmalerei zur Orthodoxie übergetreten sind. Einmal im Monat feiert diese Gemeinde eine deutschsprachige Liturgie – und im Anschluss gibt es eine Agape und eine „Sonntagsschule" für die Kinder. In der Kirche des katholischen Wiener

[6] So zeigt z. B. die Frage nach der Bedeutung von Religion im Kontext von Literatur, die sich mit Migration beschäftigt, dass Migration auch mit anderen Bedeutungen, Reaktionen und Folgewirkungen verbunden werden kann – wie z. B. Entwicklung, Bildung, Selbstvervollkommnung, vgl. Christof Hamann: Bildungsreisende und Gespenster. Wilhelm Raabes Migranten, in: Heinz Ludwig Arnold (Hg.): Text + Kritik. Sonderband „Literatur und Migration", München 2006, 7–18; Ute Gerhard: Neue Grenzen – andere Erzählungen? Migration und deutschsprachige Literatur zu Beginn des 20. Jahrhunderts, in: Arnold (Hg.), Text + Kritik, 9–29. Auch aus theologischer Sicht gibt es verschiedene Weisen, auf das Fremde zu reagieren, vgl. z. B. Theo Sundermeier: Den Fremden verstehen. Eine praktische Hermeneutik, Göttingen 1996.

[7] Vgl. Martin Baumann: Migration and Religion, in: Peter B. Clarke/Peter Beyer (eds.): The World's Religions. Continuities and Transformations, London/New York 2009, 338–353; Michael Minkenberg/Ulrich Willems (Hg.): Politik und Religion. PVS – Politische Vierteljahresschrift, Sonderheft 33/2002, Wiesbaden 2003.

[8] Seit 1860 gibt es eine serbische Kirchengemeinde, die älteste serbische Kirche befindet sich in der Veithgasse 3, im 3. Wiener Gemeindebezirk: Sie wurde 1893 feierlich eingeweiht. 81 Jahre später wurde die Kirche in der Steinergasse 3, ebenfalls 3. Bezirk, für damalige MigrantInnen geschaffen. 2002 kaufte die Gemeinde ein neues Gebetshaus in der Engerthstraße 158, 1020 Wien – eine ehemalige Straßenbahnremise wurde zu einer Kirche umgebaut. Zukünftig werden auch vermehrt Katholische Kirchen an orthodoxe Gemeinden verschenkt werden, so der Plan der Erzdiözese Wien (z. B. Pfarre Neulerchenfeld im 16. Bezirk).

[9] Informationen zu den Ostkirchen in Wien finden sich bei Franz Gschwandtner/Christian Gastgeber: Die Ostkirchen in Wien. Ein Führer durch die orthodoxen und orientalischen Gemeinden, Wien 2004.

Priesterseminars feiern 150 Familien mit assyrisch-orthodoxem Bekenntnis sonntäglich Gottesdienst und beten das Vater Unser auf Aramäisch. In Schwechat feiert die äthiopisch-orthodoxe Tewahaedo-Kirche eine Liturgie mit altchristlichen und afrikanischen Elementen; man stößt auf 80 verschiedene äthiopische Dialekte.

Auch die Evangelische Kirche in Österreich – aufgrund deutscher Migration von jeher eine „Migrationskirche" – hat in den vergangenen Jahrzehnten eine intensive Zunahme von Migrationsgemeinden zu verzeichnen, genannt „internationale Gemeinden"[10].

Schließlich ist auch jeder 5. Katholik in Wien „Ausländer" bzw. „ausländischer Herkunft". Ein Blick auf die Homepage der Erzdiözese Wien zeigt die Vielfalt der anderssprachigen Gemeinden.[11]

Vergegenwärtigt man sich diese konfessionelle Vielfalt, wird man für die Tatsache sensibilisiert, dass die Mehrheit dieser Kirchen und Gemeinden „MigrantInnen-Kirchen" sind – und zugleich die Mehrheit der MigrantInnen in Wien nicht muslimisch, sondern christlich ist.[12] Diese Erkenntnis verändert auch die Wahrnehmung der offiziellen Religionsstatistiken.

---

[10] Dazu gehören die Evangelisch-Koreanische Gemeinde, die Japanische Evangelische Gemeinde, die Ungarisch-Evangelische Gemeinde, die Schwedische Gemeinde, die Dänische Gemeinde, die Finnische Gemeinde, die Ghanaische Gemeinde, die Evangelisch-Taiwanesische Gemeinde, die Afrikaanssprachige Evangelische Gemeinde (alle Augsburger Bekenntnis).

[11] Der europäische Raum ist in Wien durch eine albanische, eine italienische, eine kroatische, eine polnische, eine slowakische, eine slowenische, eine tschechische und eine ungarische Gemeinde vertreten; ferner gibt es Sprachgemeinden (englisch-, französisch-, spanischsprachige Gemeinde). Für Zuwanderer aus dem afro-asiatischen und lateinamerikanischen Raum gibt es eine internationale, eine afrikanische, eine chinesische, eine indische, eine indonesische, eine japanische, eine koreanische, eine lateinamerikanische, eine philippinische, eine vietnamesische Gemeinde, seit neuestem auch eine persische Gemeinde sowie eine Gemeinde aus dem Nahen und Mittleren Osten, die nach chaldäischem, lateinischem, maronitischem, melkitischem, syrischem Ritus feiern. Mit der armenisch-katholischen Gemeinde und der griechisch-katholischen Zentralpfarre sind auch die unierten Kirchen im orientalischen Ritus in Wien vertreten. Zum aktuellen Stand vgl. URL: https://www.erzdioezese-wien.at/site/menschenorganisation/ pfarrenordengemeinschafte/anderssprachige gemeinden (30.06.2017).

[12] Auf die Vielfalt der islamischen und jüdischen Gemeinden, Einrichtungen und Bekenntnisse kann in dieser Einleitung nicht eingegangen werden, zumal es hierzu auch keine genauen Statistiken gibt. Informationen zum Islam, URL: http://www.derislam.at (30.06.2017); zum Judentum, vgl. URL: http://www.ikg-wien.at; http://www.orchadasch.at (beide 2017). Anzumerken ist zudem, dass die Auseinandersetzung mit dem Judentum und seiner Geschichte ein Pflichtthema für jeden ist, der sich mit Migration beschäftigt; dies würde aber hier den Rahmen sprengen. Christen bilden – trotz „Flüchtlingskrise" – bis heute die Mehrheit der MigrantInnen, dies wird nur öffentlich kaum diskutiert. Dabei kann man auch im Dialog und Zusammenleben mit migrantischen Christen Erfahrungen kultureller und religiöser Differenz erleben.

So lässt die letzte konventionelle Volkszählung 2001[13] zu den staatlich anerkannten Kirchen und Religionsgesellschaften und anerkannten sowie eingetragenen Bekenntnisgemeinschaften in Österreich vermuten, dass sich hinter den Zahlen viele MigrantInnen verbergen; vielfach zeigt dies bereits der Name – hier zu sehen an den staatlich anerkannten Kirchen und Religionsgesellschaften (in Klammern jeweils die Anzahl der Mitglieder, Stand 2001):

- Die Katholischen Kirchen (5.918.629), davon ist die Römisch-Katholische Kirche die größte (5.917.274). Hinzu kommen die Griechisch-Katholische Kirche (1.089) und die Armenisch-Katholische Kirche (266).
- Die Evangelische Kirche (376.156) umfasst die Kirche, die auf dem Augsburger und dem Helvetischen Bekenntnis basiert.
- Dazu kommen weitere christliche Kirchen wie die Altkatholische Kirche (14.621; anerkannt seit 1874), die Armenische Apostolische Kirche (1.824), die Koptisch-Orthodoxe Kirche in Österreich (1.623; anerkannt seit 2003), die Syrisch-Orthodoxe Kirche (1.589), die Griechisch-Orientalische Kirche (= Orthodoxe Kirchen; 174.385), die Serbisch-griechisch-orientalische Kirchengemeinde zum Hl. Sava (74.198), die Rumänisch-griechisch-orientalische Kirchengemeinde zur Hl. Auferstehung (2.819), die Russisch-orthodoxe Kirchengemeinde zum Hl. Nikolaus (3.340), die Bulgarisch-orthodoxe Kirchengemeinde zum Hl. Iwan Rilski (1.135), die Evangelisch-methodistische Kirche (1.236; anerkannt seit 1951), die Kirche Jesu Christi der Heiligen der Letzten Tage (Mormonentum) (2.236) und schließlich die Neuapostolische Kirche (4.217; anerkannt seit 1975).
- Die Israelitische Kultusgemeinde (8.140; anerkannt seit 1890), deren Zuwachs sich durch die Zuwanderung russischer Juden und Jüdinnen erklären lässt.
- Islamische Glaubensgemeinschaft in Österreich (338.988) (anerkannt seit 1912): Hier ist hinzuweisen auf die Vielfalt der Bekenntnisse und die nationale Organisation der Gemeinden.
- Österreichische Buddhistische Religionsgesellschaft (10.402) (anerkannt seit 1983): Diese Zahl beinhaltet nicht die vielen MigrantInnen aus

[13] Vgl. dazu Statistik Austria 2001. Aktuelle Zahlen sind kaum erhältlich, weil bei den Volkszählungen in Österreich seit 2001 die Religionszugehörigkeit nicht mehr abgefragt werden darf. Diese Zahlen entstammen URL: http://www.statistik.at/web_de/statistiken/bevoelkerung/volkszaehlungen_registerzaehlungen/bevoelkerung_nach_demographischen_merkmalen/index.html (01.06.2010). 2014 hat das Bundeskanzleramt aber ein umfassendes Handbuch zu Religionen in Österreich publiziert, das einen guten Überblick liefert, vgl.: Bundeskanzleramt Österreich (Hg.): Handbuch Religionen in Österreich. Übersicht der in Österreich anerkannten Glaubensgemeinschaften, Wien 2014.

dem asiatischen Raum, die sich dieser Organisation nicht zugehörig fühlen, zu der vor allem konvertierte ÖsterreicherInnen gehören; die genauen Zahlen sind unbekannt.

Studiert man die offiziellen Migrationsstatistiken, wird deutlich, dass dem Merkmal Religion oder Konfession so gut wie keine Aufmerksamkeit geschenkt wird (z.B. im Statistikjahrbuch 2010 des Österreichischen Integrationsfonds). So gibt es genaugenommen auch keine exakten Angaben über den Zusammenhang Religion – Migration in der Bevölkerung: Die Religionsstatistiken beachten keinen Migrationshintergrund, die Migrationsstatistiken ignorieren Religion. Dennoch ist im öffentlichen Diskurs „der Muslim" zum Inbegriff des Migranten geworden – wird also mit einem religiösen Bekenntnis in Verbindung gebracht.

3. Die These und ihre Begründung

Entgegen der in der Einleitung festgestellten Ausgangslange, der zufolge Religion in demographischen Analysen so gut wie keine Rolle spielt, wird im Folgenden dargestellt, dass und warum die Migrationsforschung davon profitiert, wenn sie das Phänomen Religion wahrnimmt.[14]

3.1 Nicht-Wahrnehmung des Phänomens (differenter) Religion im Kontext von Migration

Religion und Migration lassen sich als eigenständige und unterscheidbare Themen erforschen. Allerdings fehlt dann beiden Forschungen eine jeweils elementare Dimension zum Verständnis der Phänomene. Ein Rückblick auf die Geschichte der Nicht-Wahrnehmung und Ausblendung von Religion – der „unsichtbaren Religion der Migranten" – zeigt den wissenschaftlichen Mehrwert dieser kombinierten Betrachtung.

3.1.1 „Unsichtbare Religion" im öffentlichen Diskurs

Die Religiosität der GastarbeiterInnen, die in den 60er- und 70er-Jahren forciert nach Deutschland und Österreich geholt wurden, war kein explizites

[14] Und zwar nicht nur als Problem, würde ich 2016 ergänzen. Denn mittlerweile ist Religion ein Thema, aber primär in ihrer Funktion als Integrationsfaktor und als Störung, die man „zivilisieren" muss.

Thema.[15] Als aus der Türkei ab 1961 nach einem Anwerbeabkommen mehr als 800.000 Gastarbeiter nach Deutschland kamen, sollten die Türken, meist junge, unverheiratete Arbeiter, zwei Jahre in deutschen Industrie- und Bergbaubetrieben arbeiten und im Sinne des „Rotationsprinzips" danach in ihre Heimat zurückgehen, um von neuen Gastarbeitern ersetzt zu werden. Religion war da irrelevant.[16] Auch Österreich begann, GastarbeiterInnen anzuwerben. Im damaligen Jugoslawien (in Österreich immer die größte Gruppe) und in der Türkei wurden Arbeitskräfte vor allem für das Bau- und Textilgewerbe rekrutiert. Von 1962 bis 1964 wurden jeweils „Kontingente" von rund 37.000 Arbeitskräften vereinbart, jedoch nicht völlig ausgeschöpft.

Oder die Niederlande: Dorthin kamen die ersten Gastarbeiter Ende der Fünfzigerjahre, vor allem aus den südeuropäischen Ländern Italien und Spanien. Die Regierung warb danach aktiv um niedrig qualifizierte Arbeiter, vor allem in der Türkei und in Marokko, weil dafür Bedarf in den neuen Industrien der Nachkriegszeit bestand. Zum Teil fuhren Unternehmer selbst in den Süden, um dort Arbeiter anzuwerben, zum Teil halfen ihnen die Behörden dabei. In den Siebzigerjahren kamen auch Immigranten aus der früheren niederländischen Kolonie Surinam in die Niederlande. Erst waren es vor allem Studenten, die an den Universitäten studieren wollten, ab 1965 auch gering qualifizierte Einwanderer, die auf dem niederländischen Arbeitsmarkt ihre Chance sahen. Fragt man nach der Religion dieser Menschen, sieht man bereits: Orthodoxe und Muslime kamen nach Österreich, KatholikInnen in den protestantischen Norden.

Das Rotationsprinzip zeigte nirgendwo die beabsichtigte Wirkung. Unternehmen wollten nach zwei Jahren nicht auf ihre eben eingearbeiteten Mitarbeiter verzichten und sie durch neue, unerfahrene Gastarbeiter ersetzen. Und die „Fremden" wollten oftmals nicht wieder zurück in das Land, aus dem sie auf der Suche nach Jobs ausgezogen waren. Denn – um es mit Max Frisch zu sagen: „Wir haben Arbeitskräfte gerufen, und es sind Menschen gekommen. Sie fressen den Wohlstand nicht auf, im Gegenteil, sie sind für den Wohlstand unerlässlich."[17] Und diese können auch ihre Religion im

[15] Sieht man etwa davon ab, dass z. B. das katholische Luxemburg gezielt nur katholische Portugiesen anwarb.

[16] So gab es in Berlin einen „Ratgeber für türkische Arbeitnehmer", „der auf stolzen 134 Seiten Anschriften und Hinweise gibt – unter ‚Kultur' zum Beispiel auch den Zoo und die Sternwarte anbietet", aber „Informationen für die Moslems darüber, wo man eine muslimische Gemeinde findet, einen Gebetsraum, oder wo man Fleischwaren bekommt, die ohne Schweinefleisch hergestellt sind", fehlen vollständig. (So Wolfgang Fletkau: Sogenannte Gastarbeiter. Report und Kritik, Wuppertal 1972, 122, zitiert nach Hans Zirker: Islam. Theologische und gesellschaftliche Herausforderungen, Düsseldorf 1993, 283).

[17] Max Frisch: Vorwort, in: Alexander J. Sailer: Siamo Italiani – die Italiener. Gespräche mit italienischen Arbeitern in der Schweiz, Zürich 1965, 7.

„Reisegepäck“ mitbringen; religiöse Erfahrungen, Ideen und Praktiken, spezifische Sinn- und Weltinterpretationen und Vorstellungen von Mensch-Sein.

Wie wenig bedrohlich die neue religiöse Situation wahrgenommen wurde, zeigte sich z. B. in einem aus heutiger Sicht nahezu schier unglaublichen Phänomen in Österreich: Als 1979 im 21. Bezirk das Islamische Zentrum mit Moschee und Minarett eröffnet wurde, lebten 15.000 Gastarbeiter und 2.000 StudentInnen in Wien, die sich zum Islam bekannten. Damals war in der österreichischen Kronenzeitung zu lesen: „Donauturm und Minarett stehen einträchtig nebeneinander. Die neu eröffnete Moschee am Hubertusdamm in der Nähe der UNO-City ist architektonisch gut gelungen.“[18] Selbst der sicherlich nicht als xenophil zu bezeichnende „Krone“-Kolumnist „Staberl“ schrieb:

> „Das Gebäude ist sehr hübsch anzusehen, fügt sich gut ins Landschaftsbild, und weil es dazu beitragen wird, die religiösen Bedürfnisse der in Wien ständig oder vorübergehend ansässigen gläubigen Muselmanen zu befriedigen, so wird natürlich gar niemand etwas gegen die Moschee von Wien einzuwenden haben.“[19]

Ein immenser Kontrast zur gegenwärtigen Auseinandersetzung rund um den Minarettbau in Österreich. Heute ist die Boulevardzeitung das Sprachrohr einer Bevölkerung, in der laut österreichischer Wertestudie 2008 31 % der Befragten MuslimInnen nicht als Nachbarn haben wollen; um 16 % mehr als 1999. Doch nicht nur die Ablehnung von Muslimen, auch der Fremdenfeindlichkeitsindex generell ist in Österreich seit 1994 um 9 % gestiegen. 23 % der Befragten wollen nicht neben Zuwanderern wohnen, 18 % nicht neben Menschen anderer Hautfarbe, ebenso viele nicht neben Juden und Jüdinnen.[20]

Die Religiosität der Menschen war in der ersten Phase der Arbeitsmigration noch nicht im Blick. Im Kontext einer selbstverständlichen und unhinterfragten Vorstellung von Integration als Assimilation schien vermutlich klar, dass sich die „Fremden“ – und mit ihnen ihre Religion –

---

[18] „Kronen-Zeitung“ vom 27. Oktober 1979, 2.

[19] „Staberl“: Für Frauen nicht möglich, in: „Kronenzeitung“ vom 27. Oktober 1979.

[20] Christian Friesl/Thomas Hofer/Renate Wieser: Die Österreicher/-innen und die Politik, in: Christian Friesl/Regina Polak/Ursula Hamachers-Zuba (Hg.): Die Österreicher innen. Wertewandel 1990–2008, Wien 2009, 207–293.

ohnedies anpassen oder gar verschwinden würden. Die Politisierung des Themas Religion beginnt erst dann, wenn die Menschen bleiben.[21]

3.1.2 „Unsichtbare Religion“ in den Sozialwissenschaften und in der Religionswissenschaft

In diesen Wissenschaften (im deutschsprachigen Raum) war die Religion von MigrantInnen ein Randthema, das man meinte, vernachlässigen zu können. Die Soziologie orientierte sich an einem eindimensionalen Verständnis von Säkularisierung, der zufolge mit zunehmender Modernisierung Religion ohnedies von selbst verschwinden werde, wären Religion und Moderne doch unverträgliche Gegensätze. Religionssoziologie war von daher die längste Zeit ein Stiefkind.[22] Im Kontext von Assimilationsmodellen wurde es als selbstverständlich erachtet, dass der säkulare Kontext kulturelle und religiöse Differenzen verschwinden lassen würde. Im Bereich der Religionswissenschaft analysierte in den 50er-Jahren Will Herberg in seiner Studie[23] „Protestant – Catholic – Jew“ die Veränderung der Religion von *Im*migrantInnen[24] über drei Generationen. Studien wie die seine bildeten aber die große Ausnahme. Bis weit in die 80er-Jahre hinein war der „religiöse Faktor“ von Migration auch in der Religionswissenschaft kein Thema. ReligionswissenschaftlerInnen hatten ihre Forschungsschwerpunkte auf philologischen und historischen Studien.

[21] In der „Datenbank für Zeitungsartikel zum Migrationsdiskurs“ für den Zeitraum 1947–1998 kann genau verfolgt werden, wann und wie Religion im deutschsprachigen Raum zum Thema wird und welche Funktion sie im Mediendiskurs erfüllt. Der Germanist Dietrich Busse (Heinrich Heine Universität Düsseldorf) hat dazu geforscht: vgl. URL: http://www.phil-fak.uni-duesseldorf.de/germ1/migration/arg_tn.html (30.06.2017).

[22] An der Universität Wien gibt es bis heute keinen Lehrstuhl für Religionssoziologie.

[23] Will Herber: Protestant, Catholic, Jew. An essay in American religious sociology. Garden City, New York 1955.

[24] Man beachte die amerikanische Bezeichnung „Immigrants“, die im Vergleich zum Begriff MigrantInnen stärker signalisiert: Diese Menschen sind angekommen und gehören dazu. Der Begriff „MigrantInnen“ hingegen kann nahelegen, dass diese demgegenüber auf Durchreise und hoffentlich bald wieder weg sind. Ist diese begriffliche Differenz auch charakteristisch für die unterschiedliche Perspektive auf Migration in Europa und Amerika? (PS: Zwischenzeitlich ist in der Wahl von Donald Trump im November 2016 sichtbar geworden, dass es auch in den USA einen fremdenhassenden Diskurs gibt, der sich vor allem gegen die illegalen und armen Einwanderer aus Mexiko richtet. Gleichwohl erfolgt „Integration“ in den USA rascher, weil Migration in den USA zum Selbstverständnis gehört – als Einwanderungsgesellschaft.).

3.2 Wahrnehmung von Religion zu Beginn der 90er-Jahre

3.2.1 Im öffentlichen Raum

Ende des 20. Jahrhunderts tritt das Thema Religion wieder in den öffentlichen Raum. Diese viel zitierte „Wiederkehr der Religion"[25] ist ein vielschichtiges Phänomen, das sich auf individueller, öffentlicher und politischer Ebene je unterschiedlich darstellt. Im öffentlichen Raum jedenfalls kommt es in diesem Zeitraum zu einer verstärkten „Aufmerksamkeit für Religion" als gesellschaftlichem und politischem Phänomen, wie das der Religionssoziologe José Casanova in seinem Buch „Europas Angst vor der Religion"[26] bezeichnet.[27] Diese Aufmerksamkeit ist ausgelöst und von bleibender Relevanz durch die Auseinandersetzung mit dem Islam in Europa; mit der Frage nach dem Beitritt der Türkei zur Europäischen Union, auch mit den medialen Papst-Hypes und Skandalen der Katholischen Kirche. Religion wird dabei primär als gefährlich, inhuman, gewalttätig wahrgenommen und diskutiert. Im Folgenden werden einige Elemente beschrieben, die zu bedenken sind, wenn man besser verstehen möchte, wie es zu dieser Wahrnehmung von Religion und insbesondere von MigrantInnen-Religion kommt.

- Mit der „Wende" 1989 verändert sich die bis dahin zwar nicht besonders friedliche, aber doch immerhin überschaubare und stabile Weltordnung bestehend aus einem kapitalistischen und einem kommunistischen Teil der Welt, beherrscht von den USA und dem Sowjetimperium. Nach dessen Zusammenbruch beginnt der bis heute unabgeschlossene Kampf um eine neue Weltordnung – insbesondere um Ressourcen und Hegemonie.[28] Mit dem Ende der Aufteilung der Welt in eine kommunistische und eine kapitalistische Ordnung kommt es zu einem Wandel des

---

[25] Regina Polak: Religion kehrt wieder. Handlungsoptionen in Kirche und Gesellschaft, Ostfildern 2005. Diesen Begriff würde ich heute zur Beschreibung der aktuellen Transformationsprozesse im sozioreligiösen Feld nicht mehr verwenden, weil Religion nie „verschwunden" war.

[26] José Casanova: Europas Angst vor der Religion. Berlin 2009.

[27] Zwischenzeitlich lässt sich zum Phänomen dieser „Wiederkehr" bereits ein differenzierterer (theologischer) Befund formulieren. Hans-Joachim Höhn beispielsweise analysiert die Ambivalenz dieses Phänomens und spricht von „sakrophiler" und „sakrophager" Moderne: Die neue Aufmerksamkeit für Religion droht diese „aufzufressen". Dem gegenüber stellt er das Unabgegoltene des christlichen Glaubens heraus. Vgl. Hans-Joachim Höhn: Gewinnwarnung. Religion nach ihrer Wiederkehr, Paderborn 2015.

[28] Eric Hobsbawm: Das Zeitalter der Extreme. Weltgeschichte des 20. Jahrhunderts, Wien/München 1996; Amin Maalouf: Die Auflösung der Weltordnungen, Berlin 2010.

westlichen Feindbildes. An die Stelle des Gegners „Kommunismus“ tritt jetzt vielfach pauschal „*der* Islam“.

- Der 11. September 2001 und seine Folgen mit dem „Clash of Civilizations“ (Samuel Huntington), der genau genommen ein „Clash“ zwischen islamistischen Terroristen und den „christlich“-fundamentalistischen Strömungen der USA, vormals repräsentiert in George Bush ist, führen im Weiteren dazu, dass Religion, insbesondere der Islam, medial primär im Kontext von Gewalt und Krieg diskutiert wird.
- Die in Österreich geborenen Kinder der Zuwandererfamilien sind zwischenzeitlich erwachsen geworden: Sie bleiben und errichten ihre religiösen Institutionen. Die Familien haben in ihren ehemaligen „Gastländern“ eine neue Heimat gefunden – oder wollten sie zumindest finden. Im Zuge dieser Niederlassung kommt es auch zur deutlicheren Sichtbarkeit der Religion der sogenannten (Im)migrantInnen. Denn diese beginnen religiöse Vereine zu gründen; Orte religiöser Praxis entstehen (Tempel, Moscheen, Gebetsräume, Kirchen). Die Religion „der Anderen“ wird sichtbar. Diese Formierung religiöser Institutionen im Zuge langfristiger Niederlassungen von Migrantengruppen ist die Regel, nicht die Ausnahme. *Keine* Orte religiöser Verehrung, *keine* religiösen Vereinigungen einzurichten, ist begründungspflichtig.[29]

Freilich weckt dieses Sichtbarwerden von religiöser Differenz im öffentlichen Raum in der Mehrheitsgesellschaft nicht nur die Aufmerksamkeit für Religion, sondern auch latente bis manifeste xenophobe Haltungen: Ängste und Aggressionen. Nicht, weil die Ausländer selbst verantwortlich für diese Xenophobie wären; vielmehr wird die Begegnung mit „Anderen“ in kulturell tief verankerten Mustern wahrgenommen – als Konfrontation mit „Fremden“. Dies hat in Österreich lange Tradition.[30]

- Einzelne christlichen Konfessionen (besonders jene der orthodoxen und der orientalischen Kirchenfamilie), der Islam und andere Religionen wurden und werden in großen Teilen Europas noch für längere Zeit primär als Migrantenkonfessionen und -religionen wahrgenommen,

[29] Baumann, Migration and Religion, 346.

[30] So ist z. B. die Beobachtung einer Doktorandin der Soziologie, Nina Tröger, in einem meiner Forschungsseminare am Institut für Praktische Theologie bedenkenswert: Solange es nur die islamischen Putzfrauen waren, die Kopftücher trugen, war dies in den Augen der ÖsterreicherInnen kein Problem. Wer achtet schon auf Putzfrauen? Nunmehr gibt es aber muslimische junge Mädchen und Frauen, die es trotz der Bildungspolitik unseres Landes zu sozialem Aufstieg bringen: Das Kopftuch ist plötzlich an Universitäten zu sehen, vielleicht auch bald in qualifizierten Berufen … jedenfalls selbstbewusster im öffentlichen Raum. Dies reaktiviert die lange xenophobe Tradition in Österreich, die – nicht nur „Ausländern“, sondern auch sozial benachteiligten Gruppen – den Aufstieg nicht gönnt.

auch unabhängig von historischen Gegebenheiten.[31] Dies hat zur Folge, dass die soziale Stellung der MigrantInnen und ihre gesellschaftliche Randposition, ja teilweise soziale Deklassierung auf deren religiöse Traditionen und Institutionen übertragen werden können. Soziale Konflikte – die ja nicht nur die sogenannten MigrantInnen betreffen, sondern auch die autochthone Bevölkerung – werden nicht zum politischen Thema gemacht. Vielmehr wird die Religion zur Ursache erklärt; es kommt zu einer „Religionisierung" sozialer Konflikte.

- Rechtliche Gleichgestellung bedeutet noch keine Gleichheit in der gesellschaftlichen Anerkennung. Österreich gehört in Bezug auf das Religionsrecht zu den Vorzeige-Modellen Europas, wenn man davon ausgeht, dass die Möglichkeit zur Ausübung von Religion (positive Religionsfreiheit) auch in einem säkularen Staat ein Menschenrecht ist. So ist etwa der Islam in Österreich seit 1912 staatlich anerkannt, nachdem das mehrheitlich muslimische Land Bosnien 1908 von der Österreichisch-Ungarischen Monarchie annektiert worden war. Gesetzlich verankerte positive Religionsfreiheit ist die Bedingung der Möglichkeit für eine öffentliche Wahrnehmung und Anerkennung religiöser Pluralität. Sie schützt Religion vor den negativen Folgen radikaler Privatisierung (Fundamentalismus), weil sie a) Religionen und Religiöse verpflichtet, im öffentlichen Raum miteinander, mit Anders- und Nicht-Religiösen friedlich leben zu lernen, b) ermöglicht, voneinander zu lernen – und schließlich c) so auch religiöse Bildung gesichert ist. Zu diesem positiven Recht gehört auch das Recht auf Religionsunterricht. Immerhin ist das Recht auf konfessionellen Religionsunterricht – unabhängig von der Staatsbürgerschaft – in Österreich die einzige strukturelle Form der Anerkennung von Differenz in der Schule. Die Vielfalt des konfessionellen Religionsunterrichts ist dabei eine viel zu wenig genutzte Möglichkeit zur Kooperation.

Der rechtlichen Lage muss die gesellschaftliche Lage keineswegs entsprechen. In Österreich gibt es auf der anderen Seite einen schmerzlichen Mangel an gesellschaftlicher Anerkennung von kultureller und religiöser Differenz.

- Im Horizont der medial-globalen Debatte um den Islam wird die Ablehnung differenter Religion nur verstärkt – und dies betrifft besonders den Islam. (Der orthodoxe Glaube der serbischen MitbürgerInnen, der

[31] Dabei wird ausgeblendet, dass der Islam bereits seit Jahrhunderten zu Europa gehört: Man denke an die MuslimInnen auf der Iberischen Halbinsel vom 8.–15. Jahrhundert, die Tartaren in Polen, Litauen, Weißrussland und Finnland oder die MuslimInnen auf dem Balkan.

katholische der KroatInnen oder PolInnen sind dagegen kein Thema im öffentlichen Diskurs …). So werden muslimische MigrantInnen und MitbürgerInnen zum Inbegriff der „Fremden", der „Ausländer". Der Diskurs um die „Anderen" – der eingewanderte Andere, der sozioökonomisch benachteiligte Andere, der national oder kulturell Andere – all dies scheint zusammenzufallen unter dem Stichwort „Islam".[32]

- Religion – insbesondere der Islam und der Katholizismus – wird zu einem Mittel der Zuschreibung: Religiös sein bedeutet dann per se: fremdbestimmt sein, intellektuell eingeschränkt sein, frauenfeindlich sein, fundamentalistisch sein, gewalttätig sein, „rechts" sein … und schließlich: fremd sein und nicht dazugehören.[33]

3.2.2 In der Forschung

Die Wahrnehmung und – migrationsbedingte – Zunahme religiöser Diversität in den 80ern in den Heimatländern der WissenschaftlerInnen führte dazu, dass seit den 90ern das Thema „Religion und Migration" in Religionssoziologie und Religionswissenschaft verstärkt Aufmerksamkeit erlangt – wobei dies primär für den englischsprachigen Raum zutrifft; im deutschen Sprachraum ist das Thema nach wie vor eher marginal. Damit einhergehend kam es auch zu Methodenwechseln: Methoden der empirischen Sozialforschung und der Ethnologie wurden und werden auch in diesen Wissenschaften angewendet.

In der Religionssoziologie kam es rund um die Debatte, ob Religion „wiederkehrt", zu einer heftigen Diskussion rund um das Säkularisierungsparadigma. Wichtige Religionssoziologen wie Peter Berger (1999), José Casanova (1994), Hans Joas (2007) und Charles Taylor (2005) haben dazu zwischenzeitlich Beiträge geleistet und nachgewiesen, dass Säkularisierung keinesfalls automatisch das Verschwinden der Religion erzwingt und Religion und Moderne kein Widerspruch sein müssen.[34]

Die Migrationsbewegungen in Europa haben dazu geführt, dass die Vielfalt der christlichen Konfessionen und anderer Religionen sichtbar wurde. Auch dies hat zu einer Veränderung religionssoziologischer Theo-

---

[32] José Casanova: Die religiöse Lage in Europa, in: Hans Joas/Klaus Wiegandt (Hg.): Säkularisierung und die Weltreligionen. Frankfurt am Main 2007, 322–357, 349.

[33] Vgl. dazu die Analyse von José Casanova, die zeigt, wie sehr der antikatholische Diskurs des 19. Jahrhunderts strukturell und inhaltlich dem antiislamischen von heute ähnelt: José Casanova: Religion, Politik und Geschlecht im Katholizismus und im Islam, in: Ders.: Europas Angst vor der Religion, 31–84.

[34] In jüngster Zeit dazu: Peter L. Berger: Altäre der Moderne. Religion in pluralistischen Gesellschaften, Frankfurt am Main 2015; Detlef Pollack/Gergely Rosta: Religion in der Moderne. Ein internationaler Vergleich, Frankfurt am Main 2015.

rien beigetragen. Religion wird interessant als gesellschaftlicher Faktor. Im Zentrum steht die Frage, welche Rolle Religion bei Inklusions- und Exklusionsprozessen spielt.

3.3 Was gewinnt man, wenn man Religion im Kontext von Migration wahrnimmt?

Wie noch zu zeigen ist (siehe unten), konzentriert sich ein Hauptaugenmerk der Forschung auf die Frage, welche Funktion Religion bei Integrationsprozessen von sogenannten MigrantInnen hat: Nützt sie oder schadet sie? Befördert oder blockiert sie den Integrationsprozess? Diese Frage ist legitim, spiegelt sie doch auch die Interessen der jeweiligen Mehrheitsgesellschaften wider. Genau darin ist sie aber auch einseitig und zudem eindimensional, weil sie der Komplexität des Phänomens ebenso wenig gerecht wird wie den konkreten Menschen und Gesellschaften. Was gewinnt man daher, wenn man differenzierter nach dem wechselseitigen Verhältnis von Religion und Migration fragt?

- Man gewinnt ein substanzielleres Verständnis von Religion: Religion ist nicht nur eine gesellschaftliche Funktion, die nutzt oder schadet. Sie ist auch weder Gegenstand noch Eigenschaft der MigrantInnen-Identität. Man erkennt Religion in ihrer Komplexität, in ihrem Prozesscharakter (Veränderbarkeit), in ihren Ambivalenzen und Widersprüchen, in ihren Stärken und Schwächen. Man erkennt, dass es Religion „an sich" überhaupt gar nicht gibt, sondern dass das, was man unter Religion versteht, jeweils Ergebnis eines lebendigen Kommunikationsgeschehens in Gesellschaft und Kultur ist.
- Man gewinnt ein den Personen angemesseneres Verständnis und betrachtet sie nicht mehr nur als z. B. „zu Integrierende". Nicht jeder Migrant ist religiös, aber für jene, die sich selbst so verstehen, bildet Religion eine wichtige Dimension ihrer Identität, die ihnen – gerade in Zeiten des Lebensumbruchs durch Migration – Sinnfindung und Handlungsorientierung ermöglicht. Zudem kann Religion Identität nicht nur sichern, sondern auch kritisches und widerständiges Potenzial wecken – gegen Unfreiheit, Ungerechtigkeit, Inhumanität.[35] Sie kann auch die Identität der Einheimischen irritieren, wenn diese z. B. in der jüdisch-christlichen Tradition die hohe Wertschätzung des Fremden entdecken und die damit verbundenen ethischen und politischen Pflichten. Nicht wenige

[35] Die Sensibilisierung für Gerechtigkeit und Befreiung der US-afrikanischen Sklaven entstand maßgeblich durch die Auseinandersetzung mit der Bibel.

MigrantInnen entdecken überhaupt erst im Migrationsprozess ihre Religion und beginnen zu ihr ein reflektiertes Verhältnis einzunehmen.

- Man gewinnt ein differenzierteres Verständnis von Kultur. Gerade die sogenannte „MigrantInnen-Religion" ist vielfach zutiefst verbunden mit kulturellen Faktoren. Sie ist „embedded religion" (Anthony Giddens), im Lebensalltag eingebettete Religion. Kultur, Nation, Religion gehören oftmals sehr eng zusammen. Die Differenz zum westeuropäischen Verständnis von Religion wird so sehr deutlich wahrnehmbar („disembedded religion", Religion als private Weltanschauung, nicht als Lebenspraxis) und ermöglicht neue Fragen und Erkenntnisse. Religionen können unterscheiden lernen, was unbedingt zu ihrem Selbstverständnis gehört und was veränderbar ist. Wissenschaftliche Theorien wie z. B. die Säkularisierungsthese werden fragwürdig und entwickeln sich weiter zu Interkulturalitätskonzepten. Die Wahrnehmung anderer religiöser Kulturen regt zur persönlichen und wissenschaftlichen Selbstreflexion an.
- Jede Kultur kennt ihre spezifischen Gedächtnisdiskurse, d.h. Erinnerungen, Erzählungen und Deutungen über schicksalhafte Ereignisse, Entstehen, Geschichte und deren Sinn und Bedeutung. Religiöse Narrative überleben dabei in einer Kultur nicht selten viel länger als Gemeinschaftserzählungen, die ihre Identität politisch, national oder sprachlich definieren. Man kann Religion also als institutionalisiertes Gedächtnis betrachten, das für eine kulturelle Identität elementarer ist als andere Dimensionen. Religion trägt mit ihren tradierten Inhalten (Erzählungen, Symbolen, Weltdeutungen, Menschenbildern, Werten, Normen, …) wesentlich zur Kontinuität inmitten von Brucherfahrungen bei, wie sie Migrationsprozesse sind. Sie ermöglicht eine zeitübergreifende Interpretation der Geschichte und hält Erinnerungen und Hoffnungen (Verheißungen) wach.

Exkurs: Modell Judentum

Das Beispiel dafür ist die Geschichte des Judentums. Migration – als Auswanderung, Flucht, Vertreibung – gehört zu den Grunderfahrungen des Judentums. Die jüdische Religion und ihre Narrative spielten in der Tradierung der jüdischen Identität eine Schlüsselrolle – und zwar unabhängig davon, ob Juden gläubig oder nicht-gläubig waren. Die Geschichte jüdischen Denkens und die Beschäftigung mit dem jüdischen Erbe Europas und der jüdischen Gegenwart zeigt, dass und wie vielfältig religiös begründete Identität in der Begegnung mit anderen Kulturen, in denen jüdische Gemeinden in der Diaspora seit jeher unter schwierigsten Bedingungen gelebt haben, sich verändern kann. Sie ermöglicht Kontinuität ebenso wie den Umgang mit Erfahrungen der Diskontinuität – im Kontext von Migration.

Von Beginn an war das Judentum durch die Begegnung mit fremden Kulturen gekennzeichnet. In einem Prozess von Abgrenzung und Anpassung kristallisierte sich allmählich eine Identität heraus, die Exklusivität und Inklusivität, Partikularismus wie Universalismus erlaubt. Im Dialog mit sich und der Umwelt, im Individuellen wie im Gesellschaftlichen, entstand im Laufe der Jahrhunderte ein Denken, das eine gegenseitige Rezeptionsgeschichte zwischen dem Judentum und den Kulturen, mit denen es in Berührung kam, aufzeigt. In dem Maße, in dem die jüdische Tradition von fremdem Geistesgut inspiriert wurde, floss auch jüdisches Gedankengut in allen Epochen bis zur Gegenwart in die Kulturen des Abendlands ein, wobei die spezifisch jüdischen Züge nie verloren gingen. In dieser Hinsicht stellt das Judentum ein Phänomen in der europäischen Geistesgeschichte dar: Trotz der vielen Brüche und Verschmelzungen ist ein Kontinuum zu beobachten, welches stets eine Vermittlerrolle zwischen den Kulturen einnahm.[36]

Sich daran wieder zu erinnern kann durchaus hilfreich sein angesichts der gegenwärtigen Herausforderungen in Europa, in der Vielfalt der Kulturen leben zu lernen.

4. Zugänge

4.1 Historisches

Migration ist als eine Raumbewegung von Individuen oder Gruppen von einem Ort zu einem anderen definiert.[37] Seit prähistorischen Zeiten gehört sie zur Geschichte der Menschen und ihrer Kulturen. Stämme und Völker verließen einst ihre Heimat und brachen in neue Gebiete auf – und bis ins 21. Jahrhundert brechen Menschen einzeln und/oder in Gruppen auf in neue Gebiete. Einhergehend mit religiös motivierter Mission bildet Migration so auch einen der wichtigsten Faktoren für die Verbreitung – und auch Veränderung – von Religion(en) auf der und über die ganze Welt. Religion verbreitet und verändert sich durch Migration – damals wie heute.

[36] Eveline Goodman-Thau/Fania Oz-Salzberger: Tradition und Säkularisierung im Zeitalter der Kulturkritik. Zur Frage der Mosaischen Unterscheidung, in: Eveline Goodman-Thau (Hg.): Das jüdische Erbe Europas. Krise der Kultur im Spannungsfeld von Tradition, Geschichte und Identität, Berlin/Wien, 13–43, 21.

[37] Baumann, Migration and Religion, 339.

Dass dies oft auch mit Gewalt verbunden war, kann an dieser Stelle zwar nicht ausführlich erörtert, muss aber angesprochen werden; ebenso die Erinnerung daran, dass Migration dabei nicht immer freiwillig war und ist, gerade für ethnische oder religiöse Minderheiten. Migration heißt und hieß in religiösen Zusammenhängen nicht selten Flucht und Vertreibung, mitunter um der Ermordung zu entgehen.[38]

Migration ist ein Weltphänomen und die meisten Migrations-Prozesse finden in Afrika und Asien statt. Europa war und ist ein Migrationskontinent. Auch die Zeit des Ersten und Zweiten Weltkriegs hat ein Ausmaß an Zwangsvertreibungen (und Ausrottungen) erreicht, das in Europa historisch neuartig war: So erzeugten die Jahre 1914–1922 grob geschätzt 4–5 Millionen Flüchtlinge; im Mai 1945 gab es in Europa etwa 40,5 Millionen Menschen, die ihre Heimat verloren hatten, ohne die nicht-deutschen Zwangsarbeiter und jene Deutschen, die vor der Roten Armee geflüchtet waren. 13 Millionen Deutsche wurden aus den von Deutschland annektierten Gebieten vertrieben; die Siegermächte registrierten 1945 in Deutschland 11.223.700 Verschleppte. Das sind aber nur die europäischen Zahlen. Dekolonialisierung Indiens 1947: 15 Millionen Flüchtlinge; Koreakrieg: 5 Millionen Verschleppte. 1948, nach der Gründung Israels, wandern 1,2 Millionen Juden, nahezu allesamt Flüchtlinge, in Israel ein.[39]

Angesichts dieser Katastrophen ist das Ausmaß der Migration in Europa heute nachgerade winzig – und der Umgang Europas mit Flüchtlingen an den Außengrenzen Europas auch beschämend.[40] Zudem steht an erster Stelle dabei in Europa – entgegen der öffentlichen Wahrnehmung – die innereuropäische Migration. Diese innereuropäische Migration ist nicht erst ein Phänomen unserer Zeit.

[38] 1837 mussten z. B. die sogenannten Zillertaler Inklunanten – evangelische TirolerInnen, die das Recht hatten, dort zu leben – Tirol verlassen, weil ihre Anwesenheit die Heiligkeit Tirols angeblich verletzte. Die Vertreibung und Vernichtung der Juden darf hier ebenso wenig unerwähnt bleiben wie die historischen Folgen religiös motivierter Missionsbewegungen insbesondere in Afrika, die Umsiedlungs-/Vertreibungsaktionen nach dem Rechtsprinzip „cuius religio, eius religio" des Augsburger Religionsfriedens (1555) und des Westfälischen Friedens (1648) oder die Vertreibung der Hugenotten aus Frankreich (Höhepunkt 1685) und der „Pilgrim Father's" 1620 aus England.

[39] Hobsbawm, Das Zeitalter der Extreme, 75.

[40] Besonders dramatische Folgen haben die Aktivitäten zur Sicherung der EU-Grenzen im Mittelmeer im Auftrag der Europäische Agentur für die operative Zusammenarbeit an den Außengrenzen (FRONTEX). Besonders sichtbar wird die Not der Flüchtlinge in Lampedusa (Italien) und generell in Flüchtlingslagern in Griechenland – schon lange vor dem Herbst 2015.

4.2 Religionssoziologischer Zugang

Im Folgenden werde exemplarisch einige Fragestellungen bzw. Studienergebnisse dargestellt, die sich dem Verhältnis Religion im Kontext von Migration widmen. Dabei geht es nicht um Vollständigkeit bezüglich des Forschungsstands, sondern um einen Einblick in die religionssoziologische Perspektive auf dieses Thema.

4.2.1 Welche Rolle spielt Religion in Inklusions- und Exklusionsprozessen?

Religion fungiert in Inklusions- und Exklusionsprozessen als Quelle von Zugehörigkeiten und als Begründung von Einstellungen und Lebenspraktiken unterschiedlicher Kulturen, Ethnien und Sozialräume. Auch unter der Annahme einer weitgehend säkularisierten Gesellschaft bleiben gesellschaftliche Grenzziehungen entlang religiöser und konfessioneller Klassifizierungen relevant – ungeachtet dessen, ob Religion hierbei als selbstempfundenes oder von außen zugeschriebenes Identitätsmerkmal spezifischer Gruppen auftritt. Spezifisch für die moderne Gesellschaft ist, dass aufgrund kultureller Pluralisierungen und Zuwanderung religiöse Zugehörigkeitsformen vielfältiger geworden sind. Dies stiftet nicht nur komplexere Ein- und Ausschlussprozesse, sondern auch zahlreiche Formen religiöser Konkurrenz, interreligiösen Dialogs und politisch-institutioneller Kooperation. Religion kann von sich aus den Ein- oder Ausschluss von Akteuren bewirken und wird auch in einer säkularisierten und sich religiös transformierenden Gesellschaft als zentrales Merkmal kultureller Identität begriffen. Hiervon sind nicht zuletzt Symbole religiöser Identitäten betroffen wie auch politische Konflikte um religiöse Praktiken.

In der Folge von Inklusions- und Exklusionsprozessen kann aber auch Religion selber Wandlungen durchlaufen. Das Spektrum reicht hierbei von den politisch und wissenschaftlich aktuell kontrovers diskutierten Fällen der Fundamentalisierung von Glaubensvorstellungen, der Zuwendung zu Spiritualität und Esoterik, dem Versuch einer Vereinbarung von Glauben und Vernunft bis hin zur punktuellen Nutzung von Kasualien und einer pragmatischen A-Religiosität. Inwiefern sich Religion und Religiosität in Abhängigkeit von der Soziallage und von politischen Rahmenbedingungen wandeln, ist eine Frage historischer, geistes-, rechts-, sozial- und religionswissenschaftlicher sowie theologischer Forschung. Der Rekurs auf moderne Inklusions- und Exklusionsprozesse verspricht, die unterschiedlichen Fachperspektiven miteinander zu verknüpfen.[41]

[41] So das Programm der Forschungsplattform der Universität Wien „Religion and Transfor-

4.2.2 Welche Rolle spielt Religion bei Integrationsprozessen?

Dies ist eine Detailfrage zur Inklusions- und Exklusionsthematik. Entsprechende Studien zeigen, dass die Klärung dieser Frage von verschiedensten Faktoren abhängt:[42]

- Welches Verständnis von Integration ist leitend? Je nachdem, ob man Integration als Assimilation, Akkulturierung, Akkomodation versteht oder in einem multikulturellen Modell denkt, kann sich „MigrantInnen-Religion" je unterschiedlich zeigen und verändern.
- Wie sind die rechtlichen und politischen Rahmenbedingungen – grundsätzlich, aber auch in religionsrechtlicher und religionspolitischer Hinsicht? Wie ist das Verhältnis von negativer und positiver Religionsfreiheit? Wie sieht das Verhältnis zwischen Staat, Kirchen und Religionsgesellschaften aus?
- Welche historischen, kulturellen und religiösen Traditionen gibt es in der Gesellschaft des Aufnahmelands im Umgang mit religiöser Pluralität und Diversität? Inwieweit und inwiefern lassen sie diesen Raum, ermöglichen Öffentlichkeit und Teilhabe?

Integration wird nur in dem Ausmaß gelingen, in dem die Aufnahmegesellschaft den Zuwanderern strukturiert öffentlichen und sozialen Raum, politische und kulturelle Teilhabe ermöglicht und Diversität auch strukturell anerkennt.

Auf der Seite der MigrantInnen lassen sich ebenfalls exemplarisch Faktoren, individuelle und soziale, ausmachen:

- Mit welchem Verständnis und welchen Erfahrungen hinsichtlich Religion kommen Menschen in ihre neue Heimat?
- Welche Religion trifft auf welche Religion? Dabei ist auch die innere Pluralität und Heterogenität der jeweiligen Religion zu berücksichtigen.
- Auf welche bereits vorfindbaren religiösen Institutionen oder Vergemeinschaftungen treffen Menschen bei ihrer Ankunft?

Studien zeigen jedenfalls, dass Religion sowohl integrierend als auch desintegrierend wirken kann.

---

mation in Contemporary Society", URL: http://www.religionandtransformation.at (30.06. 2017).

[42] Dazu liegen in der Zwischenzeit auch schon mehrere Studien vor, z. B. Edmund Arens/Martin Baumann/Antonius Liedhegener: Integrationspotenziale von Religion und Zivilgesellschaft. Theoretische und empirische Befunde, Zürich 2016.

Martin Baumann[43] versteht Integration nicht als Assimilation, die immer die Aufgabe mitgebrachter Verhaltensweisen und Anschauungen zugunsten der Wert- und Normvorstellungen der Mehrheitsgesellschaft bedeutet. Er schlägt vor, Integration nach sozio-ökonomischer und kulturell-religiöser Assimilation zu unterscheiden, und meint, beide müssen nicht unbedingt gemeinsam angestrebt werden. Wenn man zwischen den Dimensionen struktureller Eingliederung (Erwerb von Sprachkenntnissen, beruflichen Fertigkeiten) und kulturell-religiöser Angleichung unterscheidet, so muss ein Festhalten an religiösen Überzeugungen und kulturellen Bräuchen aufseiten der Migranten nicht sogleich als integrationserschwerend eingestuft werden. Vielmehr, so zeigen historische und gegenwärtige Beispiele der Religionsgeschichte, ist eine Parallelität von struktureller Integration und religiösem Bewahren, gar religiösem Erwachen möglich. Davon kann umgekehrt auch die Aufnahmegesellschaft profitieren.

Baumann betont, dass im Hinblick auf die Dimension „religiöse Integration" die Grenzen zwischen sozialer und kultureller Integration eindeutig unterschieden werden müssen. Eine Anpassung der Zugewanderten in ihren religiösen Überzeugungen und Praktiken, wenn sich diese von der vorherrschenden Religion des Aufnahmelandes unterscheiden, bedeutet Konversion. In den Augen der Nichtkonvertierten führt dies zum Verlust und der Aufgabe der religiösen und damit zumeist kulturellen Identität. Die wichtigste Rolle spielt darin jedoch die kulturell-politische Verfasstheit der Gesellschaft, in die sich die Zuwanderer und ihre Kinder integrieren wollen. Besteht eine rechtlich verankerte Glaubens- und Bekenntnisfreiheit und wird eine ungestörte Religionsausübung gewährleistet? Oder existieren Beschränkungen hinsichtlich religiöser Handlungsformen und Auffassungen, sodass denjenigen, die einer nicht gestatteten Religion angehören, in ihrer sozial-beruflichen Aufwärtsmobilität klare Grenzen gesetzt sind?

In der Religionsgeschichte finden sich zahlreiche Beispiele unterschiedlicher gesellschaftlicher Integration von „fremd"-religiösen Zuwanderergruppen: Das Spektrum reicht von der raschen assimilatorischen Eingliederung in religiösen Belangen über Beispiele, in denen erst nach ein oder zwei Jahrhunderten die religiöse Sonderung aufgegeben wurde (z. B. Hugenotten), bis hin zur sozio-ökonomischen Eingliederung bei gleichzeitiger Wahrung der religiösen Eigenart. Im letztgenannten Fall, der hier „Integration in der Diaspora" genannt sein soll, haben die Zugezogenen und ihre Nachkommen Sprache, Kleidungsnormen, oftmals Namensgebung, Verhaltensweisen, Bildungsideale und mehr von der Residenzgesellschaft übernommen. Eine religiös-assimilatorische Anpassung wird jedoch abge-

[43] Vgl. Baumann, Religion und ihre Bedeutung für Migranten.

lehnt. Dem „Erbe der Väter“ bzw. des „Mutterlandes“ will man treu bleiben, auch zum möglichen Preis sozialer und beruflicher Benachteiligung. Das bekannteste Beispiel stellt hier sicherlich die jüdische Diaspora dar: Juden in der Diaspora blieben dem jüdischen Gesetz und seinen normativen Vorgaben treu – sei es in antiker Zeit in Sardis und Alexandrien, sei es in der Gegenwart in New York oder Zürich.

Je nach den gesellschaftlichen Rahmenbedingungen sowie den je favorisierten religiösen Überzeugungen *kann* eine religiöse Bindung desintegrativ wirken. Begegnet die Gast- bzw. Residenzgesellschaft den Zugewanderten mit andauernder Ablehnung und Diskriminierung, so können die religiösen wie auch kulturell-nationalen Gruppen von den Zugezogenen als sicherer Rückzugsort inmitten feindlicher Umwelt angesehen werden. Die Absonderung steht hier in engem Wechselbezug zu gesellschaftlicher Benachteiligung und Ablehnung. Solche Rückzugsgruppierungen tragen zumeist ein erhebliches Mobilisierungspotenzial in sich. Andererseits kann eine bewusste gesellschaftliche Abkapselung mitunter von der MigrantInnengruppe offensiv und religiös begründet vorgetragen werden, ohne dass Erfahrungen von Diskriminierung zugrunde liegen. Verwiesen sei etwa auf die *Amish People* im Osten der USA. Solche selbst gewählte Isolation setzt jedoch einen bestimmten Grad gesellschaftlicher Offenheit voraus und steht dadurch in einer impliziten Abhängigkeit gewährter Toleranz seitens der Umwelt.

Beinhaltet Religion das Potenzial gesellschaftlicher Desintegration, so kommen ihr andererseits wiederum kontextabhängig Funktionen gesellschaftlicher Integration zu. Zuvor wurde darauf hingewiesen, dass in Migrations- und Minoritätssituationen die religiöse Zugehörigkeit der Zuwanderer als eines der wichtigsten Abgrenzungs- und Identitätsmerkmale fungiert. Im Anliegen, die kulturell-nationale Tradition in der Fremde zu wahren, kommt religiösen Institutionen eine zentrale Bedeutung zu. Überdies gibt Religion Trost und Sicherheit in der neuen, anfangs fremden und von Verunsicherung geprägten Situation. Gerade die Vergewisserung der eigenen Identität und Zugehörigkeit schafft den Zuwanderern und ihren Kindern einen festen Standort. Erst das Wissen und die Sicherheit eigener Stärke ermöglicht, den eigen-kulturellen Rückzugsort und Schonraum zu verlassen und sich aus selbstsicherer Position den Anforderungen der Aufnahme- bzw. Residenzgesellschaft zu stellen. Eine solche Stabilisierung der Persönlichkeit kann in ethnischen Kolonien und damit in räumlicher Absonderung erfolgen. Sie kann sich aber auch in religiösen Vereinigungen und damit in kultisch-doktrinärer Grenzziehung vollziehen. Selbstgewissheit bezüglich der eigenen religiösen und kulturellen Identität und Differenz, nicht ein Streben nach assimilatorischer Angleichung, fungiert als

Ausgangspunkt sozialer und identifikatorischer Integration in die Residenzgesellschaft. Der Staatsrechtler Walter Kälin formulierte diesen Sachverhalt aufschlussreich:

> „Auch wer ein Kopftuch trägt oder Gott an einem anderen Tag als dem Sonntag huldigt, kann in Schule und Beruf erfolgreich sein. Vielleicht mag sich diesen Herausforderungen besser zu stellen, wer weiß, wohin er gehört, als wer entwurzelt und vieler Werte beraubt ist."[44]

Welche Rolle spielt Religion bei soziologischen Migrationsfaktoren?
Auch hierzu finden sich bei Martin Baumann umfassende Forschungsergebnisse.[45]

- Bedingungen der Emigration: Religiöse Verfolgung und Vertreibung können Emigrationsgründe sein. Möglicherweise auch die Suche nach einer neuen religiösen Heimat.
- Zusammensetzung der MigrantInnengruppe: Kommen MigrantInnen einzeln oder in Gruppen oder gar in Hundertschaften? Auch dies spielt eine bedeutsame Rolle dabei, ob und inwiefern sich die Religion der MigrantInnen verändert. Selbiges gilt für die Frage nach der Geschlechterverteilung und dem Geschlechterverhältnis.
- Gesetzliche und sozialpolitische Situation im Ankunftsland: Je nach Gesetzeslage in Bezug auf Aufenthaltsbewilligungen und -dauer können und werden sich entsprechende religiöse Institutionen herausbilden können.
- Religiöse Situation im Herkunftsland: Entwicklungen und Ereignisse im Herkunftsland wirken sich auch in der Ferne aus. Speziell in der Ankunftsphase ist die Verbindung zum Herkunftsland wichtig. Priester, religiöse Güter, sogar Bräute werden gleichsam „importiert". Erst später, wenn man in der neuen Heimat wirklich angekommen und aufgenommen bzw. (rechtlich und gesellschaftlich) anerkannt ist, ist eine Loslösung möglich.

4.2.3 Wie verändert sich die sozio-religiöse Situation im Ankunftsland?

Zu dieser Fragestellung gibt es so gut wie gar keine empirischen Studien, hier ist Forschungsbedarf. Dies betrifft die Frage nach der Veränderung der subjektiven Religiositäten ebenso wie die nach den gesellschaftlichen Veränderungen.

[44] Zit. nach Baumann, Religion und ihre Bedeutung für Migranten, 22.
[45] Vgl. Baumann, Migration and Religion.

Einige Blitzlichter:

Bei der letzten Österreichischen Wertestudie 2008 zeigte sich für ganz Österreich ein gravierender Erosionsprozess traditionell-kirchlicher Religiosität seit 1999: religiöses Selbstverständnis, Glaube an Gott, Gottesdienstbesuch und Zustimmung zu Ritualen nahmen allesamt ab.[46] Einzig in Wien blieben die religiösen Parameter konstant hoch – mitunter sogar höher als 1990. Dies mag zum einen an den sozioreligiösen Transformationsprozessen im städtischen Raum liegen („Fluide, alternative Religiosität/Spiritualität"[47]), aber wohl auch an der intensiveren Religiosität der MigrantInnen[48].

Es ist davon auszugehen, dass der Zuzug von Menschen anderer Länder, Kulturen und Religionen in den kommenden Jahrzehnten die religiöse Landschaft massiv verändern wird. In der Evangelischen Kirche Österreichs wurden in den vergangenen Jahren zahlreiche internationale Gemeinden gegründet. Auch die Vielzahl der KatholikInnen aus anderssprachigen Kulturen und Ländern wird Auswirkungen auf das „religiöse Feld" Österreichs und Europas haben. In manchen Länder sieht man heute schon, was dieser Wandel bedeutet: In Skandinavien – einem Land, in dem katholisches Christentum ein Minderheitenphänomen ist – bedeutet „katholisch sein", dies mit Menschen aus 100 Nationen zu teilen. Ein anderes Beispiel ist die evangelische Gemeinde in Mailand, die sich innerhalb von zehn Jahren zu einer zu 80 % aus Ghanesen bestehenden Gemeinde entwickelte.

Spannend ist in diesem Zusammenhang auch die Frage, ob und wie sich die Religiosität der Einheimischen dadurch verändern wird. Vorläufig gibt es hier noch keine wahrnehmbaren Entwicklungen – und wenig entsprechende Forschung. Für die Religiosität junger Menschen in Deutschland stellt Karl Gabriel fest:

> „Bedingt durch Migrationsbewegungen gehören heute die außerchristlichen Weltreligionen zu einem sichtbaren Bestandteil des Alltagslebens in Europa. So stellt der Islam in Deutschland mit Abstand die drittgrößte Religionsgemeinschaft dar. Die Shell-Jugendstudie 'Jugend 2000' hebt so zwar hervor,

---

[46] Paul Zulehner/Regina Polak: Von der „Wiederkehr der Religion" zur fragilen Pluralität, in: Christian Friesl/Regina Polak/Ursula Hamachers-Zuba (Hg.): Die Österreicher/-innen, 143–206.

[47] Vgl. Hubert Knoblauch: Populäre Religion. Auf dem Weg in eine spirituelle Gesellschaft, Frankfurt am Main 2009; Dorothea Lüddeckens/Rafael Walthert (Hg.): Fluide Religion. Neue religiöse Bewegungen im Wandel. Theoretische und empirische Systematisierungen, Bielefeld 2010.

[48] Regina Polak/Katharina Renner: Religiosität muslimischer Jugendlicher, in Christian Friesl/Ingrid Kromer/Regina Polak (Hg.): Lieben. Leisten Hoffen. Die Wertewelt junger Menschen in Österreich, Wien 2008, 188–202.

dass 'durch die Anwesenheit muslimischer Jugendlicher (...) im jugendlichen Alltag gerade in dem Moment eine neue ‚Konfessionsgrenze' wirksam geworden (ist), als die alten konfessionellen Konturen weithin abgeschliffen waren', Rückwirkungen im Sinne einer abgrenzenden Rückbesinnung auf eine betont christliche Lebensführung unter den christlichen Jugendlichen aber bisher nicht zu beobachten sind."[49]

4.3 Religionswissenschaftlicher Zugang

Aus dieser Perspektive wird im Folgenden speziell der Frage nach den wechselseitigen Veränderungen von Religion und Migration nachgegangen: Wie wirkt sich Religion auf Migrationsprozesse aus? Wie wirken sich Migrationsprozesse auf Religion aus? Gefragt wird auf der individuellen Ebene wie auf der gesellschaftlichen.

Im Anschluss an Martin Baumann werden hier die wichtigsten Ergebnisse und Theorien zu solchen Veränderungsprozessen präsentiert.[50]

4.3.1 Veränderungen

- Für viele MigrantInnen ermöglicht der Prozess der Migration die Befreiung von allzu rigider bzw. als rigide erlebter Religion und entsprechender Sozialkontrolle. Umgekehrt kann es auch zu einer Intensivierung von Religion kommen oder auch zu Konversionen zur Mehrheitsreligion des Aufnahmelandes. Das quantitative Ausmaß solcher Veränderungen ist nicht bekannt und wohl auch regional verschieden. Die Mehrheit der Zugewanderten bleibt ihren religiösen Traditionen treu. Religiöse Vereine und Institutionen helfen bei der Bewahrung der Tradition. Nicht selten gewinnt Religion losgelöst von einer latenten Selbstverständlichkeit auch manifeste Bedeutung. Die traditionellen religiösen Praktiken brauchen neue Erklärungen, Rechtfertigungen, Reinterpretationen.
- Religion kann im Prozess der Migration auch eine Quelle sein von Motivation, Begleitung und Unterstützung. Sie hilft im Stress der Niederlassung, tröstet angesichts der Ferne von der Heimat und kann dabei helfen, das Leben in der neuen Umgebung zu lernen. Sie ist ein Stück Heimat in der Fremde. Funktional ausgedrückt: Sie ist emotionale und

[49] Karl Gabriel: Säkularisierung.", in: OST – WEST. Europäische Perspektiven 1 (2007), URL: https://www.owep.de/artikel/87/saekularisierung (30.06.2017).
[50] Baumann, Migration and Religion, 346–348.

begriffliche Ressource, hilft bei der Identitätskonstruktion, hilft die Differenzerfahrungen zu verarbeiten und unterstützt durch Gemeinschaften auch sozial und spirituell.

- Religiöse Gemeinschaften – für deren Institutionalisierung oftmals unglaubliche Energie (Zeit, Geld) aufgebraucht wird – eröffnen einen Raum, in dem in vertrauter Sprache nicht nur gesprochen, sondern auch gebetet werden kann. Das ist elementar, denn Beten ist eine sehr persönliche, intime Praxis, die man in der Regel am liebsten in der Muttersprache pflegt. Männer (zumeist) haben in diesen Gemeinschaften oft (wieder und anders als in der Gesellschaft) einen Raum, der ihnen Ehre und Prestige ermöglicht. Solche Gemeinschaften sind oft auch die politischen Repräsentanzen nach außen.
- Auch die Religion selbst verändert sich – nahezu unvermeidbar durch den neuen rechtlichen, politischen und soziokulturellen Kontext. Das betrifft z. B. das Verhältnis zum Staat und dessen (Nicht-)Unterstützung, die Notwendigkeit, traditionelle Hierarchien plötzlich legitimieren zu müssen. Die Frage nach der religiösen Erziehung wird virulent; mehr religiöse Freiheit ermöglicht auch mehr Differenz; neue und andere Machtverhältnisse, neue Entwicklungen zeichnen sich ab. Oftmals ändert sich auch das Verhältnis zwischen Laien und Priestern, wobei die Laien wichtiger werden. Auch die Geschlechterverhältnisse können sich ändern: Frauen gehen arbeiten, wodurch die religiöse Erziehung weniger intensiv zu Hause stattfindet, sondern in die Gemeinde verlagert wird. Auch die in der Aufnahmegesellschaft vorfindbaren Zeitstrukturen wirken sich aus: Feste und Feiern werden dann auf das Wochenende verlegt, um eine breitere Partizipation zu ermöglichen. Elemente westlich geprägter Religion werden übernommen: Die Bedeutung von Schrift und autoritativen Texten kann steigen, in einer buddhistischen Feier gibt es plötzlich eine Predigt.

4.3.2 Theorien

Im Folgenden werden die drei wichtigsten Theorien dargestellt, die versuchen, das Phänomen religiösen Wandels im Kontext von Migration zu beschreiben.[51]

Diaspora-Theorie: Ursprünglich entstammt der Begriff dem Griechischen (Verstreuung, Zersplitterung) und bezeichnet die Lebenssituation jüdischer Gemeinden, die fern von ihrem „Gelobten Land“ Israel leben. Der Begriff, ursprünglich negativ konnotiert, wurde von ChristInnen über-

[51] Nach Baumann, Migration and Religion, 349 ff.

nommen, schilderte im Weiteren die bloß geographische Verstreuung ohne religiösen Inhalt und wurde auch auf die vertriebenen schwarzen Sklaven übertragen. Martin Baumann definiert ihn folgendermaßen: Eine Gruppe von Menschen lebt außerhalb ihrer ursprünglichen Heimat und behält ihre Identifikation mit einem fiktiven oder weit entfernten geographischen Raum und dessen kulturelle Traditionen bei. Der schwerpunktmäßige Identifikationspunkt, oftmals mit großer Emphase und Glorifizierung, liegt außerhalb der gegenwärtigen Heimat. Charakteristisch für die Diasporasituation ist die Tatsache, dass sie (zumeist) migrationsbedingt ist und eine Differenzerfahrung inkludiert: zwischen der eigenen Diasporagruppe und der Hauptkultur der Aufnahmegesellschaft (d.h. deren Werten, Normen, Orientierungen). Diese Differenzerfahrung eröffnet eine „tripolare Wechselbeziehung" zwischen der Diasporagruppe, dem Herkunftsland und dem Residenzland. Je nach Situation einer der drei Bezugspunkte ist einmal die Nähe der Diasporagemeinde zum Herkunftsland, dann wieder die zum Residenzland größer. Nähe und Distanz sind hier wichtige Erkenntniskategorien. Das Modell dient zur Erforschung transkultureller Fragestellungen.

Transnationalismus-Theorie: Im Prozess der Migration können religiöse Praktiken, Güter, Traditionen und Ideen transnationalen Charakter bekommen. Transnational bedeutet, dass sich Religion nicht mehr nur auf eine Region, eine Nation oder Kultur beschränkt, sondern eine universale Dimension bekommt. Transgression von Grenzen ist konstitutiv für dieses Konzept. Man lebt sowohl „hier" als auch „dort". Insbesondere im 19. Jahrhundert haben manche Hindutraditionen, die Sikh-Tradition, auch südamerikanische und afrikanische Traditionen transnationalen Charakter angenommen.

Das Konzept der Hybridität (Stuart Hall, Paul Gilroy, Homi Bhabha) wiederum geht davon aus, dass Identitäten und Kulturen niemals fix oder stabil sind. In einer globalisierten und postmodernen Welt sind sie vielmehr „fluid", gemischt und synkretistisch. Auch das religiöse Wissen wird plural, kontingent und relativ. Begriffe wie „Multiple Identity", „Criss-Cross-Thinking" gehören zu dieser Hybridität – also konstruierte Identitäten. MigrantInnen (der zweiten und dritten Generation) wird nachgesagt (vielleicht etwas zu euphorisch und mit zu wenig Blick auf Geschichte, Gesellschaft und Politik), diesbezüglich neue Formen des Wahrnehmens und Denkens zu entwickeln[52], die sich mit Begriffen wie „Code-Switching" und „Kulturellem Navigieren" beschreiben lassen. Hohe Kritikfähigkeit –

[52] Dies setzt freilich entsprechende Bildung und Teilhabe an den Diskursen der intellektuellen Eliten voraus.

gegenüber Staat, Nation und Macht sind charakteristisch für diese hybriden Identitäten.

4.4. Praktisch-Theologischer Zugang

Theologie ist die wissenschaftliche (systematisch-geordnete, methodische) Reflexion der überlieferten Tradition des Glaubens in Theorie und Praxis. Praktische Theologie ist nicht die Umsetzung der Lehre, sondern die Theorie zur Praxis, genauer: die theologische Hermeneutik und Reflexion menschlicher Lebens- und Glaubenspraxis aus der Perspektive und im kritischen Dialog mit der Glaubenstradition. Pastoraltheologie, eine Teildisziplin der Praktischen Theologie, wiederum ist die Theorie der Praxis der Kirchen und der Gläubigen.

4.4.1 Sorge um die „Fremden" und Gerechtigkeit

Religion und Migration sind nach Vogel[53] nicht nur soziale Phänomene, sie sind auch zwei „Schlüssel zur menschlichen Identität". Migration hat eine archetypische Dimension, d. h. sie liegt der menschlichen Psyche als Struktur im kollektiven Bewusstsein zugrunde. Der Mensch als Wanderer ist eine dieser Ausprägungen, die zum menschlichen Leben gehören und menschliche Identität prägen (vgl. Leben als Lebensweg; Lebenslauf). Der Philosoph Hans Saner dazu: „Haben Sie schon einmal einen Menschen mit Wurzeln gesehen? Die Menschen, die ich kenne, haben nur Beine."[54]

Das Archetypische kann auch eine numinose Qualität haben. Als menschliches Existenzial hat Migration also einen Bezug zur Religion. Migration ist eine Grunderfahrung des Lebens, Religion als deutende Beziehung zu einer numinosen, göttlichen Wirklichkeit steht mit ihr auch anthropologisch in einem Wechselverhältnis.

In der jüdischen wie der christlichen Tradition ist Migration zuinnerst verbunden mit religiöser Deutung und umgekehrt. Bilder aus dem Bereich der Migration gehören wesentlich zur Identität von Judentum und Christentum. Migration taucht in mehreren Zusammenhängen auf:

- Migration ist ein Fluch: Die Vertreibung der Stammeltern aus dem Paradies, der Kainsfluch („Rastlos und ruhelos wirst du auf der Erde sein",

[53] Hansjörg Vogel: Migration und Religion – zwei Schlüssel zur menschlichen Identität, in: Migration: Challenge to Religious Identity II (Migration: Herausforderung für religiöse Identität II). Forum Mission, Volume 5, Kriens 2009, 205–216, 205.

[54] Ebd.

Gen 4,12). Kains Migration führt von Jahwe weg. Migration bedeutet Verlust des Paradieses und beschreibt die menschliche Existenzweise auf der Erde.

- Migration ist aber auch eine heilsgeschichtliche Größe: Der Weg mit Gott kann einen neuen Lebensraum erschließen. Migration ist dann ein Motiv der Verheißung, z. B. Gen 12,1: „Abraham, zieh weg aus deinem Land …. in das Land, das ich dir zeigen werde. Ich werde dich zu einem großen Volk machen, dich segnen und deinen Namen groß machen. Ein Segen sollst du sein."
- Der Exodus, die Auswanderung des Volkes Israel aus Ägypten, wird zu *dem* identitätsstiftenden Ereignis. Ein Volk von Menschen, die in der Fremde ihr Leben fristen, wird von Gott aus der Sklaverei befreit. Das Volk antwortet mit dem Leben aus dem Glauben nach der Thora. Migration wird der Weg mit Gott in das Gelobte Land. Dtn 26,5b–10a verdichtet dieses Ereignis und zeigt, dass Migration ein Instrument der Heilsgeschichte Gottes mit seinem Volk ist:

> „Mein Vater war ein heimatloser Aramäer. Er zog wegen einer Hungersnot nach Ägypten, lebte dort als Fremder mit wenigen Leuten und wurde dort zu einem großen, mächtigen und zahlreichen Volk. Die Ägypter behandelten uns schlecht, machten uns rechtlos und legten uns harte Fronarbeit auf. Wir schrien zum Herrn, dem Gott unserer Väter, und der Herr hörte unser Schreien und sah unsere Rechtlosigkeit, unsere Arbeitslast und unsere Bedrängnis. Der Herr führte uns mit starker Hand und hoch erhobenem Arm, unter großem Schrecken, unter Zeichen und Wundern aus Ägypten, er brachte uns an diese Stätte und gab uns dieses Land, ein Land, in dem Milch und Honig fließen. Und siehe, nun bringe ich hier die ersten Erträge von den Früchten des Landes, das du mir gegeben hast, Herr. Wenn du den Korb vor den Herrn, deinen Gott, gestellt hast, sollst du dich vor dem Herrn, deinem Gott, niederwerfen. Dann sollst du fröhlich sein und dich freuen über alles Gute, das der Herr, dein Gott, dir und deiner Familie gegeben hat: du, die Leviten und die Fremden in deiner Mitte."

In der jüdischen Liturgie wird diese Stelle immer wieder memoriert – und damit vergegenwärtigt.

Die Erfahrung, selbst Fremde in Sklaverei gewesen und befreit worden zu sein, verpflichtet Juden und Christen dazu, ihrerseits Fremde zu befreien. So kennt das Alte Testament in seinen Gesetzgebungen ein Fremdenrecht, das heutige Fremdengesetzgebungen beschämend erscheinen lässt. Fremde dürfen in der Liturgie mitfeiern, ohne den Glauben übernehmen zu müssen; sie haben einen geschützten Platz im sozialen Gefüge und sie haben eine Art

„Grundsicherung“; es gibt ein eigenes Gastrecht. Gebote wie folgendes finden sich unzählige Male im Alten Testament: „Und den Fremdling sollst du nicht unterdrücken: denn ihr kennt die Seele des Fremdlings, denn Fremdlinge seid ihr gewesen im Land Ägypten“ (Ex 23,9). Sie sind bleibende Verpflichtungen für die Gegenwart – für Juden und Christen.

Nicht nur dieses: In manchen biblischen Erzählungen wird der Fremde selbst zu einem „Ort“ der Gotteserscheinung, z. B. die fremden Männer, die Abraham und Sara besuchen, um dem alten Paar die Geburt eines Sohnes anzukündigen, erweisen sich als Gotteserscheinung. Oder der Kampf Jakobs bei Penuel mit dem fremden Mann, in dem Jakob seinen neuen Namen bekommt, wird zur Gottesoffenbarung: Israel – ich habe mit Gott gestritten. So kann einem in jedem Fremden Gott begegnen.

Im Neuen Testament zeigt sich Jesus als eine Art „Binnenmigrant“ – er hat keine fixe Wohnstatt. Schon in der Kindheit müssen seine Eltern nach Ägypten flüchten, weil Herodes ihm nach dem Leben trachtet. Jesus ist zeitlebens Wanderprediger, ebenso viele seiner NachfolgerInnen. Die erste Bezeichnung für die junge Gemeinde lautete (Apg 9, 2) „die, die auf dem Weg sind“: Migration ist auch Markenzeichen der neuen Gemeinschaft. Die Verbindung von Religion und Migration wird zudem zu einer Beschreibung menschlichen Lebens als solchem, das für alle gilt: Der Mensch ist zeitlebens auf dem Weg und angehalten, seine Persönlichkeit zu entwickeln.

Die biblische Tradition eröffnet also eine Deutung der Phänomene Religion und Migration, erschließt einen neuen Blick auf den sogenannten „Fremden“ (über Identifikation mit dem eigenen Schicksal und sogar mit Gott) und verpflichtet daraus folgend zu einer Ethik, die den Fremden als Fremden anerkennt und dafür Sorge zu tragen hat, dass diesem auch Gerechtigkeit widerfährt, d. h. dass er ein gutes Leben führen kann.

Damit ist ein zweites Schlüsselmotiv angesprochen, das aufgrund des biblischen Erbes für Juden und Christen bis heute verpflichtend ist: Die Sorge um Gerechtigkeit für alle. Weil Gott als gerecht erfahren wird – weil er sein Volk durch die Geschichte begleitet und die Schöpfung in eine gerechte Welt verwandeln möchte, in der alle in Frieden miteinander leben können, so die Verheißung – sind auch die Menschen fähig und verpflichtet, für Gerechtigkeit zu sorgen. Ein gutes Leben in Würde für alle und die ganze Gemeinschaft, ein Votum für Gleichheit und insbesondere Menschen in prekären Lebenssituationen, die Armen, die Unterdrückten, die Fremden. Im Alten Testament wird immer wieder gemahnt, für Witwen, Waise und Fremde zu sorgen (die damals sozial schwachen Gruppen). Jesus realisiert diese Verheißung in seinem Wort und insbesondere in seinem Leben an der Seite der sozialen Outlaws, der Sünder, der Armen, der Kranken und der

Fremden. Die Sorge um Gerechtigkeit ist angesichts der Lebenssituation von Zuwanderern in Europa daher auch für TheologInnen eine Pflicht.

Ein weiteres biblisches Schlüsselmotiv wäre, sich selbst als „Fremder und Gast auf Erden" zu verstehen in Erwartung der „Stadt (...), die Gott selbst geplant und gebaut hat" (vgl. Hebr 11,8–22).

4.4.2 Was kann Theologie einbringen?

In der Theologie und Philosophie der 80er-Jahre gab es einen intensiven Diskurs um die Kategorie des Fremden – oder, wie es angemessener scheint – den sogenannten „Anderen".[55] Sowohl der Alienitäts- als auch der Alteritätsdiskurs haben dabei in aller Unterschiedlichkeit darauf aufmerksam gemacht, dass die Andersheit des Anderen wahrzunehmen sowie – insbesondere politisch-strukturell – anzuerkennen die zentrale ethische Herausforderung ist. Respekt vor der uneinholbaren Andersheit zu haben und sie nicht aufheben zu wollen (durch Integration als Assimilation) ist ein ethisches und politisches Prinzip. Von daher erscheint es auch besser, vom Anderen zu sprechen als die Andersheit des Anderen zu einer Eigenschaft zu erklären oder sie zum „Fremden" zu hypostasieren. Wohl kann der Andere fremd *für mich* sein – mit all den Ambivalenzen von anziehend bis ängstigend; ein „Fremder" ist er deshalb nicht. Theologie fragt also aufgrund der Fremdheitserfahrungen der jüdischen und christlichen Tradition wachsam nach, wie „Fremde" wahrgenommen werden. Freilich hatte diese Fremdentheologie auch einen blinden Fleck: Sie hat die Arbeitsmigration vor der eigenen Tür übersehen. Mariano Delgado bezeichnet sie deshalb als „Verhaltenstherapie für die Einheimischen im Angesicht der Fremden" und schlug bereits 1991 eine Weiterentwicklung hin zu einer interkulturellen und interreligiösen Theologie vor.[56]

Die Achtsamkeit für die Art der Wahrnehmung „des Anderen" sensibilisiert für die Weise, wie über Migranten gesprochen wird. Wie werden diese definiert? Wohl gibt es Migration – aber sind die betreffenden Menschen deshalb MigrantInnen? Und wie lange muss man in einem Land, an einem Ort leben, um kein Migrant mehr zu sein? Wird ein 1948 in Wien geborener Akademiker, dessen Vater aus Deutschland eingewandert ist, als „Migrant der zweiten Generation" wahrgenommen? Die Definitionsbe-

[55] Z.B. Ottmar Fuchs (Hg): Die Fremden. Düsseldorf 1988; Emanuel Lévinas: Die Spur des Anderen. Überlegungen zur Phänomenologie und Sozialphilosophie, Freiburg 1983; Bernhard Waldenfels: Der Stachel des Fremden, Frankfurt am Main 1990.

[56] Mariano Delgado: Glauben lernen zwischen Kulturen, in: Werner Simon/Mariano Delgado (Hg.): Lernorte des Glaubens. Glaubensvermittlung unter den Bedingungen der Gegenwart, Berlin 1991, 171–212, 180.

mühungen wecken die Frage nach deren Interessen. Der Integrationsbericht 2010 des Österreichischen Integrationsfonds unterscheidet so z. B. zwischen „Ausländern" (Menschen ohne Staatsbürgerschaft), Bevölkerung ausländischer Herkunft (im Ausland geboren, zwischenzeitlich Staatsbürgerschaft) und „Bevölkerung mit Migrationshintergrund" (Eltern im Ausland geboren, unabhängig von der Staatsbürgerschaft).[57] Es entsteht der Eindruck, Zugehörigkeit – und damit auch Rechte und Teilhabemöglichkeiten – werden möglichst lange abgesprochen, selbst dann, wenn jemand schon im Land geboren ist oder die Staatsbürgerschaft hat. Man kann sich angesichts der Definitionsbemühungen auch erinnert fühlen an das Lösener-Memorandum vom 1. November 1935, das einen langwierigen, „wissenschaftlichen" Definitionsprozess abschloss, wer „Nicht-Arier" ist – und dessen Definitionen Grundlage der anschließenden Enteignungs- und Vernichtungspolitik der Nazis waren.[58]

Die Frage nach der Anerkennung des Anderen betrifft nicht nur die sogenannten MigrantInnen, sie ist ein Thema aller menschlichen Beziehungen. Denn nicht „die Ausländer" sind „anders" – innerhalb der Gruppe der Zuwanderer ist jeder Mensch so einzigartig und daher verschieden von jedem anderen wie innerhalb der autochthonen Bevölkerung. Normal ist es, verschieden zu sein. Daher erinnern uns ZuwandererInnen an eine zutiefst anthropologische Aufgabe: Einander als gleich hinsichtlich Würde, Rechten und Pflichten in unserem Menschsein anzuerkennen – und zugleich einander als Verschiedene anzuerkennen und in dieser Differenz miteinander leben zu lernen.

5. Ausblick: Kirchen als Akteure im Migrationsprozess

Abschließend ist noch darauf hinzuweisen, dass Kirchen und Religionsgesellschaften selbst Akteure im Prozess der Migration sind. Dies wird weder in der Soziologie noch in der Religionswissenschaft ausreichend wahrgenommen und erforscht.

Da sind zum einen die beiden großen kirchlichen Hilfswerke Caritas und Diakonie mit ihrem sozialen Einsatz für MigrantInnen. Die Kirche als Ganze ist jedoch in gewisser Weise als migrationsblind zu bezeichnen.[59] Es gibt zwar

---

[57] Vgl. Statistikjahrbuch des Österreichischen Integrationsfonds 2010, URL: http://www.integrationsfonds.at/ (30.06.2017).

[58] Raul Hilberg: Die Vernichtung der europäischen Juden. Band 1, Frankfurt am Main[10] 2007 (1961), 69–84.

[59] Dies würde ich im Jahr 2016 nicht mehr schreiben. Damals hat es die Situation angemessen beschrieben.

die große Zahl der anderssprachigen Gemeinden, aber ein adäquates Konzept, wie Migration hier eine Chance werden kann, interkulturell und interkonfessionell miteinander leben zu lernen, liegt bislang nicht wirklich vor. Wohl gibt es auf der Ebene der Kirchenleitungen ausgezeichnete Stellungnahmen zur Migration, aber die konkreten Gemeinden tun sich oft sehr schwer mit den „Ausländern" im Bezirk oder den katholischen, evangelischen, orthodoxen Mitbrüdern und -schwestern aus anderen Ländern und Kulturen. Pastoralkonzepte für gemeindliches Zusammenleben, die Migration als Chance erkennen, sind selten.

Und doch gibt es bereits jetzt herausragende Entwürfe – vor allem auf internationaler Ebene sind die Kirchen der Theologie sogar weit voraus:

- So gab es das „Jahr der Europäischen Kirchen für Migration 2010"[60]. Am 26. November 2009 wurde es in Budapest, Ungarn, bei einem Treffen von 70 Kirchenvertretern aus ganz Europa sowie Teilnehmern aus anderen Gegenden der Welt offiziell eröffnet. 2010 war eine gemeinsame Initiative der CEC-KEK (Konferenz Europäischer Kirchen)[61] und der KKME (Churches Commission for Migrants in Europe)[62].
  Die Aktivitäten während des Jahres sollten das Engagement der Kirchen für Migranten sichtbar machen. Zusätzlich werden sich die Kirchen bemühen, die Lage der Migranten in Europa konkret dadurch zu verbessern, indem sie gemeinsam für das Recht von Migranten und Flüchtlingen eintreten, nach fünfjährigem legalen Aufenthalt eine langfristige Aufenthaltsgenehmigung zu erlangen.
- 2008 haben die in der „Integrationsplattform" des Innenministeriums vertretenen Kirchen und Religionsgemeinschaften Österreichs (Christen, Juden, Muslime) ein gemeinsames Papier zur Integration herausgegeben: „Herausforderung Integration – Überlegungen und Forderungen aus Sicht der Kirchen und Religionsgemeinschaften".[63] Gefordert werden darin Zugang zum Arbeitsmarkt, politische Partizipation und Zugang zur Staatsbürgerschaft für MigrantInnen: Eine Gesellschaft sei erst dann vollständig, wenn aus AusländerInnen gleichberechtigte BürgerInnen geworden sind.
- Der Zentralausschuss des Ökumenischen Rates der Kirchen in Genf hat 2005 in seinem Papier zur „Praxis der Gastfreundschaft in einer Zeit

[60] Vgl. Migration 2010, URL: http://migration.ceceurope.org/ (30.06.2017).
[61] Vgl. Konferenz Europäischer Kirchen, URL: http://www.ceceurope.org/ (30.06.2017).
[62] Churches Comission for Migrants, URL: http://www.ccme.be/ (30.06.2017).
[63] „Herausforderung Integration 2008": URL: http://www.eduhi.at/dl/Herausforderung_Integration.pdf (30.06.2017).

neuer Migrationsformen“[64] eine Analyse der Situation und konkrete Handlungsvorschläge vorgelegt. Darin bekennen sich die christlichen Kirchen zu einer Kultur der Begegnung, der Gastfreundschaft und herzlichen Aufnahme von Migranten. Konkrete Maßnahmen innerhalb der kirchlichen Gemeinden (Begegnungsräume, Ausbildungsprogramme, multikulturelle Dienste, ...) werden ebenso aufgezählt wie gesellschaftliche und politische Forderungen benannt (Interreligiöser Dialog, Grundrechte, Integration, Asylrecht usw.).

- Auch im Vatikan sind einige ausgezeichnete lehramtliche Schreiben zur Herausforderung Migration entstanden. Der „Päpstliche Rat der Seelsorge für die MigrantInnen und Menschen unterwegs“[65] publiziert u. a. jährlich Schreiben zur Frage der MigrantInnenpastoral. Die Katholische Kirche gehört zu den ersten internationalen Organisationen, die begonnen haben, sich mit der Frage der Migrantenpastoral zu befassen. Neben ganz konkreter Auseinandersetzung mit internationaler Migration, innerstaatlicher Migration, einer „Aufnahmepastoral“ und Integration der MigrantInnen in die Strukturen der allgemeinen Pastoral, interreligiösem Dialog, muslimischen MigrantInnen und vielem mehr wird das Phänomen Migration dort in den großen Kontext der Heilsgeschichte gestellt:

> „Wir können also das gegenwärtige Migrationsphänomen als ein sehr bedeutsames ‚Zeichen der Zeit' betrachten, als eine Herausforderung, die es beim Aufbau einer erneuerten Menschheit und in der Verkündigung des Evangeliums des Friedens zu entdecken und zu schätzen gilt.“[66]

[64] Ökumenischer Rat der Kirchen 2005: Praxis der Gastfreundschaft in einer Zeit neuer Migrationsformen, vgl. URL: http://archived.oikoumene.org/de/programme/einheit-mission-evangelisation-und-spiritualitaet/gerechte-integrative-gemeinschaften/migration-und-soziale-gerechtigkeit.html (30.06.2017).

[65] 1970 gegründet durch das motu proprio Papst Paul VI „Apostolicae caritate“ www.vatican.va/roman_curia/pontifical_councils/migrants (20.01.2011). Hier gilt es auch hinzuweisen auf die 1952 gegründete International Catholic Migration Commission: http://www.icmc.net/ (30.06.2017).

[66] Päpstlicher Rat der Seelsorge für die Migranten und Menschen unterwegs: Instruktion Erga Migrantes caritas Christi, Vatikan 2004, Abschnitt 14.

„Wir sind keine Indianer!“ Pastoraltheologische Reflexionen zu den Erfahrungen einer katholischen Migrationsgemeinde in Wien

Erschienen in: International Journal of Practical Theology 1 (2015), 19. Jg., 81–121. (peer-reviewed)

1. Hinführung: Das Problem des Anderen

1.1 Hinführung

> „Nehmen Sie uns nicht wie Indianer, wir sollen uns Trachten anziehen, ein bisschen spielen und dann gehen wir nach Hause. Wir haben etwas zu fragen, auch etwas zu sagen.“
>
> (Ek2)[1]

So formuliert ein Priester einer kroatischen Gemeinde[2] in der Erzdiözese Wien[3] seine Erfahrungen: Er erzählt, wie er sich von einem Wiener Pfarrer wünschte, dass auch die Probleme kroatischer Familien öffentlich zur Sprache kommen können.

Das Bild des Indianers greift auch ein Gemeindemitglied auf:

> „Der 'Sonntag der Völker' z. B. ist etwas, was mir so auf die Nerven geht. (...) Wir sind keine Indianer, die jetzt irgendwie verkleidet mit ihren Kuchen vor das erzbischöfliche Palais kommen und sagen, okay, jetzt sind wir da!“
>
> (Ik5)

[1] Alle im Beitrag angeführten Interview-Zitate entstammen dem Forschungsprojekt: Regina Polak (in Zusammenarbeit mit Christoph Schachinger): Religiosität und Migration. Eine qualitativ-empirische Studie. Erste Ergebnisse, Wien 2013, unveröff. Werkstattbericht. Abkürzungen zu den hier zitierten Personen vgl. 2. Kapitel.

[2] „Kroatische Gemeinde“ ist der offizielle Titel dieser Gemeinde. Die Erzdiözese Wien nennt ihre Migrationsgemeinden „anderssprachige Gemeinden“: vgl. Anderssprachige katholische Gemeinden in Wien, URL: http://www.erzdioezese-wien.at/site/menschenorganisation/pfarrenordengemeinschafte/anderssprachigegemeinden/ (30.06.2017). Die Gemeinde selbst präsentiert sich auf ihrer Homepage als „Mission“, vgl. Hrvatska Katolička Misija Beč, URL: http://www.hkm-wien.at/joomla/index.php (30.06.2017). Missionen sind von der Katholischen Kirche eingerichtete diözesane Gemeindeniederlassungen – Sprach- und Ritusgemeinden – für MigrantInnen. Seit 1973 hat die Gemeinde den Status einer Personalpfarre. Zur Beschreibung vgl. 6. Kapitel.

[3] Die Erzdiözese Wien umfasst neben der Großstadt Wien auch große Teile von Niederösterreich. In diesem Beitrag ist mit Erzdiözese Wien stets nur die Stadt Wien gemeint.

Einmal im Jahr wird in der Erzdiözese Wien der „Sonntag der Völker" gefeiert, bei dem die Gemeinden der anderssprachigen KatholikInnen im Mittelpunkt stehen – und die Ortskirche weitgehend fernbleibt. Aus der Sicht des Gemeindemitglieds wird die Gemeinde vorgeführt und muss sich mit einem Präsent vor dem Machtzentrum der Katholischen Kirche in Wien einfinden – wie „Indianer".

Das Bild des Indianers erinnert an eine Faschingsverkleidung, an Wild-West-Filme oder an Winnetou. Es steht für Fremdheit: bedrohliche, exotische, lächerliche Fremdheit. Das Bild erinnert aber auch an die Vernichtung der Indianer.[4] Der bulgarische Philosoph Tzvetan Todorov diskutiert in seiner Auseinandersetzung mit dieser Katastrophe „das Problem des Anderen": Er beschreibt anhand des Schicksals der Indianer die Wahrnehmung des sogenannten Anderen durch die europäische Neuzeit und deren mörderische Folgen. Seit der Zeit der Entdeckung Amerikas „hat sich Westeuropa fast dreihundertfünfzig Jahre lang bemüht, den anderen zu assimilieren, die äußere Alterität zu beseitigen, und das ist ihm auch weitgehend gelungen."[5] Dieser „außergewöhnliche Erfolg" verdankt sich nach Todorov der „paradoxen Fähigkeit der Europäer, die anderen zu verstehen." Das Interesse für den anderen, „sogar um den Preis einer gewissen Empathie oder vorläufigen Identifikation", ist bloß eine Vorstufe und Bedingung der Möglichkeit, den anderen dem eigenen anzugleichen, zugespitzt: die Assimilation der Indianer an die eigene Welt in Angriff zu nehmen. Getragen ist dieser Angleichungsprozess vom Gefühl der Superiorität. So hat der Europäer die Fähigkeit, sich anzupassen und zugleich die äußere Fremdheit des anderen zu absorbieren. Diese „Fähigkeit" bekamen und bekommen bis heute nicht ausschließlich die Indianer zu spüren.

Sich weigern, als „Indianer genommen zu werden", kann also bedeuten, sich der Assimilation zu verweigern. Indianer werden heute nicht mehr systematisch ausgerottet. Aber die Geisteshaltung, die Todorov beschreibt, lässt sich bis in die Gegenwart im kollektiven Gedächtnis antreffen. Europa leidet an einer jahrhundertelangen Schwäche, „den Unterschied in der Gleichheit" zu leben. Dies spiegelt sich auch in den Ergebnissen meiner Studie wider, die ich hier präsentiere.

---

[4] Tzvetan Todorov: Die Eroberung Amerikas. Das Problem des Anderen, Frankfurt am Main 1985 (1982), 161.

[5] Dieses und die folgenden Zitate vgl. Todorov, Die Eroberung Amerikas, 292–294.

2. Das Forschungsprojekt „Convivenz“: Fragestellungen, Design, Daten

2.1 Convivenz: Fragestellungen

Dieser Beitrag ist Teil des Forschungsprojekts „Convivenz“[6], das sich der Frage nach dem Beitrag von christlichen Migrationsgemeinden in Wien für das Zusammenleben in Verschiedenheit widmet. Ein Teilprojekt erforschte im Rahmen einer qualitativ-empirischen Studie die Wechselwirkungen zwischen Migration und Religiosität sowie die Bedeutung der Gemeinde für die Befragten. Dazu wurden achtzehn Einzelinterviews geführt, jeweils sechs mit Gemeinde-VertreterInnen einer der drei großen, in Wien beheimateten christlichen Konfessionen, sowie sechs Experten-Interviews. InterviewpartnerInnen (IP) waren kroatische Gläubige einer katholischen Gemeinde, deutsche Gläubige zweier reformierter Gemeinden sowie Gläubige einer serbisch-orthodoxen Gemeinde. Zur Generierung aggregierter Daten wurden ergänzend Experten-Interviews mit Pfarrern, Priestern bzw. Pastoren der Gemeinden geführt, je zwei pro Konfession und Gemeinde.

2.2 Die kroatische Gemeinde: Design der Befragung, Auswahl der Befragten, Daten

Dieser Beitrag beschreibt die Ergebnisse der Befragung der kroatischen Gemeinde. Mit sechs MigrantInnen der ersten Generation, d. h. Personen, die in Kroatien bzw. Bosnien geboren wurden, wurden im Laufe des Jahres 2012 Einzelinterviews geführt. Diese hatten zwei Teile: einen durch ein „Life-History-Grid“[7]unterstützten biographisch-narrativen Teil zur persönlichen Migrationsgeschichte und einen Leitfadeninterviewteil mit Fragen zu Religiosität und Gemeinde. Die Interviews wurden je nach Wunsch der Befragten an einem von den IP vorgeschlagenen Ort oder in meinem Büro an der Universität Wien durchgeführt. Die Auswahl erfolgte nach hoch selektiven Kriterien: 1) religiöses Selbstverständnis und Bereitschaft sowie Fähigkeit zur Selbstreflexion; 2) enge Beziehung zu einer Gemeinde; 3) gutes Deutsch; 4) fester Wohnsitz seit mindestens fünf Jahren in Wien. Diese

---

[6] Dazu entwickle ich das Konvivenz-Modell des evangelischen Missionswissenschaftlers Theo Sundermeier im Kontext der europäischen Migrationsgesellschaft weiter, vgl. Theo Sundermeier: Konvivenz und Differenz. Studien zu einer verstehenden Missionswissenschaft, Erlangen 1995 (hg. von Volker Küster), vgl. auch 9. Kapitel.

[7] Nach Jane Elliott: Using Narrative in Social Research. London/Thousand Oaks/New Delhi 2006.

Kriterien sichern einen ausreichend langen Zeitraum, über den die IP dann aufgrund ihrer Kompetenz auch entsprechend reflektiert berichten können. Diese Auswahl hat dazu geführt, dass alle IP in Österreich gut integriert sind, was sich u. a. in höheren Bildungsabschlüssen bzw. gesellschaftlich anerkannten Berufen zeigt. Daher spiegeln die Ergebnisse allerdings nur einen Teil der Gemeinderealität wider.

Die soziodemographischen Daten der IP der kroatischen Gemeinde sind (Angaben zum Zeitpunkt der Befragung):

- Ik1: männlich, 45, akademischer Abschluss (in Kroatien), dipl. Bauingenieur, Geburtsland Bosnien, Herkunftsland Kroatien, seit 1994 in Wien, kroatische Staatsbürgerschaft, 3 Kinder
- Ik2: weiblich, 46, akademischer Abschluss (in Kroatien), Religionslehrerin für Volks- und Hauptschulen (Ausbildung in Wien), Geburtsland Bosnien, Herkunftsland Kroatien, seit 1994 in Wien, österreichische Staatsbürgerschaft, 3 Kinder
- Ik3: männlich, 27, Student, Geburts- und Herkunftsland Kroatien, seit 2009 in Wien, kroatische Staatsbürgerschaft
- Ik4: weiblich, 47, akademischer Abschluss, Psychotherapeutin, Geburts- und Herkunftsland Kroatien, seit 1995 in Wien, Doppelstaatsbürgerschaft, 3 Kinder
- Ik5: männlich, 32, akademischer Abschluss, Betriebswirt im Management eines privaten Unternehmens, Geburts- und Herkunftsland Bosnien, seit 1994 in Wien, österreichische Staatsbürgerschaft, 2 Kinder
- Ik6: weiblich, 35, akademischer Abschluss, Lehrerin in einer Allgemeinbildenden Höheren Schule, Geburts- und Herkunftsland Bosnien, seit 1995 in Wien, österreichische Staatsbürgerschaft, 1 Kind
- Ek1: männlich, 31, akademischer Abschluss, Priester, Geburts- und Herkunftsland Bosnien, seit 2009 in Wien, kroatische Staatsbürgerschaft
- Ek2: männlich, 62, akademischer Abschluss, Priester, Geburts- und Herkunftsland Kroatien, seit 2001 in Wien, kroatische Staatsbürgerschaft

Die acht Interviews wurden inhaltsanalytisch ausgewertet und in einem zweistufigen induktiven Verfahren kategorisiert.[8]

[8] Nach Philipp Mayring: Qualitative Inhaltsanalyse. Grundlagen und Techniken, Weinheim[9] 2007.

3. Begriffsklärung: „Migration“ bzw. „Migrationsgemeinde“

3.1 „Migration“

Die aktuelle Migrationsforschung[9] widmet sich verstärkt Phänomenen der Transmigration und der Diasporabildung, die auch etwaige Bindungen und Bezüge an eine – mitunter phantasierte – „Heimat“ berücksichtigen. Für die Erforschung einer katholischen Migrationsgemeinde scheinen solche Zugänge sehr geeignet, da die Befragten nach wie vor in Beziehung zu ihren Herkunfts- und Geburtsländern stehen und sich zudem katholische Migrationsgemeinden als Teil der weltweiten Katholischen Kirche verstehen.

Zwei Verständnisweisen von Migration liegen daher meinem Beitrag zugrunde:

- Migration ist ein „auf Dauer angelegter bzw. dauerhaft werdender Wechsel in eine andere Gesellschaft bzw. in eine andere Region“[10]. Die kroatische Gemeinde kann so zugleich als zur Gesellschaft sowie als zur Kirche zugehörige Gruppe betrachtet werden, die mit beiden in wechselseitigen Veränderungsprozessen steht, und zugleich in ihrer Eigenart anerkannt werden.
- Migration beschreibt eine „permanente Lebensform in Gestalt eines Lebens im ständigen Übergang“[11], man kann auch von „Transmigration“ sprechen. Ein solches Verständnis ermöglicht eine „größere Sensibilität gegenüber der Bedeutung kultureller und religiöser Faktoren, die für die Konstruktion der kollektiven Identität in der Diaspora bzw. in der Transmigration von konstitutiver Bedeutung sind“[12]. Mit diesem Konzept kann man dem Selbstverständnis und den Mehrfach-Identitäten von MigrantInnen gerecht werden. Zudem eröffnet es Anknüpfungspunkte für eine theologische Reflexion, insofern christliche Identität untrennbar mit Migration verbunden ist und die Kirche sich selbst als „Pilgerin“ sieht.

---

[9] Zum Begriffs- und Theorieverständnis von „Migration“ gibt es eine heterogene und unüberschaubare Fülle an Zugängen. Einen Überblick über die internationale Diskussion bieten u. a. Stephen Castles/Mark J. Miller: The Age of Migration. International Population Movements in the Modern World, New York/London[4] 2009; Steve Vertovec (ed.): Migration. 3 Volumes (I. Theories. II. Types. III. Trends), London 2010. Ich wähle hier Definitionen aus, die für meine Fragestellung geeignet erscheinen.

[10] Nach Annette Treibel: Migration in modernen Gesellschaften. Soziale Folgen von Einwanderung, Gastarbeit und Flucht, Weinheim/München 1999, 21.

[11] Ulrich Dehn/Klaus Hock: „Mein Vater war ein heimatloser Aramäer“. Religionswissenschaftliche und theologische Anmerkungen zum Thema Migration, in: Zeitschrift für Missionswissenschaft 1–2 (2005), 99–114.

[12] Dehn/Hock, „Mein Vater war ein heimatloser Aramäer“, 104.

3.2 „Migrationsgemeinde“

Unter einer Migrationsgemeinde verstehe ich eine Gemeinschaft, Gemeinde oder Pfarre, deren Mitglieder überwiegend Menschen mit Migrationserfahrung bzw. -geschichte sind. Bei diesen handelt es sich sowohl um Zuwanderer der ersten Generation als auch um die zweite und dritte Generation, insofern für diese die Migrationsgeschichte ihrer Eltern und Großeltern einen zentralen Bestandteil ihrer Identität bildet.[13]

Freilich ist der Begriff „Migrationsgemeinde“ eine Fremdbezeichnung, die ihr eine Identität zuschreibt, die sich durch „kulturelle Fremdheit, Distanz und auch Exotismus“[14] auszeichnet. Nicht ohne Grund wehren sich viele Gemeinden gegen eine solche Bezeichnung und bestehen darauf, als *christliche* Gemeinde wahrgenommen zu werden. Die Debatte um eine angemessene (soziologische) Bezeichnung[15] ist also durchaus begründet.

Auch die IP bezeichnen ihre Gemeinde niemals als Migrationsgemeinde. Sie sprechen in synonymer Verwendung der Begriffe von „Gemeinde“, „Pfarre“, „Kirche“ oder „Mission“ und legen Wert auf die Zugehörigkeit zur Ortskirche. Zahlreiche Angehörige der kroatischen Gemeinde sind längst österreichische StaatsbürgerInnen. Zum anderen ist der Begriff „Migrationsgemeinde“ auch aus theologischer Perspektive fragwürdig, weil Migration und Migrationsgemeinden konstitutiv zur Kirche gehören.[16] Aus katholischer Sicht ist deren Abwesenheit sogar ein Alarmsignal, denn „die Aufnahme des Fremden, die der frühen Kirche eignet, bleibt also ein dauerhaftes Siegel der Kirche Gottes. (…) Die Aufnahme des Fremden gehört also zum Wesen selbst der Kirche und bezeugt ihre Treue zum Evangelium.“[17] Angesichts der „Nichtbeachtung“[18] von MigrantInnen durch die

[13] Dabei beziehe ich mich auf Karsten Lehmann: Vereine als Medium der Integration. Zur Entwicklung und Strukturwandel von Migrantenvereinen, Berlin 2001; Ders.: Community-Kirchen im Wandel. Zur Entwicklung christlicher Migrationsgemeinden zwischen 1950 und 2000, in: Berliner Journal für Soziologie 4 (2006), 485–501. In der Forschung wird das heterogene Phänomen dieser Gemeinden unter verschiedenen Begriffslabels diskutiert: ethnische Communities/Vereine; Diaspora-Gemeinden/Gemeinschaften. Vgl. zur internationalen Diskussion z. B. Castles/Miller, The Age of Migration, 245–276; Robin Cohen: Global Diasporas. An Introduction, London/New York[2] 2008.

[14] Andreas Heuser: Weithin unbekannte Nachbarn. Migrationsgemeinden in Deutschland zeigen die Vielgestaltigkeit von Kirche, in: Herder Korrespondenz 61, 4 (2007), 212–215, 212.

[15] Vgl. Claudia Währisch-Öblau: Migrationskirchen in Deutschland. Überlegungen zur strukturierten Beschreibung eines komplexen Phänomens, in: Zeitschrift für Missionswissenschaft 1–2 (2005), 19–39, 19; Lehmann, Community-Kirchen, 485–501.

[16] Währisch-Öblau, Migrationskirchen in Deutschland, 20, spricht sogar von einem theologischen „Pleonasmus“.

[17] Päpstlicher Rat der Seelsorge für die Migranten und Menschen unterwegs: Instruktion Erga migrantes caritas Christi. Vatikan 2004, Abschnitt 22.

Ortskirche scheint es mir aber derzeit unerlässlich, die spezifische Eigenart dieser Gemeinden auch begrifflich zu fassen. Ich verstehe Migration als Potential, Lernort[19] oder „Sehhilfe"[20] für die Ortskirche.

4. Forschungsstand zu christlichen Migrationsgemeinden im deutschsprachigen Raum

Die empirische Forschung zu muslimischen Communities in Deutschland boomt schon länger[21] und dank Martin Baumann[22] werden auch die buddhistischen und hinduistischen Diaspora-Gruppierungen in Deutschland und in der Schweiz kontinuierlich erforscht. Die sozial- und religionswissenschaftliche Erforschung christlicher Migrationsgemeinden im deutschsprachigen Raum, speziell in Österreich, ist demgegenüber erst in ihren Anfängen.[23]

---

[18] Norbert Mette: „Crossroads" – Eine Herausforderung für die katholische (Pastoral)Theologie und Pastoral, in: Arnd Bünker/Eva Munanjohl/Ludger Weckel/Thomas Suermann (Hg.): Gerechtigkeit und Pfingsten. Viele Christentümer und die Aufgabe einer Missionswissenschaft, Ostfildern 2010, 199–208.

[19] Mariano Delgado: Glauben lernen zwischen Kulturen, in: Werner Simon/Mariano Delgado (Hg.): Lernorte des Glaubens. Glaubensvermittlung unter den Bedingungen der Gegenwart, Berlin 1991, 171–212.

[20] Vgl. Arnd Bünker: Migrationsgemeinden als Sehhilfe. Überlegungen zur veränderten Realität des Christlichen in Mitteleuropa, in: Gottfried Bitter/Martina Blasberg-Kuhnke (Hg.): Religion und Bildung in Kirche und Gesellschaft. FS Norbert Mette, Würzburg 2011, 85.

[21] Z.B. Claus Leggewie: Alhambra. Der Islam im Westen, Reinbeck 1993; Jørgen Nielsen: Muslims in Western Europe, Edinburgh 1992; Werner Schiffauer: Die Gottesmänner. Türkische Islamisten in Deutschland. Eine Studie zur Herstellung religiöser Evidenz, Frankfurt am Main 2000; Gritt Maria Klinkhammer: Moderne Formen islamischer Lebensführung. Eine qualitativ-empirische Untersuchung zur Religiosität sunnitisch geprägter Türkinnen in Deutschland, Marburg 2000. In jüngerer Zeit ist eine unüberschaubare Zahl an empirischen Studien zu muslimischen Communities erschienen. Jüngste Publikationen: Hans-Georg Ziebertz (Hg.): Gender in Islam und Christentum: Theoretische und empirische Studien, Berlin u.a. 2010; Hans-Georg Ziebertz/Tobias Benzing: Menschenrechte: trotz oder wegen Religion?: Eine empirische Studie unter jungen Christen, Muslimen und Nicht-Religiösen, Berlin/Münster 2012; Ahmet Cavuldak/Oliver Hidalogo/Philipp W. Hildmann/Holger Zapf (Hg.): Demokratie und Islam: Theoretische und Empirische Studien, Wiesbaden 2014; Hilde Weiss/Gülay Ateş/Philipp Schnell: Muslimische Milieus im Wandel?: Religion, Werte und Lebenslagen im Generationenvergleich, Wiesbaden 2016; Mario Peucker/Rauf Ceylan (Hg.): Islamische Organisationen in westlichen Einwanderungsländern. Geschichte, Entwicklung und Zukunftsperspektiven für Diasporagemeinden, Wiesbaden 2017 (i.E.).

[22] Vgl. Forschung und Publikationen von Martin Baumann: URL: https://www.unilu.ch/fakultaeten/ksf/institute/religionswissenschaftliches-seminar/mitarbeitende/prof-dr-martin-baumann/#c1288 (30.06.2017).

[23] Zum Zeitpunkt der Verfassung dieses Beitrages lagen kaum empirische Studien vor. Mittlerweile gibt das Pastoralsoziologische Institut St. Gallen einen Einblick in 370 christliche

Mit den christlichen Zuwanderergemeinden haben sich die beiden großen christlichen Kirchen in Deutschland befasst.[24] Für die Städte Basel, Frankfurt am Main und Leipzig[25] gibt es kommunale Studien zur religiösen Situation vor Ort, die reiches Potential für Sekundäranalysen zum Thema Migration bieten. So hat der Religionssoziologe Karsten Lehmann anhand der Daten für Frankfurt eine Theorie der Institutionalisierung von christlichen „Community-Kirchen"[26] entwickelt.[27] Zur Situation christlicher Migrationsgemeinden sind die Studien von Bianca Dümling[28] sowie von Claudia Währisch-Öblau[29] zu erwähnen. Dümling fragt nach dem Beitrag freikirchlicher und protestantischer Gemeinden zur Integration in Deutschland. Währisch-Öblau entwickelt eine Typologie von Migrationsgemeinden (v.a. Pfingstkirchen) in Deutschland. Für Österreich und Wien gibt es bisher wenig abgesicherte Daten. Mit dem Projekt „Kartographie der Religionen in Wien"[30] wurde für Wien ein erster Schritt gesetzt.

Innerhalb der katholischen Theologie setzen sich in jüngerer Zeit Missions- und Ökumenewissenschaft mit Migrationsgemeinden auseinander.

Migrationsgemeinden in der Schweiz: Judith Albisser/Arnd Bünker: Kirchen in Bewegung. Christliche Migrationsgemeinden in der Schweiz, St. Gallen 2016. Für Deutschland liegen mit den Studien unter der Leitung von Alexander Kenneth-Nagel exemplarische Einblicke in ausgewählte Migrationsgemeinden vor: Alexander-Kenneth Nagel (Hg.): Religiöse Netzwerke: Die zivilgesellschaftlichen Potentiale religiöser Migrantengemeinden. Bielefeld 2015; Ders. (Hg.): Diesseits der Parallelgesellschaft. Neuere Studien zu religiösen Migrantengemeinden in Deutschland, Bielefeld 2012.

[24] Vgl. Dokumente der Evangelischen Kirche in Deutschland zu Kirchen und Gemeinden anderer Sprache und Herkunft, URL: http://www.ekd.de/international/fremdsprachige_gemeinden/dokumente.html (30.06.2017); Sekretariat der Deutschen Bischofskonferenz: Eine Kirche in vielen Sprachen und Völkern. Leitlinie für die Seelsorge an Katholiken anderer Muttersprache, Bonn 2003, URL: http://www.dbk-shop.de/de/Deutsche-Bischofskonferenz/Arbeitshilfen/Eine-Kirche-in-vielen-Sprachen-und-Voelkern.html (30.06.2017).

[25] Christoph Peter Baumann: Religionen in Basel-Stadt und Basel-Landschaft. Projekt „Führer durch das religiöse Basel", Basel 2000; Amt für multikulturelle Angelegenheiten der Stadt Frankfurt am Main (Hg.): Religionen der Welt. Gemeinden und Aktivitäten in der Stadt Frankfurt am Main, Frankfurt am Main[2] 2003.; re.form leipzig (Hg.): Religionen in Leipzig. Leipzig 2003.

[26] Vgl. Lehmann, Vereine als Medium der Integration.

[27] Vgl. Dehn/Hock, „Mein Vater war ein heimatloser Aramäer", 105; v.a. Martin Bauman: Diaspora: Genealogie of Semantics and Transcultural Comparison, in: Numen 47 (2000), 313–337; ausführlich in: Ders.: Alte Götter in neuer Heimat. Religionswissenschaftliche Analyse zu Diaspora am Beispiel der Hindu auf Trinidad, Marburg 2003.

[28] Bianca Dümling: Migrationskirchen in Deutschland, Frankfurt am Main 2011.

[29] Z.B. Währisch-Öblau, Migrationskirchen; Dies.: Mission und Migrations(kirchen), in: Christoph Dahling-Sander (Hg.): Leitfaden Ökumenische Missionstheologie, Gütersloh 2000, 363–383; Dies.: Migrationskirchen in Deutschland. Überlegungen zur strukturierten Beschreibung eines komplexen Phänomens, in: Zeitschrift für Mission 1–2 (2005), 19–39.

[30] „Kartographie der Religionen in Wien", URL: http://kartrel.univie.ac.at/ (30.06.2017). Leitung: Hans Gerald Hödl.

Im Horizont globaler Migration wird deren Vielfalt in Europa als Repräsentanz jener „pluralen Christentümer“[31] wahrgenommen, die zur „Enteuropäisierung der europäischen Christenheit“[32] führen. Zugleich machen sie die diasporale Wirklichkeit jeder Kirche und Denomination sowie die „ökumenische Amnesie“[33] des Christentums sichtbar. Der Theologe Mariano Delgado hat bereits 1991[34] die Migrationsblindheit der Ortskirchen und der deutschsprachigen Theologie gegenüber der Migration „vor der Haustür“ kritisiert.

Die Auseinandersetzung mit Migration und Migrationsgemeinden bedarf wesentlich der Wahrnehmung der subjektiven Perspektive der Menschen, da diese für die theologische Erkenntnis konstitutiv ist. Mein Projekt lässt MigrantInnen selbst zur Sprache kommen.

5. Christliche Migration in Wien

Wien ist mit seinen bald 2 Millionen Einwohnern – jedes Jahr ziehen ca. 20.000 Menschen zu – eine Migrationsstadt: 2013 waren 35 % aller WienerInnen im Ausland geboren bzw. hatten einen ausländischen Pass. Berücksichtigt man auch die Nachkommen der Zugewanderten, hatten 50 % einen Migrationshintergrund. Fast 80 % der BürgerInnen leben schon mindestens zehn Jahre in Wien und ein Drittel aller Neuzuwandernden nach Österreich zieht nach Wien.[35] Für die Zahl der christlichen Migrationsgemeinden gibt es keine genauen Zahlen. Der folgende Überblick zählt die mir derzeit bekannten Migrationsgemeinden auf.[36]

- Ca. 15–20 % der KatholikInnen (ca. 100.000–150.000 Personen) in Wien haben „Migrationshintergrund“. Davon stammen zwei Drittel aus Europa und ein Drittel aus Asien, Afrika und Lateinamerika. Die katholischen MigrantInnen sind in 25 anderssprachigen Gemeinden organisiert.

[31] Bünker, Migrationsgemeinden, 85–92, 89.

[32] Giancarlo Collet: Gemeinsam das Evangelium verkünden, in: Bünker (Hg.), Gerechtigkeit und Pfingsten, 243–266, 243.

[33] Klaus Hock: Passions-Feier. Kreuzungen der Christentümer als Kreuzwege der Christenheit, in: Bünker (Hg.), Gerechtigkeit und Pfingsten, 17–46, 31.

[34] Delgado, Glauben lernen, 171–212.

[35] 3. Integrations- und Diversitätsmonitor der Stadt Wien, URL: https://www.wien.gv.at/menschen/integration/downloads.html (30.06.2017).

[36] Da es keine statistischen Erhebungen gibt, entstammen die folgenden Angaben der Selbsteinschätzung der Kirchen. Die Daten wurden im März 2013 telefonisch am Institut erhoben.

- Für die evangelischen MigrantInnen in Wien gibt es nur partielle Schätzungen der Mitglieder jener dzt. sieben „internationalen Gemeinden“ der Evangelischen Kirche.[37]
- In Österreich leben ca. 400.000–450.000 orthodoxe ChristInnen, der Großteil davon in Wien. Sieben orthodoxe Kirchen haben kirchliche Strukturen und sind in der Orthodoxen Bischofskonferenz vertreten.[38]
- Weiters gibt es in Wien Gemeinden der orientalisch-orthodoxen Kirchenfamilie mit mehreren Tausend Angehörigen.
- Schließlich gibt es auch fremdsprachige evangelikale und mittlerweile 43 staatlich anerkannte freikirchliche Gemeinden in Wien, deren genaue Zahl allerdings nicht bekannt ist.[39]

Dieser marginale Überblick zeigt, dass Christ-Sein in Wien durch Migration von tiefgreifenden Transformationsprozessen ergriffen ist, die weder von der Bevölkerung, der Forschung noch von den etablierten Kirchen angemessen wahrgenommen werden.

6. Die kroatische Gemeinde – Hintergrund und Beschreibung

Kroatien ist seit jeher von Migration geprägt. Es lassen sich verschiedene Migrationswellen nach Österreich identifizieren:[40] 1) die Migration, die mit dem 15. Jahrhundert einsetzt und u. a. zur Ansiedelung der „Burgenländischen Kroaten“ führt, die als autochthone Volksgruppe anerkannt sind; 2) die Arbeitsmigration in den 60er- und 70er-Jahren, wobei die KroatInnen nur einen geringen Teil der GastarbeiterInnen ausmachten; 3) Krieg und der Zerfall Jugoslawiens in den 90er-Jahren führten zu weiteren Einwanderungen von v. a. bosnischen KroatInnen. In jüngerer Zeit ist die Zuwanderung aus Kroatien rückläufig. Mit dem Beitritt Kroatiens in die Europäische Union hat sich die Migrationssituation nochmals verändert.

Mit fast 70.000 Personen stellen die KroatInnen derzeit die fünftgrößte MigrantInnengruppe in Österreich dar. Zwei Drittel (62,1 %) sind in Kroatien geborene und 19 % in Österreich geborene ausländische Staats-

[37] Internationale Gemeinden der Evangelischen Kirche in Wien, URL: http://www.evang-wien.at/internationale-gemeinden (30. 06. 2017).

[38] Orthodoxe Kirche in Österreich, URL: http://www.orthodoxe-kirche.at/ (30. 06. 2017).

[39] Freikirchen in Wien, URL: http://www.freikirchen.at/ (30. 06. 2017). Seit August 2013 sind einige davon staatlich anerkannte Freikirchen.

[40] Vgl. Barbara Kruger (ÖIF-Dossier 23. Juni 2012): Kroatische Migrant/innen in Österreich: Zahlen, Fakten, Einstellungen, Wien 2012.

angehörige; 18,9 % sind im Ausland geborene österreichische Staatsangehörige. 60 % der Personen kroatischer Herkunft leben in Wien.[41]

Die kroatische Gemeinde ist die größte kroatische katholische Gemeinde in Wien und Österreich. Die genaue Zahl der Gläubigen ist nicht bekannt, allerdings schätzt man, dass ca. 1.000 KatholikInnen[42] (nach Schätzungen von Ek1, Ik2 in Spitzenzeiten 2.000–3.000) wöchentlich den Sonntagsgottesdienst besuchen. 1960 wurde in der Wiener Singerstraße die „Kroatische Mission" gegründet. Deren Leiter, Pater Mirko Covič, widmete sich zunächst den kroatischen Flüchtlingen, die nach dem Krieg in Wien geblieben waren. Ab 1962 kamen die ersten Gastarbeiter nach Wien. Nach einer längeren Suche nach Unterkunft mit mehreren Stationen – „zehn Jahre im Kolpinghaus im fünften Wiener Gemeindebezirk, dann bei Ordensschwestern in der Johannesgasse im ersten Bezirk, dann in einer Franziskanerkirche im ersten Bezirk, kurz auch in der Peterskirche im ersten Bezirk" (Ek2) – erfolgte 1969 die Übersiedlung der Gemeinde in die „Kirche zu den Neun Chören der Engel", bekannt als „Kirche am Hof". Sie ist heute Hauptsitz der Kroatischen Mission und wird von Franziskanern und Franziskanerinnen aus Kroatien betreut. Sie ist die Hauptpfarrkirche für alle KroatInnen und kroatisch sprechenden oder sich „kroatisch fühlenden" Menschen, die in der Erzdiözese Wien leben.[43] Seit 1973 darf die Gemeinde selbständig Matrikelbücher führen und seit 1. Jänner 1974 ist sie als Personalpfarre anerkannt. Soziologisch setzt sich die Gemeinde aus drei „Schichten" zusammen, die ein kroatischer Priester so beschreibt (Ek2): 1) die Kriegsflüchtlinge, die nach 1945 nach Österreich kamen; 2) die Gastarbeiter, die im Zuge der 60er und 70er-Jahre angeworben wurden und 3) politische und (v.a. bosnische) Kriegsflüchtlinge der 90er-Jahre. Ein großer Teil der Zuwanderer der ersten beiden Phasen waren verarmte Bauern, die in Österreich zu Arbeitern wurden, danach kamen deren Familien, erst nach dem Krieg kamen auch höher gebildete Menschen: Ingenieure, Lehrer, Ärzte.

[41] Nach einer Sonderauswertung der Statistik Austria vom 27.05.2011, nach Kruger, Kroatische Migrant/innen.

[42] Ljubomir Bratić: Soziopolitische Netzwerke der MigrantInnen aus der ehemaligen Sozialistischen Föderativen Republik Jugoslawien (SFRJ) in Österreich, in: Heinz Fassmann/Irene Stacher (Hg.): Österreichischer Migrations- und Integrationsbericht. Demographische Entwicklungen – sozioökonomische Strukturen – rechtliche Rahmenbedingungen, Klagenfurt/Celovec (Drava) 2003, 395–409, 404.

[43] Wobei selbstverständlich jede/r Kroate/in zugleich vollberechtigtes Mitglied seiner Wohnpfarre ist und der Ortskirche angehört und jeden katholischen Gottesdienst besuchen kann.

7. Ergebnisse der inhaltsanalytischen induktiven Auswertung

Es folgt nun eine *Innenansicht* der Gemeinde aus der Perspektive der IP. So kommt zur Sprache, was die kroatische Gemeinde für ihre Mitglieder bedeutet. Fünf zentrale Bedeutungsfelder haben sich herauskristallisiert: 1) das *Soziale*, das sich in a) *sozialer Unterstützung* und b) in der zentralen Bedeutung von *Gemeinschaft* konkretisiert; 2) das *Religiös-Spirituelle*; 3) die Pflege des Bezugs zur „*Heimat*"; 4) die Bedeutung der kroatischen *Sprache*; 5) der *Kontakt zur Ortskirche.* Weitere wichtige Themen waren 6) das *Verhältnis zur Gesellschaft*, die Frage nach der *expliziten Bedeutung von Migration* im Gemeindeleben sowie die spezifischen *Schwierigkeiten und Herausforderungen für die Zukunft* der Gemeinde.

7.1 Die soziale Bedeutung der Gemeinde

7.1.1 „Sozialarbeit"

Eine zentrale Bedeutung der Gemeinde zeigt sich in Quantität und Qualität der sozialen Unterstützung der Gemeindemitglieder sowohl in der Geschichte als auch in der Gegenwart. Die Gemeinde erbrachte und erbringt seit ihrem Bestehen zahlreiche Leistungen, die man dem Bereich der „Sozialarbeit" (Ek2) zuordnen kann. So hat einer der befragten Priester in den 80er-Jahren für die Zugewanderten, die „in Scharen vor seinem Büro standen" (Ek2) – Saison- und Facharbeiter, die eine Beschäftigungsbewilligung benötigten, aber nicht Deutsch sprachen – „stundenlang Formulare ausgefüllt" (Ek2) und sie bei Amtswegen unterstützt. Kranke Zuwanderer wurden von ihm zum Arzt oder ins Krankenhaus begleitet. Auch die befragten Gemeindemitglieder erinnern sich an die sozialen Aktivitäten der Gemeinde zur Zeit der großen Zuwanderungswellen bzw. ihrer eigenen Kindheit (Ik4). So gab es eine „sozialarbeiterische Nonne" (Ik4) und ein „multiprofessionelles Team" (Ik4), das aus Patres, Nonnen und Gemeindemitgliedern bestand, später auch von der Diözese zur Verfügung gestellte Sozialarbeiter. Die Gemeindemitglieder wurden bei der Suche nach Wohnung und Arbeit ebenso unterstützt wie in Fragen von (psychischer) Gesundheit, Bildung und Orientierung in der neuen Heimat. So erzählt eine Frau von der Bibliothek in der Gemeinde, die für ihren Bildungsweg eine zentrale Rolle spielte und von der Beratung ihrer Eltern durch die Patres hinsichtlich ihres Bildungsweges (Ik4). Ihre Mutter bekam durch den Kontakt der Gemeinde zu einem Zahnarzt eine Stelle als Ordinationshilfe.

Die franziskanischen Patres spielten eine Schlüsselrolle in der „Sozialarbeit" (Ek2). Ein Pater entdeckte erst durch seine pastorale Arbeit in der Gemeinde die soziale Dimension des Glaubens (Ek2). Die Gemeinde war zwar in ihren Anfängen sehr arm, aber die Patres haben „die Kinder von der Straße geholt" (Ik5) und ihnen Raum (z. B. einen Billardtisch) und Zeit (durch viele Gespräche) zur Verfügung gestellt. In der Arbeit der Patres spielte – und spielt – vor allem die Seelsorge mit Menschen, die durch Flucht oder Vertreibung massive Verlusterfahrungen erlitten haben, eine große Rolle – und „jeder hat etwas, was er verloren hat. Ja, die materiellen Güter sind doch irgendwo ersetzbar, aber viele haben aus der Familie jemanden verloren oder sie haben etwas im Krieg erlitten, was sie schmerzhaft verwundet hatte, besonders die Frauen, die unten missbraucht oder vergewaltigt wurden." (Ek2) Den Patres fällt auf, dass viele ihrer Gemeindemitglieder mit solchen Erfahrungen „früher sterben, dass sie an Krebs erkranken, in Depressionen geraten sind" (Ek2). Weil viele Menschen mit schweren gesundheitlichen und psychischen Problemen kommen, fühlen sich die Seelsorger manchmal auch überfordert und kooperieren heute mit (vornehmlich kroatischen) Psychologen und Psychiatern.

Besondere soziale, nahezu therapeutische Unterstützung brauchen auch all jene Gemeindemitglieder, die die Migration aus einem ruralen Raum in eine Großstadt nur schwer verkraften können. Dies betrifft vor allem Kinder: „Kinder verlieren ihre ökologische Welt. Nicht nur wegen der Sprache. (…) Und auf einmal haben sie das alles verloren. Die ganze Familie, die Großmütter, Onkeln, Tanten, und vor allem die Freunde. (…) Das Kind ist dann in der Schule, schweigt, hat Probleme, es wird darüber nicht nachgedacht, dass das Kind auch seine Umgebung, seine Ökologie verloren hat." (Ek2)

Auch Gemeindemitglieder sind in der „Sozialhilfe" (Ik1) tätig. Insbesondere jene, die selbst keine Unterstützung gebraucht haben oder brauchen, begleiten Neuzuwanderer (Ik1, Ik2). Eine IP hat im Alter von 17 Jahren aufgrund ihrer Deutschkenntnisse so viele Gemeindemitglieder in Alltagsfragen (z. B. beim Formulare ausfüllen, Texte übersetzen, Wohnung suchen) unterstützt, dass sie an Überforderung zusammengebrochen ist: „Ich war die Rechtsanwältin für mein Dorf." (Ik6) Ein IP erzählt, dass er im Zuge der Kirchenrenovierung der „Hauptkoordinator" des Projektes war und tausende Stunden ehrenamtlich investiert hat (Ik1).

Die sozial unterstützende Bedeutung der Gemeinde findet sich in pointierten Formulierungen wieder: Die Gemeinde ist ein Ort, der unterstützt, „wenn man Angst hat und niemanden kennt" (Ik3), „das einzig Vertraute", wenn man als kroatisches Kind in einer neuen Stadt lebt, ein Ort, wo man bemerken kann, „da gibt es auch andere Kinder, wir sind nicht die einzigen Kinder, die jetzt da irgendwie in eine fremde Welt hineingestoßen sind“ (Ik4). Die Gemeinde ist ein Ort der „Rettung“, mit deren Unterstützung sogar „Schule und Uni geschafft“ wurden, während „die Mutter weg und die Schule schwer war“ (Ik6). Sie ist ein „Zuhause in der weiten Welt“ (Ik5) und ein „Fluchtort, ein Refugium“[44] (Ik5), das „nie enttäuscht hat“ (Ik5). Deshalb will man die Gemeinde auch den eigenen Kindern als Lebensraum eröffnen (Ik4, Ik5). Auch wenn MigrantInnen mit ihren zahlreichen Problemen allein fertig werden (müssen) (Ik5), spielt die Gemeinde doch eine wesentliche „Komponente“ (Ik5) bei der Lebensbewältigung. Schließlich kann die Gemeinde auch dabei helfen, in der neuen Heimat anzukommen. Nach der Entscheidung, endgültig in Wien zu bleiben, war die Gemeinde auch ein wichtiger Ort, sich zurechtzufinden. Dass dieser „Integrationsprozess“ mit Erfahrung psychischer Gewalt verbunden sein kann, zeigt sich in folgender Beschreibung: „(…) weil wir dann relativ schnell auch diese Wurzeln auch rausgerissen haben zu einem großen Teil, dass wir gesagt haben: o.k., jetzt müssen wir doch hier leben. Jetzt fangen wir uns hier zu … aah …nicht assimilieren, das ist ein falsches Wort, aber wir fangen hier an zu leben wie die normalen Leute. Und versuchen die Sprache, die Sitten alles zu lernen, damit wir es da mit den Leuten einfacher haben. Versuchen uns aber nicht zu verbiegen. Da hat irgendwie dieses Zusammenspiel mit der kroatischen Pfarre und mit der Schule, mit der Umgebung wirklich funktioniert.“ (Ik5) So ist es nicht erstaunlich, dass die Gemeinde auch als „Schutzinsel in einer neuen Welt“ (Ek1) bezeichnet wird. Eine vorsichtig geäußerte Kritik an deren Sozialarbeit betrifft die Beobachtung, dass Menschen, die sich für eine Einbürgerung entschieden, vom Seelsorgeteam weniger betreut wurden (Ik4). Dies hing möglicherweise mit dem damaligen Konzept der sog. „Rückkehrpastoral“ zusammen, d.h. MigrantInnen und die österreichische Gesellschaft gingen bis in die 80/90er-Jahre davon aus, dass die GastarbeiterInnen bzw. Flüchtlinge nur vorübergehend in Wien bleiben würden. Dieses Konzept spielt heute keine Rolle mehr.

Im Zuge der langen Ansässigkeit der kroatischen Gemeinde in Wien verändern sich auch die sozialen Aufgaben. Aber auch gegenwärtig erbitten 20–30 Personen täglich – keinesfalls nur KroatInnen – soziale Unterstützung von der Gemeinde (Ek2). Besonders herausgestrichen – von Priestern wie Gemeindemitgliedern – werden der tägliche Zugang zu „Sozialhelfern“ (Ek2) und die von allen IP immer wieder betonten „regelmäßigen und

[44] Das bedeutet keinesfalls Abschottung. Die Kinder von Ik5 sind auch in einer Ortsgemeinde beheimatet. Aber im Hintergrund steht die Erfahrung, das man jederzeit vertrieben werden kann: „Bauen wir uns ein Haus, falls sie uns wirklich da wirklich vertreiben, mit der ganzen FPÖ-Drohkulisse usw.? (…) In Bosnien wollen sie uns umbringen, hier wollen sie uns weghaben, also vielleicht können wir uns (lacht) irgendwo in der Mitte treffen.“ (Ik5).

hilfreichen Gespräche“ (Ik3), allem voran mit den Patres: „24 Stunden am Tag“ (Ik5) sind Gespräche möglich. Aber auch die monatlichen Gesprächsrunden der franziskanischen Jugend werden mehrfach als hilfreich erwähnt. Die beiden Patres streichen als ihre zentrale Aufgabe immer wieder das ständige Verfügbarsein für Gespräche heraus. Diese Gespräche werden im Rahmen von Hausbesuchen auch offensiv gesucht, bei denen von „Beschäftigung, Krankheit, Kirche, finanziellen und religiösen Fragen“ (Ek2) alles besprochen wird, was die Menschen beschäftigt.

7.1.2 „Gemeinschaft“

Von allen Befragten wird die Bedeutung der Gemeinde als Ort der Gemeinschaft herausgestrichen. Die Gemeinde ist ein „Kommunikations- und Informationsort“ (Ek2), bietet „Beheimatung“ (Ek2) und ist eine Art Knotenpunkt, der die Gemeinde auch mit kroatischen Vereinen (Fußball-, Kultur-, Trachtenvereine) in Wien verbindet, die ihre Feste und Veranstaltungen in der Gemeinde affichieren und auch im Gottesdienst ankündigen (Ek2). Neben den zahlreichen liturgischen Angeboten, unter denen die Sonntagsmesse und Gebetskreise am häufigsten genannt werden, werden noch eigens der Chor, die gemeinsamen Feste, Vorträge, Gesprächsrunden und die intensive Kinder- und Jugendarbeit erwähnt. So bietet die Gemeinde „Alles: Kultur, Glaube, Sprache“ (Ek1).

Der Migrationshintergrund der Gemeinde lässt aber auch spezifische Merkmale dieser Gemeinschaft erkennbar werden. So war die Gemeinde in ihrer Gründungszeit für die KroatInnen „der einzige Treffpunkt“, da in den jugoslawischen Klubs in Wien primär Serben anzutreffen waren. Für manche Familie ist die Gemeinde im Zuge der Migrationsgeschichte zum „religiösen Stützpunkt“ (Ik4) geworden. Die Menschen, die man in der Gemeinde kennengelernt hat, sind die wichtigsten Freunde und Begleiter, „Wegweiser“ (Ik5) über Jahrzehnte geworden und geblieben: Man teilt eine gemeinsame Geschichte. Auch aus diesem Grund ist die Gemeinde für die Familie wichtig. Selbst wenn Sprachkompetenz und Bereitschaft da sind, deutschsprachige Gottesdienste und Gemeinden zu besuchen, würden „weder Ehemann noch Sohn in eine andere Kirche gehen“ (Ik2), da alle Freunde und Bekannten ihr religiöses Leben in der Gemeinde pflegen. Für eine Gesprächspartnerin, die einen kroatischen Zuwanderer aus einer anderen Region geheiratet hat, bietet die Gemeinde einen Ort, der beide in ihrer Migrationsgeschichte verbindet (Ik4). Diese geteilte Geschichte wird auch den Kindern gegenüber als Begründung angegeben, warum die kroatische Gemeinde das religiöse Zentrum ist, wenngleich man auch anderswo in der Ortskirche (durch Kindergarten, Erstkommunionvorbereitung) vernetzt ist (Ik4). In der Erinnerung an die geteilte Herkunft und Migrationsgeschichte gründet wohl auch der hohe Wert, der der gemeindlichen Kinderkatechese[45] beigemessen wird. Viele Gemeindemitglieder sind mit dem schulischen Religionsunterricht in Wien nicht zufrieden (Ek2). So wird z. B. kritisiert, dass in der Schule Ethik, aber nicht Religion unterrichtet wird und die Kinder und Jugendlichen zu wenig vom liebenden Gott im Evangelium hören und nicht beten lernen (Ik2). Ein wichtiger Grund für die Bedeutung der Katechese besteht aber darin, dass die Kinder (auch) „die kroatische Tradition" des Glaubens, insbes. die Frömmigkeitsformen wie Wallfahrt, Gebete oder Lieder kennenlernen sollen (Ik4, Ik5).

7.2 Die religiös-spirituelle Bedeutung der Gemeinde

Auswahlbedingt spielen Religiosität und Spiritualität bei allen IP eine zentrale Rolle: „Ich kann ohne Glauben nicht leben" (Ik2).[46] Ich beschreibe einige ausgewählte, charakteristische Merkmale des Glaubens, wie ihn die IP wahrnehmen.

Glaube ist eine „Lebenshaltung", die mit Blick auf die Familie, „nicht einzunehmen nicht denkbar, nicht möglich war" (Ik4). Diese Lebenshaltung findet sich, mehr oder weniger explizit, bei allen Befragten und sie bringt sich in einer intensiven Praxis zum Ausdruck. Weniger die Inhalte des Glaubens werden betont als vielmehr die regelmäßige Glaubenspraxis: der Sonntagsgottesdienst, die Feier der Sakramente, das alltägliche Gebet und das Gebet in der Gemeinschaft, das Bibellesen und die religiöse Lektüre. Wichtige Funktionen des Glauben werden benannt: Der Umgang mit Angst (Ik3), die in Migrationsbiographien eine große Rolle spielt; die Hoffnung, die der Glaube gibt, wenn „die Welt zerrüttet" ist, „weil man den Vater weinen sieht", weil er finanziell betrogen wurde (Ik5); das Verwandeln des Hasses in Versöhnung gegen die, die einen aus der Heimat vertrieben haben oder in Wien geschädigt haben (Ik5); die Kraft, die der Glaube bei Lebensentscheidungen gibt, mit denen MigrantInnen täglich konfrontiert sind (Ik3, Ik4). Glaubens- und Lebensentscheidungen hängen eng zusammen und sind Thema seelsorglicher Gespräche (Ek2). Aber auch die Gemein-

[45] In der Gemeinde gibt es ca. 800 Kinder (Ek2).

[46] Auffallend war, dass alle IP den Ausdruck „Glaube(n)" verwendeten und sich nur fallweise der Begriffe „religiös" oder „spirituell" bedienten. Der Begriff „Religiosität" wurde mitunter, durch meine Fragestellung induziert, aufgegriffen. Der Begriff „Spiritualität", den ich selbst vermied, tauchte primär in Zusammenhängen auf, wo Befragte von tiefen, existenziellen Glaubenserfahrungen erzählten (Ik5, Ik6) oder wenn es um die gegenwärtigen Entwicklungen des Glaubens in der Gemeinde ging (Ik5, Ek2).

demitglieder unterstützen einander bei existenziellen Fragen. So ist die Gemeinde ein Ort, der bei Glaubens- und Lebensfragen hilft (Ik1).

Der Glaube wird als eng verbunden mit Migration (Ik4) und „Heimat" (Ek1) beschrieben. Das zeigt sich in der zentralen Rolle, die die Familie im Glaubensleben spielt. So ist die religiöse Erziehung der eigenen Kinder der IP im Sinne der kroatischen Tradition ebenso bedeutsam (Ik4, Ik5) wie die Meinungen und Erfahrungen der Eltern in Glaubensfragen. Für die Eltern einer IP heißt es bis heute, „wenn ihr nicht am Hof seid, wart ihr überhaupt in der Kirche?" (Ik4) Die Eltern haben sich für die Befragten aufgeopfert, nicht nur um der Verbesserung der Lebensbedingungen willen, sondern auch für die Freiheit des Glauben, die es im ehemaligen Jugoslawien nicht gab (Ik4, Ik5). Die enge Verbindung von Glaube und Familie gründet also auch in der geteilten Migrationsgeschichte, zumal er die Familie oft in Not und Verzweiflung – im gemeinsamen Beten – zusammengehalten hat (Ik4, Ik5).

Tradition spielt also aus verschiedenen Gründen – in religiösen, aber auch kulturellen, politischen und geschichtlichen Gründen – eine große Rolle (Ek1, Ek2). So „verschwimmt" im Glauben Kroatisches und Katholisches, weil Migration und der dadurch familiär und sozial gestiftete Zusammenhalt eng mit dem Glauben verbunden sind (Ik4). „Was die Religion, was die Spiritualität betrifft, da bin ich vollkommen kroatisch" (Ik6), sagt eine IP, die sich sonst als Österreicherin und Kroatin gleichermaßen fühlt. Die Frage, worin „das Kroatische" der Religiosität bestehe, beantwortet sie mit einem Vergleich zwischen Weihnachten in Bosnien und Weihnachten in Wien: „Es ist ganz anders, als religiös österreichisch. (...) Ich war beeindruckt, als ich zu Weihnachten alle Straßen gesehen habe, alle schönen. So viel Schmuck und so viel Licht und so viel Sterne, das war bei uns nicht, also man hat Weihnachten in Bosnien -, es spielt sich etwas Verstecktes, etwas Geheimnisvolles ab." (Ik6) Traditionalität im Glauben meint also keinesfalls automatisch Konservativität oder Ritualismus. Bei den IP verbinden sich damit vielfach starke spirituelle Erfahrungen, d.h. ein lebensnaher, erfahrungsgesättigter, mitunter sogar mystischer Glaube (Ik5, Ik6).

Glauben und Gemeinde hängen bei den Befragten untrennbar zusammen. Dieser Zusammenhang wird besonders von den Patres sehr betont. Damit sind das Feiern der Sakramente und die Orientierung an der Kirche und vor allem an ihren Priestern gemeint, die für die Befragten und die Gemeinde eine nahezu unhinterfragbare Rolle spielen. „Ohne Kirche hat ein Volk keine Orientierung" betont einer der Priester (Ek1) und erhebt den Anspruch, dass ein Priester für seine Gemeinde „alles" sein muss. Auch für den anderen Pater ist die Kirche eine „Antwort gegen alle, die gegen Kirche und Glauben auftreten" (Ek2).

Diese Einstellungen lassen sich auch aus der Bedeutung der kroatischen Geschichte für die IP verstehen, denn die Kirche war in Zeiten der Verfolgung, Unterdrückung und Kriege oft die „einzige Partei" für die Kroaten (Ik5) und Priester waren „geschichtlich ein besonderes Zeichen für das Volk" (Ek1). [47] Kritik an konkreten Meinungen und Taten von Priestern ist erlaubt, aber das Amt genießt uneingeschränkte Autorität (Ik2, Ik4). Der enge Zusammenhang von Glaube und Gemeinde ist aber keinesfalls nur von oben verordnet, er spiegelt sich auch in den Erfahrungen der Gläubigen: Die Kirche organisiert den Glauben und lässt in den Sakramenten die Liebe spüren (Ik5) und „stärkt religiöse Erfahrungen" (Ik3) durch ihre pastorale Arbeit. Glaube, Gemeinde, Kirche, Migration, Geschichte, Kroatien und Heimat sind zuinnerst verbunden.

Bei aller Traditionsbewusstheit lassen sich aber in der Gemeinde auch Veränderungen bemerken. So berichtet eine IP von der Spannung, dass die Tradition einerseits stärkt, aber auch verlorengeht: Sie selbst legt viele Traditionen ab, feiert aber nach wie vor alle Rituale mit, betet Rosenkranz und fährt zu Pilgerwallfahrten mit, wobei sie Wert darauf legt, dass die ganze Familie mittut (Ik4). Festgestellt wird, dass es in der kroatischen Gemeinde im Vergleich zu den Gemeinden in Bosnien „mehr Freiheit und mehr Möglichkeiten gibt" (Ik1). Auch Schwierigkeiten werden benannt: Viele höher gebildete Kroaten wollen die Gemeinde nicht aufsuchen, weil ihnen das Niveau der Gläubigen, die vielfach bäuerlichen oder Arbeiterhintergrund haben, zu niedrig ist (Ek2). Und (nicht nur) die jungen Gläubigen sind auf der Suche nach Spiritualität (Ik5).

7.3 Die Bedeutung der „Heimat"

Der Bezug zum Herkunftsland (Kroatien oder Bosnien) ist ein weiteres bedeutsames Thema. Dabei lassen sich verschiedene Schichten der Bedeutung dieses Bezugs wahrnehmen.[48]

[47] Sie spiegeln aber ebenso die lange hierarchische, autoritative Tradition der Kirche wider, deren Priestertheologie vor dem Zweiten Vatikanum sowie den nationalistischen Diskurs, der im Europa des 19. Jahrhunderts entstanden ist. Die (kirchen)politischen Implikationen der Aussagen kann ich hier jedoch nicht näher erörtern.

[48] Ich gehe in diesem Abschnitt etwas interpretativer vor, um Aussagen, die politisch problematisch wirken oder sind, aus der Sicht der IP nachvollziehbarer zu machen.

7.3.1 „Kollektive Erinnerungen“

KroatInnen verstehen sich als Volk mit einer jahrhundertelangen Migrationsgeschichte und der Glaube sowie die Kirche haben in dieser Geschichte immer eine zentrale Rolle[49] gespielt. Der Glaube hat auch für die IP eine zutiefst geschichtliche Bedeutung. Im Zuge der kriegerischen Auseinandersetzungen mit den Osmanen und den Serben – „den Orthodoxen, die unsere Gebiete eroberten“ (Ek2) – „hat sich die Kirche mit dem Volk identifiziert und umgekehrt das Volk mit der Kirche“ (Ek2). So lässt sich eher nachvollziehen, warum Gläubige in der Gemeinde bei den Patres fragen, welcher Glaube denn nun der wahre sei – der katholische oder der orthodoxe (Ek1) und von einem ökumenischen oder interreligiösen Selbstverständnis nichts sichtbar wird. Sogar der Vatikan wird kritisiert, wenn er mit der Orthodoxie – „wollte nicht sagen, unserem Gegner“ (Ek2) – verhandelt.

Glaube und Kirche sind eng mit der historischen Identität des kroatischen Volkes verbunden und diese historische Identität wiederum beeinflusst die individuelle Biographie der Einzelnen.[50] So wurde z. B. die Antwort auf die Frage nach der subjektiven Bedeutung von Gemeinde von einem Priester mit einem langen geschichtlichen Rückblick eingeleitet (Ek1) und historische Erinnerungen sind immer wieder Bestandteil aller Gespräche. In einem Gespräch mit einem ortsansässigen katholischen Österreicher wäre das zwar auch möglich, aber keinesfalls die erwartbare Regel.

7.3.2 Individuelle Erinnerungen

Auch auf der Ebene der individuellen Migrationsbiographien spielen Erinnerungen an Glaube und Kirche eine bedeutende Rolle. So haben bereits die Patres in Bosnien – ebenfalls Franziskaner – die (armen) Kinder zusammengesammelt und waren deren „Idole“ (Ik5). Herausgehoben werden die Stärke und Hilfsbereitschaft, die die IP als Kinder erlebt haben: „Es war einer (lacht) wie aus dem Zeichentrickfilm, er war unser Held, ein zwei Meter großer Mann (…) war mit einem großen Bart und hat uns drei, vier Kinder gleichzeitig getragen. Den haben 1995 im Krieg auch die Moslems umgebracht.“ (Ik5). Es ist naheliegend, dass eine solche Erfahrung die individuelle untrennbar mit der politischen Geschichte verbinden kann. Warum sich in manchen Gesprächen islamfeindlich anmutende Vorbehalte

[49] Auf deren Ambivalenz kann ich hier nicht eingehen.

[50] Auf die Komplexitäten und Schwierigkeiten der kroatischen Geschichtsschreibung kann ich hier nicht eingehen.

gegen „die" Muslime (Ek2) finden und Heiraten zwischen Kroaten und Türken, immerhin fünf bis sechs pro Jahr in der Gemeinde (Ek1), von manchen Gläubigen als Familienkatastrophe wahrgenommen werden, wird so verstehbarer. Unbearbeitete Leidensgeschichten forcieren solche Einstellungen. Die Patres führen in solch prekären Situationen, in denen die politische Geschichte die individuelle Ebene durchdringt, oft wochenlange Gespräche mit kroatischen Familien (Ek1).

Die Erinnerungen der IP an die Kirche sind durchwegs positiv. Wiederum werden die Patres herausgehoben: Die Patres haben „uns nie enttäuscht" (Ik5). Sie haben im Glauben erzogen und auch erzieherische Aufgaben übernommen (Ik5). Zu den mehrfach geäußerten Erinnerungen gehört auch die Zeit, da Glaube und Kirche in Jugoslawien verboten waren. Der Besitz eines Gebetsbuches, das einem Kind der kroatischen Minorität in einem Dorf in Bosnien, in dem die serbische Bevölkerung dominierte, aus der Tasche fiel, konnte diesem schon dazu gereichen, ausgelacht zu werden (Ik6). Die Kirche war damals ein „geheimes Zentrum im Kommunismus" (Ik6). Zugleich gehörte sie zum selbstverständlichen Lebensraum: „Im Dorf gab es nichts außer die Schule und die Kirche und sonst gar nichts." (Ik6)

7.3.3 „Heimat" als Raum geteilter Erinnerung

Die enge Verbindung zwischen Glaube und Kirche auf der einen Seite und der bereits im Herkunftsland oft schwierigen individuellen und politischen Geschichte auf der anderen Seite macht an diesen wenigen exemplarischen Lebenserinnerungen die Bedeutung nachvollziehbar, die „das Kroatische" bzw. das jeweilige Herkunftsland – Bosnien oder Kroatien – auch heute noch in der Gemeinde spielen. Dabei wird die tragische Schicksals- und Leidensgemeinschaft von Menschen erkennbar, die im Zuge einer Nationalisierung des politischen Diskurses diese im Horizont „des Kroatischen" deuten. Vor diesem Hintergrund erschließt sich vielleicht auch angemessener, warum die IP so großen Wert darauf legen, im kroatisch-katholischen Kulturkreis sein zu können (Ik4) oder auch ganz bewusst nur einen Kroaten, eine Kroatin heiraten wollten bzw. geheiratet haben (I4k, I5k, Ik6).[51]

[51] Eine soziologische Interpretation des Rekurses auf das Nationale eröffnet Karsten Lehmann: Seiner Forschung nach sind für die konkrete Verfasstheit eines Migrantenvereins (hier: der Migrationsgemeinde) dessen soziologische Merkmale (soziale Zusammensetzung, Bildungsgrad, innere Strukturen, Bezug zur Aufnahmegesellschaft usw.) wesentlich entscheidender als der Bezug zum Herkunftsland. Wenn dies nicht wahrgenommen wird, können Schwierigkeiten in und mit dem Verein – wie z.B. Abschottung oder Ausgrenzungs- oder Diskriminierungserfahrungen durch die Umgebung – im Horizont des Nationalen interpretiert werden – von der Gemeinde und der Umgebung. „Die nationale Zugehörigkeit muss

7.3.4 Aktuelle Bezüge

Die Verbindung zum Herkunftsland bleibt in der Gemeinde auch anders erhalten: So wurden in den 70er-Jahren 200 kroatische Patres und andere Seelsorger nach Österreich geschickt, um sich um die Gastarbeiter zu kümmern (Ek2). Bis heute schickt die Bischofskonferenz kroatische Patres nach Wien, um „ihre Kroaten" zu betreuen – wohl auch aus Sorge um den Glaubensverlust der jungen Leute, den sie angesichts der säkularen Gesellschaft Österreichs fürchten. Durch andere Gemeindemitglieder erfährt man auch Neues – nicht immer Gutes – aus der ehemaligen Heimat: Eine Frau erfuhr über eine Bekannte in der Gemeinde, dass ihr Haus in Bosnien völlig zerstört und zu Asche verbrannt wurde. Sie wurde in ein paar Minuten „einfach ganz weiß", erlitt einen Zusammenbruch und „lebte den Rest ihres Lebens, das waren fünf, sechs Jahre in einer Psychiatrie" (Ek2). Schließlich wird auch von politischer Spionage erzählt (Ek2), die bis in die kroatische Gemeinde in Wien hineinreicht. Denn es gab sogar Priester, die beim jugoslawischen Geheimdienst gearbeitet haben. Von einem idyllischen, romantischen Heimatbezug ist in den Gesprächen wenig zu entdecken.

7.3.5 Veränderungen des Heimatverständnisses

Im Laufe der Zeit ändern sich bei den Menschen die Bezüge und Verstehensweisen von Herkunftsland und Aufnahmeland. Mit Ausnahme der Priester und Ik3, die nur auf Zeit in Wien leben, verstehen sich alle IP als ÖsterreicherIn *und* als KroatIn, einige haben auch die österreichische Staatsbürgerschaft. Die Beziehung zur kroatischen Gemeinde ändert sich ebenfalls. War sie zunächst eher „Refugium" oder „Schutzinsel", wird sie im Lauf der Zeit zur „Heimat" für viele (Ek2). Zwar fahren zu den religiösen Hoch-Zeiten viele der Gemeindemitglieder nach wie vor in ihre Herkunftsländer (z. B. allein 5.000 Leute zu Allerheiligen, Ek1), aber der „religiöse Stützpunkt" ist nicht mehr in Kroatien oder Bosnien, sondern in Wien. Das hängt auch damit zusammen, dass viele Menschen die Erfahrung machen, dass sie in ihrer alten Heimat nicht mehr dazugehören, sogar als „Verräter" betrachtet werden und man ihnen mit Neid und Zorn begegnet (Ek2). Die kroatische Gemeinde in Wien bietet eine neue, andere Art „Heimat": „Eine Stunde lang Heimat" (Ik1) wird so der Sonntagsgottesdienst bezeichnet.

---

somit als Chiffre für äußerst komplexe Strukturmerkmale angesehen werden." Vgl. Lehmann, Vereine als Medium der Integration, 177.

7.4 Die Bedeutung der Sprache

Die Muttersprache spielt bei den Befragten eine wichtige Rolle: Man kann in der Gemeinde in der Muttersprache beten (Ik6), fühlt sich dem Glauben auch in der Muttersprache näher (Ik4) und die Muttersprache ermöglicht es, besser über den Glauben nachzudenken und zu lernen. Die Pflege der Kultur, vielfach erwähnt, hängt ebenfalls eng mit der Sprache zusammen. In Wien ist die kroatische Gemeinde bis heute der einzige Ort, wo Kinder vor dem Eintritt in die Volksschule kroatisch lernen können (Ik4). In der Jugendzeit einiger Befragter, als es in den Schulen noch keine Fördermöglichkeiten in Kroatisch gab, war die Möglichkeit, sich in der Muttersprache ausdrücken zu können, zudem für die psychische und soziale Entwicklung eine unverzichtbare Stütze (Ik4). Auch Probleme werden benannt: Die jüngeren der Gesprächspartner lernten immer besser Deutsch und entwickelten darin entsprechende Komplexität, wohingegen das Kroatische nicht weiter gebildet wurde und die Unsicherheit in der Muttersprache wuchs (Ik4). Kroatisch wurde primär zu liturgischen und Rückkehrzwecken gelernt (Ik4).

In der wissenschaftlichen und pastoralen Diskussion um anderssprachige Gemeinden wird die zentrale Bedeutung der Muttersprache oft als deren einziger Existenzberechtigungsgrund genannt. Meine Ergebnisse zeigen jedoch, dass die Bedeutung der Sprache gegenüber der sozialen und religiös-spirituellen Bedeutung und dem Bezug zur „Heimat" im Sinn eines geteilten geschichtlichen Erfahrungsraumes nachrangig sein dürfte. Die Sprache ist zwar das zentrale Medium, in dem sich diese Dimensionen vollziehen, aber die Bedeutung der Gemeinde geht weit über die Verständigungsmöglichkeit hinaus, zumal viele der kroatischen Gläubigen ja auch bestens Deutsch können und deutschsprachige Angebote besuchen (Ik2, Ik4, Ik5, Ik6). Auch für junge Gemeindemitglieder, die oft besser Deutsch als Kroatisch sprechen, ist die Gemeinde nicht aus sprachlichen Gründen bedeutsam: So kommen viele junge Menschen, die der Gemeinde als Kinder ferngestanden sind, in die Gemeinde auf der Suche nach ihren Wurzeln. Jene, die die „unübersehbar gewordenen Schattenseiten"[52] muttersprachlicher Gemeinden kritisieren, übersehen die Relevanz sozialer und religiös-spiritueller Faktoren sowie die Bedeutung geteilter Migrationsgeschichte.

[52] Mariano Delgado: Lebendige Katholizität gestalten. Auf dem Weg zu einem Miteinander von einheimischen und zugewanderten Katholiken, in: Stimmen der Zeit 218 (2000), 595–608, 595.

7.5 Die Kontakte zur Ortskirche

Vor allem aber übersehen die Kritiker muttersprachlicher Seelsorge die Rolle der Ortskirche im Prozess der Integration. Das zurückgezogene Verhalten mancher muttersprachlicher Seelsorger, die „nur für die Kroaten da" sind, kein Deutsch brauchen, weil sie mit der Arbeit in der Gemeinde ausgelastet sind und gar keine Zeit zum Deutsch lernen haben, sowie die kroatische Gemeinde mit den „Juden im Ghetto" vergleichen (Ek1), mag eine Rolle spielen, dass sich auch die Gemeinde zurückgezogen verhält. Ebenso fällt auf, dass kein einziges Mal ein Kontakt zu anderen kroatischen Gemeinden, zu den Wiener Franziskanern oder zu den anderen anderssprachigen Gemeinden im ersten Bezirk[53] erwähnt wird. Daraus könnte man auf eine gewisse Abgeschlossenheit der Gemeinde nach außen schließen.

Jedenfalls wird die Rolle der Umgebung kritisiert. Zunächst benennen die Befragten zahlreiche Differenzerfahrungen, die sie im Vergleich mit österreichischen Gemeinden wahrnehmen. Differenz wird dabei nicht als Ressource, sondern als Störung und Ausdruck von Nicht-Zugehörigkeit betrachtet und daher abgewehrt: Mehrfach wird gesagt, dass die Unterschiede zwischen Kroaten und Österreichern „nicht so groß" (Ik3) sind oder es aufgrund der gemeinsamen Geschichte gar keine gäbe[54] (Ek2). Dazu gehört auch die starke Betonung, dass die Gemeindemitglieder gut integriert sind (Ik5, Ik4, Ek2, Ek1). Daher darf man annehmen, dass die beschriebenen Differenzen als Probleme wahrgenommen werden.

Zugleich werden die Unterschiede in den Gesprächen aber deutlich herausgestrichen. Die kroatische Gemeinde ist „anders als die heimischen Pfarren" (Ek2), schon allein wegen der biographischen Lasten, die die Menschen mitbringen. Ein IP, der neben seinem Engagement in der kroatischen Gemeinde auch in einer Ortsgemeinde aktiv ist, beschreibt die Unterschiede nüchtern und durchaus selbstkritisch folgendermaßen (Ik5): Bei der Erstkommunionvorbereitung, die seine Kinder in beiden Gemeinden besuchten, fielen ihm „das teilweise Chaos bei den Kroaten mit 290 Kindern und die Überorganisation in der Ortsgemeinde mit 45 Kindern" auf. Weiters dominieren in der Ortsgemeinde organisatorische Fragen gegenüber spirituellen. Er sieht aber auch die kroatische Gemeinde kritisch: „Bei den Kroaten haben wir eher einen Überfluss an Glauben, aber weniger Taten, und hier haben wir das Andere." (Ik6).

---

[53] Im ersten Wiener Gemeindebezirk sind z.B. auch die italienische oder die tschechische Gemeinde beheimatet.

[54] Dies kann schon mit Blick auf die Geschichte der Kroaten im Habsburgischen Reich nicht zutreffen.

In allen anderen Gesprächen dominiert eine starke Kritik an den Ortsgemeinden: Die österreichische Kirche steht nicht für Tradition, sie ist finanziell und politisch abhängig vom Kirchenbeitrag; außerdem „rütteln die Gemeinden an diesem und jenem“, z. B. an „Visionen und Leitbildern, an denen nicht zu rütteln ist“ (Ik4), wie z. B. dass man auch in Krisenzeiten Teil der Kirche ist und diese nicht verlässt (Ik4, Ik2). Vor allem wird von Seiten der IP das Rütteln an der Autorität des Priesters bemängelt: Selbst wenn es Schwierigkeiten mit einem Priester gibt, muss man bei der Kirche bleiben. Auch die Priester üben Kritik an der Praxis ihrer österreichischen Kollegen, die zu wenig Zeit zum Gespräch für ihre Gläubigen haben. Eine „Bürokirche“ (Ek2) wird abgelehnt.

Als Stärke der eigenen Gemeinde werden das explizite Vermitteln christlicher Werte und die religiöse „Authentizität“ benannt. So vermisst eine der Befragten diese explizite Wertevermittlung im Pfarrkindergarten, den ihre Kinder besuchen. Die Kinder eines IP, die die Erstkommunionvorbereitung in zwei Gemeinden besucht haben, haben sich schließlich – „obwohl dort weniger Platz und alles älter ist“ (Ik5) für die Feier in der kroatischen Gemeinde entschieden. Der Vater führt dies auf die höhere Glaubwürdigkeit der kroatischen Gemeinde zurück.

Die Krise der Kirche wird als Krise der österreichischen Kirche beschrieben, „ihr aber nicht vorgeworfen“ (Ek2): „Unsere Leute haben mehr der Caritas vorgeworfen als dieser Krise der Kirche“ (Ek2). Die österreichische Caritas habe sich nicht ausreichend um die „eigenen“ Leute gekümmert, Muslime und Orthodoxe wurden insbesondere in der Zuzugsphase bevorzugt. Einer der Priester zitiert eine Theologin: „Es wäre für die Kroaten viel besser gewesen, wären sie Christen (sic!) statt Katholiken gewesen. Wenn wir christliche Brüder wären … dann würden sie besser betrachtet und behandelt als echte Brüder.“ Mit den „Christen“ waren die orthodoxen Gläubigen gemeint. Die Kritik der Österreicher an der Kirche, v. a. rund um die Debatten um Kindesmißbrauch, wird tendenziell eher abgelehnt, wenngleich sie auch verunsichert. So kommen viele mit der Frage zum Priester, wie denn so etwas passieren kann (Ek2). In der Gemeinde wird zwar darüber gesprochen, auch im Rahmen der Predigten, aber es ist unvorstellbar, dass das intern zum Thema wird: „Es wird gleichzeitig vermittelt, es ist außerhalb“ (Ik4).

„Mit der Kirche in Österreich beginnen die Probleme“ (Ek2), fasst ein Priester die Schwierigkeiten zusammen. Aus der Perspektive der Priester ist eine der Schwierigkeiten, dass manche Gläubigen die vorfindbare Kirchenkritik – „Verurteilungen“ (Ek2) – aufgreifen und anspruchsvoll werden, d. h. der Religionsunterricht gefällt ihnen nicht, sie wechseln die Kirche oder bleiben ganz weg. Das Hauptproblem aber ist für alle IP der Mangel an

Erfahrung von Zugehörigkeit zur Ortskirche, das zu wenig erlebte Gefühl „Teil der österreichischen Kirche zu sein" (Ik4). Das zeigt sich zum einen geschichtlich: die „Mission" hatte zu Beginn ihrer Entstehung von Seiten der Diözese keine Unterstützung, wurde von Caritas und Diözese ignoriert, lebte lange nur in gemieteten Räumen und bekam erst nach langem eine eigene Kirche. „Die Damen" nächst der Peterskirche haben sich über die „lauten und stinkenden Tschuschn" (Ik5) aufgeregt. Bis heute werde die Gemeinde nur als „Mission" und Gemeinschaft und nicht als eigenständige Pfarre wahrgenommen. Der Kontakt mit österreichischen Pfarren und Priestern ist nicht immer gut. Ein angesehener österreichischer Theologe bezeichnete die Gemeinde als Ultrakonservative und Traditionalisten. Mehrfach wird die Ignoranz der Einheimischen beklagt, die die Kroaten nicht wahrnehmen. Besonders wird dabei der sog. „Sonntag der Völker" kritisiert: „In Wien hat man den ersten schwarzen Mann ausgestopft – so kommen wir uns beim Sonntag der Völker vor. Wir kochen zuhause nicht mit offenem Feuer." (Ik5) Die komplette Absenz der Ortskirche beim ersten Wiesenfest im Mai 2012, bei dem die anderssprachigen Gemeinden im Sigmund-Freud-Park vor der Votivkirche in Wien zu einem Fest mit zahlreichen Darbietungen einluden, wird als „Antwort" interpretiert. Einzelne Befragte schildern ein Gefühl der „Bedrohung": Die „Amtskirche" habe selbst keine „Refugien" und nehme das der kroatischen Gemeinde nicht wahr: Sie soll es nicht bedrohen, da es für die Seelsorge wichtig ist (Ik5). Das Wiener Schulamt habe der Gemeinde vorgeworfen, zu empfehlen, den schulischen Religionsunterricht nicht zu besuchen, was nicht stimme. Nun fühlt man die gemeindliche Kinderkatechese bedroht. Überhaupt wird das Desinteresse der Ortskirche als Bedrohung wahrgenommen. Diese Erfahrungen führen zu „Schmerz, auf einer seelischen Ebene, der schwer zu verkraften ist" (Ik5), wenn die eigene Kirche, die Kroaten „angerührt" werden. Einer der Priester streicht heraus, dass die Kroaten durchaus bereit sind, sich anzupassen und das auch tun, aber dass auch sie verletzlich sind und beachtet werden wollen (Ek2).

Einzelne Gemeindemitglieder praktizieren individuelle Lösungen und besuchen Angebote in anderen Pfarren, zu denen sie eingeladen werden (Ik4, Ik5). Aber dies wird als Überlastung erlebt und führt auch zu Gefühlen der Zerrissenheit (Ik4). Viele reagieren auf das Desinteresse der Ortskirche mit Rückzug (Ek2): „Wir wissen auch, dass es eine gewisse Holschuld von den Migranten gibt. Man muss auch sagen: jetzt, o.k., was bin ich bereit auch selber zu geben? Es haben sich aber auch in diesem Vakuum, wo sich keiner interessiert hat, die eigenen Strukturen gebildet, die natürlich dann zu

Parallelwelten werden. (…) Und irgendwann einmal sagen die fremdsprachigen Gemeinden: Na ja, wir machen eh das, was wir wollen." (Ik5)[55]

Die Daten lassen zahllose Schwierigkeiten im Kontakt und in der Kooperation mit der Ortskirche erkennen. Auch wenn manche Bedrohungsgefühle auf ihre Realitätsangemessenheit überprüft werden müssen, möglicherweise in der (individuellen und historischen) Verfolgungs- und Bedrohungserfahrung[56] der IP oder vielleicht auch darin wurzeln, dass das Verhältnis zwischen Franziskanern und Diözese in Kroatien von jeher konfliktiv ist und als Deutungsmuster mitgebracht wird: Die kroatische Gemeinde kann, wie vermutlich die meisten Migrationsgemeinden, nicht an den strukturierten, innerhalb der diözesanen Strukturen laufenden Kommunikationsprozessen angemessen teilnehmen. Die soziologische Erkenntnis, dass sich eine Minorität immer nur so weit einbringen kann, wie ihr dies auch strukturell von Seiten der Mehrheit ermöglicht wird, findet zahlreiche Belege und lässt eine individualisierende Ursachenanalyse, die die Patres für die mangelnde Integration hauptverantwortlich macht[57], mehr als verkürzt erscheinen.

Trotz der vielen Schwierigkeiten mit der Ortskirche formulieren die IP aber auch Wünsche für ein besseres Zusammenleben. Neben dem Wunsch nach einem pastoralen Konzept (Ik5) stehen sowohl der Wunsch nach Gemeinschaft als auch die Frage im Mittelpunkt, wie man mit den Unterschieden umgehen soll. Geäußert werden der Wunsch nach gemeinsamem Feiern und Beten, wo Unterschiede nachrangig sind (Ik6), der Wunsch nach einem verbindlichen Leitbild und Platz für Unterschiede (Ik4), sowie der Wunsch, der Vielfalt in der Gemeinsamkeit Raum zu geben: „Unser Glaubensbekenntnis ist das gleiche. Und man sollte nicht den kleinsten gemeinsamen Nenner suchen, sondern den größten." (Ik5)

---

[55] Diese Aussage bestätigt die Entstehungstheorie ethnischer Minoritäten: ethnische Communities, die keine strukturellen Partizipationsmöglichkeiten vorfinden und auf Abgrenzungen und Zuschreibungen von Seiten der Aufnahmegesellschaft – hier: der Ortskirche – stoßen, ziehen sich zurück, übernehmen die Zuschreibungen und schließen sich ab, vgl. Castles/Miller, The Age of Migration, 245–276.

[56] Zu erforschen wäre, ob sich auch andere Migrationsgemeinden ähnlich bedroht fühlen.

[57] Delgado, Lebendige Katholizität, 595.

7.6 Weitere Themen

7.6.1 Wie steht es um den Bezug der Gemeinde zur Gesellschaft?

Explizite Aussagen zur Gesellschaft lassen sich in den Interviews nur wenige finden, wobei ich danach auch nicht gezielt gefragt habe. Der Bezug zur Gesellschaft zeigt sich im Kontakt zu den kroatischen Vereinen in Wien; die Gemeinde ist also ethnisch gut vernetzt. Berichtet wird auch von jüngeren Versuchen der Gemeinde, sich gesellschaftlich besser zu vernetzen, was aber als riskant erlebt wird, da in und um Migrationsgemeinden spezifische hierarchische Gesetzmäßigkeiten und Rangordnungen existieren (Ik5, Ek2). Auf Seiten der Priester sei zu wenig Zeit für Außenkontakte. Schließlich wird in ihren Erzählungen deutlich, dass die Gemeindemitglieder mit gesellschaftlich aktuellen Fragen wie z. B. der religiösen Pluralität in Wien konfrontiert sind und die Frage nach dem Umgang damit häufiger werdendes Thema seelsorglicher Gespräche wird (Ek1, Ek2). Die Sorge um den Einfluss „österreichischer Kirchenkritik" auf die Gemeinde (Ek2) zeigt, dass es zumindest einen reaktiven Kontakt zur Gesellschaft gibt; die Menschen bringen ihre Erfahrungen in die Gemeinde. Eine explizite, aktive Bezugnahme auf gesellschaftliche Herausforderungen wird nie thematisiert. Dies scheint mir freilich nicht migrationsspezifisch zu sein, sondern begegnet auch in vielen ortskirchlichen Gemeinden. Die Fragestellung wäre jedenfalls eine eigene Untersuchung wert.

7.6.2 Welche Bedeutung hat Migration als explizites Thema in der Gemeinde?

Auch wenn sich alle IP vom Selbstverständnis als MigrantIn eher distanzieren oder sagen, die Migration sei mit dem Erwerb der Sprache abgeschlossen (Ik6, Ek1): Die Migrationsgeschichte hat nicht nur für die Einzelnen sondern auch für die Gemeinde eine große Bedeutung. Die Gemeinde wurde auch als Raum geteilter Migrationsgeschichte wahrnehmbar – in der Diversität der Erfahrungen von GastarbeiterInnen, Flüchtlingen, Vertriebenen oder Studenten. Mehrfach herausgestrichen wird auch die Möglichkeit, den Glauben in Wien in Freiheit leben zu können. Ebenso wurde deutlich, welch große Rolle die migrationsbedingten Schicksale der Gemeindemitglieder in der Seelsorge haben. Gleichwohl bin ich auf deutliche Vorbehalte gestoßen, diese Phänomene mit dem Label „Migration" zu etikettieren. Spiegelt sich darin die Reaktion auf den österreichischen Migrationsdiskurs wider, der durch Problematisierung und Stigmatisierung gekennzeichnet ist?[58] Jedenfalls sagen beide Priester, dass Migration in der Gemeinde kein pastorales Thema ist, „weil die Menschen schon angekommen sind“ (Ek1) oder Migrationspastoral „nachrangig“ ist (Ek2). Lassen sich diese Aussagen nicht als Versuch verstehen, die mit dem Migrationsdiskurs in Gesellschaft, Politik und Forschung verbundene Botschaft der Problematisierung, der Nicht-Zugehörigkeit, der Exklusion abzuwehren? Alle Befragten reagierten auf die explizite Frage nach Bedeutung von Migration eher zurückhaltend. Einzig einer der Priester konstatierte, dass Migrationserfahrungen – konkret die Verlusterfahrungen, die Lasten der Menschen sowie die Werte, die durch Migration zerfallen sind (Ek2) – Menschen für die Kirche sensibilisieren und zu ihr bringen.

7.6.3 Welche Schwierigkeiten, welche Herausforderungen stellen sich der Gemeinde mit Blick auf die Zukunft?

Auffallend im Antwortverhalten war die durchwegs positive Darstellung der Gemeinde. Kritik wurde kaum geäußert, ich habe allerdings auch nicht eigens danach gefragt. Dieser auffallende Mangel könnte z. B. daran liegen, dass die Freude, von der Forschung überhaupt einmal wahrgenommen zu werden, groß war (und auch im Umfeld der Interviews geäußert wurde), die IP bemüht waren, das Selbstverständnis der Gemeinde verständlich zu machen und sich von der besten Seite zu zeigen. Bei einem Großteil der IP sind zudem die persönliche Geschichte und die Geschichte der Gemeinde eng miteinander verbunden. Dass „man“ der Kirche gegenüber loyal ist, erst recht gegenüber dem wissenschaftlichen Zugriff einer Vertreterin der Ortskirche, versteht sich von selbst.

Explizit äußert sich auf Seiten der Gemeindemitglieder ein IP dahingehend, dass die Frage nach einer glaubwürdigen und tiefen Spiritualität für die Zukunft entscheidend sein wird, aber nicht nur für die kroatische Gemeinde, sondern für alle Gemeinden (Ik5). Ik5 erwähnt Schwierigkeiten der Gemeinde, „das Management des Weltlichen und des Seelsorglichen“ (Ik5) auszutarieren. Mehrfach werden Anerkennung und Unterstützung von Migrationsgemeinden generell und auch der eigenen Gemeinde gefordert. Auch bei den Priestern nimmt die Frage nach der Wahrnehmung und Anerkennung der kroatischen Gemeinden durch die Ortskirche eine Schlüsselstelle ein. Die psychischen und spirituellen Probleme der Gemeindemitglieder werden als große und mitunter überlastende Herausfor-

[58] Anders in den USA, wo Migration primär als Potential gilt: Vgl. Nancy Foner/Richard Alba: Immigrant Religion in the U.S. and Western Europe: Bridge or Barrier to Inclusion, in: International Migration Review 42 (2008), 360–392.

derung beschrieben und professionelle Unterstützung wird gewünscht. Ein weiteres Spannungsfeld liegt in der Frage, wie die bosnische Frömmigkeit, die viele Gläubige mitbringen, gepflegt, aber auch „modernisiert“ werden kann (Ek2). Aber warum spricht niemand über die Veränderungen, die der Gemeinde durch den Beitritt Kroatiens zur Europäischen Union ins Haus stehen?

Ek2 stellt weiters fest, dass die Menschen in jüngerer Zeit verstärkt nach einer Spiritualität suchen, die in die Tiefe geht, weshalb aus Sorge vor der Konkurrenz durch charismatische Gruppierungen auch eigene Angebote entwickelt wurden. Der Wunsch nach besseren Beziehungen auf allen Ebenen wird genannt: Die Gemeinde müsse untereinander „wie eine Familie“ (Ek1) sein, der Priester wünscht sich insbesondere Beziehungen ohne Konkurrenz zwischen Gemeinde und Priester. Als wichtigste Herausforderung wird der „Evangelisierungsbedarf“ der Gemeinde benannt, womit die pastorale Rezeption des Zweiten Vatikanischen Konzils in der Gemeinde gemeint ist: eine große Herausforderung, die die kroatische Kirche in der kommunistischen Ära nicht angemessen realisieren konnte. Offensichtlich hat schließlich auch der gesellschaftliche Einfluss bereits Spuren hinterlassen, die aber von den Priestern als nicht positiv bewertet werden. So wird beklagt, dass die Ehescheidungen zunehmen. Als Ursache wird der steigende Wohlstand angegeben: „Wenn der Mensch arm ist, dann sucht er mehr, dann erwartet er mehr. Je mehr er, sagen wir an diesen Gütern hat, desto mehr entfernt er sich.“ (Ek2)

8. Soziologische Zugänge

Nun reflektiere ich mithilfe zweier sozialwissenschaftlicher Zugänge die induktiven Ergebnisse.

8.1 Integration

Im Zusammenhang mit religiösen Gemeinden wird immer wieder nach deren Beitrag zur Integration gefragt.[59] Lassen sich mithilfe der Ergebnisse dazu Aussagen treffen? Ich formuliere im Folgenden einige Hypothesen zum integrativen Wirken bzw. Potential der kroatischen Gemeinde. Integration verstehe ich dabei in einem mehrfachen Sinn:

[59] Z. B. Dümling, Migrationskirchen; Lehmann, Vereine als Medium der Integration.

- Integration ist aus soziologischer Sicht ein Prozess, in dem ein neues Element so in ein System aufgenommen wird, dass es sich danach von den alten Elementen nicht stärker unterscheidet als diese untereinander. Die Partizipation an den Strukturen dieses Systems – rechtlich, gesellschaftlich, politisch, sozial, kulturell[60] – gehört ebenso zentral zu diesem Prozess wie die Besetzung struktureller Positionen. Zugleich ist Integration Form, Folge und Faktor sozialen Wandels des gesamten Systems, das sich durch die Präsenz des neu anwesenden Elementes ändert (in Abgrenzung zu Assimilation und Interkulturation).[61]
- Integration ist aus politikwissenschaftlicher Sicht ein Prozess auf mehreren Ebenen: 1) auf der sozialen Ebene bilden sich im Zuge der Integration kleinere (gesellschaftliche) Einheiten, die (gesellschaftliche) Interessen nach innen bündeln und zur Befriedigung des Bedürfnisses der individuellen Teilhabe an materiellen und kulturellen Gütern beitragen; 2) auf der politischen Ebene werden unterschiedliche (gesellschaftliche) Interessen aggregiert und in einem politischen Entscheidungsprozess transformiert; 3) auf der systemischen Ebene erfolgt Integration durch Partizipation im Sinne der Beteiligung der kleineren Einheit durch das System.[62]
- Integration kann schließlich normativ als „pluralistische Integration" bezeichnet werden, wonach die idealste Form der Integration in der Bildung von Subkulturen und von Solidarität besteht, die sich charakterisieren lassen durch Selbstbestimmung, die Möglichkeit der Rekonstruierung des ethnischen Selbstbewusstseins sowie Chancengleichheit mit der Bevölkerung des Aufnahmesystems.[63]

Auf individueller Ebene scheinen die IP gut integriert zu sein: sie haben an rechtlichen (Staatsbürgerschaft), gesellschaftlichen (Berufe, Bildung), so-

[60] Einen systematischen Überblick über die verschiedenen Bedingungen von Integration bieten: Alastair Ager/Alison Strang: Understanding Integration: A Conceptual Framework, in: Journal of Refugee Studies 21/2 (2008), 166–191.

[61] Günter Endruweit: Integration, in: Günter Endruweit/Gisela Trommsdorf (Hg.): Wörterbuch der Soziologie, Bd. 2, Stuttgart 1989, 307–308; vgl. Anton Pelinka/Helga Amesberger/Brigitte Halbmayr: Integrationsindikatoren. Zur Nachhaltigkeit von Integrationspolitik. Endbericht, Wien 2000, URL: http://www.ikf.ac.at/pdf/Integrationsindikatoren_Gesamtbericht.pdf (30.06.2017).

[62] Nach Pelinka u. a., Integrationsindikatoren; vgl. auch Axel Schulte: Vielfalt und Integration. Zum Integrationsproblem in den multikulturellen Gesellschaften der westlichen Demokratien, in: Bernhard Blanke (Hg.): Zuwanderung und Asyl in der Konkurrenzgesellschaft, Opladen 1993, 181–214.

[63] Nach Pelinka u. a., Integrationsindikatoren, 2.

zialen (Freundschaften und Beziehungen) und kulturellen Strukturen teil (Vereine, andere Gemeinden). Die politische Partizipation war kein Thema.

Für die Gemeinde als ganze lassen sich freilich nur Vermutungen formulieren, die noch dazu ausschließlich indirekt aus den Aussagen der IP erschlossen werden können. Deutlich erkennbar ist die Relevanz der sozialunterstützenden Funktion der Gemeinde bei der Arbeits- und Wohnungssuche, bei Gesundheits-, Bildungs- oder Behördenfragen, indirekt auch beim sozialen Aufstieg ihrer Mitglieder, wenn die Gemeinde diese materiell und psychosozial unterstützt. Die Gemeinde erbringt auf diesem Gebiet wesentliche integrative Leistungen. Ist dies ein bewusst angestrebtes Ziel oder eher ein Effekt pastoralen Selbstverständnisses? Von aktiv initiitierten Teilhabeprozessen der Gemeinde am gesellschaftlichen Raum hat niemand erzählt, ebenso wenig waren die politische und systemische Ebene Thema der Gespräche. Gibt es hier unausgeschöpfte Potentiale? Nimmt die Gemeinde diese Potentiale selbst wahr und fördert sie? Nimmt die Gesellschaft das integrative Potential der Gemeinde wahr? Hier eröffnen sich zahlreiche Forschungsfragen.

Überträgt man das Integrationskonzept auf das System Kirche, zeigt sich, dass die Ortskirche der kroatischen Gemeinde strukturell auf allen Ebenen nur eingeschränkt Partizipationsmöglichkeiten eröffnet. Wenn, dann geschieht dies individuell und eigeninitiativ. Der mehrfach erwähnte „Sonntag der Völker", von der Ortskirche vermutlich als gut gemeintes Partizipationsangebot verstanden, erweist sich als Gegenteil von Integration. Die immer wieder geäußerte Erfahrung von nicht anerkannter Differenz lässt vermutlich gleichfalls auf Schwächen im Prozess pluralistischer Integration schließen. Die IP äußern Schwierigkeiten, an den diözesanen Strukturen teilhaben zu können und mit ihren eigenen Anliegen nicht ausreichend zu Wort zu kommen. Sie erleben sich nicht als die Diözese mitgestaltende Größe, als Teil der Kirche von Wien. Die kulturelle Partizipation in der Kirche erfolgt bei den IP individuell. Lassen die erzählten Schwierigkeiten und Herausforderungen (spiritueller Wandel, Kirchenkritik) darauf schließen, dass Integration in diesem Bereich eher passiv erfolgt? Der soziale Wandel, von dem die Ortskirche betroffen ist (z.B. Erosion traditioneller Kirchlichkeit, religiöse Pluralisierung), wirkt sich auch auf die Gemeinde aus. Wie wird er interpretiert? Wie wird darauf reagiert? Können die diesbezüglichen Erfahrungen und Fragen in die Ortskirche eingebracht und reflektiert werden? Von wechselseitigen Austausch- und Lernprozessen wird jedenfalls nicht erzählt. Ob sich durch die Präsenz der kroatischen Gemeinde das System der Ortskirche ändert?

Auf der rechtlichen Ebene lässt sich mit dem nunmehr erworbenen Status einer Personalpfarre ein wichtiges Element der Integration beobachten. Die Gemeinde erfüllt eine Vielfalt an Bedürfnissen. Lässt dies auf eine gute soziale Integration schließen? Was ist mit jenen, die nicht zufrieden sind, wegbleiben oder erst gar nicht kommen? Für kroatische Zuwanderer ist es sicher hilfreich, dank der Vorsorge durch die Kirche in der kroatischen Gemeinde einen sozialen, religiös-spirituellen, heimatbezogenen Ort vorzufinden und nicht erst selbst schaffen zu müssen. Dies kann aber auch zum Nachteil gereichen, da damit Autonomie, Selbstorganisation, Partizipation beeinträchtig sein könnten. Wenn Kirche und Priester eine so hohe Autorität haben: Wie werden dann Veränderungen möglich, die auf Eigeninitiative der Gemeindemitglieder beruhen? Die auf das Leben in der Ortskirche bezogenen „politischen Interessen" der Gemeinde zeigen sich bei den IP in der Klage über mangelnde Partizipation. Einladungen von Seiten der Ortskirche ermöglichen zwar individuelle Beteiligung, werden aber in dieser Form als überfordernd oder, wenn die ganze Gemeinde eingeladen ist, als „Vorführung" erlebt. Hier fehlen offensichtlich geeignete und strukturierte Formen der Partizipation in der Ortskirche. Aus der Sicht der IP erscheint die Gemeinde als innerkirchliche Subkultur, zeichnet sich durch ein hohes Maß an innerer Solidarität aus und ermöglicht auch die Rekonstruktion eines kroatischen Selbstbewusstseins. Aber wie wird mit den damit verbundenen Ambivalenzen und Risken umgegangen, z. B. der nationalen oder islamfeindlichen Deutung der Leidensgeschichten? Wie wird Versöhnung und Zusammenleben mit Orthodoxen, Muslimen, Nicht-Gläubigen gefördert? Mehrfach wird das Gefühl der Bedrohung durch die Ortskirche geäußert. Wie wird darauf reagiert? Rückzugstendenzen wurden erwähnt: Werden diese reflektiert und Lösungen gesucht?

Der Begriff Integration ist in der Fachwissenschaft aufgrund seiner politischen Instrumentalisierung heftig umstritten. So betont er die Einheit und Zusammengehörigkeit der Mitglieder eines Systems und kann Homogenitätsfiktionen forcieren: Es gibt ein „Ganzes", dem sich die einzelnen Elemente einzugliedern haben. Auch wenn das hier präsentierte Modell den Aspekt der Ermöglichung von Partizipation der Minorität an den Strukturen der Majorität betont, kann es faktisch zu einseitigen Assimilationsprozessen führen. Ohne strukturelle Anerkennung der Unterschiede übt die Mehrheit einen homogenisierenden Sog auf die Minorität aus. Diese setzt sich dagegen zur Wehr. Lässt sich diese Dynamik nicht auch in den Ergebnissen der Befragung erkennen? Die IP erzählen vom spannungsgeladenen Verhältnis zwischen Anpassung und Bewahrung der eigenen kulturellen Identität sowie von zahlreichen Verletzungen im Laufe ihrer Migration durch Einheimische. Dabei sind die IP allesamt gut integriert und reflektieren auch den eigenen Anteil an Integrationsprozessen. Wie steht es in dieser Frage um die weniger gebildeten, sozial schwächeren Gemeindemitglieder?

Im Konzept der Integration besteht zudem die Versuchung, „das System“ und „die Kultur“ als statische und homogene Wirklichkeiten zu verstehen, die sich nicht verändern und einander in dieser Fallstudie als „die österreichische“ und „die kroatische“ Kultur gegenüberstehen. So können Integrationsvorstellungen ethnische Identitäten stabilisieren und Entwicklung blockieren. Die Möglichkeit, voneinander zu lernen und miteinander etwas Neues, Drittes zu entwickeln, kommt schwer in den Blick. Zudem blendet das Integrationskonzept, insbesondere wenn es von Reziprozität spricht, tendenziell ungleiche Machtverhältnisse zwischen Mehr- und Minderheit aus, als stünden diese gleichberechtigt einander gegenüber. Der Anspruch, Migrationsgemeinden sollen sich besser integrieren – noch dazu, wenn dies dann von ohnedies überlasteten Priestern wie denen der kroatischen Gemeinde erwartet wird – geht aus soziologischer Sicht ins Leere.

Auch theologisch birgt das Integrationsmodell Schattenseiten. Es verführt dazu, die Kirche als geschlossenes System zu betrachten und lässt leicht vergessen, dass Gemeinde auch „Kirche in der Welt“ ist und einen Dienst in ihr hat. Es fördert Vorstellungen einer homogenen kirchlichen Einheit und verfehlt damit die Katholizität der Kirche: eine grenzüberschreitende, weltbezogene Gemeinschaft zu sein, die in Verschiedenheit eins ist und in der Partikularität und Vielfalt der Inkulturationsformen des Evangeliums jeweils die Präsenz der universalen Kirche erkennt. Bei aller genuin katholischen Wertschätzung und Anerkennung von kultureller Identität und deren Pflege, ist diese doch immer schon relativiert durch die gemeinsame Einheit in Christus (Gal 3,28; Kol 3,10–11; LG 1). Das verpflichtet österreichische und kroatische KatholikInnen zur Überschreitung ihrer jeweiligen Vorstellungen von Katholizität und eröffnet Orte grenzüberschreitenden Lernens von- und miteinander.

8.2 Inklusion

In der Sozialwissenschaft bevorzugt man zwischenzeitlich das Konzept der Inklusion und Exklusion.[64] Das Modell hat seinen Ursprung in der Ungleichheitsforschung und fragt nach jenen Verhältnissen, die zu Ein- und

[64] Vgl. Ilker Ataç/Sieglinde Rosenberger: Inklusion/Exklusion – ein relationales Konzept der Migrationsforschung, in: Ilker Ataç/Sieglinde Rosenberger (Hg): Politik der Inklusion und Exklusion, Wien/Göttingen 2013, 35–52, 35.

Ausschließungsprozessen führen.[65] Damit unterläuft dieses Begriffspaar die Vorstellung eines Systems, dem eine Gruppe von Ausgegrenzten gegenübersteht, die dann eingegliedert werden muss. Vielmehr lassen sich jene Verhältnisse kritisch reflektieren, die solche Prozesse überhaupt möglich machen. Die sogenannten Exkludierten werden als Teil des Systems verstanden, *in* dem In- und Exklusionsprozesse stattfinden. Strukturen, Institutionen, Akteure und Prozesse können so analysiert werden. Das Zentrum, die Konstitutionsbedingungen und der Wandel sozialer und politscher Ungleichheit stehen damit selbst im Zentrum der Aufmerksamkeit. Soziale und politische Problemlagen können identifiziert werden, die das ganze System betreffen.[66]

Mithilfe dieses Modells ermöglicht die Binnensicht der IP, Vermutungen zu formulieren, welche inkludierende bzw. exkludierende Prozesse und Strukturen, Institutionen und Akteure nicht nur die kroatische Gemeinde, sondern die ganze Ortskirche betreffen. Diese Analyse kann ich hier mittels einiger Beispiele nur exemplarisch darstellen: 1) Die Präsenz sozial Bedürftiger, arbeits- und wohnungsloser, bildungsferner, psychisch und physisch kranker Menschen im Umfeld von Gemeinden, die für diese Menschen „Sozialhilfe" erbringen, betrifft auch Ortsgemeinden und macht das Problem von Armut und Exklusion in der ganzen Gesellschaft sichtbar. Auch Ortsgemeinden erbringen integrative Leistungen. 2) Die Frage nach dem Bezug von Gemeinden zur Gesellschaft – sei es reaktiv oder aktiv – ist ebenfalls eine Frage der Ortsgemeinden. Die Ortskirche als ganze ist von gesellschaftlichen Transformationsprozessen betroffen und steht vor der Frage, wie sie sich in deren Horizont verorten kann und soll. 3) Rückzugs- und Abschließungstendenzen als Reaktion auf Ausgrenzung und Zuschreibungen lassen sich gleichfalls in vielen Ortsgemeinden finden. Was sind die Ursachen solcher Prozesse? 4) Viele Ortsgemeinden verstehen sich ebenfalls als „Heimat". Auch wenn dies inhaltlich nicht historisch oder national begründet wird, ist dieses Selbstverständnis ambivalent. Denn es verwirklicht aus theologischer Sicht nur den halben christlichen Glauben, verstehen sich ChristInnen doch von Beginn als Gäste auf Erden und betrachten den Himmel als ihre wesentliche Heimat (Hebr 11,13; 1 Petr 2,11). 5) Wesentliche Ursachen für Rückzug und Abschottung lassen sich auch bei Ortsgemeinden in der Erfahrung mangelnder Partizipation erkennen, sei es in der Kirche von Wien, aufgrund eines Mangels an gelebter Synodalität in

[65] Vgl. zum Folgenden Martin Kronauer: Inklusion/Exklusion: Kategorien einer kritischen Gesellschaftsanalyse der Gegenwart, in: Ataç/Rosenberger (Hg.), Inklusion/Exklusion, 21–34, 22.

[66] Vgl. Kronauer, Inklusion/Exklusion, 23.

der Katholischen Kirche (z. B. Bischofsernennungen), sei es in einer Gesellschaft, die Religion aus dem öffentlichen in den privaten Raum zu verbannen geneigt ist. 6) Schließlich ist die Frage nach der Wahrnehmung und Anerkennung von Unterschieden ebenfalls ein alle Ortsgemeinden betreffendes Thema: Es sind ja auch diese nicht alle gleich. Wie weit werden Unterschiede innerhalb und zwischen den Gemeinden wahrgenommen, wertgeschätzt und als Lernort verstanden?

Viele der Erfahrungen und Schwierigkeiten der kroatischen Gemeinde sind also möglicherweise gar nicht primär migrationsbedingt. Wohl gibt Migrationserfahrung den Phänomenen eine spezifische Färbung: Die Bedeutung der Tradition kroatischer Frömmigkeitsformen wurde erkennbar – aber welche Ortsgemeinde ändert gerne liebgewonnene Formen? Der Eindruck, vorgeführt zu werden, wurde beklagt – aber wie fühlt sich eine Ortsgemeinde bei bischöflichen Visitationen? Das Konzept der Inklusion/Exklusion verdeutlicht, dass viele der berichteten Schwierigkeiten ihre Ursachen in den Strukturen von Gesellschaft und Kirche haben und alle betreffen. Migration macht die Probleme nur deutlicher sichtbar und spitzt sie zu. Könnten die Erfahrungen der kroatischen Gemeinde nicht ein Anstoß sein, in einem nächsten Schritt nach exkludierenden und inkludierenden Dynamiken in der Ortskirche von Wien zu fragen?

9. Pastoraltheologische Reflexionen und Perspektiven

9.1 Rückfragen an bisherige theologische Kritik von Migrationsgemeinden

Die wenigen theologischen Reflexionen zur Lage der Migrationsgemeinden äußern sich primär besorgt über deren Rückzugs- und Abschottungsdynamiken. So konstatiert Mariano Delgado, dass christliche MigrantInnen in zwei Welten leben:[67] Während im Alltagsleben – in Arbeit, Sport, Freizeit und Schule – das multikulturelle Zusammenleben, Mischidentitäten und Mischehen zunehmend selbstverständlicher werden[68], sind sie im gottesdienstlichen und gemeindlichen Leben mit „nach Muttersprachen sauber abgetrennten“ Angeboten konfrontiert, die auf diese Entwicklungen gar

[67] Vgl. Delgado, Lebendige Katholizität, 596–597.

[68] Für den Wiener Raum lässt sich dem nicht zustimmen. Studien zeigen, wie sehr die einheimische Bevölkerung von den MigrantInnen abgeschottet lebt, z. B. Dagmar Strohmeier/Christiane Spiel: Peer-Beziehungen in multikulturellen Schulen, in: Heinz Fassmann/Julia Dahlvik (Hg.): Migrations- und Integrationsforschung – multidisziplinäre Perspektiven. Ein Reader, Wien 2012, 147–162.

nicht eingehen, insbesondere in der zweiten und dritten Generation. Im Anschluss an Herbert Leuninger, den langjährig bischöflich Beauftragten für die Migrantenseelsorge im Bistum Limburg, spricht er von einer „Nebenkirche"[69] für den nicht integrierten Bevölkerungsanteil und kritisiert die deutschsprachige Pastoraltheologie, die mit einer multikulturellen Kirche und der Einwanderung als pastoraler Strukturkonstante nichts anzufangen wisse.[70] Der Dualismus der Pastoral – „hier Ortskirche, dort Migrantenseelsorger" – habe jedenfalls so wenig Zukunft wie eine Ausländerseelsorge als „sentimentale Volkstumspflege"[71]. Es gelte „lebendige Katholizität" zu gestalten. Auch der Missionstheologe Arnd Bünker beobachtet im Zuge forcierter Migration ein fragwürdiges Nebeneinander von Migrations- und Ortsgemeinden.[72] Er führt es zurück auf jene gemeindetheologischen Leitmotive, die in jüngerer Zeit für den deutschsprachigen Raum bestimmend waren: die Sorge und Pflege einer als sehr stabil verstandenen Identität, die Fokussierung auf die guten Beziehungen der Gemeindemitglieder zu ihren Seelsorgern (das „Gute Hirte"-Prinzip) sowie untereinander (das „Sich-Kennen-Prinzip"). Diese Kriteriologie habe faktisch in den deutschsprachigen Ortsgemeinden zu Milieuverengungsprozessen geführt. In den Schwierigkeiten mit den Migrationsgemeinden sind sie gleichsam zugespitzt wiederzuerkennen. Begründet werden diese Kritiken 1) ekklesiologisch: Das Nebeneinander von Migrations- und Ortsgemeinden verletzt Katholizität; 2) missionstheologisch: Migrationsgemeinden tendieren wie Ortsgemeinden zur „Vereinsmeierei" und vergessen ihren grenzüberschreitenden Sendungsauftrag; 3) oder im Horizont ökumenischer Theologie: Das Nebeneinander der Gemeinden verweist auf die „ökumenische Amnesie" der Gemeinden und Kirche.

Ich halte diese theologischen Kritiken für zutreffend. Allerdings sind sie in Bezug auf die Ursachenanalyse empirisch zu wenig abgestützt. Für die kroatische Gemeinde treffen sie in dieser Form nicht zu. Die Befragung zeigt ein wesentlich komplexeres Bild der Situation. So erwecken die IP nicht den Eindruck, es ginge um eine sentimentale Pflege von Volksbrauchtum, sondern sie sind sich der Spannungen zwischen traditioneller und zeitgerechter Spiritualität wohl bewusst. Auch das Phänomen der Nebenkirche lässt sich nicht durch die schlechte Arbeit muttersprachlicher Seelsorger erklären,

[69] Delgado, Lebendige Katholizität, 597.

[70] Diesem Teil der Kritik stimme ich zu.

[71] Delgado, Lebendige Katholizität, 598 zitiert hier José Sánchez, den ehemaligen Delegaten der spanischsprechenden Seelsorger in Deutschland.

[72] Arnd Bünker: Migration und die Diversifizierung in christlichen Gemeinden, in: Regina Polak/Wolfram Reiss (Hg.): Religion im Wandel. Transformation religiöser Gemeinschaften in Europa durch Migration. Eine interdisziplinäre Studie, Wien 2015, 293–316.

sondern wurzelt eher in Schwierigkeiten der integrativen und inklusiven Prozesse der Ortskirche. Diese aber betreffen die ganze Kirche. So werden die angeführten Probleme auch in manchen Ortsgemeinden sichtbar: Gemeinden, die nicht von theologisch fragwürdigen Traditionen lassen können; Seelsorger, die für junge Menschen nicht geeignet sind. Ob die gemeindetheologischen Kriterien, die Bünker anführt, tatsächlich eine so maßgebliche Rolle spielen, wäre ebenfalls empirisch zu überprüfen. Ich halte es für wahrscheinlicher, dass die Probleme der Integration und Inklusion mit der Schwäche einer Pastoral(theologie) zusammenhängen, die zu wenig strukturell und systemisch denkt. Gute Beziehungen nach innen zu pflegen führt nicht automatisch zu Binnenorientierung. Wurzelt diese nicht eher darin, dass die Kirche als Ganze eher um ihren Selbsterhalt besorgter ist als um den Dienst in der Welt? Sind es nicht geschwächte kirchliche Synodalität und Strukturen, die den Dienst in der Welt erschweren und die Wendung nach innen fördern? So können einzelne Mitglieder einer Gemeinde in ihrem gesellschaftlichen Leben stark vernetzt sein, während die Gemeinde als Ganze binnenorientiert ist. Die Abschottungsprozesse von Migrationsgemeinden spitzen demnach ein ortskirchliches Problem zu. Sie lassen sich besser verstehen, wenn man die soziologischen Dynamiken erkennt, die zu solchen Entwicklungen führen. Vor allem aber übersieht die Kritik an den Migrationsgemeinden deren Stärken und Potentiale.

9.2 Convivenz – ein Modell zur theologischen Vertiefung

Das Modell der Convivenz eignet sich zu einer theologischen Rückfrage an die Ergebnisse, worin aus der Sicht der IP der Beitrag der kroatischen Gemeinde zum Zusammenleben in Vielfalt und Verschiedenheit im Kontext einer (religiös) pluralen Gesellschaft besteht.

Das Modell wurde vom evangelischen Missionswissenschaftler Theo Sundermeier entwickelt.[73] Er formuliert drei wesentliche Dimensionen des Zusammenlebens:[74]

[73] Der Begriff Convivenz stammt aus Lateinamerika und meint dort zunächst das alltägliche, nachbarschaftliche Zusammenleben von Menschen in Basisgemeinden. Als Missionstheologe in Afrika stand Theo Sundermeier vor der Frage, welche Rolle christliche Gemeinden in einer religiös pluralen Umgebung spielen. Convivenz meint bei ihm das Zusammenleben christlicher Gemeinden mit den anders-religiösen, anders-kulturellen Menschen und Gemeinschaften ihrer lokalen-regionalen Umgebung. Es eröffnet Möglichkeiten, auf der Ebene des geteilten Alltags in einer pluralen Gesellschaft Zusammenleben zu erproben. Vgl. Theo Sundermeier: Konvivenz und Differenz. Studien zu einer verstehenden Missionswissenschaft, Erlangen 1995.

[74] Er begründet es u. a. inkarnationstheologisch.

- *Convivenz bedeutet „Leben teilen“:* einander im Alltag begleiten, einander unterstützen und helfen, miteinander in Freude und Leid unterwegs sein. Alle sind aufeinander angewiesen, insbesondere die Stärkeren auf die Schwächeren.

Die kroatische Gemeinde ist ein Ort, an dem Menschen Leben teilen, wobei die Migrationserfahrungen der Menschen und die gemeinsame Herkunft besondere Bedeutung haben. Erzählt wird von Lebensfreundschaften und den guten Vernetzungen mit der kroatischen Community. Aber bezieht sich dieses „Leben teilen“ auch auf die Umgebung der Gemeinde? Ist sie Akteurin, z. B. im Umfeld der Pfarrkirche? Wie steht es um die Vorbehalte gegenüber Orthodoxen und Muslimen? Nimmt die Ortskirche wahr, dass sie die kroatische Gemeinde braucht, um sie selbst zu werden?

- *Convivenz bedeutet wechselseitig von- und miteinander lernen.* Dabei wird nicht zwischen einem lehrenden Subjekt und einem lernenden Objekt unterschieden, sondern alle verstehen sich als Lernende. Lernen bedeutet, dass sich alle Beteiligten durch Erfahrung verändern lassen. Wissen steht dabei im Dienst des Lebens.

Versteht sich die Gemeinde als Lerngemeinschaft im Dienste des Lebens? Gibt es Orte, an denen mit Ortsgemeinden gemeinsam gelernt werden kann? Ist die Ortskirche dazu überhaupt bereit? Die IP äußern implizit Wünsche, die in diese Richtung gehen.

- *Convivenz bedeutet, miteinander zu feiern.* Im Feiern verdichtet sich der Alltag und zugleich wird dieser überstiegen. Das Fest wird zur Quelle des Zusammenlebens.

Liturgische, aber auch andere Feste, z. B. innerhalb der kroatischen Community in Wien, werden von den IP als Höhepunkte gemeindlichen Lebens geschildert. Allerdings betrifft das Feiern in diesen Erzählungen primär den (kroatischen) Innenraum. Die Berichte über Feste mit der Ortskirche zeugen nicht von positiven Erfahrungen („Sonntag der Völker“, Wiesenfest).

Das Convivenzmodell lässt Stärken, Potentiale und Entwicklungsmöglichkeiten der Gemeinde erkennen. Es darf freilich nicht zur Romantisierung von Migrationsgemeinden führen, auf die die „eingeborene“ Ortskirche dann ihre Sehnsüchte nach friedlichem Zusammenleben projiziert und sich so entlastet, selbst für partizipatorische Strukturen zu sorgen. Das Convivenz-Modell muss sozialwissenschaftlich gegengelesen und im Horizont rechtlicher und politischer Strukturen in der Kirche und Gesellschaft vor

Ort reflektiert werden.[75] Missionstheologisch ist Convivenz kein idealistischer Appell an die Migrationsgemeinden, sondern stellt ein Modell dar, in dem die Kirche lernen kann, ihr Wesen und ihren Auftrag[76] angemessener zu realisieren. Die Erfahrung des Fremden, die sich in der Begegnung zwischen Migrations- und Ortsgemeinden ereignen kann, spielt dabei eine theologische Schlüsselrolle.[77] Konkret bedeutet das u. a., dass sich die ganze Kirche durch Migration verwandeln kann und muss; die Zuwanderer eröffnen der Kirche die Möglichkeit, die eigene Sendung wieder zu entdecken: offen zu sein für das Neue, das kommt – offen zu sein für die Erfahrung Gottes, der in seiner Nähe immer auch fremd ist. Convivenz zielt nicht auf eine harmonische Idylle. Das Konzept beschreibt ein Laboratorium, in dem Menschen erproben, in Verschiedenheit miteinander zu leben, in dieser Verschiedenheit ein Entwicklungspotential und darin auch Gottes Gegenwart erkennen zu lernen – mit all den Konflikten, die dazu gehören.

9.3 Zusammenfassung

Die Ergebnisse der Befragung zeigen die wichtigsten Bedeutungen der kroatischen Gemeinde aus der Sicht der IP: Braucht es dazu eigens eine Migrationsgemeinde? Wären auch andere Modelle der Integration in die Ortskirche denkbar, wie vielfach gefordert wird?

Aufgrund der Sprache, der Vertrautheit mit Frömmigkeitsformen, die in der Ortskirche nicht anerkannt werden, vor allem aber aufgrund der mangelnden Akzeptanz der Gemeinde durch die Ortskirche ist derzeit eine solche Migrationsgemeinde notwendig. Die mangelnde Anerkennung von Unterschieden – bedingt durch Lebenserfahrung, Geschichte, Kultur usw. – lässt es nicht zu, sich anderweitig in die Ortskirche einzubringen. Es gibt nur die Möglichkeit, die kroatische Gemeinde oder gar keine Gemeinde zu besuchen. Zudem scheint nicht per se die Existenz einer anderssprachigen Gemeinde, die sich von der Umgebung unterscheidet, die Ursache von Kommunikations- und Integrationsproblemen zu sein, sondern eher die mangelhaften integrativen und inklusiven Prozesse in der Ortskirche.

---

[75] Diese Aspekte sind bei Sundermeier kein Thema. Zu meinem Verständnis von Convivenz gehört auch die Entwicklung von Recht, (partizipatorischen) Strukturen und (politischen) Prozessen, die das Zusammenleben in Verschiedenheit fördern. Dabei wird auch eine platte Dichotomie zwischen „hier Ortsgemeinden – da Migrationsgemeinde" fragwürdig, da sich Verschiedenheit als Kernfrage des Zusammenlebens nicht an der Grenze zwischen diesen Gemeinden festmachen lässt, sondern alle menschlichen Beziehungsformen betrifft.

[76] Vgl. Lumen Gentium 1: Zeichen und Werkzeug der Vereinigung mit Gott und der Einheit der Menschen untereinander zu sein.

[77] Sundermeier hat daher auch eine Xenologie entwickelt.

Warum sollten Menschen, denen ihre Herkunft und Geschichte bedeutsam ist, nicht einen eigenen Raum dafür pflegen dürfen, solange die Pflege nicht primär der (religiösen oder nationalen) Selbstvergewisserung[78], sondern der Weiterentwicklung dient (Aufarbeitung der Leidensgeschichten, Versöhnung usw.) und zugleich strukturell Partizipation mit der Ortskirche gesichert ist?

Die kroatische Gemeinde birgt ein reiches Potential an unausgeschöpften Möglichkeiten, die sie selbstbewusst in die Ortskirche einbringen kann und soll. Aufdringlich sichtbar wird in den Gesprächen freilich die Abwesenheit eines diözesanen pastoralen Konzepts, das die dringend nötigen Integrations- und Inklusionsprozesse in der Diözese (nicht nur der Migrationsgemeinden) strukturiert fördert. Wie werden beispielsweise die Migrationsgemeinden in den derzeit laufenden Strukturreformprozess der Erzdiözese Wien einbezogen?[79] Die zentralen Aufgaben sehe ich dabei 1) in der Förderung von Partizipation auf allen Ebenen: Ist z. B. jemand aus der kroatischen Gemeinde im Dekanatsteam oder in den kategorialen Einrichtungen der Erzdiözese vertreten? 2) in der Entwicklung von Formen öffentlicher Wahrnehmung und Anerkennung, z. B. bei diözesanen Veranstaltungen gezielt zu Statements oder Mitgestaltung eingeladen werden; 3) in der Förderung von Orten des Von- und Miteinander-Lernens; 4) in der Stärkung des Bezugs zur Gesellschaft und der politischen Diakonie sowie 5) in der Förderung eines ökumenischen Bewusstseins und 6) der Frage, wie die Ortskirche mit Unterschieden (auch in ihrem Inneren) umgehen kann.

Die Herausforderungen werden für alle Seiten mit Scham, Schmerz und Konflikten verbunden sein. Orts- und Migrationsgemeinden werden Vorurteile, Denkweisen und Praxisformen aufgeben müssen. Aber die Auseinandersetzung mit Migration kann für die Einzigartigkeit menschlicher Schicksale und die Vielfalt katholischer Identitäten sensibilisieren. Anderssprachigen Gemeinden können die Ortskirche von Wien anregen, miteinander zu einer lernenden Kirche zu werden. Erga migrantes Caritas Christi formuliert diese Chance so:

> „Die Migrationen bieten den einzelnen Ortskirchen die Gelegenheit, ihre Katholizität zu überprüfen, die nicht nur darin besteht, verschiedene Volksgruppen aufzunehmen, sondern vor allem darin, unter diesen ethnischen Gruppen eine Gemeinschaft herzustellen. Der ethnische und kultu-

[78] Das müssten sich aber auch Ortsgemeinden fragen.

[79] So waren die anderssprachigen Gemeinden z. B. bei den ersten Versammlungen der sogenannten Apostelgeschichte 2010, die den Reformprozess geistlich eröffneten, gar nicht vertreten und wurden erst später eingeladen.

relle Pluralismus in der Kirche stellt keine Situation dar, die geduldet werden muss, weil sie vorübergehend ist, sondern eine ihr eigene strukturelle Dimension. Die Einheit der Kirche ist nicht durch den gemeinsamen Ursprung und die gemeinsame Sprache gegeben, sondern vielmehr durch den Pfingstgeist, der Menschen aus unterschiedlichen Nationen und verschiedener Sprache zu einem einzigen Volk zusammenfasst und so allen den Glauben an denselben Herrn verleiht und aufruft zur selben Hoffnung."[80]

[80] Erga migrantes 103.

Die Erfahrungen von MigrantInnen zur Sprache bringen

(in Zusammenarbeit mit Christoph Schachinger)

1. Zum Projekt

Eine wesentliche Dimension praktisch-theologischer Forschung besteht in der Wahrnehmung der subjektiven Perspektive der Menschen, die von Flucht und Migration betroffen sind: d.h. konkrete Erfahrungen von Menschen mit Migrationsgeschichte müssen zur Sprache kommen. Nicht zuletzt deshalb, weil diese einen *locus theologicus*, einen glaubens- und theologiegenerativen „Ort", bilden und damit auch ein unverzichtbares Korrektiv von Migrationsforschung und Theologie.

Der folgende Beitrag eröffnet auf der Basis von 12 qualitativen und 6 Experteninterviews mit christlichen – katholischen, evangelischen und orthodoxen – Migrantinnen und Migranten der ersten Generation einen exemplarischen Einblick, wie diese den Zusammenhang von Religiosität und Migration wahrnehmen. Die 18 Interviews wurden induktiv ausgewertet, d.h. die hier vorgelegte Kategorisierung wurde aus den Interviews mithilfe der qualitativen Inhaltsanalyse nach Philipp Mayring[1] gewonnen. Weitere Auswertungen, die die Interviews mithilfe theoretischer Konzepte auswerten, werden hier nicht beschrieben.[2]

Im Zentrum steht die Frage nach den Wechselwirkungen zwischen Migration und Religiosität auf der individuellen Ebene:

- Wie verändert sich Religiosität von christlichen MigrantInnen durch Migrationserfahrung/Migrationserlebnisse?

---

[1] Philipp Mayring: Qualitative Inhaltsanalyse. Grundlagen und Techniken, Weinheim und Basel[9] 2007.

[2] Ein ausführlicher Werkstattbericht mit detaillierten Angaben zur Methodik sowie vollständiger Detailauswertung und weiterführenden Forschungsfragen ist bei der Autorin erhältlich: Regina Polak (Mitarbeit: Christoph Schachinger): Religiosität und Migration. Eine qualitativ-empirische Studie. Erste Ergebnisse, unveröff. MS, Wien 2013. Die Studie ist nicht repräsentativ, lässt aber eine große Diversität der Zusammenhänge zwischen Religiosität und Migration erkennen, die den öffentlichen, medialen und politischen Diskurs zu dieser Thematik in seiner Banalität ebenso entlarvt wie in seiner Interessens-Geleitetheit. Die Ergebnisse werfen so z.B. die Frage auf, welche Phänomene sich tatsächlich durch Migration oder Religion erklären lassen. So finden sich Zusammenhänge, die man im öffentlich-medial-politischen Diskurs mit Muslimen und „dem" Islam in Zusammenhang bringt, auch bei christlichen Migrantinnen und Migranten und lassen sich auch eher historisch, soziologisch, wirtschafts- oder politikwissenschaftlich erklären, z.B. Kritik und Ablehnung westlicher (religiöser) Lebensweise, nationalistische Einstellungen, Abschottungstendenzen u.ä.

- Welchen Einfluss hat/haben Migrationserfahrung/erlebnisse auf Religiosität?
- Welchen Einfluss hat Religiosität auf Migrationserfahrung?

Die Interviews wurden 2012 im Kontext des Langzeitprojektes „Diversität und Convivenz" durchgeführt, das der Frage nach dem Beitrag christlicher Migrationsgemeinden zum Zusammenleben in Verschiedenheit und Gerechtigkeit nachgeht.[3]

2. Zur Begrifflichkeit

2.1 „Migration"

Aus einer anthropologischen Perspektive kann man Migration in einem sehr weiten Sinn als „eine Raumbewegung von Individuen und Gruppen von einem Ort zum anderen"[4] verstehen, die als solche wie die Sesshaftigkeit genuin zur menschlichen Geschichte gehört: Der Mensch ist ein *homo migrans.* Da Migration immer auch soziale, kulturelle, politische, ökonomische und rechtliche Dimensionen hat, definieren die Sozialwissenschaften[5] Migration als „dauerhafte Ortsveränderung", „die mit einer Grenzüberschreitung verbunden sein kann und mit einem Wechsel des sozialen und kulturellen Bezugssystems einhergeht"[6] und knüpfen daran Fragen nach „Raum und Zeit (Ortsveränderungen und Zeithorizont), Grenze (Überschreitung politisch-administrativer Trennlinien), Sozialordnungen (Statusordnungen, Schichtgefüge) und kulturellem System (Werte- und

[3] Dieses Langzeit-Projekt bildet einen meiner aktuellen Forschungsschwerpunkte. 2016 habe ich dazu gemeinsam mit der Stiftung Pro Oriente eine Workshop-Reihe durchgeführt, die sich der Frage des Beitrages der serbisch-orthodoxen sowie der rumänisch-orthodoxen Gemeinde in Wien zum Zusammenleben („Integration") widmete. Auf der Basis der Auswertung dieser Workshops sollen dazu in den nächsten Jahren weitere Gemeinden erforscht werden. Für die Schweiz vergleiche dazu die umfassende empirische Studie des Schweizerischen Pastoralsoziologischen Instituts, das Einblicke gibt in das spirituelle und zivilgesellschaftliche Potential von 370 Migrationsgemeinden in der Schweiz, vgl. Judith Albisser/Arnd Bünker (Hg.): Kirchen in Bewegung. Christliche Migrationsgemeinden in der Schweiz, St. Gallen 2016.

[4] Martin Baumann: Migration and Religion, in: Peter B. Clarke/Peter Beyer (Hg.): The World's Religions. Continuities and Transformations, London/New York, 338–353, 339.

[5] Eine interdisziplinäre Einführung bieten: Heinz Fassmann/Julia Dahlvik (Hg.): Migrations- und Integrationsforschung – multidisziplinäre Perspektiven. Ein Reader, Wien[2] 2012.

[6] Christoph Reinprecht/Hilde Weiss: Migration und Integration: Soziologische Perspektiven und Erklärungsansätze, in: Fassmann/Dahlvik (Hg.), Migrations- und Integrationsforschung, 13–33, 15.

Normensystem)“[7]. Migrationsphänomene umfassen zirkuläre Formen wie Pendel- und Saisonarbeit, die sich strukturell von Wanderungen im Lebenszyklus und Formen unfreiwilliger Migration (Flucht, Asyl) und transnationaler Migration unterscheiden.

Die klassischen Migrationsdefinitionen werden der Komplexität des Migrationsphänomens allerdings nicht gerecht: Sie sind einerseits zu sehr statischen Erklärungsmodellen verhaftet und erklären Migration nahezu mechanistisch durch rational begründete Wahlentscheidungen (z. B. die sog. Push- und Pull-Theorien), andererseits reduzieren sie Migration auf eine zeitlich begrenzte, klar einzugrenzende Phase. So widmen sich in der Migrationsforschung aktuelle Ansätze den Phänomenen der Transmigration und der Diasporabildung, die Migration nicht mehr nur als einen einmaligen, monodirektionalen Vorgang beschreiben, sondern auch etwaige Bindungen und Bezüge an eine – mitunter phantasierte – „Heimat“ berücksichtigen. Für die Erforschung christlicher Migrationsgemeinden scheinen solche Zugänge angemessener, zumal sich diese konstitutiv als Teil einer weltweiten Christenheit bzw. im Fall der Katholischen Kirche, einer universalen Kirche verstehen und diesen Zugehörigkeiten aus Glaubens- bzw. theologischen Gründen in der Regel Vorrang gegenüber nationalen Zugehörigkeiten geben (sollten).

Zwei Verständnisweisen von Migration liegen daher diesem Projekt zugrunde:

- Migration ist ein „auf Dauer angelegter bzw. dauerhaft werdender Wechsel in eine andere Gesellschaft bzw. in eine andere Region“[8]. Ein solcher Zugang ermöglicht es, christliche MigrantInnen und deren Gemeinden als zur Gesellschaft und zur Kirche zugehörige Personen bzw. Gruppen zu betrachten, die mit dieser in Beziehung und wechselseitigen Veränderungsprozessen stehen, und zugleich in ihrer spezifischen Eigenart anzuerkennen.
- Migration beschreibt eine „permanente Lebensform in Gestalt eines Lebens im ständigen Übergang“[9], man kann auch von „Transmigration“ sprechen. Ein solches Verständnis ermöglicht eine „größere Sensibilität gegenüber der Bedeutung kultureller und religiöser Faktoren, die für die Konstruktion der kollektiven Identität in der Diaspora bzw. in der

[7] Ebd. (Veränderung RP).

[8] Nach Annette Treibel: Migration in modernen Gesellschaften. Soziale Folgen von Einwanderung, Gastarbeit und Flucht, Weinheim/München 1999, 21.

[9] Ulrich Dehn/Klaus Hock: „Mein Vater war ein heimatloser Aramäer“. Religionswissenschaftliche und theologische Anmerkungen zum Thema Migration, in: Zeitschrift für Missionswissenschaft 1-2 (2005), 99–114, 104.

Transmigration von konstitutiver Bedeutung sind"[10]. Dieses Konzept ermöglicht es, dem Selbstverständnis und den Mehrfach-Identitäten von MigrantInnen gerecht zu werden. Zudem eröffnet es Anknüpfungspunkte für eine theologische Reflexion, insofern christliche Identität untrennbar mit Migration verbunden ist.[11]

Nahezu alle befragten IP[12] distanzierten sich freilich im Laufe der Interviews von einem Selbstverständnis als „MigrantIn" und verhielten sich gegenüber dem Label „Migration" als Deutungskonzept ihrer biographischen oder religiösen Erfahrungen sehr zurückhaltend bis abweisend. Spiegelt sich darin die Reaktion auf den österreichischen Migrationsdiskurs wider, der – wie in ganz Europa – Migration primär als Problem und Störung behandelt?[13] Lässt sich diese Abwehrhaltung als Versuch verstehen, die mit dem Migrationsdiskurs in Gesellschaft, Politik und Forschung verbundene Botschaft der Problematisierung, der Nicht-Zugehörigkeit, der Exklusion abzuwehren? Dieser Befund birgt jedenfalls kritische Rückfragen an die Migrationswissenschaft.

Ich verwende den Begriff aber dennoch, weil ich den Unterschieden in den Lebenserfahrungen oder dem religiösen Selbstverständnis eine eigene Begrifflichkeit geben möchte. Ob und inwiefern die beobachteten Unterschiede zur autochthonen Bevölkerung jedoch migrationsbedingt sind, wäre überhaupt erst genau zu erforschen. In einer Gesellschaft, in der Unterschiede nicht als Störung, sondern als Potential betrachtet würden, wäre es zudem auch kein Problem, Migration und MigrantIn-sein als Unterscheidungsmerkmal zu benennen – unter der Voraussetzung, dass Personen damit nicht auf unbestimmte Zeit und aus politischen Interessen auf eine bestimmte Identität mit zugeschriebenen und vor allem abwertenden Eigenschaften festgeschrieben werden. Österreich ist freilich eine Gesellschaft, in der dies noch lange nicht der Fall ist.[14]

---

[10] Dehn/Hock, „Mein Vater war ein heimatloser Aramäer", 104.

[11] Vgl. in diesem Sammelband: Migration: Heimkehr zu Gott und seiner Sozialordnung, 107.

[12] IP = Interview-Person(en).

[13] Vgl. Nancy Foner/Richard Alba: Immigrant Religion in the U.S. and Western Europe: Bridge or Barrier to Inclusion, in: IMR 42/2 (2008), 360–392. Auch wenn es in den USA in Politik und Wissenschaft eine intensive Migrationsdebatte gibt, die in Bezug auf ImmigrantInnen aus Mexiko durchaus xenophobe und rassistische Züge hat, zeichnet sich der US-Diskurs doch dadurch aus, dass Migration zum Selbstverständnis des Landes gehört und primär als Potential und Ressource betrachtet wird. (Anm. 2016: Mittlerweile findet der rassistische Diskurs breite gesellschaftliche Anerkennung, wie die Wahl Donald Trump's zum Präsidenten der USA erkennen lässt. Vor drei Jahren waren diese Entwicklungen in ihrem Ausmaß für mich so noch nicht erkennbar.)

[14] Man beachte: Das habe ich 2013 geschrieben!

2.2 „Religiosität"

Aus der Fülle religionssoziologischer Religiositätsbegriffe haben wir im Anschluss an Franz-Xaver Kaufmann und Charles Glock/Rodney Stark[15] ein eigenständiges Modell entwickelt. Dieses multidimensionale Modell verschiedener Dimensionen von Religiosität sichert einen möglichst umfassenden Blick auf das Phänomen Religiosität als Grundlage zur Entwicklung von Fragestellungen an die IP. Da wir das Verständnis von Religiosität jedoch zugleich weitgehend dem Selbstverständnis der Befragten überlassen wollten, um möglichst genau die subjektive Perspektive in den Blick zu bekommen[16], haben wir diese Dimensionen dann nicht detailliert abgefragt, sondern die Fragen so offen wie möglich formuliert, um das Auftauchen dieser Dimensionen zu ermöglichen, aber nicht notwendig zwingend zu machen.

Religiosität definieren wir als Wahrnehmungs-, Denk- und Handlungsweise – kurz: als Lebensvollzug, der sich im Horizont und mit Bezug auf eine transzendente Wirklichkeit realisiert, die als „Gott" oder „göttlich" erfahren wird. Dieser Bezug zeigt sich in konkreten Erfahrungen, die als „religiös" gedeutet werden, in Überzeugungen, Werten und Praktiken sowie als konkrete Praxis. Wir unterscheiden sieben verschiedene Dimensionen:

- die *Erfahrungsdimension* der Religion: i. e. emotional gefärbte Wahrnehmungen und Beziehungen zu einer transzendenten Wirklichkeit bzw. zu Gott, die im Horizont einer explizit religiösen „Weltanschauung" und als bzw. durch und in einer Lebenspraxis interpretiert werden
- die *ideologische* Dimension: i. e. die theoretischen Glaubensüberzeugungen, Inhalte, Lehren, Vorstellungen und Deutungen
- die *intellektuelle* Dimension, i. e. religiöses Wissen und deren Argumentationen, Fragestellungen, die sich auf Religion und Religiöses beziehen, intellektuelle Auseinandersetzung mit theologischen Fragestellungen, aber auch Bibelkenntnisse usw.
- die *rituelle* Dimension, die sich in explizit als religiös gedeuteten Praxisformen zeigt, die individuell, in der Familie und in Gemeinschaft vollzogen werden (z. B. Rituale und Sakramente rund um die Lebenswenden Geburt, Trauung, Tod, Gebete, Gottesdienste, Wallfahrten usw.)

---

[15] Franz-Xaver Kaufmann: Religion und Modernität. Tübingen 1989, 84 f.; Charles Y. Glock: Über die Dimensionen der Religiosität, in: Joachim Matthes: Kirche und Gesellschaft. Band 2, Reinbeck 1969, 150–168; Ders./Rodney Stark: Religion and Society in Tension. Chicago 1965.

[16] Angesichts der Ergebnisse eine gute Entscheidung, da sich z. B. herausstellte, dass insbes. die katholischen und orthodoxen IP mehrheitlich von Glaube und nicht gerne von Religiosität sprechen.

- die *ethische* Dimension, i.e. Normen und Werte, die sich aus dem religiösen Selbstverständnis ergeben und sich in Handlungen ausdrücken (sollen)
- die *soziale* Dimension[17], die sich in verschiedenen Subdimensionen zeigt: a) die soziale *Unterstützung* anderer Menschen, Gruppen, Anliegen auf der Mikro- und Mesoebene; b) die *gemeinschaftliche* Dimension, die sich an Bedeutung, Rolle und Funktion der religiösen Gemeinde sowie am Bezug zu den und der Einbindung in die jeweiligen religiösen Institutionen der religiösen Gemeinschaft erkennen lässt (Netzwerke); c) der *Bezug zur Makroebene*, insofern die subjektive Religiosität oder die Gemeinde soziale Funktionen in der und für die Gesellschaft innehat (z.B. Integration, institutionelle Einbindung und Netzwerke, Verhältnis zu anderen gesellschaftlichen, sozialen, politischen Institutionen, Kirchen oder Religionsgemeinschaften)
- die *politische* Dimension[18], i.e. der Einsatz für ein gerechtes Gemeinwesen sowie für gesellschaftlich marginalisierte Randgruppen, aber auch die Teilhabe am konkreten (gesellschafts)politischen Geschehen

Vorwegnehmend kann gesagt werden, dass in den religiösen Selbstverständnissen der IP keinesfalls alle Dimensionen auffindbar waren und auch nicht eigens „abgeprüft" wurden. Das hier vorgestellte Religiositätsmodell in einer weiteren Auswertungsphase der induktiv gewonnen Daten gleichsam als Raster über diese zu legen, verspricht aber interessante Erkenntnisse, wird hier jedoch nicht geleistet.

2.3 „Migrationsgemeinde"

Aus mehreren Gründen erwies es sich als sinnvoll, christliche Religiosität in enger Verbindung zur jeweiligen Gemeinde, der die IP entstammen, zu erforschen: 1) Es erwies sich als schwierig, gemeindeungebundene, gleichsam „frei flottierende" christliche MigrantInnen[19] zu finden, weshalb wir unsere IP im Umfeld christlicher Migrationsgemeinden suchten. 2) „Frei flottierende" christliche Religiosität ist überdies ein eher westliches Phä-

[17] Diese haben wir selbst ergänzt, sie kommt in der Religionssoziologie regelmäßig zu kurz.

[18] Auch diese haben wir ergänzt, da im christlichen Glauben der Einsatz für ein gerechtes Gemeinwesen sowie gesellschaftlich marginalisierte Randgruppen unabdingbar zum Selbstverständnis gehören. Bei Kaufman würde diese Dimension sowohl der Funktion der Handlungsorientierung als auch der Funktion von Widerstandspotential und Utopieressourcen entsprechen.

[19] Dies wäre ein eigenständiges Forschungsprojekt.

nomen und entspricht (noch) weniger der gelebten Religiosität christlicher MigrantInnen. 3) Auch aus theologischen Gründen ist die Vorstellung einer Religiosität problematisch, die sich ohne den Bezug zu einer christlichen Gemeinde vollzieht. Empirisch ist dies allerdings zwischenzeitlich die am häufigsten anzutreffende Form – im Übrigen auch bei MigrantInnen. Denn „nur eine Minderheit von Immigranten und ihren Nachkommen (ist) Mitglied in einem religiösen Verein“[20] bzw. sucht diesen auf. Gleichwohl definieren wir Religiosität hier als konstitutiv gemeindebezogen: christlicher Glaube verwirklicht sich in konkreten konfessionellen Ausprägungen und immer inkulturiert. Zudem zeigt die Forschung den intensiven Einfluss von Gemeinden auf Integrationsprozesse von Einzelnen. Nach Wolfgang Vortkamp ist Integration von Einzelnen in die Gesellschaft überhaupt ausschließlich über soziale Organisationen möglich.[21]

Eine Migrationsgemeinde ist eine Gemeinschaft, Gemeinde oder Pfarre, deren Mitglieder überwiegend Menschen mit Migrationserfahrung bzw. -geschichte sind. Bei diesen handelt es sich sowohl um Zuwanderer der ersten Generation als auch um die zweite und dritte Generation, insofern für diese die Migrationsgeschichte ihrer Eltern und Großeltern einen zentralen Bestandteil ihrer Biographie und Identität bildet. Soziologisch lässt sich auch von „religiösen Migrationsgemeinden“ und ihrer „Migrantenreligion“ sprechen. Dabei handelt es sich um eine Gruppe, „deren Mitglieder in ihrer Wirklichkeitskonstruktion auf mindestens ein Deutungs- und Symbolsystem rekurrieren, welches durch sie 'auf unbezweifelbare, kollektiv verbindliche und autoritativ vorgegebene Prinzipien zurückgeführt wird'“.[22]

Freilich ist der Begriff „Migrationsgemeinde“ eine Fremdbezeichnung, die eine solche Gruppe erst durch den Blick einer Aufnahmegesellschaft erhält und ihr damit eine Identität zuschreibt, die sich durch „kulturelle Fremdheit, Distanz und auch Exotismus“[23] auszeichnet. Nicht ohne Grund wehren sich viele Gemeinden gegen eine solche Bezeichnung und bestehen darauf, als *christliche* Gemeinde des jeweiligen Landes wahrgenommen zu

[20] Martin Baumann: Engagierte Imame und Priester, Dienstleistungsangebote und neue Sakralbauten: Integrationspotenziale von religiösen Immigrantenvereinen, in: Edmund Arens/Martin Baumann/Antonius Liedhegener: Integrationspotenziale von Religion und Zivilgesellschaft. Theoretische und empirische Befunde, Zürich 2016, 71–120, 81 (Veränderung RP).

[21] Vgl. Wolfgang Vortkamp: Integration durch Teilhabe. Das zivilgesellschaftliche Potential von Vereinen, Frankfurt am Main 2008; ausführlich dazu vgl. in diesem Sammelband: Religion und Integration, 253.

[22] Karsten Lehmann: Institutionen religiöser Pluralität. Vergleichende Analyse der christlichen und muslimischen Migrantengemeinden in Frankfurt am Main, in: ZfR 14 (2006), 25–52, 27.

[23] Vgl. Andreas Heuser: Weithin unbekannte Nachbarn. Migrationsgemeinden in Deutschland zeigen die Vielgestaltigkeit von Kirche, in: Herder Korrespondenz 61/4 (2007), 212–215, 212.

werden. Die Debatte um eine angemessene (soziologische) Bezeichnung[24] ist also durchaus begründet.

So werden in der Religionssoziologie derzeit folgende Begriffe diskutiert:[25]

a) „Diaspora-Gemeinde“: Dies sind Gemeinden, die sich im migratorischen Dreieck zwischen der Gemeinde, ihrer Aufnahme- und ihrer Herkunftsgesellschaft aufspannen. Dieser Begriff legt die primäre Identifikation der Gemeinde mit einer bestimmten Nation oder Kultur nahe, was aus der Sicht christlicher Ekklesiologien zwar problematisch ist, empirisch aber durchaus vorfindbar – und zwar nicht nur bei orthodoxen Christen.
b) „Community-Kirche“: Das sind Gemeinden, „die sich als Verwalterinnen einer Art von Fideikomiss ewiger Heilsgüter betrachten, die jedem dargeboten werden, der Teil einer auf der Basis von Selbstorganisation entstandenen Beziehungsstruktur unter Einwanderern in einer bestimmten räumlich-territorialen Einheit ist“[26]. Diese Bezeichnung würde am ehesten auf das Selbstverständnis von Freikirchen zutreffen. Für jene Migrationsgemeinden, die sich einer der großen christlichen Kirchen zugehörig fühlen, ist diese Bezeichnung unzureichend.
c) „Ethnische Kolonien“: Das sind auf der Basis von Selbstorganisation entstandene Beziehungsstrukturen unter Einwanderern in einer bestimmten räumlich territorialen Einheit. Ihre Entstehung und Entwicklung ist eine Leistung der Minderheitengruppe. Selbstorganisiert sind in Wien v. a. die freikirchlichen Migrationsgruppen, alle anderen sind im Zusammenspiel mit den jeweiligen Orts- und Landeskirchen entstanden. So scheint auch dieses Konzept nur bedingt tauglich für das Forschungsinteresse dieses Pilotprojektes.

Die Debatte zeigt jedenfalls die Schwierigkeit, soziologische Beschreibungen in Einklang mit dem empirischen und religiösen Selbstverständnis von christlichen Gemeinden sowie christlichen Ekklesiologien in deren Vielfalt zu entwickeln.

Unsere IP bezeichnen ihre Gemeinden niemals als Migrationsgemeinden; sie sprechen in synonymer Bedeutung von Gemeinde, Pfarre, Kirche oder Mission. Zahlreiche IP sind zudem längst österreichische Staatsbür-

---

[24] Vgl. Claudia Währisch-Öblau: Migrationskirchen in Deutschland. Überlegungen zur strukturierten Beschreibung eines komplexen Phänomens, in: ZMiss 1–2 (2005), 19–39, 19 f.

[25] Nach Karsten Lehmann: Community-Kirchen im Wandel. Zur Entwicklung christlicher Migrationsgemeinden zwischen 1950 und 2000, in: Berliner Journal für Soziologie 4 (2006), 485–501.

[26] Lehmann, Institutionen religiöser Pluralität, 489.

gerInnen. Angesichts der „Nichtbeachtung“[27] von MigrantInnen und der ausgeprägten Migrationsblindheit der jeweiligen Kirchen vor Ort bzw. der Gesellschaft scheint es aber derzeit unerlässlich zu sein, die spezifische Eigenart dieser Gemeinden auch begrifflich zu fassen. Migration und damit gegebene Unterschiede[28] zu „einheimischen“ Gemeinden werden hier als Potential, Lernort[29] oder „Seh-Hilfe“[30] für die jeweilige konfessionelle „Großkirche“ verstanden.

3. Forschungsstand

3.1 ChristInnen – weltweit die Mehrheit der MigrantInnen

Weltweit bilden ChristInnen unterschiedlichster Konfessionen und Denominationen die Mehrheit der MigrantInnen: 49 % der weltweit 214 Millionen internationalen MigrantInnen sind ChristInnen, gefolgt von den MuslimInnen (27 %) und Hindus, Buddhisten, Juden sowie Angehörigen anderer Religionen (15 %); nur 9 % sind ohne religiöse Zugehörigkeit.[31] Innerhalb der Europäischen Union sind 56 % der MigrantInnen Christen (26 Mio. Menschen), 27 % Muslime (13 Mio. Menschen), jeweils 2 % Buddhisten und Hindus, 1 % Juden, 4 % gehören einer anderen und 10 % keiner Religion an. Exkludiert man die Binnenmigration in der EU, sind immer noch 42 % der Einwanderer Christen, 39 % Muslime, 3 % Buddhisten, 2 % Hindus, 2 % Juden, 4 % gehören anderen Religionen und nur 8 % gar keiner Religion an.[32]

---

[27] Norbert Mette: „Crossroads“ – Eine Herausforderung für die katholische (Pastoral)Theologie und Pastoral, in: Arnd Bünker/Eva Munanjohl/Ludger Weckel/Thomas Suermann (Hg.): Gerechtigkeit und Pfingsten. Viele Christentümer und die Aufgabe einer Missionswissenschaft. Ostfildern 2010, 199–208.

[28] Diese sind freilich empirisch überhaupt erst sorgsam zu erforschen.

[29] Mariano Delgado: Glauben lernen zwischen Kulturen, in: Werner Simon/Mariano Delgado (Hg.): Lernorte des Glaubens. Glaubensvermittlung unter den Bedingungen der Gegenwart, Berlin 1991, 171–212.

[30] Vgl. Arnd Bünker: Migrationsgemeinden als Sehhilfe. Überlegungen zur veränderten Realität des Christlichen in Mitteleuropa, in: Gottfried Bitter/Martina Blasberg-Kuhnke (Hg.): Religion und Bildung in Kirche und Gesellschaft. FS Norbert Mette, Würzburg 2011, 85–92, 85.

[31] PEW-Research Center's Forum on Religion and Public Life (2012): The Global Religious Landscape, vgl. URL: http://www.pewforum.org/global-religious-landscape-exec.aspx (30. 06. 2017).

[32] PEW-Research Center's Forum on Religion and Public Life (2012): Faith on the Move. The Religious Affiliation of International Migrants, vgl. URL: http://www.pewforum.org/Geography/Religious-Migration.aspx (30. 06. 2017).

Auch in Österreich und Wien bilden ChristInnen die weitaus größte MigrantInnengruppe.[33]

3.2 Studien

Die sozial- und religionswissenschaftliche Erforschung christlicher Migrationsgemeinden – bis vor kurzem im deutschsprachigen Raum noch marginal – kann in der Zwischenzeit bereits einige spannende Befunde vorweisen.

Pionierforschung hat bereits Will Herberg[34] betrieben, die im deutschsprachigen Raum für die Frage nach christlichen MigrantInnen jedoch die längste Zeit nicht aufgegriffen wurde. Historische Arbeiten zu den französischen Glaubensflüchtlingen des 16. und 17. Jahrhunderts[35], den polnischen Arbeitsmigranten der Wende vom 19. zum 20. Jahrhundert[36] sowie den afrikanischen bzw. lateinamerikanischen Gemeindegründungen gegen Ende des 20. Jahrhunderts[37] bildeten längere Zeit die einzigen Studien zur Frage christlicher Migrationsgemeinden.

Seit der Jahrtausendwende intensiviert sich die Wahrnehmung. So haben sich 2003 die beiden großen christlichen Kirchen in Deutschland in enger Zusammenarbeit mit diesen mit den christlichen Zuwanderergemeinden befasst.[38] Daneben gibt es für die Städte Frankfurt am Main, Basel und Leipzig[39] einige kommunale Studien zur religiösen Situation vor Ort, die

[33] Vgl. Statistik Austria, Volkszählung 2001. Auch wenn diese Daten aufgrund schwerer Erhebungsfehler im Detail sehr fragwürdig sind – z. B. viel zu wenig orthodoxe ChristInnen – zeigt sich doch die Tendenz sehr klar: URL: http://www.statistik.at/ (30.06.2017).

[34] Will Herberg: Protestant, Catholic, Jew. An essay in American religious sociology, Garden City, New York 1955.

[35] Andreas Flick/Albert de Lange (Hg.): Von Berlin bis Konstantinopel. Eine Aufsatzsammlung zur Geschichte der Hugenotten und Waldenser, Bad Karlshafen 2001.

[36] Hans Jürgen Brandt (Hg.): Die Polen und die Kirche im Ruhrgebiet 1871–1919. Ausgewählte Dokumente zur Pastoral und kirchlichen Integration sprachlicher Minderheiten im deutschen Kaiserreich, München 1987.

[37] Afe Adogame: Contesting the Ambivalence of Modernity in a Global Context. The redeemed Christian Church of God, in: North America Studies in World Christianity 10, 25–48.

[38] Kirchenamt der Evangelischen Kirche in Deutschland: Zur ökumenischen Zusammenarbeit mit Gemeinden fremder Sprache oder Herkunft. Eine Handreiche des Kirchenamtes der Evangelischen Kirche in Deutschland, Hannover 1996; Sekretariat der Deutschen Bischofskonferenz: Eine Kirche in vielen Sprachen und Völkern. Leitlinien für die Seelsorge an Katholiken anderer Muttersprache, Bonn 2003.

[39] Amt für multikulturelle Angelegenheiten der Stadt Frankfurt am Main/Abena Bernasko/Stefan Rech (Hg.): Religionen der Welt. Gemeinden und Aktivitäten in der Stadt Frankfurt am Main, Frankfurt am Main 2003; Christoph Peter Baumann: Religionen in Basel-Stadt und

weitgehendes Potential für Sekundäranalysen zum Thema Migration bieten. So hat der Religionssoziologe Karsten Lehmann anhand der Daten für Frankfurt eine Theorie der Institutionalisierung von christlichen „Community-Kirchen" entwickelt[40].

Wegweisend sind die im Anschluss an Ninian Smart[41] entstandenen sozial- und religionswissenschaftlichen Diaspora-Studien[42]. So entwickelte Martin Baumann ein Phasen-Modell der Diaspora-Bildung und zeigte, dass Migrationsgruppen aus ihrer Religion nicht selten das Potential schöpfen, mit Erfahrungen des Leides, der Diskriminierung und Marginalisierung umzugehen und ihnen durch Religion Selbstachtung und Würde, Schutz und Tröstung ermöglicht werden.[43] Michael Bergunder widmet sich Phänomenen der Hybridisierung, Transkulturation, Mission und Konversion und zeigt, dass Migrantenreligion nicht bloß einfach als „Religion der Anderen" in den Blick kommen kann, das als „Fremdes" außerhalb des „Eigenen" steht, sondern als Teil einer „polykontextuellen Welt" zu verstehen ist.[44] Die aktuelle Diasporaforschung konzentriert sich vor allem auf afrikanische christliche Gemeinden und lässt widersprüchliche Phänomene verständlicher werden: Afrikanische MigrantInnen betrachten den christlichen Glauben als Brücke zur Aufnahmegesellschaft[45], betrachten „Afrikanität" aber zugleich als Wert *sui generis.* Afrikanische christliche Diaspora „markiert demnach gleichzeitig auf unterschiedliche Weise ihre kollektive Identität". Die „Glokalisierung" der Religion spiegelt sich in der Komplementarität von Christsein und Afrikanität: „Prozesse der De-Lokalisierung stärken den Aspekt der 'Afrikanität' als Brücke zur 'verlorenen' Herkunftsregion, Prozesse der Re-Lokalisierung stärken den Aspekt des Christlichen als Brücke zur 'Fremde'."[46]

Zur Situation christlicher Migrationsgemeinden sind weiters die Studien von Bianca Dümling[47] sowie von Claudia Währisch-Öblau[48] zu erwähnen.

Basel-Landschaft. Projekt „Führer durch das religiöse Basel", Basel 2000; re.form leipzig (Hg.): Religionen in Leipzig. Leipzig 2003.

40 Vgl. Lehmann, Institutionen religiöser Pluralität.

41 Ninian Smart: The Importance of Diasporas, in: Shaul Shaked/David D. Shulman/Guy G. Stroumsa (Hg.): Gilgut. Essays on Transformation, Revolution and Permanence in the History of Religions, Leiden 1987, 288–297.

42 Vgl. Dehn/Hock, „Mein Vater war ein heimatloser Aramäer", 105.

43 Martin Baumann: Diaspora: Genealogie of Semantics and Transcultural Comparison, in: Numen 47 (2000), 313–337; ausführlich in: Ders.: Alte Götter in neuer Heimat. Religionswissenschaftliche Analyse zu Diaspora am Beispiel der Hindu auf Trinidad, Marburg 2003.

44 Michael Bergunder: Pfingstbewegung, Globalisierung und Mission, in: ZMiss 1–2 (2005), 71–89.

45 Gerrie te Haar: Hallway to Paradise: African Christians in Europe, Cardiff 1998.

46 Alle Zitate Dehn/Hock, „Mein Vater war ein heimatloser Aramäer", 106.

47 Bianca Dümling: Migrationskirchen in Deutschland, Frankfurt am Main 2011.

Dümling gibt einen umfassenden Überblick über die Situation von protestantischen und freikirchlichen Migrationskirchen in Deutschland und stellt anhand einer qualitativ-empirischen Studie deren Entstehung, (theologische) Zielsetzungen, Organisationsstrukturen, Gemeindeaktivitäten und Sozialstrukturen sowie das Verhältnis zu den evangelischen Landeskirchen dar. Dabei fokussiert sie auf die Frage nach dem Beitrag dieser Gemeinden zur Integration in Deutschland. Währisch-Öblau erforscht vor allem Pfingstkirchen und entwickelt entlang zahlreicher Merkmale[49] eine Typologie von Migrationsgemeinden in Deutschland.

Unterschiedliche christlich-orthodoxe Kirchgemeinden in der Schweiz haben François Hainard und Maria Hämmerli erforscht.[50] Neben den sozial ausgerichteten Dienstleistungsangeboten wie Freizeitgestaltung, Beratung, Unterhaltung und Zugang zu Bibliotheken und kulturellen Aktivitäten besteht deren Hauptaufgabe in der Praxis der christlich-orthodoxen Liturgie sowie der Rückbindung an das Herkunftsland. Zugleich unterstützen sie aber auch bei der Neuorientierung in der Schweizer Aufnahmegesellschaft und der Auseinandersetzung mit deren soziokulturellen und politischen Bedingungen. Eine Schlüsselrolle hat dabei der Priester der Gemeinde als Seelsorger, aber eben auch als Vermittler hinein in die neue Gesellschaft und Kultur. Er kann die Gemeindemitglieder ermutigen, die Landessprache zu lernen, verantwortungsvoller Bürger zu sein und den Kindern eine gute Ausbildung zu ermöglichen. Die Wahrung der jeweiligen national-kulturellen Identität spielt freilich gleichfalls eine wichtige Rolle: Die Gemeindemitglieder sollen gute, orthodoxe Christen bleiben. Die beiden Autoren erwähnen auch einen gewissen Überlegenheitsanspruch gegenüber der westlichen Kultur. Wie viele muslimische *communities* sind auch die meisten der erforschten orthodoxen Gemeinden stark auf die nationalkulturellen Lebenswelten der Gläubigen fokussiert.

---

[48] Z. B. Claudia Währisch-Öblau: The Missionary Self-Perception of Pentecostal/Charismatic Church Leaders from the Global South in Europe, Leiden 2009; Dies.: Mission und Migrations(kirchen), in: Christoph Dahling-Sander (Hg.): Leitfaden Ökumenische Missionstheologie. Gütersloh 2000, 363–383.

[49] Geographische Herkunft, mono/multiethnische Zusammensetzung, Gottesdienstsprache, Ekklesiogenese, Organisationsgrad, Migrationsstatus der Mitglieder, sozioökonomischer Status der Mitglieder, Organisationskultur, missionarischer Impetus, synchrone und diachrone organisatorische Verflechtung: vgl. Währisch-Öblau, Migrationskirchen in Deutschland, 36.

[50] François Hainard/Maria Hämmerli: Multiple Dimensions of the Integration Process of Eastern Orthodox Communities in Switzerland, Schlussbericht in NFP 58, Neuchâtel 2011.

Eine Studie zur Situation von katholischen Migrationsgemeinden in der Schweiz hat Simon Foppa vorgelegt.[51] Diese ermöglichen neben dem Angebot, gemeinsame Lebenssituationen zu teilen auch emotionale Unterstützung und Zugang zu sozialen Netzwerken: Sie sind „Schon-, Ermöglichungs- und Ermächtigungsräume“[52]. Ebenfalls in der Schweiz hat unter der Leitung von Arnd Bünker ein Team des Schweizer Pastoraltheologischen Instituts (St. Gallen) 370 christliche Migrationsgemeinden erforscht.[53] In ihrer globalen Verwurzelung und konfessionellen Vielfalt beeindruckend unterscheidet die Studie drei Typen von Migrationsgemeinden: a) den „Betreuungstypus“, der seine Hauptaufgabe eher defensiv in der Betreuung und Versorgung gleichsprachiger MigrantInnen erkennt; b) den „Abgrenzungstypus“, der binnenreligiös stark abgegrenzt vor allem kulturelle, kirchliche oder liturgische Differenz hervorhebt; c) den „Missionstypus“, dessen Gemeinden sich selbstbewusst als aktive „Player“ in der Schweizer Religionslandschaft verstehen und deren „Evangelisierung“ anstreben.[54]

Erwähnenswert ist aus methodischer und theoretischer Sicht abschließend noch die Studie von Rose Kaufmann[55], die anhand der Fallgeschichte einer irakischen Familie, die im Jahre 2000 vor dem Husseinregime nach Deutschland floh, die damit verbundenen Migrationserfahrungen von Fremdsein, gesellschaftlicher Marginalisierung, Identitätsverlust, Armut und Arbeitslosigkeit bewältigt und sich schrittweise in Deutschland einen neuen Lebensraum erschließt. Mittels Erzähltextanalyse zeigt die Autorin, wie sich Fragen nach Sinn und Religiosität im Zuge dieses Prozesses verändern und welchen förderlichen sowie behindernden Einfluss (religiöse) Sinnstrukturen dabei haben.

Besonderes Augenmerk hat in den vergangenen Jahren auch die Frage nach dem Integrationspotential von Religion bekommen, d.h. die Frage

[51] Simon Foppa: Katholische Migrantengemeinden. Wie sie Ressourcen mobilisieren und Handlungsspielräume schaffen, St. Gallen (Edition SPI) 2015; Ders.: Das unentdeckte Potenzial katholischer Migrationsgemeinden, in: feinschwarz vom 30.05.2016, URL: http://www.feinschwarz.net/das-unentdeckte-potenzial-katholischer-migrationsgemeinden/ (2016).

[52] Foppa, Das unentdeckte Potenzial katholischer Migrationsgemeinden.

[53] Judith Albisser/Arnd Bünker (Hg.): Kirchen in Bewegung. Christliche Migrationsgemeinden in der Schweiz, St. Gallen (Edition SPI) 2016.

[54] Arnd Bünker: Kirche in Bewegung: Christliche Migrationsgemeinden, in: feinschwarz vom 22.01.2016, URL: http://www.feinschwarz.net/kirchen-in-bewegung-christliche-migrations gemeinden/ (30.06.2017).

[55] Rose Kaufmann: Zu Hause in der Fremde. Bewältigung einer Flucht durch religiöse Sinnbildung. Die Beziehungsmuster einer Familie aus Irak als Untersuchungsgegenstand einer lebensweltlichen Biographieforschung, Würzburg 2007.

nach der förderlichen wie blockierenden Rolle und Bedeutung in Integrationsprozessen.[56]

Für Österreich und Wien gibt es nach wie vor keine einzige repräsentative empirische Studie und wenig abgesicherte Daten, die solche Prozesse beschreiben. Mit dem Projekt „Kartographie der Religionen in Wien"[57] wurde für die Bundeshauptstadt Wien ein wichtiger Schritt gesetzt, die Vielfalt der religiösen Gemeinden in Wien deskriptiv zu erfassen: Bisher lassen sich über eine interaktive Landkarte Name, Adresse sowie religiöse Tradition bzw. Strömung von 800 Gemeinden abrufen.[58]

4. Zum Projekt[59]

4.1 Forschungsfragen

Gefragt wird nach den Wechselwirkungen zwischen Migration und Religiosität auf der individuellen Ebene:

- Wie verändert sich Religiosität von christlichen MigrantInnen durch Migrationserfahrung/Migrationserlebnisse?
- Welchen Einfluss hat/haben Migrationserfahrung/erlebnisse auf Religiosität?
- Welchen Einfluss hat Religiosität auf Migrationserfahrung?

Die hier präsentierten Ergebnisse beantworten diese Fragen aus der Sicht der IP.

[56] Dazu v. a. Edmund Arens/Martin Baumann/Antonius Liedhegener/Wolfgang Müller/Markus Ries (Hg.): Integration durch Religion? Geschichtliche Befunde, gesellschaftliche Analysen, rechtliche Perspektiven, Zürich 2014; Edmund Arens/Martin Baumann/Antonius Liedhegener: Integrationspotenziale von Religion und Zivilgesellschaft. Theoretische und empirische Befunde, Zürich 2016; vgl. in diesem Sammelband: Religion und Integration, 253.

[57] „Kartographie der Religionen in Wien": URL: http://kartrel.univie.ac.at/ (30.06.2017). Leitung: Hans Gerald Hödl.

[58] An der Kirchlich-Pädagogischen Hochschule Wien-Krems, am Institut für Religionswissenschaft und am Institut für Praktische Theologie der Universität Wien sollen in den kommenden Jahren entsprechende Studien zu diesen Forschungsderivaten durchgeführt werden.

[59] Hier werden nur die wichtigsten Parameter beschrieben, Details vgl. Polak, Religiosität und Migration, unveröff. MS 2013.

4.2 Datenspektrum

Zur Beantwortung wurden zwei verschiedene Methoden verwendet. Spezifische Daten ermöglichen einen unmittelbaren Eindruck: Dazu wurden die IP mithilfe von Einzelinterviews befragt. Durch zusätzliche Experteninterviews mit den jeweiligen Leitern, deren Gemeinden die IP entstammen, konnten aggregierte Daten gewonnen werden, die ein komprimierteres Bild skizzieren lassen.

4.2.1 Spezifische Daten: Einzelinterviews

Zur Erhebung der spezifischen Daten kam ein Methodenmix mit Anleihen aus drei Interviewtypologien zur Anwendung:
- Narratives (erzählerisches) Interview
- Biographisches bzw. episodisches Interview
- Leitfadeninterview

Für den narrativen Interviewteil, das die IP aufforderte, ihre Migrationsgeschichte zu erzählen, griffen wir auf das Modell des *„life history grid"* (Lebensgeschichtennetz) zurück, das Jane Elliot[60] für biographische Erzählungen entwickelt hat. Dies ist ein thematisch strukturiertes Gitter der Lebensgeschichte, das die Erzählung der IP bei dessen Strukturierung unterstützen soll, aber keinesfalls zwingend ist. Wenn die IP andeuteten, die Migrationsgeschichte vollständig erzählt zu haben, stellten wir Vertiefungsfragen, um Unklarheiten zu beseitigen, Details nachzufragen oder bemerkte Lücken zu schließen. Danach wurde das Leitfadeninterview geführt.[61]

4.2.2 Sampling bzw. Auswahl der Interviewpartner

Als IP wählten wir deutsche, serbische und kroatische MigrantInnen, da diese die in Österreich zahlenmäßig größten (christlichen) Zuwanderungsgruppen repräsentieren. Auch in bezug auf die Konfessionalität haben wir die drei in Österreich zahlenmäßig größten Gruppen gewählt: katholische, orthodoxe und evangelische Christinnen. Dadurch wurde es auch möglich, Kontraste in Bezug auf das Herkunftsland und die christliche Konfession der Befragten gezielt wahrzunehmen. Zudem sind die so aus-

[60] Jane Elliott: Using Narrative in Social Research. SAGE (Reprint der Ausgabe von 2005), London/Thousand Oaks/New Delhi 2006.

[61] Zu den Fragestellungen vgl. Polak, Religiosität und Migration, unveröff. MS 2013.

gewählten IP in ihrem Herkunftsland auch jeweils Angehörige einer relevanten Mehrheit und in Wien mit einer Minoritätssituation konfrontiert.[62] Daraus ergibt sich folgende Zusammensetzung der IP:[63]

Schicht 1 Religion/ Konfession	orthodox	katholisch	evangelisch
Schicht 2 Herkunftsland	Serbien	Kroatien/Bosnien	Deutschland
Schicht 3 Religiöse Gemeinde	sechs IP aus der Gemeinde „Zur Auferstehung Christi" (serbisch-orthodoxe Gemeinde)	sechs IP aus der Personalpfarre „Kirche zu den Neun Chören der Engel", „kroatische Gemeinde"	sechs IP (5 evangelisch H.B., 1 evangelisch A.B.) zugehörig zu verschiedenen evangelischen Gemeinden in Wien[64]

Insgesamt wurden 2012 18 MigrantInnen der ersten Generation befragt, d.h. Personen, die im Ausland geboren wurden und nach Wien migriert sind. Die Auswahl erfolgte nach hoch selektiven Kriterien. Es wurde gezielt nach Personen gesucht, die sich selbst als religiös verstehen und auch zu einer Reflexion ihrer Religiosität bereit und fähig sind sowie eine regelmäßige Beziehung zu einer Gemeinde haben. Es wurden nur Personen ausgewählt, die gut Deutsch können und seit mindestens fünf Jahren ihren festen Wohnsitz in Wien haben. Diese Kriterien sollten sowohl die Kompetenz als auch einen ausreichend langen Zeitraum sichern, über den die IP berichten und reflektieren können. Die Auswahl hat dazu geführt, dass alle IP über höhere Bildungsabschlüsse verfügen bzw. in gesellschaftlich anerkannten Berufen tätig sind. Die Ergebnisse sind daher keinesfalls repräsentativ und spiegeln nur einen kleinen Teil der christlichen MigrantInnen und entsprechender Gemeinderealitäten wider.

[62] Die kroatischen KatholikInnen sind als anderssprachige Gemeinde eine Minorität der Erzdiözese Wien und zudem mit einer für die erste Generation ungewohnten religiös pluralen Situation konfrontiert.

[63] Die statistischen Daten zu den IP vgl. Polak, Religiosität und Migration, unveröff. MS 2013.

[64] Da es bei der Personensuche sehr schwierig war, IP zu finden, die unserer „Personenbeschreibung" entsprechen und zu einem Gespräch bereit waren, ist es nicht gelungen, alle evangelischen IP aus einer Gemeinde zu gewinnen. Dazu kommt, dass sich bei den Befragten das Verhältnis zur Gemeinde bei den Evangelischen auch etwas anders darstellte als bei den beiden anderen Gruppen.

4.2.3 Aggregierte Daten: Experten-Interviews

Die Experten-Interviews wurden mit Pfarrern, Priestern bzw. Pastoren der Gemeinden geführt, je zwei pro Konfession und Herkunftsland, insgesamt sechs Personen. Die hier als Experten[65] angesehenen Personen haben einen Zugang zu vielen Menschen mit Migrationserfahrung. Sie haben sich bereits mit vielen verschiedenen Lebensgeschichten und -perspektiven auseinandergesetzt. Sie wurden zu folgenden Themenbereichen befragt:

- Migrationsgrund und -erlebnisse
- Religiosität vor Migration und heute
- Erste Kontakte und Erfahrungen in Österreich
- Dimensionen der Religiosität
- Erfahrungen zu Religiosität in den Familien
- Häufige Schilderungen über die Probleme mit und um die Religiosität im Kontext von Migration

4.3 Auswertung

Als Auswertungsmethode wurde sowohl für die Einzel- als auch für die Experteninterviews die qualitative Inhaltsanalyse nach Philipp Mayring gewählt. Dabei beschränkt sich dieser Bericht auf eine erste induktive Auswertung[66] der Daten.

5. Auswertung

Bei der ersten Auswertung ist der markante Einfluss von Konfessionalität auf Einstellungen, Werte und inhaltliche Schwerpunktsetzungen deutlich geworden, wie er auch im Zuge der Europäischen Wertestudie bereits nachgewiesen wurde.[67] Deshalb erfolgt die Darstellung der Ergebnisse ent-

[65] Im Sinne des Expertenverständnisses bei Alexander Bogner/Beate Littig/Wolfgang Menz (Hg.): Das Experteninterview. Theorie, Methode, Anwendung, Opladen[2] 2005.

[66] Mayring, Qualitative Inhaltsanalyse, 58–63.

[67] Vgl. Regina Polak/Christoph Schachinger: Stabil in Veränderung. Konfessionsnahe Religiosität in Europa, in: Regina Polak (Hg.): Zukunft. Werte. Europa. Die Europäische Wertestudie 1990–2010: Österreich im Vergleich, Wien 2011, 191–219; Loek Halmann/Wil Arts: Value Research and Transformation in Europe, in: Polak (Hg.), Zukunft. Werte. Europa, 79–95. Konfessionalität erweist sich vor allem im Bereich von Religion im Vergleich mit anderen demographischen Variablen als „der" relevante Faktor zur Erklärung von Unterschieden in sämtlichen Wertebereichen. Sogar säkulare Werte und Einstellungen sind maßgeblich durch konfessionelle Zugehörigkeit zu erklären.

lang der konfessionellen Gruppen. Die Kategorien der Auswertung ergaben sich infolge der inhaltsanalytischen Auswertung.

5.1 Religiosität

Der überwiegende Teil der Aussagen in allen Interviews bezieht sich auf Aussagen zum Selbstverständnis der IP von Religion und Religiosität. Dabei kristallisieren sich folgende Dimensionen und Themenbereiche heraus:

5.1.1 Begrifflichkeit

Kroatisch-Katholische Gruppe

Die kroatisch-katholischen IP verwenden mehrheitlich den Begriff „Glauben", um ihr religiöses Selbstverständnis zu beschreiben. Sie stehen dem Konzept „Religiosität" eher distanziert gegenüber. Eine IP betont, dass Religion nie nur ein Teil der Tradition für sie gewesen sei, sondern immer persönliche Erfahrung. Den Begriff „Spiritualität", den ich vermieden habe, verwenden die IP, wenn sie von spezifischen Glaubenserfahrungen sprechen oder mit Blick auf den Zukunftsbedarf von Kirche.

Deutsch-Evangelische Gruppe

Die deutsch-evangelischen Befragten verwenden durchgängig und selbstverständlich den Begriff „Religiosität" und zeigen mitunter ein sehr reflektiertes, distanziertes Verhältnis zu diesem. Nach „spirituellen Erfahrungen" besteht in den wenigsten Fällen ein Bedarf. Wenn, dann ist diese Spiritualität sehr diesseitsorientiert und wird „nicht (wie eine Monstranz) vor sich hergetragen". Der Begriff „Glaube" taucht ebenfalls selten auf, manchmal sogar abgrenzend: „Wenn ich entschieden wäre, hätte ich schon einen anderen Glauben, nämlich gar keinen mehr." Ein IP versteht sich zwar als Christ, aber nicht als religiös, zu einer näheren Erläuterung dieser Unterscheidung fehlen ihm aber die Worte. Er wird „nervös", wenn er mit menschengemachten Doktrinen und Regeln konfrontiert wird – wofür „Religion" steht, weil „dies schon oft in die Hosen gegangen" ist.

Serbisch-Orthodoxe Gruppe

Die serbisch-orthodoxen IP sprechen ebenfalls mehrheitlich von Glauben, „switchen" aber öfters unsystematisch zwischen den Begrifflichkeiten. Für eine IP ist „Religion" überhaupt nur ein „grober Satz" und das, was man „durch Erziehung beibringt und beweisen will"; für sie ist Glaube „das Leben". Ein Experte spricht von „metaphysischen Fragen", die im Angesicht der Verlusterfahrungen im Krieg bei den Gläubigen auftauchen. Für die Gemeindemitglieder ist eine tiefe Erfahrung des Glaubens charakteristisch: „Ich trage den Glauben immer bei mir."; „Religion war für mich immer nur schön und Freude."; Dabei ist für die orthodoxen Befragten (auch in der Gemeinde) charakteristisch, dass viele Gläubige erst mit 30, 40 Jahren zum Glauben gekommen sind, da Serben zu 80 % Atheisten sind und vielfach an „Sekten" Anschluss finden, so der Experte. Die bosnischen Gläubigen scheinen einem der Experten gläubiger, was er auf deren Kriegserfahrungen zurückführt: Die Erfahrung, von allen Seiten eingekesselt zu sein, eröffne den „Weg nach oben".

5.1.2 Religiöse Praxis

Kroatisch-Katholische Gruppe

Die kroatisch-katholischen Gemeindemitglieder streichen vor allem den das ganze Leben prägenden Charakter des Glaubens heraus. „Glaube ist eine Lebenshaltung, die nicht einzunehmen, nicht möglich war." Glaube, Hoffnung und Leben lassen sich auch nicht „auseinandertreiben" und es gibt keine Lebenssituation, die man mithilfe des Glaubens nicht bewältigen könne. Glaube ist „Bestandteil des Lebens" und „ohne den Glauben kann man nicht leben". Dieser immer wieder geäußerte lebensnotwendige Glaube verwirklicht sich bei allen IP im regelmäßigen Besuch des Gottesdienstes, in einer intensiven Gebetspraxis sowohl allein als auch in den Familien, in der Beichte und intensiven Teilnahme am Gemeindeleben; bei einzelnen IP auch in regelmäßiger Bibellektüre oder regelmäßigen Wallfahrten. Zu den großen Festtagen reisen viele Gläubige der Gemeinde auch in ihre Herkunftsländer, z. B. zu Allerheiligen oder Allerseelen. Zentral für die befragten Gemeindemitglieder sind auch die Gespräche mit den Priestern. Für diese muss ein Priester viel Zeit haben.

Deutsch-Evangelische Gruppe

In den Interviews werden explizite Aussagen zur religiösen Praxis eher vorsichtig formuliert. Der Glaube sucht sich bei den Gläubigen seinen Ausdruck eher im sozialen Handeln, so z. B. im „Diakonium", einem sozialen Hilfsdienst der reformierten Gemeinde, wo immer wieder soziale Projekte durchgeführt werden. Die ethische Dimension ist sehr wichtig. Das Handeln ist aber nicht immer religiös, sondern einfach nur „menschlich" begründet. Die befragten Gemeindemitglieder besuchen fast alle regelmäßig den Sonntagsgottesdienst. Eine IP fühlt sich immer wieder durch Predigt und Fürbitten persönlich angesprochen, ein IP begleitet seine Frau, eine Religionslehrerin, regelmäßig zu Anlässen in die Kirche und genießt dabei die Gespräche mit anderen Menschen. Persönliches Gebet findet eher „verdeckt" und „heimlich" statt und wird als äußerst intime Angelegenheit betrachtet. Religiöses Alltagsleben ist eher die Ausnahme, auch in der Familie. Als bedeutsam werden auch immer wieder Gespräche über Religion bzw. das Nachdenken genannt: So ist es für eine IP zentral, über gegenwärtige Fragen in einem biblischen Kontext nachzudenken. Erwähnenswert ist auch eine interreligiöse Plattform, die die reformierte Gemeinde in Favoriten initiiert hat, um den christlich-islamischen Dialog in diesem Bezirk, der durch einen hohen Migrantenanteil gekennzeichnet ist, zu pflegen. Mehrmals wird betont, dass man sich aufgrund der Minderheitensituation in Österreich mehr für die Gemeinde engagieren muss. Eigene Kinder werden religiös erzogen, aber nicht alle Kinder finden dabei einen kirchlichen Weg.

Serbisch-orthodoxe Gruppe

Für alle serbisch-orthodoxen IP steht die Liturgie im Mittelpunkt – ohne diese „fehlt etwas". Allerdings zeigt sich das in verschiedener Weise. Während die einen betonen, dass „die horizontale" Dimension – also die Beziehung zu den Gläubigen – ebenso von Gott gewollt ist wie die vertikale, die Gemeinde dabei als „Leib Christi" wahrgenommen wird und das „Entscheidende der Kommunionvollzug" ist, spürt eine IP „nicht wirklich ein Bedürfnis", regelmäßig in den Gottesdienst zu gehen; sie geht allerdings regelmäßig in die Kirche, um eine Kerze für ihren verstorbenen Vater anzuzünden und nimmt auch an den entsprechenden Totengedenkfeiern teil. Für alle Gemeindemitglieder ist eine geistliche Praxis bedeutsam: Gebet, geistige und geistliche Disziplin, Fasten und Beichten, auch die Pflege bestimmter religiöser Traditionen aus dem Herkunftsland. Eine IP besucht sogar dreimal die Woche die Vesper und bäckt Brot für die Kommunion, wofür sie einen Segen erhält. Eine IP besucht seit ihrer Kindheit sowohl orthodoxe als auch katholische Gottesdienste (die Mutter ist katholisch) und feiert die Feste ihrer katholischen Freunde. Für einige ist eine ökumenische Praxis völlig selbstverständlich, auch für die Gemeinde insgesamt. Erzählt wird auch von Besuchen im Kloster, Reisen nach Jerusalem und Bethlehem und orthodoxen Wallfahrtsorten. Die liturgische Praxis wird als „Formierung" erlebt, da sie die Person und deren Leben und Denken verändert. Sie dient dazu, dass „der goldene Dukat", der ein Mensch ist und der durch Sünden verschmutzt ist, „wieder zum Leuchten kommt". Wie bei den kroatisch-katholischen IP sind auch für die serbisch-orthodoxen Gemeindemitglieder die Gespräche mit den Priestern zentral. Familienprobleme nehmen einen großen Teil dieser Gespräche ein: Viele der Migranten der ersten Generation sind damit konfrontiert, dass sie ihr Leben nicht gelebt haben. Österreich war für sie nur „eine Fabrik" zum Arbeiten und Geld verdienen, der Fokus war immer auf die Rückkehr in die Heimat gerichtet. In dieser Zerrissenheit haben viele Migranten 40 Jahre lang gelebt. Von der alten Heimat sind sie entfremdet, in Österreich sind sie nie angekommen, das dauernde „Schuften" hat sie von ihren Kindern entfremdet. Diese – die Nachfahren – haben, insbesondere in materiell erfolgreichen Familien, oftmals Alkohol- und Drogenprobleme. So sind die Priester mit Versöhnungsarbeit beschäftigt, denn die Menschen suchen nach Seelenheil und Aussöhnung mit ihren erwachsenen Kindern. Einige der IP betonen auch die moralische Dimensionen des Glaubens: Glauben heißt auch, anderen Menschen gegenüber ehrlich zu sein, ihnen zu helfen, andere zu lieben und offen und zugänglich zu sein für Menschen, die nach einem Ansprechpartner suchen.

5.1.3 Funktionen von Religion

Kroatisch-Katholische Gruppe

Die IP benennen explizit eine Vielfalt an Funktionen, die der Glaube erfüllt. Der Glaube gibt Kraft in ausweglosen Lebenssituationen, mit denen man als Migrant oft konfrontiert ist. „Wenn die Welt zerrüttet ist, der Vater weint, weil er durch Betrüger um sein ganzes Geld gekommen ist und die Migrantenfamilie nun keine Wohnung hat"; wenn eine IP als 17jährige für die Gemeinde „die Rechtsanwältin des Dorfes" ist und neben Schule und Alltag – ohne Mutter – unzählige Formulare ausfüllen muss und beinahe zusammenbricht. Der Glaube dient als Entscheidungshilfe: So hat eine IP die Entscheidung, in Wien eine Assistentenstelle an der Universität anzunehmen, mithilfe des Glaubens getroffen. Glaube lehrt Dankbarkeit und hilft Ängste zu überwinden. Immer wieder werden die Hoffnung und der Trost, die der Glaube ermöglichen, angesprochen. Glaube verleiht Ausdauer und Durchhaltevermögen und gibt Rückhalt, wenn man sich schwach fühlt. Diese Funktionen werden im Zuge der Erzählungen der Migrationsbiographien wie selbstverständlich eingeflochten – ohne eigens nachgefragt zu werden.

Deutsch-Evangelische Gruppe

Auch in dieser Gruppe werden die Hoffnung und die Bedeutung des Glaubens als Entscheidungshilfe genannt, allerdings nicht in derselben expliziten Quantität wie bei den kroatisch-katholischen. Wenn dies erfolgt, dann aber durchaus intensiv: Religiosität macht Hoffnung, „dass man nicht verbissen wird" und „nicht verhärtet, sondern vergeben lernt und sich das Leben nicht vergiften lässt". Das tägliche Bibellesen und das Beten war für eine IP das einzige, was ihr in einer schweren Krankheit geholfen hat. Religion hilft ferner zu begründen, wer man in einer fremden Umgebung ist und warum man so ist, wie man ist: Reformiert in einer mehrheitlich katholischen Umgebung. Selbst für den „Nicht-Kirchengeher" spielt Religion eine wichtige Rolle als „Zuhause"; er würde sich in einem mehrheitlich islamischen Land nicht so wohlfühlen, wenngleich er auch mit Muslimen befreundet ist. Diese Funktion wird allerdings von einem der Experten auch kritisch betrachtet: Der Glaube dient der Stabilisierung von Identität und dies v. a. im Bereich religiöser Ausdrucksformen. Das Singen, Beten und Nachdenken in der Muttersprache vermittelt „ein bisschen Gefühl von Heimat", hat aber keine theologischen Motive. Für eine IP dient Religion dazu, das zu erklären, was man „jenseits von Physik, Chemie, Quarks und Strings" sich selbst und vor allem dem eigenen Kind nicht mehr erklären kann: Kindern kann man ohne Religion die Welt nicht so ganz erklären, „irgendwann hört es immer auf".

Serbisch-Orthodoxe Gruppe

Die serbisch-orthodoxen Befragten sprechen Funktionen kaum explizit an. Einzig die Kraft, die der Glaube gibt, wird benannt: wenn der Vater sterbenskrank ist, die wirtschaftliche Situation schlimm und es keine Medikamente gibt, wenn man sich in Wien mit den Studiengesetzen herumschlagen muss und die Ausbildung im Heimatland nicht anerkannt wird oder wenn man knapp vor dem Selbstmord ist, weil alles im Leben zerbrochen ist.

5.1.4 Inhalte

Kroatisch-Katholische Gruppe

Die IP nennen kaum explizite theologische oder Glaubensinhalte, die Glaubenspraxis steht eindeutig im Vordergrund, wenn sie nach Religiosität gefragt werden. Erwähnt werden das Vorbild Jesu und das Doppelgebot der Nächstenliebe, das im Vordergrund steht sowie ausgewählte Psalmen, die in schwierigen Lebenssituationen geholfen und begleitet haben.

Deutsch-Evangelische Gruppe

Demgegenüber dominieren bei den deutsch-evangelischen IP inhaltliche Themen. Immer wieder wird betont: „Reformiert ist anders!" Das bezieht sich zum einen auf die ästhetische Dimension. In der Kirche im ersten Bezirk gibt es kein Kreuz, denn für die Gläubigen ist dies ein blutiges Zeichen der Gegenreformation bzw. ein Folterinstrument. Eine IP erträgt es auch kaum im öffentlichen Raum, da es ein schlechtes Gewissen macht. Das „Schnörkellosere" des Reformierten wird betont. Die Religiosität der Gläubigen in der Gemeinde lässt sich auch nicht auf einen gemeinsamen Nenner bringen und ist ganz vielfältig, so einer der Experten. Gemeinsam ist der Widerspruchsgeist, der urtümlich da ist. Man ist stolz darauf, den Widerstand und den Tyrannenmord definiert zu haben. Auch die Minoritätensituation wird theologisch gedeutet, da die Zugehörigkeit zu einer Majorität die Gefahr berge, sich mit Gott gleichzusetzen. Die Gottesbeziehung ist in der Gemeinde kein Thema, wobei gegebenenfalls Männer hier eher mit intellektuellen, Frauen mit ganzheitlichen Zugängen zu erreichen seien. Die soziale Dimension wird als wesentlich herausgestrichen, der „Verhaltenscodex"– freundlich, anständig sein – ist wichtig. Das Christentum ist „praktizierte Menschlichkeit". Als theologisch wichtig wird schließlich das Mitspracherecht in der Kirche erwähnt.

Serbisch-Orthodoxe Gruppe

Die serbisch-orthodoxen IP beziehen sich auf inhaltliche Fragen ähnlich selten wie die kroatisch-katholischen, weben diesbezügliche Aussagen aber wie selbstverständlich in ihre Erzählungen ein. Auch bei ihnen stehen der gelebte, erfahrene Glaube und die praktischen Fragen im Vordergrund. So sei in den seelsorglichen Gesprächen die wichtigste Glaubensfrage, wie das mit dem Gebet für die verstorbenen Verwandten ist, die im Herkunftsland begraben sind und die man nicht besuchen kann. Der Priester lehrt sie, dass man dies auch hier in der Kirche machen kann. Ein Experte spricht auch vom „reinen Glauben": Dies ist der Glaube der Kirche, der allerdings immer wieder von Traditionen, die vor allem die Migranten der ersten Generation mitbringen und pflegen, gestört wird. Dieser „reine Glaube" öffnet die Menschen für Gott und andere Menschen, während unkirchliche Bräuche zwar sehr bunt sind, aber für den Glauben verschließen. Für eine IP bedeutet orthodox sein, dass er „das Authentisch-Wahre" der Tradition annehme; auch wenn ihm das Wahre der anderen Religionen und Konfessionen nicht fremd ist, bevorzuge er doch die orthodoxe Tradition. Die orthodoxe Tradition ist für ihn nicht so von westlicher Rationalität geprägt und der oberste Maßstab; Vernunft brauche eine Beheimatung im Personsein des Menschen. Die stark personale Ausrichtung des Glaubens zeigt sich auch im Wunsch, sein ganzes Leben Gott zu widmen. Als das wichtigste im Glauben nennt eine IP die Liebe, die das Fundament von allem ist.

5.1.5 Erinnerungen

Das Thema Religiosität taucht im narrativ-biographischen Teil bei allen IP sehr verschieden auf, manchmal bildet es den roten Faden durch die Erzählung, manchmal wird es gar nicht erwähnt, manchmal erst auf Nachfrage oder bei den Fragen in Teil 2. Vielfach handelt es sich dann um Erinnerungen aus der Kindheit und dem Herkunftsland.

Kroatisch-Katholische Gruppe

Bei den kroatisch-katholischen IP sind eine religiöse Kindheit und ein kontinuierlich kirchliches Leben der Normalfall. Eine IP hat sich schon als Kind gefragt, warum die Menschen böse sind und es auf der Welt nicht gerecht ist und sich so mit religiösen Fragen beschäftigt. Für alle IP war das Leben in der und mit der Kirche der zentrale Lebensraum. Generell spielt sich Religiosität in dieser Gruppe in engster Verbindung mit einer/der Gemeinde ab.

Deutsch-Evangelische Gruppe

Die deutsch-evangelischen IP erzählen höchst heterogene religiöse Biographien. Eine IP war von Kindheit an religiös, hat sich für alle Religionen der Welt interessiert und sich mit einer Freundin bewusst eine reformierte Kirche gesucht, weil ihr das demokratische Element darin gut gefiel. Eine andere IP kommt aus einem Gebiet, in dem „die Evangelen schlimmer waren als die Katholen", man hielt den eigenen Wohlstand für einen Ausweis der Frömmigkeit und im Religionsunterricht hat er gelernt, „dass Neger stinken". So hat er sich Religiosität abgewöhnt. Eine weitere IP ist säkular erzogen worden, war nur zu Weihnachten und zur Konfirmation in der Kirche und ist nach Studienende aus der Kirche ausgetreten. Erst durch die Geburt seines Kindes sind bei ihm wieder Fragen aufgetaucht und er stellte fest, dass er doch „irgendwie an Gott glaubt". Eine IP ist „seit Generationen in einem lutherischen Elternhaus, mit vielen Theologen" und kann sich gar nichts anderes vorstellen. Eine IP hat nichts von seiner religiösen Biographie erzählt.

Serbisch-Orthodoxe Gruppe

Auch die Biographien der serbisch-orthodoxen IP sind sehr heterogen. Es finden sich zahlreiche Konvertiten unter ihnen, die tiefe spirituelle Erfahrungen schildern. Eine einzige IP ist in ein religiöses Elternhaus geboren, mit einer kroatisch-katholischen Mutter und einem serbisch-orthodoxen Vater. Alle Feste werden bis heute doppelt gefeiert. Mit 15 Jahren ließ sie sich dann orthodox taufen, „Wahrscheinlich, weil da die Ikonen und ein orthodoxes Land" waren. Ihr ganzes Leben ist ein „Weg durch die Religion".

5.1.6 „Religiöse Identität“

In den Interviews tauchen intensive Auseinandersetzungen mit der jeweiligen zentralen Dimension der Identität auf, allerdings sehr verschieden und auch nicht eigens angefragt.

Kroatisch-Katholische Gruppe

So betonen die kroatisch-katholischen IP vor allem „das Kroatische“ in ihrer Selbstdarstellung. „Ich bin Österreicherin und Kroatin, was die Religion und Spiritualität betrifft, bin ich vollkommen kroatisch“, sagt eine IP. Dieses „Kroatische“ manifestiert sich in der Traditionsbewusstheit, einer spezifischen, „anders“ genannten Frömmigkeit (z. B. Marienverehrung, Wallfahrten), dem engen Bezug zur Gemeinde, zum Herkunftsland und zum Priester, der als Autorität betrachtet wird. Auch ein Experte erläutert, was für einen kroatischen Katholiken wichtig ist: 1) Die Messe und der Kontakt zur Kirche, 2) die Familie und 3) sich im Leben gut fühlen. Auf die Frage, ob sich durch Migration die Gottesfrage verändere, antwortet er, dass es für Kroaten wichtig sei, was der Priester sagt, wenngleich die Leute auch eine eigene Meinung haben. Bei einigen lässt sich eine differenziert-kritische Wahrnehmung finden. Zum einen wird betont, dass man, nur weil man Marienverehrung pflegt, keinesfalls „ultrakonservativ und reaktionär“ ist (Ik5). Zum anderen ist ein Experte der Ansicht, dass das Festgelegt-werden auf „kroatisch“ durch die Ortskirche ein Ausdruck ist, dass diese „will, dass wir so bleiben“. Man will aber nicht allein darauf festgelegt werden.

Deutsch-Evangelische Gruppe

Die deutsch-evangelischen IP streichen keine Nationalität oder Kultur hervor, da sich die Gemeinden, denen sie angehören, auch mehrheitlich aus Zuwanderern aus verschiedenen Ländern zusammensetzen (Tschechen, Ungarn, Deutsche, Schweizer, Taiwanesen usw.). Sie rekurrieren jedoch immer wieder auf „das Reformierte“. Dieses Bewusstsein ist auch deshalb so stark, weil viele der Familien in den Gemeinden, in der Reformationszeit und der Nachreformationszeit einen hohen Preis, oft mit dem Leben, für die eigene Überzeugung gezahlt haben. Deshalb ist auch das Bewusstsein, dass sich die Kirche immer wieder verändern müsse, sehr ausgeprägt (z. B. in der Frage gleichgeschlechtlicher Partnerschaften). Man ist stolz darauf, nicht autoritär zu sein und sagt dies auch katholischen Konvertiten: „Wisst Ihr, was Ihr Euch da antut? Bei uns müsst Ihr selbst entscheiden.“ Als spezifisch reformiert werden vor allem der Wunsch nach Selbstbestimmung, das demokratische Prinzip und der Widerspruchsgeist bezeichnet. Freiheit ist für die Reformierten zentral, es gibt keine Sonntagspflicht, keine kirchlichen

Verbote und man darf nach einer Scheidung wieder heiraten. Evangelisch steht auch für gesellschaftliche und politische Anliegen.

Serbisch-Orthodoxe Gruppe
Bei den serbisch-orthodoxen IP steht die Diskussion um das rechte Verhältnis zwischen Glaube und Nationalität sowie die Beziehung zu den anderen christlichen Konfessionen im Fokus der Identitätsfrage. Ein Experte bezeichnet im Anschluss an eine Lehre des Heiligen Synod den Ethnophiletismus als Häresie: Zuerst sind die Gläubigen orthodox, die nationale Zugehörigkeit sei zweitrangig. Er selbst hat bei der Geburt seiner Tochter in Wien – die Mutter ist bulgarisch-orthodox – deren Bekenntnis als „christlich-orthodox" eintragen lassen. Ihm ist auch wichtig, dies in der Gemeinde zu vermitteln, da es dort bei den Migranten der ersten Generation nach Regionen in Serbien und Bosnien aufgeteilte Gruppierungen gibt, die darüber streiten, wer den wahreren, reineren Glaube habe. Außerdem gibt es angesichts der intensiven ökumenischen Praxis in der Gemeinde Konflikte, warum er z. B. mit den Katholiken feiere. Der wahre Feind ist jedoch seiner Ansicht nach der Säkularismus, der nicht mehr an Sünde, Hölle und Paradies glaubt und alles für erlaubt hält; nicht aber die anderen Konfessionen. Auch für die IP steht „das Serbische" im Hintergrund; eine IP meint, das Serbische und das Orthodoxe müssen getrennt bleiben; zuerst müssen die Gläubigen orthodox sein, wenngleich zwischen beiden „ein Verbund bleiben sollte".

5.2 Spirituelle Erfahrungen

Neben den eher sachlich gehaltenen Auskünften über das religiöse Selbstverständnis erzählen einige IP auch tiefe spirituelle Erfahrungen.

Kroatisch-Katholische Gruppe
In der Gruppe der kroatischen Katholiken wurde die spirituelle Dimension von drei IP thematisiert. Eine IP erzählte von ihrem Gefühl, dass „Gott mit ihr" ist: Gott macht glücklich, zu einem guten Menschen. Das Gebet sei nicht nur ein Ritual, sondern ein ständiges, persönliches Gespräch, das man in jeder Lebenslage pflegt, beim Arbeiten, in der Schule, im Alltag. Gebet sei Beziehung. Diese Erfahrung habe sich durch Migration nicht verändert.

Für eine weitere IP war der Glaube das einzige, was ihn in seinen Jahren der Migration und des Einlebens in Wien „über Wasser gehalten hat". Es gab keine gesellschaftliche Unterstützung, keine psychologische Betreuung und so war Spiritualität die einzige Lösung. Das Leben war ein Kampf, aber durch die Gebete und den Glauben sei er geprägt worden und habe Vertrauen und Verzeihen gelernt. Gegen alle Widersprüche – er werde die Schule, das Studium nicht schaffen – habe er alle Hürden mithilfe des Glaubens überwunden und sieht sich als von Gott gesegnet. Die Hoffnung, die er mehrfach erwähnt, habe ihm immer weitergeholfen. So hat er die Erfahrung gemacht, dass die Leidensgeschichten nur temporär sind und vergehen, was für ihn ein großer Trost ist. Seinen Kindern versucht er, diesen Trost zu vermitteln, für seine Frau ist seine Sichtweise allerdings kein Trost.

Er erzählt retrospektiv von seiner Ankunft in Wien und beschreibt sie als nahezu mystische Erfahrung. Da waren „drei Spotlights", an die er sich erinnern kann: 1) Wien ist eine wunderschöne Stadt; 2) Ein großes Misstrauen und Angst überfielen ihn, weil er nichts verstand; zudem hatte er einen schmerzvollen Bienenstich; 3) Die Erkenntnis, es besser als andere zu haben, weil seine Familie ohne Flucht nicht überlebt hätte. Und in diesem Moment kam „Spotlight vier": „die große Erfahrung der Gnade."

Immer wieder habe ihm der Glaube dann geholfen, zu erkennen, dass er nicht gerettet worden wäre ohne die Flucht aus Bosnien. Die Frage nach dem Sinn des Leidens im Zuge seiner Migrationsgeschichte bekommt so einen irdischen Sinn. Spiritualität bezeichnet er als „Wahrnehmung des Göttlichen". Über solche Erfahrungen in seiner Gemeinde zu sprechen sei allerdings schwierig, da „man bei den Kroaten nicht so über den Glauben redet".

Die dritte IP ist schon als Kind oft in der Kirche gesessen und hat mit Gott „gesprochen und gescherzt". Beschreiben kann sie das dabei wahrgenommene Gefühl jedoch nicht: „Ich hatte einen Gott" – und dann konnte sie sich wieder ihren Aufgaben widmen. Sie erinnert sich auch an ein „verschwommenes religiöses Erlebnis", das Gefühl, Gott ist bei ihr, sowohl bei ihrer Erstkommunion als auch bei ihrer Firmung. Nie wieder war sie glücklich wie an diesem Tag der Erstkommunion. Sie pflegt auch – ohne ein Ritual zu haben – das regelmäßige Nachdenken und Meditieren: Dann sitzt sie, betet das Vater Unser oder den Rosenkranz, liest die Bibel und wartet auf eine Botschaft, die ihr bei einer Entscheidung hilft. Für sie sind diese Erfahrungen „kroatisch" und „anders", weil sie viel mit persönlicher Erfahrung zu tun haben. Sie macht es am Beispiel von Weihnachten fest. Während in Wien Weihnachten voller Lichter und Geschenke ist, war Weihnachten in Bosnien etwas Geheimnisvolles. Es gab dazu nichts in der Schule, erst abends versammelte sich die ganze Familie, der Vater – als Gastarbeiter in Wien – kam aus Wien, und man feierte still und geheim Weihnachten – ganz ohne Geschenke. Sie erzählt von einer Sehnsucht nach etwas, das sie vollkommen erfüllt. Dies nennt sie Gott. Sie freut sich deshalb zwar nicht auf den Tod, aber doch auf das, was danach kommt. Sie hat auch begonnen, Gedichte zu schreiben. Aus der Fülle ihrer sehr persönlichen Erfahrungsberichte sei einer wiedergegeben:

> „Nur, in meinem alltäglichen Leben versuche ich, das Kreuz, das Kreuz wegzuschieben sozusagen. Ich will mir das Leben so leicht wie möglich machen. Und dann verstehe ich oft, das geht nicht so, das geht nicht so und … ja, dann, ich habe meine Krise und dann, ich habe immer meine Spaziergänge und jetzt zum Beispiel wo ich wohne gibt es ja den Böhmischen Prater, wenn mich der Mann und die Kinder ärgern, dann gehe ich einfach, ich laufe nicht, sondern ich gehe spazieren. Dann sitze ich unten am Hügel, am Berg und da komme ich mir wie in meinem Dorf vor und schaue auf die Welt hinunter und denke mir, das Leben ist eigentlich nicht so … es ist eigentlich alles nicht so schlimm. Und dann bete ich oder rede zu Gott und beruhige mich und komme wieder zu Kräften."

Deutsch-Evangelische Gruppe

In dieser Gruppe erzählen die beiden Pastoren spirituelle Erfahrungen sowie zwei IP. Ein Pastor erzählt von seinen Erfahrungen bei den Treffen mit dem Reformierten Weltbund – einem Treffen von Kirchen, die alle „kleine, unsichere Kirchen" sind und in Minderheitensituationen leben. Er habe dabei die Erfahrung gemacht: „Da ist einer, der uns geführt hat."

Der zweite Pastor hat seine spirituellen Erfahrungen im Zuge seines Aufenthaltes in den USA gemacht. Durch Begegnung mit anderen religiösen Traditionen habe er gelernt, sich selbst in Frage zu stellen, was den Glauben wach hält. Als Grundhaltung sei ihm geblieben, in seine „tieferen Schichten" zu fragen. Er habe gelernt, dass der Ort, an dem er ist, ein Geschenk ist und ihm nicht gehört, sondern Verantwortung mit sich bringt – für Menschen, die nie die Erfahrung machen, zu Hause zu sein. So hat er sich in seiner kirchlichen Funktion in Wien auch für eine verstärkte Pastoral mit Migrationsgemeinden engagiert und für deren Eigenständigkeit gekämpft.

Eine IP hat anlässlich der Geburt seines Kindes seine „persönliche Grenze" erkannt und bemerkt, dass er „irgendwie an Gott glaubt". „Irgendwann weißt Du es nicht mehr, dann glaubst Du einfach." Um für seinen Sohn ein Vorbild zu sein, ist er dann auch wieder in die Kirche eingetreten. Eine weitere IP deutet spirituelle Erfahrungen an, insbesondere im Zusammenhang mit einer schweren Erkrankung, aber für sie sind solche Themen primär in persönlichen Nahebeziehungen beheimatet.

Serbisch-Orthodoxe Gruppe

In den serbisch-orthodoxen Interviews finden sich vier Konversionserzählungen, die auf mehr oder weniger explizit geschilderte spirituelle Erfahrungen zurückgehen.

Ein Priester wurde in eine atheistische Familie geboren, wuchs in einem multiethnischen und multireligiösen Umfeld auf und ließ sich auf eigenen Willen mit 12 Jahren taufen. Während seines Medizinstudiums wurde ihm klar, dass er unbedingt Priester werden will, was seine Mutter schockiert hat. Die damit verbundenen Erfahrungen erzählt er jedoch nicht ausdrücklich.

Eine IP ist in einem nicht religiösen Elternhaus in einer sozialistischen Umgebung aufgewachsen, allerdings wurde das Elternhaus immer von Priestern gesegnet. Seine Eltern haben auch seine Entscheidung respektiert, orthodoxe Theologie zu studieren und ihm dieses auch finanziert. Seine Familie und er waren nicht gegen Religion. Kirchen seien für ihn ein interessantes Kulturgut gewesen. In der Schule sah er eines Tages einen Film – „Zeit der Wunder" – in dem eine Kirche in eine Schule umgewandelt wird: Dazu werden die Fresken weiß übermalt, aber im Lauf der Zeit werden sie wieder sichtbar und es erscheinen Bibelmotive. Nach einem Gespräch mit einer Lehrerin besorgte er sich daraufhin, 15jährig, eine Bibel, verstand zunächst gar nichts, versprach aber, sie von Anfang bis zum Ende durchzulesen, „ganz protestantisch" – was er auch tat. Danach wusste er, dass es „da etwas gibt". Dies sei der Anfang seines Glaubens gewesen. Lesen war auf diesem Glaubensweg immer sehr wichtig. Sozialisiert wurde er in einer lebendigen Gemeinde mit einfachen Gläubigen und einer tiefen religiösen Kultur. So erzählt er von einem Bauern, der bei der Arbeit den Kirchgesang eingeübt hat. In der Gemeinde gab es Ausflüge, Kirchenzeitungen für alle Generationen und zwei Pfarrer, einer Kunsthistoriker, der andere Jurist. Der Kunsthistoriker hat ihm sodann das Theologiestudium vorgeschlagen. Bereits in seinem Herkunftsland ist er abends manchmal in die Katholische Kirche zur Abendmesse gegangen und hat sich für Katholische Theologie und westliches Christentum zu interessieren begonnen. Katholische Liturgie hat ihn von Anfang an interessiert, ebenso war er vom Reformwillen Martin Luthers fasziniert. Von Anfang erkannte er, dass es verschiedene Ausprägungen des Christentums gibt. Nach dem Theologiestudium in Serbien studierte er in Deutschland, wo er Menschen aus Kolumbien, dem Iran, aus Russland und Indien kennenlernte. Dann studierte er in Österreich mittels eines Stipendiums katholische Theologie und lebte im Priesterseminar. Seine Biographie hat ihn offen gemacht nicht nur gegenüber allen Konfessionen und Religionen, sondern „gegenüber dem menschlichen Geist". So stehen heute bei ihm weniger die Unterschiede zwischen den Konfessionen im Vordergrund als vielmehr die Frage, ob es die Kirchen insgesamt geschafft haben, das Allgemein-Religiöse vom Christlichen ausreichend zu unterscheiden.

Eine IP sei als einzige in ihrer Familie immer schon sehr gläubig gewesen und hatte bereits als Kind – woher, weiß sie nicht – das Bedürfnis, in die Kirche zu gehen. Zwar wurde in ihrer Familie über Gott gesprochen, aber gläubig sei niemand gewesen. Nur die Großeltern haben heimlich den Familienheiligen gefeiert. Allerdings habe sie später zu ihrem Vater eine sehr intensive geistliche Beziehung gehabt. So habe sie ihn durch Gebete wieder ins Leben geholt, sodass er noch drei Monate lebte. Zum 16. Geburtstag ließ sie sich taufen und hat dazu ihre Eltern eingeladen. Sie führte damals Tagebuch und entdeckt dort, dass sie schon damals eine ganz enge Beziehung zu Gott hatte. Diese war ihr ganzes Leben die wichtigste Quelle, um alle Schwierigkeiten – schwierige Familienverhältnisse, Konflikte mit der Mutter, Krebserkrankung des Vaters – durchzustehen.

Einer IP wurden von der rumänischen Großmutter als Kind viele schöne Geschichten über Gott erzählt, sonst wuchs er – migrierend zwischen Wien und Serbien – in einem atheistischen Umfeld auf. Während seiner Bundesheerzeit in Serbien hatte er massive Angstattacken, die medizinisch nicht zu heilen waren. So blieb ihm nur das Gebet. In Wien zurück suchte er eine Gemeinde auf und wurde von einem Priester auf Beichte und Kommunion vorbereitet. Auch viele theologische Bücher hat er gelesen. Mit 23 Jahren empfing er die Kommunion das erste Mal – und seine Angst verschwand. Daraufhin beschloss er, Priester zu werden. Obwohl seine Mutter dagegen und seine Frau auch nicht unbedingt dafür waren, studierte er orthodoxe Theologie und wartet nun auf die Priesterweihe. Auch einen Herzinfarkt im Jahre 2009 deutet er spirituell. Er hatte damals ein Taxiunternehmen und unterbrach sein Theologiestudium. Den Herzinfarkt – „obwohl Gott nicht straft“ – interpretiert er als Hinweis Gottes, sein Theologiestudium weiterzuführen.

Einer IP wurde von einem Priester aus einer schweren Lebenskrise geholfen. Nach mehrfachen Lebenskatastrophen – der Ehemann war Zuhälter, ohne dass sie dies wusste, und landete im Gefängnis; nach einer gescheiterten und gewalttätigen Ehe, in der sie jahrelang allein das gemeinsame Lokal leitete und mithilfe der Schwiegermutter ein Kind großzog; nachdem sie sich durch Arbeit in zwei Berufen wieder allein einigen Wohlstand aufgebaut hatte – stand sie eines Tages knapp vor dem Selbstmord. Sie hatte auch bereits bei den Zeugen Jehovas und in der Esoterik Hilfe gesucht. Da beschloss sie, mit ihrer Tochter in die Kirche zu gehen. Dort erzählte sie – zwei Stunden lang weinend – einem Pater ihr Leid. Danach begann für sie der Weg in den Glauben. Sie wurde auf Beichte und Kommunion vorbereitet und das erste Jahr nach der Kommunion erlebte sie Gott als großes Glück.

Im zweiten Jahr ließ dieses Glücksgefühl allerdings nach. Sie deutet es als Anspruch Gottes, „nun selbst gehen zu lernen". Seither pflegt sie ein intensives Glaubensleben, besucht dreimal wöchentlich die Vesper, fastet und feiert alle liturgischen Feiern in der Kirche.

5.3 Krisen

Viele IP erzählten von religiösen Krisen, allerdings zeigt sich der Zusammenhang mit Migration als erwartbar heterogen. Die konfessionellen Unterschiede bzw. die thematischen Differenzen insgesamt zeigen sich hier ausschließlich bei den Krisen, die die Priester und Pastoren anführen, weshalb hier auch die Reihenfolge der Darstellung anders gewählt ist.

Krisen der IP

Die große Mehrheit der IP gibt an, keine religiösen Krisen erfahren zu haben: Liegt dies an der Auswahl der IP, die ja allesamt gut integriert und erfolgreich sind? Wäre dann Glaube auch eine Art „Erfolgsmittel" bzw. gesellschaftlich anerkannter Erfolg ein Mittel gegen Glaubenskrisen? Oder wurden etwaige Krisen durch die positiven Lösungen in der Erinnerung gelöscht? Ist die Fragestellung zu intim? Darf man darüber sprechen? Hier stellen sich viele offene Fragen.

So habe eine IP nie eine Krise gehabt, weil sie „gewusst hat, dass man von Gott Kraft bekommt und das schafft". Sie habe 20 Jahre die Hoffnung nicht aufgegeben. Für eine IP habe Migration ebenfalls keine Krise ausgelöst, ja er ist durch den Glauben überhaupt erst nach Wien gekommen. Eine IP habe trotz eines schweren Lebensweges nie eine Krise ihrer Religiosität erlebt. Die Religiosität sei phasenweise weniger präsent gewesen, aber sie habe „nie daran gezweifelt, was für eine schreckliche Welt das ist" (sic!). Zwar habe sie sich gefragt, warum ihr so viel Leid widerfährt, aber „darauf gibt es Antworten: Menschen, die ihr Leben mit Hass gestalten". Die Probleme und Schwierigkeiten, die eine IP im Leben hatte, haben zu keiner Glaubenskrise geführt, sondern zu einer verstärkten Kommunikation mit und Nähe zu Gott.

Von religiösen Krisen berichtet eine der katholisch-kroatischen IP. „Ganz viele und unterschiedliche" habe sie erfahren: „Tue ich das jetzt aus Pflicht und weil die Eltern das wollen?" Durch diese Erfahrungen habe sie gelernt, dass Gläubige immer auch Interpreten des Glaubens sind. Eine weitere kroatische IP hatte beim Verlassen ihrer Heimat eine große Krise. Zwei Gebete habe sie damals formuliert: „dass ich nicht vergesse, was mir meine Familie mitgegeben hat; und ich möchte, egal was passiert, meinen

Glauben nicht verlieren, weil das Leben dann keine Sinn mehr hat." Auch heute, wenn es ihr schlecht geht, fragt sie immer wieder: „Gott, warum hast Du uns geschaffen?" Eine deutsch-evangelische IP erzählt von einem „kleinen Bruch" und Verlusten, die sie und ihr Sohn durch die Migration erlitten haben, aber auf die Religiosität habe das keine Auswirkungen gehabt. Eine orthodoxe IP berichtet von mehreren Krisen im Zuge ihrer Migration: Wenn nichts gelang, kam auch die Verzweiflung. Mit der Zeit habe sie allerdings erkannt, dass alles einen Sinn hat und Gott ihr „nie etwas geben würde, das ich nicht schaffen kann." Im Zuge ihres „langen Leidensweges", bei dem sie durchwegs allein war, hat der Glaube sie immer wieder gestärkt und sei sie immer an ihr Ziel gekommen: Sie hat jetzt das Studium abgeschlossen, eine Wohnung, einen Freundeskreis und ihr Leben im Griff.

Krisen aus der Sicht der Priester und Pastoren

Aus der Sicht von einem der beiden kroatisch-katholischen Priester haben die Gläubigen der kroatischen Gemeinde ihre größten Krisen „mit der Liebe, mit den Eltern und mit Gott und suchen nach Trost." Besonders in jenen Bezirken Wiens, die einen großen muslimischen Anteil haben, haben überdies viele Gläubige religiöse Krisen, da sie dort keine Orientierung und Klarheit haben bzw. auch keinen Priester, der ihnen hilft, mit dieser Situation umzugehen.

Für die reformierten Priester besteht die größte Krise in der Frage nach der Integration von Migranten und der verschiedenen Formen, in denen dies geschieht. Während die einen sich völlig anpassen (z. B. die Koreaner), halten sich andere die Tür zur Rückkehr offen und versuchen, ihre sprachlichen und kulturellen Traditionen besonders intensiv zu pflegen. Die junge Generation spielt dabei jedoch oftmals nicht mit, was zu großen familiären Spannungen führt. Diesen begegnet ein Pastor oft in der „En-Passant-Seelsorge", wo dann „den Leuten alles hochkommt". Die zweite Generation kann ihre Identität nicht mehr aus biographischen Erlebnissen im Herkunftsland ableiten und bricht mit der Vergangenheit der Eltern, was diese als schmerzvoll erleben. Politisch sieht er als große Krise die Sehnsucht nach Homogenität; der Mut zur Pluralität ist demgegenüber die große Herausforderung.

Auch die serbisch-orthodoxen Priester sehen in der Generationenfrage eine zentrale Krise, die sich vor allem um die Frage des Erhalts der serbischen Sprache bündelt. Die Kirche sei jedoch nur dafür zuständig, dass die Kinder und Jugendlichen orthodox bleiben, so einer der Priester. So sind bei den jüngeren Generationen bereits religiöse Erosionserscheinungen zu beobachten und diese können auch durch Sport-, Tanz- und Kulturangebote der Gemeinde nicht verhindert werden. Entscheidend ist es, das Evangelium zu verkünden, da man niemanden zum Glauben zwingen kann. Ein anderes Krisenphänomen ortet er bei jenen Leuten, die der Ansicht sind, die Kirche nicht zu brauchen, den Glauben „allein zu machen“ und „direkt zu Gott gehen“. Er erzählt auch von Menschen, die bei Familientragödien ihren Glauben verlieren. So habe z. B. eine Frau in seiner Gemeinde zwei Söhne verloren. Bei der Wasserweihe, zu der er in ihre Wohnung kam, hatte sie zwar alles vorbereitet, sei aber dann „demonstrativ“ in der Küche gesessen und „wollte nichts hören“. Der andere orthodoxe Priester ortet eine Krise auch in den Spannungen zwischen Österreichern und Serben und wünscht sich, dass neben den vielen negativen Traditionen auch die positiven erinnert werden: So wurde die serbische Sprache in Wien von einem Serben in der Diaspora entwickelt, als die Osmanen das Land zerstört hatten; im dritten Bezirk gab es ein serbisches Gymnasium. Als gesellschaftspolitische Krise benennt er die Tendenz von Migranten, in der Rückkehrperspektive zu leben. Die theologische Herausforderung besteht seiner Ansicht nach darin, in der Diaspora zu erkennen, dass „jedes Land Gottes Land“ ist.

5.4 Veränderungen der Religiosität und Migration

5.4.1 Veränderungen: generell

Die meisten der IP berichten von Veränderungen ihrer Religiosität im Laufe ihrer Biographie, bringen diese aber nicht immer explizit und auch nicht auf Nachfrage mit ihren Migrationserfahrungen in Verbindung; vielfach wird angesichts einer solchen Deutung auch Skepsis geäußert. Der Anteil der Migrationsgeschichte an den biographischen Veränderungen ist daher eine offene Frage. In diesem Abschnitt schildere ich ausschließlich deskriptiv jene Veränderungen, von denen die IP selbst erzählten, ohne diese mit Migration in Verbindung zu bringen – was jedoch nicht bedeutet, dass dies nicht der Fall sein kann. Die Ergebnisse zeigen jedenfalls, dass es nicht ohne weiteres möglich ist und guter Begründungen bedarf, Veränderungen in der religiösen Biographie mit Migration zu erklären.

Kroatisch-Katholische Gruppe

In Bezug auf den Glauben wird von einer IP erzählt, er habe sich „auf steinigem Weg verstärkt“ und die Bibel sei dabei persönlich wichtiger geworden. Für eine IP habe sich der Glaube auch „erweitert“: In Kroatien sei der Glaube ein „Goldener Käfig“, weil „es leicht ist zu glauben, wenn alles gut läuft“. Eine IP erzählt, dass sie im Laufe der Zeit das Traditionelle abgelegt hat, wobei sie selbst aber noch an vielen Traditionen – an Gebeten, am

Rosenkranz, an Wallfahrten – teilnimmt und es ihr auch wichtig ist, dass ihre Kinder dabei mittun. Eine IP berichtet von spirituellen Erfahrungen, sagt aber, dass sich in seinen religiösen Ausdrucksformen nichts verändert hat, und der Jesus, an den er glaubt, „immer noch derselbe ist" wie der, an den er mit sechs Jahren geglaubt hat. Für eine IP hat sich vor allem „Weihnachten" verändert: die Art, es zu feiern und es zu erleben. Die beiden Priester sind der Ansicht, dass sich bei ihren Gläubigen der Glaube nicht verändert, ja sogar „über Jahrhunderte gleich ist". Für einen der Priester beginnen die Probleme mit der Kirche in Österreich.

Die IP berichten davon, dass im Vergleich zum Herkunftsland der Glaube in Österreich mehr Freiheit und Möglichkeiten eröffne, so ist z. B. „die Messe eine Kunst". Da „bei uns alles aus der Familie kommt", sehen sich die IP auch immer wieder in der Situation, nachzudenken, wie man die Traditionen mit der Gegenwart verbinden kann, so z. B. „Religion und Big Bang", also den Glauben und wissenschaftliche Theorien, oder Marientraditionen, die stärken können, aber trotzdem verloren gehen. Die Priester erzählen von Themen, die die veränderte Lebenssituation in einem religiös pluralen Umfeld in den seelsorglichen Gesprächen widerspiegeln: Die Gläubigen fragen, wer „richtiger" (sic!) sei, die Muslime, die Katholiken, Orthodoxen oder Protestanten. Die häufigsten Fragen in der Gemeinde beziehen sich auf das Verhältnis von Kirche und Politik sowie die Rolle des Priesters in der Gemeinde. Große Probleme, die sich mit „Schock" und „Scham" verbinden, tauchen auf, „wenn ein Kroate eine Türkin liebt" und der Priester die beiden von der Eheschließung abhalten soll; ebenso, wenn Kinder nicht in die Kirche gehen und ihren persönlichen religiösen Weg suchen. In den vergangenen Jahren suchen die Leute auch verstärkt Spiritualität und wollen mehr in die Tiefe gehen. Dazu werden auch eigene Gruppen angeboten.

Deutsch-Evangelische Gruppe

Auch die deutsch-evangelischen IP sagen mehrheitlich, dass die persönliche Religiosität sich durch Migration nicht geändert habe. So war für eine IP der persönliche Kontakt zu Gott „in der Fremde" immer wichtig. Eine IP sagt, ihr Gottesbild habe sich verändert – „Gott ist jetzt Mann und Frau" – aber diese Veränderung habe ausschließlich biographische Gründe und nichts mit Wien oder der Migration nach Wien zu tun. Bei einer haben sich die Wertvorstellungen und die Religiosität verfestigt – dass das Leben etwas Wunderschönes sei und man in der Natur eine göttliche Kraft und Energie wahrnehmen kann. Eine IP, die aufgrund des beruflichen Wechsels ihres Mannes mit Vorbehalten nach Wien gezogen ist, hat in Wien verstärkt darum gebetet, dass Gott die Familie nicht verlässt, hatte aber immer das

Gefühl, dass er ihr Kraft gibt und auch alles gut wird. Verändert hat sich für manche das Verständnis „des Reformiert-Seins“ und „des Katholischen“. Eine IP dachte sich bei ihren ersten Begegnungen mit der evangelischen Kirche in Wien: „Boah, sind die katholisch!“, was sie vor allem an der Liturgie festmacht mit den ihr zunächst fremden Wechselgesängen. Mittlerweile ist sie diejenige geworden, die in der Liturgie „das Katholische spielt“. Dennoch ist sie in ihrer Ehe mit dem katholischen Ehegatten „die Stärkere“ gewesen; die Kinder sind beide evangelisch getauft und ihr Mann besucht kaum noch katholische Gottesdienste. Für sie war das erste Erlebnis in Wien die Frage nach dem Bekenntnis bei der Schulanmeldung ihrer Kinder. Wie vielen anderen evangelischen Migranten war ihr die österreichische Unterscheidung in eine evangelische Kirche A.B. und H.B. fremd, da dies in Deutschland nicht so genau unterschieden wird. Sie dachte sich damals, es ist seltsam, dass eine Kirche, die hier ohnedies in der Diaspora lebt, auch noch interne Unterschiede macht.

Auch die beiden Pastoren berichten von diesen Differenzerfahrungen als zentralen Erlebnissen evangelischer Zuwanderer. Viele Evangelische erleben in Österreich das erste Mal, in einer Minderheit zu sein und gefragt zu werden, warum sie evangelisch sind. Nach Einschätzung der Pastoren verändert dies allerdings die Religiositäten der Leute sehr wohl: Sie werden „bewusster protestantisch“. Die Katholische Kirche wird als Konkurrenz erlebt – „Bedrohung wäre falsch“ – was für viele eine neue Erfahrung ist, da diese Kirche bisher gleichgültig war. In Österreich müssen sich die Gläubigen rechtfertigen, was viele als „mühsam und lästig“ empfinden; insbesondere den ständigen Kampf darum, wahrgenommen zu werden. Im Bereich der ungarischen Zuwanderer gibt es sogar starke ökumenische Spannungen, wobei ein Pastor vermutet, dass die Ungarn Konflikte in Ungarn auf die Wiener Situation übertragen. Neu ist für viele zugewanderte Gläubige auch die „homogene Form“, in der die Evangelische Kirche in Österreich organisiert ist, da die meisten Migranten aus nationalen Kirche kommen und dieses Miteinander verschiedener Nationen so nicht gewohnt sind. Diese Unterschiede machen sich vor allem an liturgischen Formen fest, z. B. am Stellenwert des Psalmengesangs, aber auch an theologischen Differenzen, wie z. B. der Frage nach gleichgeschlechtlichen Partnerschaften, deren Anerkennung für manche zugewanderte Evangelische völlig inakzeptabel ist. Ein Pastor ortet auch ein „Wiederaufleben lassen von religiöser Prägung“ bei Gläubigen, die im Herkunftsland kaum religiös waren. Die Menschen suchen dann eine Gemeinde, die das anbietet, was man von zu Hause gewohnt ist. Manche Personen und Familien, insbesondere aus Deutschland und der Schweiz, suchen lange nach einer für sie passenden Gemeinde. Die Gemeinden, von denen die beiden Pastoren erzählen, sind oftmals Durchzugsorte: Manche Familien bleiben eine Zeitlang und suchen dann weiter, manche „bleiben hängen". Manche Personen besuchen die Gemeinde heute regelmäßiger als sie es jemals im Herkunftsland taten. So erwacht bei manchen Gläubigen das reformierte Bewusstsein erst in Österreich: Dies führt zu religiöser Vertiefung, bewusster Auseinandersetzung und einem Bewusstsein, dass man auch mehr zur Gemeinschaft beitragen muss. Ein Pastor benennt als zentrale Veränderung die generationalen Veränderungen, also den Wechsel der Religiosität zwischen der ersten, zweiten und dritten Generation, was mitunter zu enormen Spannungen führt – vor allem bei den nicht-deutschsprachigen Zuwandererfamilien. Die reformierte Gemeinde im ersten Bezirk löst dieses Problem so, dass man sich als österreichische Gemeinde versteht, in der zunächst alle nicht-deutschsprachigen Gruppen und Personen zu Gast sind. Die Eltern – mit Ausnahme der Ungarn, die auf ihre kulturelle und sprachliche Identität großen Wert legen – merken dann aber im Laufe der Zeit von selbst, „dass sie das ihren Kindern nicht antun können", also ein Festhalten an den mitgebrachten Traditionen und der Muttersprache, und legen Wert auf die deutsche Sprache auch im Gottesdienst.

Serbisch-Orthodoxe Gruppe

Die serbisch-orthodoxen IP erzählen kaum von Veränderungen, da sie ja mehrheitlich Konvertiten sind, also ohnedies mit intensiven religiösen (Um)Brüchen im Leben konfrontiert waren. Für jenen IP, der orthodoxe und katholische Theologie studiert hat, sei der Zugang reflektierter, der Glaube selbst aber nicht rationaler geworden; das Studium der katholischen Theologie habe das Denken mit der Vernunft noch mehr vertieft. Er denkt nicht mehr in den Kategorien „östliches – westliches Christentum", sondern betrachtet die Phänomene mithilfe der Kategorien von Religion. So hat er früher nach den konfessionellen Unterschieden zwischen den liturgischen Ausdrucksformen gefragt und diese auf die Doktrinen zurückgeführt. Jetzt fragt er sich, welche Elemente der Liturgie wirklich Bestandteile des christlichen Lebens sind, und ob die Wandlung für viele nur ein kultischer Ausdruck ist. „Wie wirkt sich Liturgie im Erleben von Christen aus?" Dabei ist er unzufrieden mit allen Christen, da sich alle Konfessionen von der Lehre Christi entfernt haben. Er denkt nicht mehr von den Konfessionen her, sondern vom „Geist des Evangeliums". Sich selbst sieht er – auch in seiner Tätigkeit als Lehrender – als Vermittler zwischen den Konfessionen und Ökumene spielt eine große Rolle für ihn.

Eine IP stellt fest, dass sich ihr Glaube „äußerlich" verändert hat: Sie geht wesentlich öfter in die Kirche, was in Deutschland schwer möglich war, da die nächste evangelische Gemeinde eine Stunde entfernt vom Studienort war. Die Religiosität selbst ist freilich „immer im Herzen geblieben": Auch in Deutschland hat sie in evangelischen Kirchen mitgebetet, mangels einer orthodoxen Gemeinde. Sie beklagt, dass es in Wien nur drei serbisch-orthodoxe Kirchen gibt, weshalb sie nicht so oft in die Kirche gehen und eine Kerze anzünden kann.

Einer der Priester erzählt von seinen persönlichen Veränderungen: Er ist nicht mehr „Opferpriester", der gegen Bezahlung tauft, sondern einer, der von den Gläubigen viel gefragt wird und mit diesen gemeinsam neue Antworten sucht, da auch er vieles nicht weiß. Seiner Ansicht nach verlangen die Veränderungen der orthodoxen Religiosität in Österreich andere Ausbildungsformen, vor allem benötige man mehr Soziologie und Psychologie. Er hat auch die Erfahrung gemacht, dass er nicht an einen Ort gebunden ist und empfindet deshalb keine Nostalgie, was ein Segen für ihn ist. Zugleich versteht er – als Kind von serbischen Gastarbeitern in Deutschland aufgewachsen – die Erfahrungen und Probleme seiner Gläubigen. Der andere Priester stellt für sich einen Prozess der Veränderung fest und bezeichnet sich als der „Transitgeneration" zugehörig: „Meine Tochter wird nicht mehr meiner Meinung sein." Bei seinen Predigten interessieren ihn nicht mehr nationale Fragen, sondern „wer ein Christ ist". Allerdings mache er die Erfahrung, dass er dadurch manchen Gläubigen als „zwielichtig" und „nicht rein" erscheint.

5.4.2 Migration als Veränderungsgrund?

Verändert sich bzw. wie verändert sich Religiosität durch Migration aus der Sicht der IP? Die Einschätzungen sind heterogen und zeigen erneut konfessionelle Unterschiede.

Kroatisch-Katholische Gruppe

Die kroatisch-katholischen IP stehen dem Selbstverständnis als Migrant und dem Begriff Migration zwar sehr distanziert gegenüber, verstehen Migration aber mehrheitlich als wesentlichen Bestandteil ihrer – nicht nur religiösen – Biographie. Einzelne IP begründen auf Nachfrage dann doch auch Veränderungen ihrer Religiosität durch Migration. So sei es in der „Migration besonders wichtig geworden, keine Angst zu haben" und „das Vertrauen zu lernen, dass alles gut gehen wird". Für eine IP war der Glaube umgekehrt auch wesentlicher Grund für die Migrationsentscheidung: Wenn ihm Gott die Chance gibt, in einem anderen Land zu arbeiten, muss er diese Chance auch nützen, dachte er sich im Verlauf seines Entscheidungsprozesses.

Migration ist Teil des Lebens und Thema bei Entscheidungsfindungen, so z. B. bei der Frage nach dem Begräbnisort der Eltern oder anderer älterer

Verwandter, bei denen diese Fragen ins Haus stehen, aber tabuisiert werden. Die Migrationsgeschichte kann auch den Glauben vertiefen: Zwar bleibe der „Glaube an den Allmächtigen“, ebenso die „Intensität der Sakramente und der Kommunion“, aber man lebe bewusster und setze sich mehr mit dem Glauben auseinander, weil man durch die Umwelt angefragt wird. Migration und Glaube hängen ganz eng zusammen und „das Katholische und das Kroatische verschwimmen“ gerade in diesem Bereich sehr stark: So empfindet eine IP in religiösen und spirituellen Fragen „kroatisch“. Sie habe „zwei Identitäten“, versteht sich als Österreicherin und Kroatin, wobei Österreicherin-Sein in religiösen Belangen bedeutet, nicht katholisch sein zu müssen, während „das Kroatische“ örtlich abgrenzbar ist auf die spirituellen Erfahrungen der Kindheit und Jugend, das spirituelle Empfinden in der Muttersprache und die kroatische Gemeinde. Eine IP ist auch froh, dass sie durch die Migration den Glauben nicht verloren hat. Davor hatte sie bei ihrer Ankunft so große Angst, dass sie auch dafür gebetet hat, den Glauben nicht zu verlieren. Für eine IP hingegen hat sich durch Migration in den 40 Jahren ihrer Migrationsgeschichte sehr viel verändert, aber Glaube und Religion sind darin etwas Stabiles, das sich „wie ein roter Faden“ durch das Leben zieht.

Einer der Priester berichtet von seinen persönlichen Erfahrungen durch Migration: So habe er durch die Arbeit in der kroatischen Gemeinde in Wien überhaupt erst die soziale Dimension des Glaubens erkannt. Migration hat ihn mit der Ambivalenz des Fremdseins zwischen Aufgenommen und Ausgeschlossen werden konfrontiert und ihn in der Aufgabe bestärkt, Brücken zu anderen Menschen, Kulturen und Denkweisen zu bauen und zur bitteren Erfahrung geführt, dass er „in seiner Kirche immer ein Fremder sein wird“: „Ja, und mich nicht zu ärgern, weil ich mich noch immer fremd fühle.“ Zugleich sind er und auch der zweite befragte Priester der Ansicht, dass sich der Glaube der Gemeindemitglieder durch Migration nicht verändert habe und etwaige Schwierigkeiten mit der Ortskirche zusammenhängen. In der Pastoral spielt Migration keine oder nur eine nachrangige Rolle, weil die „Leute schon angekommen sind“ und andere Probleme dominieren: psychische, gesundheitliche, religiöse Probleme und Probleme mit der Familie. Diese hängen allerdings mitunter eng mit Migration zusammen. So beobachtet ein Priester, dass viele MigrantInnen depressiv werden, an Krebs erkranken oder sogar früher sterben – aber dies wird nicht im Horizont von Migration interpretiert.

Deutsch-Evangelische Gruppe

Die deutsch-evangelischen IP haben mehrheitlich ein sehr komplexes Verständnis und Verhältnis zum Konzept der Migration. Auch sie verstehen sich nicht als Migranten, aber weniger aus Gründen der Abwehr der Stigmatisierung, sondern eher aus einem grundlegenden Selbstverständnis als „Menschen unterwegs, die sich nicht über nationale Grenzen definieren". So erzählt eine IP, dass sie aus einer Migrationsfamilie kommt, in der ohnedies niemand feste Wurzeln hat: Schon ihr Vater habe gesagt, sie leben nur zufällig in Hamburg, sie könnten auch anderswo leben. Sie habe „Zigeunerblut" und kann nicht versprechen, ob sie sich nicht wieder auf den Weg macht, sobald ihre Kinder erwachsen sind. Eine IP sagt, ihre Schwierigkeiten mit dem Leben in Wien, mit Ehe und Familie hängen nicht mit Migration zusammen, sondern mit ihrer Biographie. Allerdings erzählt sie auch, dass sie nach dem Erhalt der österreichischen Staatsbürgerschaft, die sie aufgrund ihrer Ehe rasch erhielt, „heulend im Rathauspark gesessen ist" und sich dachte, „nun bin ich zwar verheiratet, habe aber nichts". Auch den Wiener Charme hat sie nicht gefunden und das Einleben sei ihr sehr schwer gefallen. Heute ist sie nicht mehr Deutsche, aber auch keine Österreicherin, sondern „etwas dazwischen". Eine IP hat sich nie als Migrant gefühlt. Er ist zehnmal in seinem Leben umgezogen und denkt nicht in nationalen Grenzen. Er fühle sich zwar als Österreicher, aber ein Nationalgefühl habe er nicht, ebenso wenig ein Heimatgefühl, das auf eine Stadt oder ein Land bezogen ist: „Heimat ist dort, wo ich es mit netten Leuten zu tun habe". Eine IP „kennt nichts anderes als Migration" und habe sich nie überlegt, was gewesen wäre, wenn er nicht migriert wäre. Migration habe ihn natürlich geprägt durch das andere Umfeld, aber „solange man sich verändert, lebt man noch". Eine IP fühlt sich überhaupt nicht als Migrant; Heimat gäbe es nicht für ihn, das sei ein romantischer Begriff. Er könne überall leben. Das Überschreiten von Staatsgrenzen sei keine Migration, sondern nur ein „Ortswechsel". Ortswechsel bewegen dazu, etwas Neues zu entdecken. „Wir haben hier keine bleibende Stätte", zitiert er die Bibel und erzählt von seiner überall verstreuten Familie.

Führen diese Selbstverständnisse, in denen Migration in gewissem Sinn selbstverständlich und „normal" ist, dazu, dass die IP angeben, dass sich die Religiosität durch Migration nicht verändert hat? Für eine IP hat sich zwar das Bild von Kirchlichkeit, nicht aber die Religiosität verändert. An Wien genießt sie dessen religiöse Pluralität, was ihr neue Freundschaften ermöglicht hat und ihr ermöglicht, andere Lebens- und Sichtweisen kennen zu lernen. Die Religiosität hat außerdem dazu geführt, dass sie sich einen „neuen Ankerplatz" in der reformierten Gemeinde gesucht hat, weil Religiosität schwer allein zu leben sei und die Gemeinschaft die Schwierigkeiten mit Migration erleichtere. Insofern hängen Migration und Religion eng zusammen. Bei einer IP sind die Migration und das erwachte Bedürfnis nach Religion zusammengefallen, was sich im Suchen nach einer Gemeinde geäußert hat. Die Religiosität habe ihr auch beim Einleben geholfen, sich aber durch den Herzug nicht verändert, sondern war vielmehr „das Stabilste im Leben". Für eine IP ist Migration weder Thema noch Problem. Die katholische Dominanz sei zwar für Österreich ein Problem, für ihn persönlich jedoch nicht, da er sich weder einer Mehrheit noch einer Minderheit zugehörig fühle. So habe sich auch die Religiosität nicht verändert. Eine IP ist zwar erst in Wien wieder in die Kirche eingetreten, aber der Grund für sein neu entdecktes religiöses Selbstverständnis liege in der Geburt seines Sohnes und nicht in der Migration.

Die beiden Pastoren schätzen den Zusammenhang zwischen Migration und der Veränderung der Religiosität diametral verschieden ein. Ein Pastor hat nicht den Eindruck, dass sich durch Migration Religiosität verändert. Im Verlauf des Interviews kommt er zu der „Hypothese", dass Migration nichts verändert, sondern bei den Leuten „das Bedürfnis verstärkt, zu pflegen, was war". Demgegenüber meint der zweite Pastor, dass Migration Religiosität „unbedingt" verändert, weil Menschen in einem neuen Kulturkreis landen und, oft erstmals, gezwungen werden, die eigene religiöse Sozialisation zu hinterfragen. Das beginnt bereits damit, dass der oft erste Kontakt mit der österreichischen Kirche die Vorschreibung des Kirchenbeitrags ist. Aber auch bei Taufen und Konfirmationen stellen viele Zuwanderer fest, dass „das also nicht ganz evangelisch" ist in Österreich. Die Differenzerfahrungen können dabei durchaus verschieden sein und betreffen vor allem den praktizierten Glauben. So ist für den einen z. B. die reformierte Stadtkirche im ersten Bezirk ob ihrer „Schnörkellosigkeit" gar keine Kirche, für den anderen erscheint die Gemeinde als „furchtbar katholisch". In jedem Fall „täuscht man sich etwas vor", wenn man sagt, dass sich die Religiosität durch Migration nicht verändert. Ein Pastor führt solche Negationen darauf zurück, dass Glaubensfragen ebenso intim sind wie das Sprechen über Sexualität und erkennt in solchen Aussagen „Schutzbehauptungen", „ein Make-up", das verhindert, dass man an „gefährliche Wunden" rührt.

In der Pastoral wird das Thema Migration kaum thematisiert. Migrationshintergrund ist in beiden Gemeinden nicht so interessant, weil für die Gemeindemitglieder eine Selbstverständlichkeit. Allerdings wird bei Diskussionen zu Asyl, Schubhaft oder Flüchtlingshilfe „schnell die Fahne hochgezogen: Wir haben auch Flüchtlingshintergrund". In der Gemeinde des einen Pastors ist die Migrationsgeschichte der vertriebenen Sudetendeutschen Thema und viele dieser Leute haben kein Verständnis für heutige Flüchtlinge, „da diese nur aus niedrigen Motiven" (scil. wirtschaftlichen Gründen) kommen. Die Migrationsidentität selbst wird unterschiedlich Thema: Während die Nachkommen der Tschechen (vierte Generation) diesen Hintergrund kaum reflektieren (z. B. warum man einen tschechischen Namen hat), legen die Ungarn zwar großen Wert auf die Pflege der nationalen Herkunft, fühlen sich aber in Österreich nicht ganz fremd, weil sie mit der Heimat in Verbindung bleiben. Thema sind eher Kriegs- und Nachkriegserfahrungen, aber nicht Migration. Ein IP hat auch noch nie erlebt, dass biblische Motive oder das Theodizeeproblem im Zusammenhang mit Migration aufgegriffen wurden. Da ihm diese theologischen Zugänge während seines eigenen USA-Aufenthalts persönlich wichtig wurden, bringt er diese Motive in seine Predigten ein und sucht nach Anknüpfungspunkten in den Migrationsbiographien der Gläubigen. Diese werden aber nicht rezipiert, da die Bruchlinien im gegenwärtigen Leben der Gläubigen im Vordergrund stehen und die Migrationserfahrungen der Großeltern „weit weg" sind.

Migration ist in den evangelischen Gemeinden allerdings Thema in anderen Kontexten. So gehört Migrationserfahrung generell zur Realität der reformierten Kirchen weltweit, da diese überall Minderheitenkirchen sind. Die Erfahrung, „anders zu sein" ist gleichsam „normal" und zwingt dazu, zu fragen, warum das so ist. Migration taucht ferner auf in der Differenzerfahrung der verschiedenen Kirchlichkeiten sowohl im Vergleich mit den Kirchen in Österreich (auch der evangelischen), aber auch innerhalb der evangelischen Kirche selbst. Der Pastor, der sich für die Einrichtung verschiedener Migrationsgemeinden („Personalgemeinden") stark gemacht hat, erzählt von großen Unterschieden zwischen den evangelischen Zuwanderern nach Österreich. Die Deutschen und Schweizer sind so z. B. weniger auf der Suche nach einer festen Gemeinde, in der sie leben können. Ihre westlich-säkulare Prägung benennt er als Ursache dafür. Diese MigrantInnen ziehen oft von Gemeinde zu Gemeinde auf der Suche nach der richtigen; viele wollen überdies anonym bleiben und fühlen sich „auf den Schlips getreten", wenn er sie im Gottesdienst anspricht. Die starke nationale Orientierung der ungarischen Evangelischen, bei denen „das Ungarische" vor dem Konfessionellen steht, hat wiederum zu einer Vielzahl ungarischsprachiger evangelischer Gemeinden unterschiedlicher theologischer Ausprägung geführt. Evangelische aus Korea passen sich sehr rasch an und werden sogar vielfach katholisch. Die südafrikanischen Zuwanderer konnten sich jahrelang nicht der österreichischen Kirche zugehörig fühlen, weil sie sich als Teil der Heimatkirche verstanden. Mit dieser Situation verbinden sich zahlreiche, v. a. rechtliche Konflikte (z. B. Status der Gemeinde).

Schließlich ist Migration in der reformierten Gemeinde als Gesellschaftsthema präsent. Die Anwesenheit von zahlreichen muslimischen Moscheen beschäftigt die Gemeinde ebenso wie die Schwierigkeiten und xenophoben Einstellungen vieler Jugendlicher (auch der Gemeinde) gegenüber den MuslimInnen. Die Gemeinde nimmt vor allem die Muslime wahr, während die „400–500 Orthodoxen, die am Sonntag in der Kirche sind“ unsichtbar sind. So wurde auf der Ebene der „Funktionäre“ eine interreligiöse Plattform gegründet. Schwierigkeiten entstehen deshalb, weil die Einladung z.B. der türkischen Muslime dazu führt, dass die bosnischen Muslime dann nicht mehr kommen. Auch der Vorschlag eines katholischen Pfarrers, einen Aufarbeitungs- und Versöhnungsprozess mit Blick auf das ehemalige Jugoslawien zu starten, wurde kategorisch abgelehnt. Auf der Gemeindeebene klappt – vor allem bei den Frauen – der Kontakt mit muslimischen Gemeinden gut. Für die Jugendlichen, die Probleme mit den zahlreichen Migranten „am Reumannplatz haben“, gibt es ein eigenes Jugendprojekt.

Serbisch-Orthodoxe Gruppe

In den serbisch-orthodoxen Interviews ist Migration als Faktor von Veränderung von Religiosität kaum ein Thema. Dies liegt zum einen vermutlich daran, dass die Konversionserfahrungen dominieren, der Glaube als gleichbleibende Konstante wahrgenommen wird und die Gemeindemitglieder beides nicht im Horizont von Migration deuten. Ähnlich wie bei den kroatisch-katholischen Gläubigen weckt der Migrationsbegriff auch bei ihnen keine guten Assoziationen. So versteht sich eine IP nicht als Migrantin, weil es sich dabei um jene handelt, „die nicht integriert sind“. Sie hat zwar einen „Migrationshintergrund“, ist aber gut integriert, d.h. unter anderem für sie, deutsch zu können, österreichische Freunde zu haben, sich an bestimmte Benimmregeln zu halten und die christliche Moral einzuhalten.

Die beiden Priester deuten demgegenüber die Veränderungen, die oben bereits erzählt wurden, völlig selbstverständlich im Horizont von Migration. Beide sind Migranten, die „ihre Leute deshalb gut verstehen können“ und bringen ihre Erfahrungen dementsprechend auch theologisch ein. In seinen Predigten und Seelsorgegesprächen sagt ein Priester den Gläubigen immer wieder, dass „überall Gottes Land“ ist und versucht jene, die in der Zerrissenheit der „Rückkehrperspektive“ leben, anzuhalten, hier anzukommen und das Leben hier zu leben: „Denn beim jüngsten Gericht wird man von Gott gefragt werden: Wer bist Du und was hast Du getan?“

5.4.3 Vergleich mit Österreich

Interessante Zusammenhänge erschließen sich auch anhand der Aussagen zum Vergleich zwischen der Religiosität im Herkunftsland und der Religiosität, die in Österreich wahrgenommen wird. Hier zeigen sich nicht nur konfessionelle Unterschiede, sondern deutlich die Unterschiede zum jeweiligen Herkunftsland.

Kroatisch-Katholische Gruppe

Die Gemeindemitglieder nehmen in Österreich eine größere Liberalität wahr, die aber besser „gesteuert werden sollte, da sie auch negativ sein kann". Mehrfach wird der Wert erwähnt, den Glauben in Österreich in Freiheit leben zu können. Religiosität ist in Österreich besser in der Öffentlichkeit verankert. Allerdings wird auch beklagt, dass man sich in Österreich – sogar innerhalb der Kirche – schämen muss, sich als gläubig zu bekennen. Ein IP kritisiert die zu große Toleranz gegenüber Beleidigungen des Glaubens: Sie hat sich bei einem Literaturwettbewerb für Migranten beworben, stieß dann im Bewerbungsbüro allerdings auf ein Plakat, auf dem ein Kreuz zu sehen war, das in den Mülleimer geschmissen wird, ähnlich wie ein bekanntes Antirassismus-Plakat. Ihre Bewerbung hat sie sodann zurückgenommen, weil es offenbar nicht um Menschen, sondern um Ideologie geht. Einer der Priester konstatiert schließlich, „dass die Österreicher zwar ein gutes religiöses Fundament haben, Geschichte und Tradition, ihnen aber der Glaube fehlt."

Deutsch-Evangelische Gruppe

Österreich wird von den meisten Befragten als sehr religiöses Land wahrgenommen. Religiosität wird öffentlicher gelebt, wohingegen viele Deutsche dies lieber anonym tun. Einzig bei diakonalen Anliegen „stehen die Deutschen stramm und sammeln wie die Wilden". In Österreich gibt es „nichts Aggressives gegen die Religion", „die lassen wir mal laufen". Überhaupt seien die Österreicher ein „gläubiges Volk" und hätten einen Wertekodex, der v. a. in Ostdeutschland so nicht existiert: „politische Gewalt, Neonationalismus, ein Kinderstrich oder Sado-Maso-Clubs" gäbe es hier nicht, was (abgesehen davon, dass dies so nicht zutrifft) eine IP auf die weit verbreitete Religiosität im Land zurückführt. Etwas anders sieht das eine andere IP: Die Religiosität sei in Österreich wie in Deutschland: Es gäbe nur wenige, die aus Überzeugung religiös sind; die meisten Menschen seien wegen der Eltern in der Kirche und gingen auch nur zu Weihnachten in den Gottesdienst oder wenn sie taufen, heiraten oder ein Begräbnis wünschen. Er mag das Land, weil „hier nichts so heiß gegessen wird, wie es gekocht wird", aber die Religion gehört nicht dazu. Unterschieden wird zwischen Land und Stadt: Die Wiener seien nicht so religiös wie die Menschen am Land. Eine IP kennt viele Kolleginnen, die mit dem religiösen Hintergrund nichts mehr anzufangen wissen, insbesondere nach Scheidungen distanzieren sich viele von der Katholischen Kirche. Für eine IP ist „nach dem Bayernschock" die österreichische Religiosität nur „die Fortsetzung". Es gäbe seiner Meinung nach keinen österreichischen Frömmigkeitsstil, sondern eine große Bandbreite, die von katholischem Antiklerikalismus bis zu hysterischer Frömmigkeit reicht.

Die IP kommen auch mehrfach auf das Verhältnis zur Katholischen Kirche zu sprechen. Deren Dominanz ist für die meisten IP kein Problem. Eine IP ist von der Katholischen Kirche schon etwas „befremdet", weil er den „Pomp und die goldenen Girlanden" nicht zum Glauben braucht. Auch den „geschnitzten Jesus am Kreuz" kann er „nicht haben", weil er es nicht mag, wenn „man das so personifiziert". Er kritisiert auch die Evangelische Kirche A.B. in Österreich: Sie ist ihm zu katholisch. Andere wiederum nehmen die Evangelische Kirche in Österreich sehr positiv wahr und sind auch stolz auf sie, weil sie politisch etwas zu sagen hat, „was bei der Katholischen Kirche halt nicht so ist", da „fallen die Kritiker nach oben unangenehm auf". Eine IP, die in einer katholischen Institution arbeitet, lobt das gute ökumenische Miteinander. Sie hat viele bewusst katholische Freunde und ihr evangelischer Glaube ist weder privat noch beruflich ein Problem. Sie selbst kann in ihrer Arbeit viele eigene Elemente einbringen und bei gemeinsamen Feiern wird bei der Textauswahl Rücksicht genommen. Überhaupt ist in dem Haus, in dem sie arbeitet, „Multikulti" auch von den Religionen her der Normalfall, weshalb es statt einer Weihnachtsfeier eine Jahresdankfeier gibt. Allerdings hat sie in Österreich erstmals erlebt, dass man hier „bewusst evangelisch sein" und auch öffentlich sein Existenzrecht benennen muss.

Serbisch-Orthodoxe Gruppe

Die Wahrnehmungen sind in dieser Gruppe polarisiert, oft bei ein und derselben Person. Zum einen wird Österreich als religiöses Land hochgelobt. Die Situation ist für die orthodoxe Kirche in Österreich viel besser als in anderen europäischen Ländern. Es gibt eine orthodoxe Bischofskonferenz, eine Ausbildungsstätte für ReligionslehrerInnen und einen eigenen Religionsunterricht an öffentlichen Schulen. Österreich ist „ein freundliches Land" mit seinen vielen Feiertagen und die Kontakte zwischen den Kirchen sind gut, so die Einschätzungen beider Priester. Zwei IP haben weder gesellschaftlich noch kirchlich je Benachteiligungen erfahren, was beide auf ihr erfolgreiches Studium und ihre rasche Integrationsbereitschaft zurückführen. Zudem nimmt eine IP zwischen Österreich und Serbien keine radikalen Unterschiede in der Lebensführung wahr und sieht zunehmend mehr Gemeinsamkeiten. Das Leben sei „rational und bürgerlich", die Menschen wollen „ein Auto und ein gutes Leben haben". Der Zugang zur Religiosität ist zwar „aufgeklärter", aber „auf keinen Fall sind die Österreicher nicht religiös" oder Österreich gar ein entchristlichtes, missionsbedürftiges Land.

Eine IP hat in Österreich Freunde für das Leben gefunden, sie sei von ihren Arbeitgebern „beinahe adoptiert" worden und habe sich vom ersten Tag an wohlgefühlt, „es war mir nichts fremd". In Österreich „sind die Menschen anders und akzeptieren auch anders-sein". Österreich sei für sie ein wunderbares Land – „ein Traumland", weil man die Religion frei ausüben und in der Schule unterrichten kann.

Zum anderen wird aber auch Kritik geäußert. Im Unterschied zum Land sei in Wien die Religiosität schwach ausgeprägt – „wohl durch den langen Sozialismus", so eine IP. Allerdings sind die Kirchen hierzulande auch nicht leerer als in manchen Gebieten Serbiens. Am religiösesten seien in Österreich die Muslime. Nach Ansicht einer IP ist das Christentum in ganz Europa in der Krise und die Kirchen sollten bedenken, wie ihre Lage in 50 Jahren aussehen wird. Eine IP kritisiert, dass man in religiösen Belangen in Österreich mehr Wert auf Äußerlichkeiten legt, i.e. auf Geschenke, Blumenschmuck oder Dekoration. Viele ihrer Kollegen haben keinen Bezug zu Spiritualität, Kirche oder Leib und Blut Christi. Ihre österreichischen Freunde gehen nicht in die Kirche, glauben an Gott, „aber eher so verbal". Demgegenüber sind die Serben „mehr mit dem Herzen dabei". Serben gehen zu Weihnachten und Ostern selbstverständlich in die Kirche. So habe sie zur Religiosität der Österreicher „nicht wirklich eine positive Einstellung", da sie nur sehr wenige Menschen kenne, die zu Gott so eine Beziehung hätten wie sie. Auch eine weitere IP erlebt die Religiosität in Österreich als oberflächlich: Sie sei derzeit täglich mit Osterfeierlichkeiten beschäftigt und in diesem Zeitraum von niemandem darauf angesprochen worden. Ihre orthodoxen Freunde nimmt sie als gläubiger wahr. Eine IP schließlich meint, es mache nachdenklich – „Gott soll mir vergeben für das, was ich sagen werde, nicht böse gemeint" – dass die Muslime kommen und „mit unseren Kirchen so etwas machen". Er bezieht sich auf den Aufenthalt von 60 religiös verschiedenen Flüchtlingen in der Wiener Votivkirche zwischen Dezember und März 2013.

6. Deutung – ein erster Versuch

Die hier präsentierte induktiv-inhaltsanalytische Auswertung gibt einen deskriptiven Einblick in das reichhaltige Datenmaterial. Im Folgenden formuliere ich mit Blick auf die eingangs gestellten Forschungsfragen einige Hypothesen zum Zusammenhang von Religiosität und Migrationserfahrung.

1. Die Wechselwirkungen zwischen Religiosität und Migrationserfahrung lassen keine kausal-linearen Zusammenhänge erkennen, wohl aber Muster identifizieren.

In den Interviews zeigt sich eine Fülle vielfältiger und auch teilweise widersprüchlicher Selbst- und Fremdeinschätzungen, wie sich Migration auf Religiosität und Religiosität auf Migrationserfahrung auswirken kann. Sie reichen von der Einschätzung, dass es hier keinerlei Zusammenhänge gäbe bis zur Erfahrung der Konversion infolge von Migrationserfahrung. Abhängig sind diese Einschätzungen u. a. vom jeweils leitenden (expliziten wie impliziten) Verständnis von Religiosität; von den individuellen, sozialen und kulturellen Ressourcen: z. B. Reflexionskompetenz; Deutungsmuster, Theorien, soziale Einbettung, Reaktionen der näheren und weiteren soziokulturellen Umgebung, die den befragten Personen zur Verfügung stehen bzw. gestellt werden; von der Perspektive der Einschätzung: Experten kommen zu anderen, aber ebenso heterogenen Einschätzungen wie die befragten IP; uvm.

Auffallend ist in den Interviews, dass erstaunlich wenig über diese Frage nachgedacht zu werden scheint – zumindest in jenen Kategorien, die ich an die IP herangetragen habe. Dies kann freilich auch an der Stigmatisierung des „Migranten"-Begriffes hängen. Sichtbar ist jedoch geworden, dass aus der Sicht der Befragten eine Vielfalt an subjektiven Veränderungen möglich ist, die bei der Entwicklung eines Theoriemodells, das Erfahrungsmuster zu beschreiben versucht, unbedingt zu berücksichtigen ist. Migrationserfahrung kann Religiosität fördern und intensivieren, überhaupt erst (wieder) ins Bewusstsein rufen oder aber als (Über)Lebensressource im Migrationsprozess als gleichbleibend erfahren werden. Religiosität wird wohl auch verloren gehen können – aber aufgrund der Auswahl der IP kommt diese Dimension hier nicht in den Blick. Bemerkenswert ist auch, dass die migrationstheologischen Dimensionen christlicher Spiritualität – mit Ausnahme eines reformierten Pastors – in der Reflexion der Migrationserfahrung so gut wie keine Rolle spielen, also eine brachliegende Ressource darstellen. Die erste Auswertung der Ergebnisse zeigt jedenfalls, dass bei der Entwicklung eines Theorie-Modells zum Wechselspiel zwischen Religiosität und Migrationserfahrung sowohl individuelle als auch soziale, kulturelle und politische Einflussfaktoren unbedingt berücksichtigt werden müssen.

2. Der Zusammenhang zwischen Religiosität und Migrationserfahrung hängt von einer Vielzahl an Einflussfaktoren ab.

Die vorliegenden Interviews lassen folgende Einflussfaktoren in den Blick kommen:

- *Individuelle:* Verständnis von Religiosität; Qualität der individuellen Religiosität; Reflexionskompetenz; Zugang zu Ressourcen: zu Deutungsmustern, zu einer Gemeinde, zur sozialen Umgebung, zu den Ressourcen des Aufnahmelandes und der eigenen Kirche; biographische Faktoren und Erfahrungen (Umgang mit Leid, mit Konflikten und Spannungen, familiäre Situation ...); konfessionell-kulturelles Selbstverständnis;
- *Soziokulturelle:* „Image“ von Migration und Migrationserfahrung im Aufnahmeland; sozioreligiöse Situation im Aufnahmeland (Mehrheits-, Minderheitsverhältnisse; Image von Religiosität und Image der jeweiligen Konfession); „Image“ der Kultur im Aufnahmeland; sozioreligiöse Kultur im Herkunftsland; Reaktionen im Aufnahmeland auf allen Ebenen: auf der Mikro-, Meso- und Makroebene; Zusammenwirken und -leben mit den jeweiligen Mehrheiten (kulturell, religiös) im Aufnahmeland;
- *Soziopolitische:* Art der Migration (freiwillig – erzwungen; Arbeitsmigration, Flucht oder Vertreibung); politische, kulturelle, religiöse Situation im Herkunftsland: Erfahrungen mit Zugehörigkeit zu einer Mehrheit oder Minderheit im Herkunftsland; Rolle der Kirche im Herkunftsland, Geschichte der Religion im Herkunftsland, politische und religionspolitische Geschichte im Herkunftsland;
- *Sozioreligiöse:* Qualität der Religiosität im Herkunftsland; Qualität der religiösen Gemeinde (religiöses Selbstverständnis, soziale Funktionen, Leitung...); soziale Kompetenz und „Theologie“ der Gemeindeleitung (Pfarrer, Pastor, Priester); Image von Religion und Religiosität im Aufnahmeland; Wahrnehmung der Religiosität im Aufnahmeland von Seiten der Migranten;

Diese Aufzählung spiegelt nur einen kleinen Teil der Einflussfaktoren wider und zeigt die Komplexität des wechselseitigen Zusammenspiels. Eine detaillierte Analyse kann ich hier aus Platzgründen nicht leisten, zumal dieser Beitrag zum Ziel hat, die Stimme der MigrantInnen selbst in den Mittelpunkt zu stellen.

Exemplarisch zeige ich am Beispiel des Einflussfaktors “Zusammenwirken und -leben mit den jeweiligen Mehrheiten (kulturell, religiös) im Aufnahmeland“, welch detaillierte Erkenntnisse die subjektiven Erfahrungen der IP allein in dieser einen Dimension ermöglichen. So zeigt sich beispielweise, wie eng der Zusammenhang ist zwischen der jeweiligen Schwerpunktsetzung der religiösen Identität und der Umgebung. Denn die Aussagen aller IP spiegeln auf verschiedene Weise auch die Auseinandersetzung einer Minorität mit der jeweils als dominant wahrgenommenen

Mehrheit wider – und indirekt auch den Umgang der Mehrheit mit den Unterschieden. Bei den kroatischen Katholiken steht die Auseinandersetzung mit der Ortskirche im Mittelpunkt. Die Frage nach den Unterschieden zu anderen Konfessionen und Religionen (v. a. Islam) taucht zwar auch auf, steht aber vergleichsweise im Hintergrund. So erzählen beide Priester von den Fragen der Gläubigen in den seelsorglichen Gesprächen, welche „Religion" (sic!) nun die richtige und wahre sei: die orthodoxe oder die katholische. Konfliktlinien, bedingt durch den unaufgearbeiteten Jugoslawien-Krieg, werden vielfach sichtbar und religiös gedeutet. Bei den reformierten Deutschen steht die Erfahrung „eine Minderheit in der Minderheit" in einem mehrheitlich katholischen Land zu sein im Mittelpunkt. Die serbisch-orthodoxen IP setzen sich mit der Frage anderer christlicher Konfessionen sehr bewusst und reflektiert auseinander und zeigen ökumenisches Bewusstsein, ihr Horizont sind die christlichen Kirchen. Deshalb wird auch mehr vom Verhältnis zwischen Serbisch-sein und Orthodox-sein als Konfliktlinie erzählt: „Bei uns verwechseln viele Religiosität und Nationalität." Hier erkennt man, welche Bedeutung die Leitung der Gemeinde hat, denn der verantwortliche Priester ist in der Ökumene engagiert.

3. Der spezifische und ausschließliche Einfluss von Migrationserfahrung auf Religiostät ist nicht eindeutig identifizierbar – wie auch umgekehrt die Rolle von Religiosität im Kontext von Migrationserfahrungen nicht präjudizierbar ist.
Die Fülle und Komplexität der Einflussfaktoren zeigt, dass es nicht möglich ist, Ausmaß und Bedeutung des Faktors „Migrationserfahrung" auf Religiosität eindeutig zu identifizieren. Auch umgekehrt lässt sich nicht eindeutig festmachen, ob und welche Rolle Religiosität im Migrationsprozess hat oder bekommt. Welche Veränderungen von Religiosität lassen sich tatsächlich ausschließlich durch Migrationserfahrung erklären? Wie ausgeprägt ist der Einfluss von Migrationserfahrung auf Religiosität tatsächlich – et vice versa?

Die jeweiligen Zusammenhänge sind höchst individuell und das Zusammenspiel zwischen den einzelnen Einflussfaktoren sehr heterogen. Das bedeutet aber zugleich, dass es hier sowohl auf Seiten des Einzelnen als auch auf Seiten der aufnehmenden Gemeinden, Kirchen und Länder Freiheitsspielräume und Gestaltungsmöglichkeiten gibt.

4. Das konfessionell-kulturelle Selbstverständnis spielt eine zentrale Rolle im Migrationsprozess wie auch in der subjektiven Religiosität.
Auch wenn Rolle und Bedeutung des konfessionell-kulturellen Selbstverständnisses hinsichtlich ihres Ausmaßes nicht eindeutig zu fixieren sind,

möchte ich deren spezifischen Einfluss dennoch herausstreichen. Wenn sich Religiosität auf Migrationserfahrungen auswirkt bzw. Migrationserfahrungen Religiosität beeinflussen, geschieht dies bei den Befragten durchgängig auf eine Weise, die die konfessionell-kulturelle Prägung im jeweiligen Herkunftsland erkennen läßt, in dem Religiosität gleichsam „gelernt“ wurde. Religiosität ist eben keine abstrakte Größe. So lassen beispielsweise die kroatisch-katholischen IP in all ihrer Diversität doch erkennen, dass „Religiosität“ zentral als stark kulturell verankerte „Praxis“ verstanden wird, überaus gemeinschaftlich geprägt und untrennbar mit der politischen Geschichte des Herkunftslandes verbunden ist. Deutlich anders zeigt sich „Religiosität“ bei den deutsch-protestantischen IP: erkennbar weniger gemeindebezogen, stark an individueller Freiheit und Intellektualität orientiert, kommt hier die politische Geschichte der Kirche in den Herkunftsländern (Mehrheitssituation!) kaum in den Blick. Die serbisch-orthodoxen IP wiederum lassen die religionspolitische Geschichte eines einstmals atheistisch-kommunistischen Landes erkennen und zeichnen sich durch eine deutliche Betonung einer liturgisch geprägten Spiritualität aus, was im Weiteren auch das Gemeindeverständnis prägt und dem orthodoxen Selbstverständnis entspricht. Es ist faszinierend, wie in aller Heterogenität der einzelnen religiösen wie migratorischen Biographien und deren Interpretation konfessionelle und kulturelle Spezifika „durchscheinen“.

5. Der zentrale Faktor der Veränderung scheint weniger die Migrationserfahrung als vielmehr die Erfahrung von Differenz zu sein.
Im Umfeld von Erzählungen von Veränderung subjektiver Religiosität kann, muss aber Migrationserfahrung als „Auslöser“ nicht in den Blick kommen. Regelmäßig hängen solche Erzählungen aber mit der Erfahrung von Differenz zusammen: Differenz zwischen Herkunfts- und Aufnahmeland, Differenz zwischen Gemeinde und Umgebung, Differenz zwischen Konfessionen und Religionen, Differenz innerhalb der Familie oder Gemeinde, Differenz in sich selbst mit Blick auf die eigene Biographie uvm. Differenzerfahrung ist offenkundig ein zentraler „Motor“ in der Entwicklung persönlicher Religiosität oder im Umgang mit Lebenswiderfahrnissen: Sie regt zum Denken und damit zu Veränderung und Entwicklung an. Selbst IP, die erzählen, dass sich ihre subjektive Religiosität weder durch Migration oder andere Lebensereignisse verändert habe, tun dies in Betonung der Differenz zu den Veränderungen, die sie sonst erlebt haben oder erleben – Religiosität ist dann gleichsam das „konstante“ Element im Erleben von Differenz, das Stabilität und Orientierung ermöglicht. In jedem Fall scheint die Erfahrung von Differenz dazu zu „zwingen“, sich selbst und die jeweils eigene Religiosität zu prüfen und erneut zu positionieren. Wie Differenz

dabei wahrgenommen und gedeutet wird, welche Handlungskonsequenzen daraus gezogen werden, ist wiederum sehr verschieden und hängt von den bereits erwähnten Einflussfaktoren ab.

Religion und Integration: Ein exemplarischer Überblick

Immer wieder wird in den Debatten und Diskursen rund um Religion im Kontext von Migration zuallererst nach deren Zusammenhang mit „Integration“ gefragt. Auch wenn es – wie in diesem Sammelband deutlich wird – unzählige andere Perspektiven auf dieses Phänomen gibt, die zu erforschen und zu diskutieren sind, konzentriert sich das Interesse der Mehrheitsgesellschaft auf diesen Aspekt. Daher stelle ich im Folgenden einige exemplarische Konzepte des durchaus heterogenen Verständnisses dieses zwischenzeitlich hoch belasteten Begriffes sowie einige alternative Zugänge dar, wie sie in der Forschung diskutiert werden.

1. Integration

Der Begriff „Integration“ kann soziologische, politikwissenschaftliche und normative Bedeutung haben:[1]

Aus *soziologischer* Sicht ist Integration ein Prozess, in dem ein neues Element so in ein System aufgenommen wird, dass es sich danach von den alten Elementen nicht mehr unterscheidet als diese untereinander. Die Partizipation an den Strukturen dieses Systems – rechtlich, gesellschaftlich, politisch, sozial, kulturell[2] – gehört ebenso zentral zu diesem Prozess wie die Besetzung struktureller Positionen. Zugleich ist Integration Form, Folge und Faktor sozialen Wandels des gesamten Systems, d.h. auch, dass sich durch die Präsenz des neu anwesenden Elementes das gesamte System ändert.[3] Integration unterscheidet sich in diesem Verständnis demnach deutlich von Assimilation und Interkulturation: Sie bedeutet weder Anpassung von einzelnen Elementen an ein (konstruiertes) Ganzes noch ein Nebeneinander

---

[1] Er bezieht sich im Übrigen auch nicht nur auf MigrantInnen, sondern auf *alle* Mitglieder einer Gesellschaft oder Organisation. Im öffentlichen Diskurs wird er freilich mittlerweile fast nur mehr mit Zuwanderern in Verbindung gebracht. Dass Integration auch für die autochthone Bevölkerung, deren Vereine, Gemeinschaften, Gemeinden und Individuen eine ständige Aufgabe ist, will sie als Gesellschaft und in ihren Institutionen lebendig, demokratisch und friedlich bleiben, d.h. ihre soziale Kohäsion aufrecht erhalten, ist völlig ins Hintertreffen geraten. Neben den hier erwähnten Dimensionen gibt es auch noch pädagogische Konzepte, auf die hier aber nicht eingegangen wird.

[2] Einen systematischen Überblick über die verschiedenen Bedingungen von Integration bieten: Alastair Ager/Alison Strang: Understanding Integration: A Conceptual Framework, in: Journal of Refugee Studies 21/2 (2008), 166–191.

[3] Günter Endruweit: Integration, in: Günter Endruweit/Gisela Trommsdorf (Hg.): Wörterbuch der Soziologie, Band 2, Stuttgart 1989, 307–308; vgl. Anton Pelinka/Helga Amesberger/Brigitte Halbmayr: Integrationsindikatoren. Zur Nachhaltigkeit von Integrationspolitik. Endbericht, Wien 2000, 2.

verschiedener kultureller Entitäten. Integration beschreibt einen komplexen Prozess wechselseitiger Partizipation (Teilnahme sowie Ermöglichung von Teilhabe) an den Strukturen eines Systems, das als veränder- und gestaltbar gilt.

Aus *politikwissenschaftlicher* Sicht[4] vollzieht sich Integration als Prozess auf mehreren Ebenen: a) auf der sozialen Ebene bilden sich im Zuge der Integration kleinere (gesellschaftliche) Einheiten, die (gesellschaftliche) Interessen nach innen bündeln und zur Befriedigung des Bedürfnisses der individuellen Teilhabe an materiellen und kulturellen Gütern beitragen; b) auf der politischen Ebene werden unterschiedliche (gesellschaftliche) Interessen aggregiert und in einem politischen Entscheidungsprozess transformiert; c) auf der systemischen Ebene erfolgt Integration durch Partizipation im Sinne der Beteiligung der kleineren Einheit durch das System.[5]

Integration kann schließlich *normativ* als pluralistische Integration bezeichnet werden, d.h. dass die idealste Form der Integration in der Bildung von Subkulturen und von Solidarität besteht und sich durch Selbstbestimmung, die Möglichkeit der Rekonstruierung des ethnischen Selbstbewusstseins und Chancengleichheit mit der Bevölkerung des Aufnahmesystems charakterisieren lässt.[6]

2. Schwierigkeiten dieses Begriffes

Der Begriff Integration ist in der Fachwissenschaft zwischenzeitlich aufgrund seiner politischen Instrumentalisierung heftig umstritten: denn in politischen Diskursen und in einem weit verbreiteten gesellschaftlichen Verständnis wird Integration mit Anpassung gleichgesetzt. Der/die Einzelne sowie Vereine, Gemeinschaften, Gemeinden und Minoritäten sollen sich so an eine Gesellschaft anpassen, dass sie diese mit ihren Unterschieden nicht stören, verändern oder gar Ansprüche stellen.

In dieser Form betont der Integrationsbegriff die Einheit und Zusammengehörigkeit der Mitglieder eines Systems. Er wird inhaltlich mit Ho-

[4] Einen ausgezeichneten Einblick in die Thematik gibt die Dissertation von Astrid Mattes: Integrating religion: The roles of religion in Austrian, German and Swiss immigrant integration policies, Wien 2016.

[5] Nach Pelinka u.a, Integrationsindikatoren; vgl. Axel Schulte: Vielfalt und Integration. Zum Integrationsproblem in den multikulturellen Gesellschaften der westlichen Demokratien, in: Bernhard Blanke (Hg.): Zuwanderung und Asyl in der Konkurrenzgesellschaft. Opladen 1993, 181–214.

[6] Nach Pelinka u.a., Integrationsindikatoren, 2.

mogenitätsfiktionen aufgeladen – nicht zuletzt als Folge des europaweit nach wie vor in den Wahrnehmungs- und Denkrastern bereit liegenden historischen Erbes des Nationalstaates des 19. Jahrhunderts und der Faschismen und Totalitarismen des 20. Jahrhunderts, die eine Einheit von Sprache, Kultur, Volk und Staat mit Gewalt durchzusetzen versuchten und Differenz auslöschten, sprich: Menschen, die anders lebten, dachten und glaubten, diskriminierten und ausgrenzten. Dies führte zum Tiefpunkt und Abgrund der systematischen Ermordung von 6 Millionen Juden.

Einem ethnisierten Integrationsbegriff zufolge gibt es ein essentialistisch verstandenes „Ganzes"[7], dem sich sodann die einzelnen Elemente störungslos einzugliedern haben. Differenz und Partizipation haben hier keinen Platz. Integration wird dann faktisch zur Assimilation. Denn ohne strukturelle Anerkennung der Unterschiede in Kultur, Gesellschaft, Politik übt die Mehrheit einen homogenisierenden Sog auf die Minorität aus.

Im Konzept der Integration besteht die Versuchung, „das" System und „die" Kultur als statische und homogene Wirklichkeiten zu verstehen, die sich nicht verändern und einander gegenüberstehen. So können Integrationsvorstellungen ethnische Identitäten stabilisieren und Entwicklung blockieren – auf Seiten der Mehr- und der Minderheit. Die Möglichkeit, voneinander zu lernen und miteinander etwas Neues, Drittes – „Hybridität" – zu entwickeln, kommt schwer in den Blick. Zudem blendet das Integrationskonzept, wenn es von Reziprozität spricht, tendenziell ungleiche Machtverhältnisse zwischen Mehr- und Minderheit aus, als stünden diese einander gleichberechtigt gegenüber. Der Anspruch, MigrantInnen und Migrationsgemeinden sollen sich besser integrieren geht aus soziologischer Sicht ins Leere.

In den Sozialwissenschaften wurden und werden daher zwischenzeitlich andere Modelle entwickelt. Drei seien hier exemplarisch vorgestellt.

3. Ein psychologisches Modell: Akkulturation nach John W. Berry[8]

Der Begriff der „Akkulturation" kann generell auf zwei verschiedenen Ebenen angesiedelt werden: auf der Ebene der Kultur sowie auf einer individuellen Ebene. John W. Berry definiert Integration folgendermaßen:

[7] Z. B. „die" deutsche Gesellschaft, „das" österreichische Volk, das nicht als *demos*, sondern als *ethnos* – als eine Art „Kultur-Stamm" gedacht wird und sich nicht durch politisch-diskursives Kommunizieren und Handeln verständigt und einigt, sondern auf Geburtsrechten beruht.

[8] John W. Berry: Psychology of Acculturation – Understanding Individuals moving between Cultures, in: Richard W. Brislin (Hg.): Applied Crosscultural Psychology. Newbury Park/London/New Delhi 1990, 232–253.

> „Acculturation comprehends those phenomena which result when groups of individuals having different cultures come into continuous first-hand contact, with subsequent changes in the original culture patterns of either or both groups (…) under this definition acculturation is to be distinguished from culture change, of which it is but one aspect, and assimilation, which is at times a phase of acculturation.“[9]

Die zentralen Charakteristika der Akkulturation sind damit gegeben durch

- die dauerhaften und unmittelbaren Interaktionen oder Kontakte der Gruppen und ihrer Mitglieder,
- die Veränderungen der kulturellen und psychologischen Phänomene der in Kontakt stehenden Menschen (oder Gruppen) und
- die Aufspaltung der Phänomene in Prozesse und Zustände.[10]

Im Prozess der Akkulturation werden nicht nur bestehende Phänomene verändert, sondern es können ebenso neue entstehen. Eine weitere wichtige Unterscheidung besteht in der Frage, ob eine der Gruppen in diesem Prozess eine dominierende Stellung gegenüber der anderen besitzt. Daraus können Hypothesen abgeleitet werden, welche Gruppe einem stärkeren Veränderungsdruck ausgesetzt ist.

Für Individuen in einem ihnen fremden kulturellen Umfeld, das von einer Gruppe dominiert wird, ist nach Berry zweierlei bedeutsam: a) die individuelle Haltung gegenüber Akkulturationsvorgängen („acculturation attitude“) sowie b) die Möglichkeiten, die die dominante Gruppe zur Akkulturation anbietet. Migrierte Personen können demnach nur jene Haltungen bzw. Verhaltensweisen verwirklichen, die in der vorherrschenden Kultur des Aufnahmelandes als umsetzbare Optionen angeboten werden. Ist es z. B. in einem Land nicht erlaubt, die eigenen kulturellen Muster aufrechtzuerhalten oder die persönlichen Einstellungen problemlos zu verwirklichen, bleiben als Alternativen nur „Assimilation“ oder „Marginalisierung“.

Berry unterscheidet vier Arten von Akkulturation:[11] Diese ergeben sich aus der Kombination verschiedener Werthaltungen zu zwei Fragen: a) Gilt es als Wert, Beziehungen zu anderen gesellschaftlichen/kulturellen Gruppen zu unterhalten?, b) Gilt es als Wert, kulturelle Identität und Eigenheiten zu bewahren?

[9] Berry, Psychology of Acculturation, 232 f.
[10] Ebd., 236.
[11] Ebd., 245.

			Is it considered to be of value to maintain cultural identity and characteristics?	
			YES	NO
			⇩	⇩
Is it considered to be of value to maintain relationships with other groups?	YES	⇨	**Integration**	**Assimilation**
	NO	⇨	**Separation**	**Marginalisation**

Integration hieße in diesem Modell demnach, dass Kontakt und Interaktion mit anderen Gruppen als wertvoll erachtet werden und es zugleich ebenso gewünscht ist, den jeweils eigenen kulturellen Hintergrund aufrechtzuerhalten. Bei der Separation fallen die Herstellung des Kontaktes und der Interaktion mit anderen Gruppen weg. Die Assimilation umschreibt jene Form der Akkulturation, bei der die vormals eigene Kultur aufgegeben wird, um nur noch mit den anderen Gruppen zu interagieren. Werden sowohl Kontakt und Interaktion mit anderen Gruppen gemieden als auch die eigenen Traditionen aufgegeben, spricht Berry von Marginalisierung. Die Verwirklichung aller in der obigen Grafik dargestellten Optionen – also „Integration" – ist demnach nur in einer Gesellschaft möglich, in der interkulturelle Kontakte sowie die Aufrechterhaltung eigener kultureller Identität Werte darstellen – in erster Linie für die Mehrheitsgesellschaft, die entsprechende Räume eröffnen kann; aber auch auf Seiten der MigrantInnen. Entscheidend ist also, ob es möglich ist, Differenz in Beziehung zu leben. Dieses Modell lässt sich auf verschiedene Teilbereiche im Leben des Einzelnen, aber auch der Gesellschaft beziehen: z. B. auf Sprache, Politik, Arbeit, Religion uvm.

Akkulturation in diesem Sinne wird nach Berry von verschiedenen „Stress-Faktoren" („stressors") und deren Ausmaß („level of stress") beeinflusst. Akkulturation muss demnach nicht *eo ispo* mit Stress verbunden sein. Eine entscheidende Rolle für „stress-freiere Akkulturation" sind u. a. der Umgang und das Angebot der kulturell dominanten Gruppe mit MigrantInnen, das Ausmaß und die Anerkennung gesellschaftlichen Pluralismus, der Bestand von unterstützenden Institutionen, das Prestige und die Stereotypen von Migrationsgruppen sowie das Ausmaß der möglichen Partizipation von Migranten am gesellschaftlichen Leben und an Rechten.

Zusammengefasst lassen sich die Faktoren, die den bei Akkulturation entstehenden Stress beeinflussen, wie folgt darstellen:

- Qualität der dominanten Gesellschaft bzw. der Mehrheit
- Qualität der sich akkulturierenden Gruppe

- Modus der Akkulturation
- die demographischen und individuellen Charakteristika der Individuen
- die psychologischen Merkmale der Individuen

Demzufolge verweisen Schwierigkeiten in Akkulturationsprozessen bzw. Segregation, Marginalisation aber auch Assimilation immer auf Probleme auf beiden Seiten hin – der Minderheit (worüber unentwegt diskutiert wird), aber eben auch auf Seiten der Mehrheit (was tabuisiert wird).

4. Ein soziologisches Modell: „Partizipative Integration" nach Wolfgang Vortkamp[12]

Ausgehend von der Frage, wie dauerhafte Integration in pluralen und heterogenen Gesellschaften gesichert werden kann, sodass zumindest in bestimmten Bereichen ein Konsens aller Mitglieder eines System erzielt werden kann, entwickelt Vortkamp ein Modell, das Integration als aktive Mitgestaltung an der Zivilgesellschaft versteht und dementsprechend Identifikation und affektive Bindung an diese ermöglicht. Aus soziologischer Perspektive geschieht dies über soziale Organisationen, da die Integration von Individuen ohne solch vermittelnde Einheiten gar nicht möglich sei: Ein Einzelner kann weder Gesellschaft noch Kultur verändern.[13] Erst soziale Organisationen – wie z. B. Vereine oder Gemeinden – können sowohl die eigenen als auch die Normen, Werte und kulturellen Traditionen der ganzen Gesellschaft (resp. für MigrantInnen „fremden" Gesellschaft) verändern. Vortkamp unterscheidet im Weiteren vier strukturelle Formen von Integration:

- *individuelle Assimilation:* Da sich einzelne Personen aufgrund ungleicher Machtverhältnisse nicht entsprechend einbringen können, bleibt ihnen nur Anpassung und Angleichung.
- *kollektive Integration:* Zahlenmäßig größere Kollektive sind bestrebt, ihre kulturelle, sprachlich-nationale, religiöse Identität zu bewahren und müssen von daher mit Teilen ihrer Normen, Werte und Lebensweise in die sie umgebende Gesellschaft integriert werden.[14] Ob und wie dies gelingt, hängt maßgeblich von Einstellung und Tradition eines Landes im Umgang mit differenten Minoritäten ab.

[12] Wolfgang Vortkamp: Integration durch Teilhabe. Das zivilgesellschaftliche Potential von Gemeinden, Frankfurt am Main 2008.

[13] Ebd., 68–69.

[14] Ebd., 76–78.

- *institutionelle Integration:* Entscheidend für die Integration Einzelner ist die Integration jener Vergemeinschaftungsformen, in denen sich Minoritäten organisieren, d. h. deren Partizipation. Hier kommt religiösen Gemeinden bzw. Gemeinschaften demnach eine zentrale Rolle zu.
- *partizipative Integration:* Voraussetzung für eine solche Integration von Organisation und anderen Gemeinschaftsformen ist deren aktive und direkte Partizipation an der Gestaltung der Gesellschaft. Ohne Mitwirkung Einzelner ist stabile und belastbare Integration[15] nicht möglich. Integration ist kein „Zustand", sondern untrennbar verbunden mit aktivem Engagement. Demnach lassen sich dann auch unterschiedlich „starke" bzw. „schwache" Formen von Integration unterscheiden.

Im Anschluss an Werner Landecker[16] kategorisiert Vortkamp sodann diese Art der Integration und unterscheidet idealtypisch im Weiteren primäre und sekundäre sowie passive und aktive Integration:
- *primäre Integration* beschreibt Sozialbeziehungen zwischen Personen, die in direktem und unmittelbarem Kontakt stehen. Auf diese Weise sind Menschen an lokale Zusammenhänge, in Milieus und Subkulturen gebunden.[17] In ihrer passiven Form zeigt sich diese Art der Integration in Anerkennung der gegebenen Ordnung und der Orientierung an der eigenen Lebenskultur. Demgegenüber führt die aktive primäre Integration zu hoher Bereitschaft zu sozialem Engagement auf lokaler Ebene. Diese Personen übernehmen Verantwortung und Führung (in entsprechenden Posten und Ämtern in Vereinen) und gestalten ihre lokale Umgebung mit. Diese Form der Integration ist schwach, also wenig bzw. nicht belastbar.
- *sekundäre Integration* beschreibt abstraktere Formen der Einbindung in die Gesellschaft, wie z. B. Zustimmung und Anerkennung von allgemein anerkannten Normen, Werten und Institutionen. In der passiven Variante stimmen Personen sodann diesen zu, beteiligen sich aber nicht an der Aufrechterhaltung der Werte und gesellschaftlichen Institutionen. Die Zustände werden wohl geschätzt, aber als selbstverständlich erachtet; verantwortlich für deren Sicherung sind andere. Die aktive sekundäre Integration zeichnet sich demgegenüber durch hohe soziale Kompetenz, Konfliktfähigkeit und die Bereitschaft aus, über den lokalen Bereich hinaus Verantwortung zu übernehmen. Hier sind jene Personen

[15] Ebd., 81–82.
[16] Werner S. Landecker: Types of Integration and their Measurement, in: American Journal of Sociology 56 (1950/51), 332–340.
[17] Vortkamp, Integration durch Teilhabe, 91.

zu finden, die sich an der Gestaltung demokratischer Prozesse beteiligen und sich für die „Gestaltung, Realisierung und Veränderung“[18] von Normen, Werten und Institutionen engagieren. Diese Personen sind stark belastbar integriert.

In einem Schaubild bedeutet dies:[19]

	passiv *Zustimmung*	aktiv *Engagement*
Primäre Integration *Face-to-face*	sozial eingebunden	sozial engagiert
Sekundäre Integration *Symbolisch über gesellschaftliche Organisationen vermittelt*	politisch-gesellschaftliche Zustimmung	zivilgesellschaftliches Engagement

In der Realität finden sich unterschiedliche Ausformungen. Gleichwohl bilden in den pluralen und heterogenen Gesellschaften Europas die beiden passiven Integrationsformen die überwältigende Mehrheit. In diesem Licht betrachtet stellen sich die Vorwürfe der Mehrheitsgesellschaft an den mangelnden Integrationswillen der Zuwanderer etwas anders dar, um nicht zu sagen: als Projektion. Warum sollten jene besser bewerkstelligen, was auch in den Mehrheitsgesellschaften eine ausstehende Aufgabe ist?

5. Ein politikwissenschaftliches Modell: Inklusion und Exklusion[20]

Dieses Modell hat seinen Ursprung in der Ungleichheitsforschung und fragt nach jenen Verhältnissen, die zu Ein- und Ausschließungsprozessen führen.[21] Damit unterläuft dieses Begriffspaar die Vorstellung eines Systems, dem eine Gruppe von Ausgegrenzten gegenübersteht, die dann eingegliedert werden muss. Vielmehr wird die kritische Reflexion jener Verhältnisse möglich, die solche Prozesse überhaupt möglich machen. Die sogenannten

[18] Ebd., 97.

[19] Abbildung ebd., 93.

[20] Vgl. Ilker Ataç/Sieglinde Rosenberger: Inklusion/Exklusion – ein relationales Konzept der Migrationsforschung, in: Ilker Ataç/Sieglinde Rosenberger (Hg): Politik der Inklusion und Exklusion, Wien/Göttingen 2013, 35–52, 35.

[21] Vgl. zum Folgenden Martin Kronauer: Inklusion/Exklusion: Kategorien einer kritischen Gesellschaftsanalyse der Gegenwart, in: Ataç/Rosenberger (Hg.), Inklusion/Exklusion, 21–34, 22.

Exkludierten werden als Teil des Systems verstanden, *in* dem In- und Exklusionsprozesse stattfinden. Strukturen, Institutionen, Akteure und Prozesse können so analysiert werden. Das Zentrum, die Konstitutionsbedingungen und der Wandel sozialer und politscher Ungleichheit stehen damit selbst im Zentrum der Aufmerksamkeit und ermöglichen es, soziale und politische Problemlagen zu identifizieren, die das *ganze* System betreffen.[22]

Mithilfe dieses Modells können die Erfahrungen von MigrantInnen und Minoritäten die Mehrheitsgesellschaft unterstützen, jene inkludierenden bzw. exkludierenden Prozesse und Strukturen, Institutionen und Akteure zu identifizieren, die die ganze Gesellschaft betreffen. Viele der Erfahrungen und Schwierigkeiten von MigrantInnen und deren Gemeinden sind mit hoher Wahrscheinlichkeit nicht primär migrationsbedingt, sondern machen die gesellschaftsimmanenten Exklusionsmechanismen und Integrationsschwächen der *ganzen* Gesellschaft sichtbar.

6. Integration durch Religion?

Welche Rolle spielt Religion in Integrationsprozessen? Dieser Frage widmet sich seit einigen Jahren der Forschungsschwerpunkt REGIE („Religion und gesellschaftliche Integration in Europa") an der Universität Luzern. Dieser 2009 eingerichtete Forschungsverbund – Edmund Arens, Wolfgang W. Müller, Markus Ries, Antonius Liedhegener und Martin Baumann – zielt darauf ab, „im gesellschaftlichen Spannungsfeld von individueller Religionsdistanziertheit und medialer Religionsdramatisierung das Leistungsvermögen von Religion zur gesellschaftlichen Integration oder Desintegration zu erforschen"[23] und fragt, „wie und unter welchen Bedingungen Religion und Religionen sich positiv oder negativ auf den Zusammenhalt und die Stabilität demokratisch-rechtsstaatlicher Gesellschaften auswirken"[24].

Zu den bisherigen Erkenntnissen dieses Forschungsverbundes gehört die Beobachtung, dass Religionsgemeinschaften „als Teil der Zivilgesellschaft staatliche Ordnungspolitik komplementär unterstützen" ebenso wie „in kritischer Distanz sozialen Protest und Veränderung fördern können".[25] Dies geschieht über die Bildung von Gemeinschaften, die soziales Vertrauen,

[22] Vgl. Kronauer, Inklusion/Exklusion, 23.

[23] Edmund Arens/Martin Baumann/Antonius Liedhegener: Integrationspotenziale von Religion und Zivilgesellschaft. Theoretische und empirische Befunde, Zürich 2016, 8.

[24] Ebd.

[25] Ebd., 9.

freiwilliges Engagement und Beziehungen bzw. Netzwerke zwischen Personen und Gruppen fördern.[26]

Edmund Arens zeigt, dass und wie Religionsgemeinschaften ihre Mitglieder und Gruppen auf verschiedene Weise und in mehrfacher Hinsicht integrieren:[27]

- *Kulturelle Integration:* Religionen bieten Menschen eine „Orientierung, die über das eigene Leben hinausreicht“: durch „Einsichten über elementare Fragen des persönlichen Lebens wie des sozialen Zusammenlebens“. Sie schaffen und tradieren eine Sprache und Kultur, die „grundlegende Fragen nach Herkunft und Zukunft, Sinn und Ziel des menschlichen Lebens“ thematisieren. Auf diese Weise werden kollektive Erfahrungen „vernetzt“ und gebildet, Erinnerungen und Hoffnungen formuliert. Indem Religionsgemeinschaften ihren Mitgliedern und Gruppen diese „Leistungen“ von Religion über eine gemeinsame Sprache, Überzeugungen und Praktiken, vermitteln, gewinnen und binden sie Mitglieder.
- *Soziale Integration:* Religionsgemeinschaften „binden Menschen in lokale, regionale und auch globale Zusammenhänge“ ein. So ermöglichen sie Zugehörigkeit und Zusammengehörigkeit und bekräftigen „horizontale und vertikale Gemeinschaft“.
- *Normative Integration:* Religionsgemeinschaften normieren den Umgang ihrer Mitglieder mit Angehörigen, nehmen aber auch Abgrenzungen wahr: So können sie Ausgrenzung, Abwertung und Konfrontation, aber auch Gemeinsamkeiten fördern. Über Gebote und Regeln werden sämtliche Bereiche des Lebens und Beziehungen geregelt: zu sich selbst, zur Verwandtschaft, zur Umgebung, zu Gott.
- *Lern- und Übungsräume:* Schließlich tragen Religionsgemeinschaften auch zur interaktionellen Integration bei, indem sie dazu verpflichten, Gutes zu tun und zu Solidarität, Gerechtigkeit und Barmherzigkeit aufrufen. Sie sind Räume, in denen all diese Regeln, Gebote und Verbote gelernt und geübt werden und über die diese individuell und kollektiv zur Geltung gebracht werden sollen. In pluralistischen Gesellschaften stellen sich dabei ganz neue Herausforderungen.

[26] Die Vielschichtigkeit der Frage nach Integration und der Rolle, die Religion darin spielt, findet sich in 11 Beiträgen aus historischer, gesellschaftlicher und rechtlicher Perspektive in: Edmund Arens et al. (Hg.): Integration durch Religion? Geschichtliche Befunde, gesellschaftliche Analysen, rechtliche Perspektiven, Zürich 2014.

[27] Zum Folgenden: Edmund Arens: Going public – Öffentliche Religionen und Öffentliche Theologie, in: Arens/Baumann/Liedhegener, Integrationspotenzial, 19–69, 53 ff.

Ob und wie nun konkrete Gemeinden und konkrete Religionen in Integrationsprozessen diesen Aufgaben nachkommen wollen oder können, hängt von verschiedenen Faktoren ab.

7. Die integrative Leistung von Migrationsgemeinden

All diese „Integrationsleistungen" sind auch Migrationsgemeinden immanent, verbinden sich aber mit besonderen und spezifischen Herausforderungen. Zu diesen Spezifika liegen zwischenzeitlich mehrere Studienergebnisse vor. Vier seien exemplarisch präsentiert:

7.1. Karsten Lehmann: Migrantenvereine als „Medien der Integration"

In seiner Typologie ethnischer Migrantenvereine weist Karsten Lehmann[28] nach, dass und inwiefern diese Vereine „Medien der Integration" sind. Anhand umfassender Datenerhebungen und Analysen von 48 muslimischen Migrantenvereinen und vier Fallanalysen in der deutschen „Südstadt"[29] zeichnet er den Institutionalisierungsprozess der migrantischen Vereinslandschaft nach. Er macht die wichtige Rolle deutlich, die diese Vereine für die soziale Strukturierung der Gesellschaft in Blick auf die Herausbildung einer multikulturellen Gesellschaft spielen. Seine Typologie ist hilfreich bei der Erschließung sozialer Funktionen der Migrationsgemeinden und lässt zugleich deren spezifische Unterscheidungsmerkmale erkennen. Zugleich zeigt Lehmann, dass sich Migrantenvereine im Laufe ihrer Anwesenheit auch funktional und strukturell verändern.

Vier Typen von Migrantenvereinen lassen sich unterscheiden:[30]

- *Zentren* sind „Migrantenvereine, deren Mitglieder weitgehend ad hoc organisierte Aktivitäten durchführen, die sich an die gesamte ethnische Community wenden"[31] und charakteristisch für die Entstehungsphase einer ethnischen Gemeinschaft sind.

[28] Karsten Lehmann: Vereine als Medium der Integration. Zu Entwicklung und Strukturwandel von Migrantenvereinen, Berlin 2001.

[29] Lehmann wählt einen fiktiven Namen für die Stadt, die er erforscht hat.

[30] Lehmann: Vereine als Medium der Integration, 169 ff.

[31] Ebd., 169.

- *Dienstleistungsvereine* sind Migrantenvereine, „deren Mitglieder konkrete Aktivitäten für einen spezifischen Interessenkreis organisieren und anbieten“[32].
- *Kulturpflegevereine* sind Migrantenvereine, „deren Mitglieder sich auf bestimmte Aspekte der Herkunftskultur beziehen und diese zusammen mit anderen Interessenten pflegen wollen“[33].
- *Ethnische Institutionen* sind Migrantenvereine, „deren Mitgliedern es vor allem um die Repräsentation der jeweiligen Community in der Aufnahmegesellschaft geht“[34].

Lehmann weist nach, dass jede der Vereinsformen sowohl integrative als auch segregierende Dimensionen hat, da sie selbst als nach außen orientierte ethnische Communities ihre spezifischen Unterschiede öffentlich machen und auf deren Anerkennung bestehen.

So stellt sich die Frage: Wie nimmt eine Gesellschaft bzw. die Kirche Unterschiede wahr und wie geht sie mit ihnen um? Werden Unterschiede prinzipiell als Störung wahrgenommen, die es zu beseitigen gilt, wird auch die ausdifferenzierteste Vereinsform der ethnischen Institution als segregierend wahrgenommen werden. Sie ist dann per se ein Problem. Werden Unterschiede jedoch als Möglichkeit des Lernens und der Entwicklung aller Beteiligten und der ganzen Gesellschaft und Kirche interpretiert, könnten Migrationsvereine eine Mittlerrolle zwischen MigrantInnen und Einheimischen übernehmen. Sie wären in gewissem Sinn in der Mitte von Gesellschaft und Kirche.

Die „Mittlerrolle“ ethnischer Gemeinden findet in den Thesen Lehmanns entsprechende Bestätigung. So konstatiert Lehmann, dass zwischen „Migrantenvereinen und deutschen Idealvereinen strukturelle Parallelen“ bestehen. Übertragen wäre zu vermuten und genauer zu erforschen, ob dies nicht auch für die strukturelle Ähnlichkeit zwischen Migrationsgemeinden und den Kirchen zutrifft, zu denen sie gehören. Weiters zeigt Lehmann, dass für die Arbeit der Migrantenvereine die Rolle der Community bedeutsamer ist als die der Herkunftsgesellschaft.[35] Konkret heißt das, dass die Verhältnisse in der Gemeinde und die Lage vor Ort, die Beziehungen zur Aufnahmekirche und zur Aufnahmegesellschaft, die konkrete Situation, das Selbstverständnis, die Arbeit und die Entwicklungen in der Gemeinde weitaus mehr beeinflussen als der Bezug auf die Entwicklungen im Her-

[32] Ebd., 169.
[33] Ebd., 169.
[34] Ebd., 170.
[35] Ebd., 174.

kunftsland.[36] Pointiert formuliert: Je intensiver die Exklusionserfahrungen einer Migrationsgemeinde, desto intensiver der Rückbezug auf eine (imaginierte) kulturelle Identität. Dem entspricht auch die empirisch abgestützte These Lehmanns, dass Migrationsvereine von der nationalen Herkunft der Vereinsmitglieder strukturell unabhängig sind.[37] „Die nationale Zugehörigkeit muss somit als Chiffre für äußerst komplexe Strukturmerkmale angesehen werden."[38]

7.2 Das integrative Sozialkapital religiöser Gemeinden nach Alexander Stepick

Einen Blick auf Integration im Sinne der Partizipation eröffnen die Forschungsergebnisse des US-amerikanischen Soziologen und Ethnologen Alex Stepick und seiner Forschergruppe[39], die die Formen von bürgerschaftlichem Sozialkapital, von *„civic social capital"* religiös begründeter Gemeinschaften erforschten. In seiner Studie „Churches and Charity" unterscheidet er drei Formen von Sozialkapital. Partizipation bedarf eines Netzes sozialer Beziehungen, in denen man einander kennt und anerkennt. Die Ressourcen und das Potential dieser Netze werden mit Pierre Bourdieu Sozialkapital genannt. Bei der Suche nach dem bürgerschaftlichen Sozialkapital – i. e. Sozialkapital, das für ein demokratisches Gemeinwesen notwendig ist – identifizierte er drei Formen: *„bonding"*, *„bridging"*, *„linking"*[40].

- *„bonding social capital"*: Dieses geht aus Beziehungen von Personen hervor, die ähnliche Interessen haben und der gleichen religiösen Gemeinschaft angehören. Sie haben Vertrauen zueinander und unterstützen sich gegenseitig. Diese Form des Sozialkapitals stellt noch kein bürgerschaftliches Kapital dar, bildet jedoch durch Formen der Binnensolidarität die Voraussetzung dafür. Beispiele in religiösen Gemein-

[36] Ebd., 174.
[37] Ebd., 176.
[38] Ebd., 177.
[39] Alex Stepick/Terry Rey/Sarah J. Mahler: Churches and Charity in the Immigrant City. Religion, Immigration and Civic Engagement in Miami. New Brunswick/London 2009; Alex Stepick/Terry Rey: Civic Social Capital. A Theory for the Relationships between Religion and Civic Engagement, in: Martin Baumann/Frank Neubert (Hg.): Religionspolitik – Öffentlichkeit – Wissenschaft: Studien zur Neuformierung von Religion in der Gegenwart, Zürich 2011, 189–214.
[40] Zit. nach Martin Baumann: Religion als Ressource und Konfliktpotential in Europa. Analytische Perspektiven auf Immigration, Gemeinschaft und Gesellschaft, in: Regina Polak/Wolfram Reiss (Hg.): Religion im Wandel. Transformationsprozesse religiöser Gemeinschaften in Europa durch Migration – Interdisziplinäre Perspektiven. Reihe: Religion and Transformation in Contemporary European Society 9, Wien 2014, 49–74.

schaften sind nach Baumann wechselseitige Unterstützungsleistungen und Freiwilligenarbeit. Hohe *bonding*-Beziehungen können durch gesellschaftliche Vorgänge des Ausschlusses und der Diskriminierung auch segregierend und absondernd wirken. Insofern kann Religion durch Schaffung von Binnenkohäsion auch separierende Leistungen erbringen.

- *„bridging social capital"*: Dieses verbindet Personen, die in unterschiedlichen Gruppen und Milieus beheimatet sind. Sie bauen Brücken zwischen unterschiedlichen Gemeinschaften und Personen; sie fördern Kooperation, Toleranz und gegenseitige Anerkennung. Sie können sich zusammenschließen und im Sinne des Gemeinwohls übergeordnete Ziele verfolgen, etwa gegen Diskriminierung ankämpfen, Stadtteilkriminalität entgegentreten u. a.m. Dieses brückenbauende Sozialkapital verbindet unterschiedliche MigrantInnengruppen in einer Stadt oder Region, um mit einer Stimme zu sprechen, Zusammenarbeit zu fördern und für sich und andere gemeinschaftlich etwas zu erreichen. Beispielsweise bringt die Organisation eines „Tags des Flüchtlings" durch MigrantInnen gänzlich unterschiedliche Gruppen zusammen, schafft Vertrauen und lässt sie durch den gemeinsamen Auftritt in der Öffentlichkeit auf die Situation vieler hinweisen.
- *„linking social capital"*: Dieses verbindet Personen aus unterschiedlichen Gruppen mit ungleichen Zugängen zu Macht und gesellschaftlichen Ressourcen. Es handelt sich um eine vertikale Beziehung. Einzelne Mitglieder können Beziehungen zu Privilegierten haben, zu Personen mit Macht und Einfluss. Dies kann wiederum vorteilhaft für die Gemeinschaft und ihre gesellschaftliche Positionierung sein. Der Kampf gegen die Abschiebung eines Gemeindemitgliedes kann dadurch erfolgreich sein. *Linking* bzw. statusüberbrückendes Sozialkapital können etwa gute Beziehungen von einzelnen Leitern, Gruppierungen oder Dachverbänden zu einflussreichen Personen in Behörden, Parteien und Sozialinstitutionen darstellen, ebenso zu Wissenschaftlern und Forschungsinstitutionen. Hier können gegebenenfalls Unterstützung für Anliegen erbeten und das eigene Renommee gefördert und verbessert werden.

7.3 Das zivilgesellschaftliche Potential religiöser Migrantengemeinden nach Alexander-Kenneth Nagel[41]

Der Analyse heterogener religiöser Migrantengemeinden (muslimisch, orthodox, freikirchlich uvm.) durch sein Forschungsteam nähert sich Alexander-Kenneth Nagel mit zwei Fragen. Er fragt

a) nach den zivilgesellschaftlichen Potentialen von Gemeinden in Form von Dimensionen religiöser Netzwerke („Beitrag“) und
b) nach der Art der Gestaltung dieser Potentiale („fördernde und hemmende Faktoren“)

Das Modell geht davon aus, dass Gemeinden keine abgeschlossenen „kulturellen Enklaven“ sind, sondern untereinander und mit anderen gesellschaftlichen Institutionen auf vielfältige Weise vernetzt sind. Diese „Netzwerke“ werden als zivilgesellschaftliches Potential betrachtet und tragen wesentlich zu Inklusionsprozessen bei, von denen auch die Mehrheitsgesellschaft profitiert.

Gemeinden werden dabei nicht als erst „einzufügende“, sondern bereits existierende Teile der demokratischen Zivilgesellschaft betrachtet und kommen so als relevante gesellschaftspolitische Akteure in den Blick.

7.3.1 Begrifflichkeiten

Religiöse Migrations/Diaspora-Gemeinde: Dies sind religiöse Vergemeinschaftungen, die – anders als Vereine – über einen bloßen Zweckverband hinausgehen und mit spezifischen, in der Regel theologisch verankerten Vertrauens- und Verpflichtungsbeziehungen verbunden sind. Von einer Migrationsgemeinde ist dann die Rede, wenn die Mehrheit ihrer Angehörigen eine Migrationsgeschichte aufweist. Religiös sind diese Gemeinden insofern, als sie auf eine religiöse Lebensführung ihrer Mitglieder hin ausgerichtet sind. Die religiösen Dimensionen sind nicht *eo ipso* ein zivilgesellschaftliches Potential, da sie – dem Handeln implizit wie explizit als theologische Hermeneutik zugrundeliegend – sowohl integrative als auch segregierende Wirkung haben können. Gesellschaftlich relevant werden sie insofern, wenn sie die Mitglieder bei der Teilhabe am gesellschaftlichen Leben unterstützen sowie gemeinwohlorientiert Kontakt, Beziehung, Kommunikation und Vernetzung mit der Gesellschaft fördern. Der Begriff „Diaspora“ ist ein Begriff der Selbstwahrnehmung, der sich auf das „Dia-

[41] Alexander-Kenneth Nagel (Hg.): Religiöse Netzwerke. Die zivilgesellschaftlichen Potentiale religiöser Migrantengemeinden, Bielefeld 2015.

sporische Dreieck“ bezieht, d.h. die trilateralen und wandelbaren Beziehungen der Migrations/Diasporagemeinde zur Residenzgesellschaft und zum Herkunftsland betont.

Zivilgesellschaft meint hier einen „Raum sozialen Handelns“, der zwischen Staat, Wirtschaft und privatem Bereich angesiedelt und von diesen daher in gewissem Sinn unabhängig ist, da er auf Selbstorganisation beruht und durch freiwilliges gemeinsames Handeln und Kommunikationsprozesse gestiftet wird. Bereits diese Selbstorganisation und die damit verbundene Ressourcenmobilisierung sind als solche zivilgesellschaftliches Potential, weil es die Aufnahmegesellschaft von bestimmten Zuwanderungskosten entlastet. Zivilgesellschaftlich relevant ist auch das Vorhandensein eines öffentlichen Bewusstseins sowie eine substantielle Gemeinwohlorientierung.

7.3.2 Fördernde und hemmende Einflussfaktoren

In seinen Analysen konnten Nagel und sein Forschungsteam verschiedene Einflussfaktoren identifizieren, die zivilgesellschaftliches Potential intern und extern, ideell und strukturell fördern oder hemmen können:

Zu den internen Einflussfaktoren gehören: das theologische Selbstverständnis (Ekklesiologie, soziales Ethos, politisches Ethos, Deutung der Migrationserfahrungen uvm.); die Migrationsgeschichte (Herkunftsland, Kirchengeschichte, Rückkehrhoffnungen der und innerhalb der Gemeinde); die Sozialstruktur (sozioökonomische Situation, Bildung der Gemeindemitglieder); der demographische Wandel (2., 3., xte Generation); die Rolle der religiösen Autoritäten; das Vorhandensein und die Förderung von „Brückenbauern“; die Ausbildung von Leitungspersonen; die religiöse Erziehung, Sozialisation, Bildung; die Sprache, Muttersprache und deren Bedeutung; sowie ein interkulturelles/interreligiöses Bewusstsein.

Als externe Einflussfaktoren wurden identifiziert: rechtliche Rahmenbedingungen (kirchlich, staatlich); Anreize und Gelegenheitsstrukturen (staatliche Zuschüsse, Möglichkeit zur Mitarbeit in Beiräten u.a.); Öffentliche Diskurse (über die jeweilige Religion/Konfession, Kultur, Herkunftsland, Religion und Migration als solche).

7.4 Partizipatives Integrationspotenzial von religiösen Immigrantenvereinen nach Martin Baumann[42]

Im Anschluss an Wolfgang Vortkamps Konzept partizipativer Integration und im Kontext pauschaler Verdächtigungen gegenüber Moscheen, christlich-orthodoxen Gemeinden und Hindu-Tempeln untersucht Martin Baumann religiöse Immigrantenvereine.[43]

Diese haben sich zwischenzeitlich zu „multifunktionalen Dienstleistungsorten" entwickelt, die „Unterstützung, Beratung und soziale Angebote bereitstellen und das Selbstvertrauen und den Selbstwert von Immigranten und Immigrantinnen stärken"[44]. Insofern tragen sie zu primärer passiver Integration im Nahumfeld bei. Diese „schwache" Integration freilich kann eine wichtige Vorbedingung sein, um soziale aktives oder zivilgesellschaftliches Engagement zu entwickeln: *bonding*-Sozialkapital kann zu gruppenübergreifendem *bridging*-Sozialkapital anleiten. Imame, Priester und Vorstandsmitglieder – sofern sie die Landessprache beherrschen – bekommen über diese Vereine die Möglichkeit, dieses Potenzial zu realisieren und sich so Gehör für ihre Anliegen ebenso zu verschaffen wie umgekehrt in die eigene Gemeinschaft hineinzuwirken. Erweiterte Teilhabemöglichkeiten eröffnen mitunter auch neu erbaute Sakralbauten (wie z. B. Moscheen), indem sie Frauen und Jugendlichen eigene Räumlichkeiten und Entfaltungsoptionen bieten. Besonderes Augenmerk ist der zweiten Generation zu widmen. Die damit verbundene Bildung von eigenverantwortlichen Jugendgruppen oder Reformgruppen stellt nämlich gleichfalls erste Entwicklungen dar, mehr Mitsprache und aktive Partizipation zu eröffnen und könne so sekundäre aktive Integration fördern. Mehrheitlich hat die Analyse der Immigrantenvereine allerdings gezeigt, dass solche Teilhabemöglichkeiten kaum eröffnet wurden – insbesondere bei jenen Gemeinschaften, die sich vor allem der Pflege der Traditionen aus dem Heimatland sowie der Tradierung etablierter Hierarchien, Rollen und Zuständigkeit widmen. – Aber dies ist ein Phänomen, das sich auch bei vielen einheimischen Vereinen finden lässt.

[42] Martin Baumann: Engagierte Imame und Priester, Dienstleistungsangebote und neue Sakralbauten: Integrationspotenziale von religiösen Immigrantenvereinen, in: Arens/Baumann/Liedhegener, Integrationspotenzial, 71–120.

[43] Vgl. zum Folgenden ebd., 111–112.

[44] Ebd., 11.

In einem Forschungsprojekt, das ich in Kooperation mit der Stiftung PRO Oriente[45] sowie zwei orthodoxen Gemeinden in Wien durchgeführt habe[46], bestätigten sich viele dieser Forschungsergebnisse. Geleitet von der Frage, was Integrationsprozesse fördert und hemmt, identifizierten wir gemeinsam mit Gemeindemitgliedern folgende Faktoren:

Förderliche Faktoren in Bezug auf die Integration in die Aufnahmegesellschaft:

Sprache: Eine zentrale Rolle spielt die Sprache: sowohl der Erwerb des Deutschen als Sprache des Aufnahmelandes bzw. der neuen Heimat, da dies den Zugang und das Leben in dieser erst ermöglicht. Zugleich wird aber auch auf die Pflege der Sprache des jeweiligen Herkunftslandes Wert gelegt, da diese im Gemeindeleben als liturgische Sprache aber auch als Verbindung zu Herkunft und Tradition eine wichtige Bedeutung für die Gemeinden haben kann. Allerdings spielt die Sprache aus der Sicht der Gemeinden im Vergleich zu anderen Faktoren wie z. B. Bildung keinesfalls die zentrale Rolle.

Bildung: Eine Schlüsselrolle spielen Recht auf und Zugang zu Bildung.

Chance auf sozialen Aufstieg: Die Möglichkeit, in der neuen Heimat Zukunftsperspektiven zu haben – in Form von Teilhabe am Arbeitsmarkt, Erwerb von Eigentum und Teilhabe an gesellschaftlichen Ressourcen – erhöht die innere Bereitschaft zur Integration von Seiten der Gemeinde.

Teilhabe am kulturellen Angebot: Die Möglichkeit, an kulturellen Angeboten teilnehmen zu können – Theater, Konzert, Museum, Festivals – eröffnet Kontakte und Beziehungen zur Aufnahmegesellschaft und fördert deren besseres Verstehen. Aus finanziellen Gründen ist solche Teilhabe allerdings nicht immer möglich.

Politische Mitbestimmung: Die Möglichkeit, sich politisch einbringen und teilhaben zu können, erhöht die Identifikation mit der Aufnahmegesellschaft. Dies betrifft auch die strukturelle Repräsentanz von Mitgliedern der eigenen Community in Strukturen staatlicher und gesellschaftlicher Institutionen; weiters das Wahlrecht. Besonders herausgestrichen wurde mehrfach die fundamentale Bedeutung des in Europa einzigartigen Rechts auf Religionsunterricht in Österreich.

Vernetzung in die Umgebung: Hier steht die soziokulturelle, mediale, politische Anerkennung durch die Gesellschaft im Zentrum, die sich auf

[45] Stiftung PRO ORIENTE: http://www.pro-oriente.at/ (30.06.2017).

[46] Stiftung PRO ORIENTE.

symbolischer Ebene zeigt sowie in der aktiven Kontaktaufnahme von Seiten wichtiger Repräsentanten der Mehrheitsgesellschaft. Relevante Faktoren sind auch das Klima in der Gesellschaft, insbes. die Erfahrung von Offenheit und Wertschätzung.

Berücksichtigung der Migrationsgeschichte: Die beiderseitige Kenntnis der ökonomischen, politischen, geschichtliche Situation – der neuen Heimat wie des Herkunftslandes – erleichtert wechselseitiges, besseres Verstehen. Wünschenswert wäre mehr Interesse von Seiten der Mehrheitsgesellschaft.

Förderliche Faktoren in Bezug auf die Förderung der Integrationsbereitschaft im Inneren der Gemeinden:

Gemeinschaft: Die Erfahrung von Gemeinschaft in den Gemeinden fördert soziale Kompetenzen und ist die zwar nicht hinreichende, aber notwendige Basis für die Bereitschaft zu Kontakt und Solidarität mit der „Außenwelt".

Leitung der Gemeinde: Eine Schlüsselrolle spielen Pfarrer und leitende Personen, die zu Integration ermutigen und ihre Gläubigen dabei mental unterstützen. Förderlich ist es, wenn diese Personen gesellschaftspolitisch interessiert und gebildet sind und gut mit gesellschaftlichen Institutionen vernetzt sind sowie die Infrastruktur kennen.

Theologie der Gemeinde: Entscheidend ist die Theologie der Gemeinde, die in der Regel durch den Priester (im Idealfall mit der Gemeinde) entwickelt wird. Diese ist förderlich, wenn sie Offenheit gegenüber der Gesellschaft und das Leben in der Welt als relevant für den Glauben erachtet bzw. auch gesellschaftspolitisch formatiert ist. Eine solche Theologie unterstützt die Mitglieder dabei, ihre Lebenssituation in der Diaspora auch theologisch zu verstehen.

„Brückenbauer": Entscheidend sind Menschen, die zwischen der Gemeinde und der „Außenwelt" Kontakte und Beziehungen aktiv und gezielt herstellen und so die Vernetzung der Gemeinde fördern. Diese Rolle wird oft von Angehörigen der zweiten oder dritten Generation übernommen. Diese Rolle kann allerdings mit hohen psychischen Risken und Überforderung verbunden sein. Junge Menschen werden „parentalisiert". Sie benötigen daher auch Unterstützung, wenn sie diese Rolle einnehmen. Die Ressource, kulturell „mehrsprachig" zu sein durch die Zugehörigkeit zu zwei Kulturen, kann ebenfalls Probleme bergen, wenn sich junge Menschen von den jeweiligen „Kulturen" nicht anerkannt fühlen.

Generationentransfer: Die zweite und dritte Generation spielen eine Schlüsselrolle bei der Integration, da sie bereits Mitglieder der Gesellschaft sind, in dieser heranwachsen und Teil der Gesellschaft sind bzw. sein wollen. Förderlich ist es, wenn die Gesellschaft diesen jungen Menschen Perspektiven eröffnet. Zugleich haben die Eltern in der Regel hohes Interesse daran, dass ihre Kinder Teil der Gesellschaft werden, was Integration auch bei konservativeren Gemeindemitgliedern fördert.

Bedeutung von Kindern, Jugendlichen und Frauen in einer Gemeinde: Je höher deren Stellenwert und Beteiligung innerhalb der Gemeinde, umso höher sind die Aufgeschlossenheit und Integrationsbereitschaft einer Gemeinde.

Selbstbewusstsein: Ein Selbstbewusstsein, das auf der Akzeptanz der neuen Heimat beruht: „Ich bin jetzt hier" sowie davon überzeugt ist: „Ich kann in dieser Gesellschaft etwas Wichtiges beitragen" wirkt sich motivierend aus.

Hemmende Faktoren in Bezug auf die Integration in die Aufnahmegesellschaft:

Armut: Diese senkt die Bereitschaft zur Integration, insbesondere dann, wenn es keine Zukunftsperspektiven gibt – aus Mangel an Selbstbewusstsein oder aus Mangel an Optionen, die von Seiten der Aufnahmegesellschaft angeboten werden.

Soziale Zusammensetzung der Gemeinde: Diese spielt eine Schlüsselrolle, da sie über Möglichkeiten der gesellschaftlichen und kulturellen Teilhabe entscheidet.

Ablehnung durch die Gesellschaft infolge ethnischer Zugehörigkeit: Diese zeigt sich in der öffentlichen Stimmung, im Mangel an individueller wie struktureller Anerkennung, in subtilen gesellschaftlichen wie auch in den Strukturen (Recht, politische Entscheidungsfindungsprozesse) inkorporierten Exklusionsmechanismen sowie einem Mangel an Teilhabemöglichkeiten. Deutlich wird dies in den Chancen für die Kinder, die Diskriminierung von Kindern in Kindergarten und Schule infolge deren ethnischer Herkunft. Manche Eltern geben ihren Kindern bewusst „deutsche" Namen, um ihnen Diskriminierungserfahrungen zu ersparen.

Politische Abhängigkeiten vom Herkunftsland: Je schwächer die strukturelle (rechtliche, politische) Anerkennung in der neuen Heimat, umso stärker die Gefahr, in Abhängigkeitsverhältnisse vom Herkunftsland zu geraten oder zu verbleiben.

Zugehörigkeit und Identität: Problematisch sind auch Fragen der Zugehörigkeit und Identität, die zu Spannungen – inneren wie äußeren – führen. Der Zwang zu Mono-Identitäten von Seiten der Mehrheitsgesellschaft wirkt sich dabei hemmend auf Integration aus. Menschen haben Mehrfachzugehörigkeiten, die sie in Loyalitätskonflikte zwingen können oder Entscheidungen nötig machen, die ev. nicht nötig wären. Solche Settings können „gespaltene" Identitäten zur Folge haben, d.h. Menschen wissen nicht, wohin sie gehören, leben in der Erwartung der Heimkehr, leben dann weder ganz in der neuen noch in der alten Heimat. Solche Dynamiken können durch Erwartungen, Zuschreibungen und Verhalten der Aufnahmegesellschaft verstärkt werden – wenn z. B. gesellschaftliche oder rechtliche Anerkennung fehlen.

Geschlossene Gemeinden: Gemeinden, die ihre sozialen Netzwerke ausschließlich innerhalb der eigenen Gemeinschaft haben und sich von der Außenwelt isolieren – aus unterschiedlichen Gründen: Angst, Ablehnung der Werte der Gesellschaft – verhindern die Integration ihrer Mitglieder. Problematisch sind auch Gemeinden, die den sozialen Bedarf ihrer Mitglieder lückenlos abdecken, sodass keine Notwendigkeit besteht, sich mit der Umgebung zu vernetzen. Leitungspersonen spielen bei der Öffnung oder Abschottung der Gemeinden eine zentrale Rolle, da sie Werthaltungen fördern.

Generationenspannungen können die Integration junger Menschen erschweren. Sie können innerhalb der Gemeinde rund um die Liturgiesprache oder die Traditionsbewahrung auftreten. Sie können auch angesichts der Frage auftauchen, wie weit sich Kinder und Jugendliche in die Aufnahmegesellschaft integrieren sollen. Solche Spannungen ziehen sich durch Familien und Gemeinden. Auch hier spielt die Rolle der Leitung als Mediatorin eine wichtige Rolle.

Mangelnde Eigeninitiative und Konsequenz: Gemeinden blockieren ihre Integration mitunter selbst, wenn sie im Umgang mit Ämtern, Institutionen, Strukturen der Aufnahmegesellschaft nicht eigeninitativ und konsequent Kontakt aufnehmen.

Förderung von Kommunikation – Partizipation – Anerkennung: Dies sind die „Zauberworte" integrativer gesellschaftlicher Prozesse. Die Förderung dieser drei Dimensionen der Integration ist – und zwar auf allen Ebenen – zentral: auf der Makro-Ebene von rechtlichen, politischen und ökonomischen Institutionen und Strukturen; auf der Mikro-Ebene individueller Kompetenzen und Motivationsförderung; aber zentral auf der Meso-Ebene bei der Förderung des gesellschaftlichen Zusammenlebens. Diaspora-Gemeinden spielen auf dieser Ebene eine Schlüsselrolle, die gefördert werden kann. Bemerkenswerterweise nützen Staat und Gesellschaft die vieldimensionalen Möglichkeiten von religiösen Gemeinschaften in dieser Hinsicht bisher nur sehr wenig.[47] Aber als Lern- und Übungsräume von Integration könnte deren hohes „bonding"-Potential fruchtbar gemacht werden für das „bridging" und „linking" der Gemeindemitglieder in die Gesellschaft und damit das partizipative Integrationspotential der ganzen Gesellschaft ge-

[47] Mattes, Integrating Religion, 113.

fördert werden. Dies ist freilich nur möglich über Begegnungen auf Augenhöhe, bei denen Wahrnehmungen, Erfahrungen und Interessen sowie die jeweilige Diversität der Gemeinden wahr- und ernstgenommen und individuell, sozial wie strukturell anerkannt werden. Diaspora-Gemeinden können wertvolle PartnerInnen im Integrationsprozess der gesamten Gesellschaft sein.

Bibliographie (Auswahl)

Migration

Agar, Alastair/Strang, Alison: Understanding Integration: A Conceptual Framework, in: Journal of Refugee Studies 21/2 (2008), 166–191.

Albisser, Judith/Arnd Bünker (Hg.): Kirchen in Bewegung. Christliche Migrationsgemeinden in der Schweiz, St. Gallen (Edition SPI) 2016.

Arens, Edmund/Baumann, Martin/Liedhegener, Antonius/Müller, Wolfgang/Ries, Markus (Hg.): Integration durch Religion? Geschichtliche Befunde, gesellschaftliche Analysen, rechtliche Perspektiven, Zürich 2014.

Arens, Edmund/Baumann, Martin/Liedhegener, Antonius: Integrationspotenziale von Religion und Zivilgesellschaft. Theoretische und empirische Befunde, Zürich 2016.

Assmann, Aleida: Der europäische Traum. Was wir aus Flucht und Vertreibung lernen können, in: Herder Korrespondenz 9 (2016), 13–16.

Aus Politik und Zeitgeschichte 26–27 (2016): Flucht und Migration.

Bacci, Massimo Livi: Kurze Geschichte der Migration, Berlin 2015.

Bade, Klaus (Hg.): Enzyklopädie Migration in Europa. Vom 17. Jahrhundert bis zur Gegenwart, Paderborn/Wien 2007.

Baumann, Martin: Engagierte Imame und Priester, Dienstleistungsangebote und neue Sakralbauten: Integrationspotenziale von religiösen Immigrantenvereinen, in: Edmund Arens/Martin Baumann/Antonius Liedhegener: Integrationspotenziale von Religion und Zivilgesellschaft. Theoretische und empirische Befunde, Zürich 2016, 71–120.

Baumann, Martin: Migration and Religion, in: Peter B. Clarke/Peter Beyer (eds.): The World's Religions. Continuities and Transformations, London/New York 2009, 338–353.

Baumann, Martin: Religion als Ressource und Konfliktpotential in Europa. Analytische Perspektiven auf Immigration, Gemeinschaft und Gesellschaft, in: Regina Polak/Wolfram Reiss (Hg.): Religion im Wandel. Transformationsprozesse religiöser Gemeinschaften in Europa durch Migration – Interdisziplinäre Perspektiven. Reihe: Religion and Transformation in Contemporary European Society 9, Wien 2014, 49–74.

Baumann, Zygmunt: Die Angst vor den Anderen. Ein Essay über Migration und Panikmache, Berlin 2016.

Becka, Michelle/Rethmann, Albert-Peter (Hg.): Ethik und Migration. Gesellschaftliche Herausforderungen und sozialethische Reflexion, Paderborn u. a. 2010.

Berry, John W.: Psychology of Acculturation – Understanding Individuals moving between Cultures, in: Richard W. Brislin (ed.): Applied Crosscultural Psychology, Newbury Park/London/New Delhi 1990, 232–253.

Bertelsmann-Stiftung: Koordinationsmodelle und Herausforderungen ehrenamtlicher Flüchtlingshilfe in den Kommunen. Qualitative Studie des Berliner Instituts für empirische Integrations- und Migrationsforschung, URL: http://www.bertelsmann-stiftung.de/fileadmin//files/BSt/Publikationen/GrauePublikationen/Koordinationsmodelle_und_Herausforderungen_ehrenamtlicher_Fluechtlingshilfe_in_den_Kommunen.pdf . (30.06.2017).

Bielefeldt, Heiner: Menschenrechte in der Einwanderungsgesellschaft. Plädoyer für einen aufgeklärten Pluralismus, Bielefeld 2007.

Bierdel, Elias/Lakitsch, Maximilian (Hg.): Flucht und Migration. Von Grenzen, Ängsten und Zukunftschancen, Berlin 2014.

Bundeskanzleramt Österreich (Hg.): Handbuch Religionen in Österreich. Übersicht der in Österreich anerkannten Glaubensgemeinschaften, Wien 2014.

Bünker, Arnd u. a. (Hg.): Gerechtigkeit und Pfingsten. Viele Christentümer und die Aufgabe einer Missionswissenschaft, Ostfildern 2010.

Bünker, Arnd: Migration und die Diversifizierung in christlichen Gemeinden, in: Regina Polak/Wolfram Reiss (Hg.): Religion im Wandel. Transformation religiöser Gemeinschaften in Europa durch Migration. Eine interdisziplinäre Studie, Wien 2015, 293–316.

Bünker, Arnd: Migrationsgemeinden als Sehhilfe. Überlegungen zur veränderten Realität des Christlichen in Mitteleuropa, in: Gottfried Bitter/Martina Blasberg-Kuhnke (Hg.): Religion und Bildung in Kirche und Gesellschaft. Festschrift für Norbert Mette, Würzburg 2011, 85–92.

Cassee, Andreas/Goppel, Anna (Hg.): Migration und Ethik, Münster 2012.

Castles, Stephen/Miller, Mark J.: The Age of Migration. International Population Movements in the Modern World, New York/London [4]2009.

Castro Varela, Maria do Mar: Unzeitgemäße Utopien. Migrantinnen zwischen Selbsterfindung und gelehrter Hoffnung, Bielefeld 2007.

Collier, Paul: Exodus: Warum wir Einwanderung neu regeln müssen, München 2013.

Dahlvik, Julia/Fassmann, Heinz/Sievers, Wiebke (Hg.): Migration und Integration – wissenschaftliche Perspektiven aus Österreich (Jahrbuch für Migrations- und Integrationsforschung in Österreich 2), Wien 2013.

Dahlvik, Julia/Reinprecht, Christoph/Sievers,Wiebke (Hg.): Migration und Integration – wissenschaftliche Perspektiven aus Österreich. Jahrbuch 2/2013, Wien 2013.

Dehn, Ulrich/Hock, Klaus: „Mein Vater war ein heimatloser Aramäer." Religionswissenschaftliche und theologische Anmerkungen zum Thema Migration, in: Zeitschrift für Missionswissenschaft 1–2 (2005), 99–114.

Delgado, Mariano: Familie Gottes unter den Völkern. Katholiken deutscher und ausländischer Herkunft in Deutschland – Herausforderungen für die Pastoral, in: Lebendiges Zeugnis 51 (1996), 219–236.

Delgado, Mariano: Glauben lernen zwischen Kulturen, Berlin 1991, in: Werner Simon/Mariano Delgado (Hg.): Lernorte des Glaubens. Glaubensvermittlung unter den Bedingungen der Gegenwart, Berlin 1991, 171–212.

Delgado, Mariano: Lebendige Katholizität gestalten. Auf dem Weg zu einem Miteinander von einheimischen und zugewanderten Katholiken, in: Stimmen der Zeit 218 (2000), 595–608.

Diakonia 3 (2011) (42. Jg.): Migration.

Dümling, Bianca: Migrationskirchen in Deutschland, Frankfurt am Main 2011.

Ebach, Ruth: Das Fremde und das Eigene. Die Fremdendarstellungen des Deuteronomiums im Kontext israelitischer Identitätskonstruktionen, BZAW 471, Berlin/Boston 2014.

Europäische Kommission für Migration: Towards a European agenda on migration, URL: http://ec.europa.eu/priorities/migration_en; Europäisches Parlament: URL: http://www.europarl.de/de/europa_und_sie/politikfelder_a_z/migration_und_asyl.html. (30.06.2017).

Fassmann, Heinz/Dahlvik, Julia (Hg.): Migrations- und Integrationsforschung – multidisziplinäre Perspektiven. Ein Reader, Wien[2] 2012.

Feldmann, Robert E./Seidler, Günther H. (Hg.): Traum(a) Migration. Aktuelle Konzepte zur Therapie traumatisierter Flüchtlinge und Folteropfer, Gießen 2013.

Flusser, Vilém: Die Freiheit des Migranten. Einsprüche gegen den Nationalismus, Berlin 2000 (1990).

Foner, Nancy/Alba, Richard: Immigrant Religion in the U.S. and Western Europe: Bridge or Barrier to Inclusion, in: International Migration Review 42 (2008), 360–392.

Foppa, Simon: Katholische Migrantengemeinden. Wie sie Ressourcen mobilisieren und Handlungsspielräume schaffen, St. Gallen (Edition SPI) 2015.

Fuchs, Ottmar (Hg.): Die Fremden, Düsseldorf 1988.

Gabriel, Karl/Leibold, Stefan/Ackermann, Rainer: Die Situation ausländischer Priester in Deutschland, Ostfildern 2011.

Gmainer-Pranzl, Franz: Beunruhigungen. Diskurs über das Unzugängliche, in: Severin Lederhilger (Hg.): Auch Gott ist ein Fremder. Fremdsein – Toleranz – Solidarität, Frankfurt am Main 2012, 53–75.

Gmainer-Pranzl, Franz: Entgrenzung und Verbindung. Zur integrativen und polarisierenden Dynamik von Katholizität, in: Martin Rothgangel/Ednan Aslan/Martin Jäggle (Hg.): Religion und Gemeinschaft. Die Frage der Integration aus christlicher und muslimischer Sicht, Wien/Göttingen 2013, 109–129.

Gruber, Judith/Rettenbacher, Sigrid (eds.): Migration as a Sign of the Times. Towards a Theology of Migration, Leiden 2015.

Hainard, François/Hämmerli, Maria: Multiple Dimensions of the Integration Process of Eastern Orthodox Communities in Switzerland, Schlussbericht in NFP 58, Neuchâtel 2011.

Heimbach-Steins, Marianne (Hg.): Begrenzt verantwortlich? Sozialethische Positionen in der Flüchtlingskrise, Freiburg im Breisgau 2016.

Heimbach-Steins, Marianne: Grenzverläufe gesellschaftlicher Gerechtigkeit. Migration - Zugehörigkeit - Beteiligung, Paderborn 2016.

Herberg, Will: Protestant, Catholic, Jew. An essay in American religious sociology, Garden City, New York 1955.

Hoerder, Dirk: Migrationen und Migrationsprozesse als globalgeschichtliches Phänomen, in: Österreichische Forschungsgemeinschaft (Hg.): Migration. Bd. 15, Wien/Köln/Weimar 2013, 65–86.

Holtkamp, Jürgen: Flüchtlinge und Asyl, Regensburg 2016.

Interdisciplinary Journal for religion and Transformation in Contemporary Society 1 (2017): Religion and Migration (ed. Regina Polak): http://www.v-r.de/de/religion_and_migration/c-3134 (open access).

Jäggle, Martin/Krobath, Thomas/Stockinger, Helena/Schelander, Robert (Hg.): Kultur der Anerkennung. Würde – Gerechtigkeit – Partizipation für Schulkultur, Schulentwicklung und Religion, Hohengehren 2013.

Kaufmann, Rose: Zu Hause in der Fremde. Bewältigung einer Flucht durch religiöse Sinnbildung. Die Beziehungsmuster einer Familie aus Irak als Untersuchungsgegenstand einer lebensweltlichen Biographieforschung, Würzburg 2007.

Keßler, Tobias (Hg.): Migration als Ort der Theologie. Reihe: Weltkirche und Mission. Band 4, Regensburg 2014.

Kranemann, Benedikt: Liturgie und Migration: Die Bedeutung von Liturgie und Frömmigkeit bei der Integration von Migranten im deutschsprachigen Raum, Stuttgart 2012.

Krause, Johannes: Ancient Human Migrations, in: Österreichische Forschungsgemeinschaft (Hg.): Migration. Bd 15, Wien/Köln/Weimar 2013, 45–63.

Langthaler, Herbert (Hg.): Integration in Österreich. Sozialwissenschaftliche Befunde, Innsbruck 2010.

Lehmann, Karsten: Institutionen religiöser Pluralität. Vergleichende Analyse der christlichen und muslimischen Migrantengemeinden in Frankfurt am Main, in: ZfR 14 (2006), 25–52.

Lehmann, Karsten: Vereine als Medium der Integration. Zur Entwicklung und Strukturwandel von Migrantenvereinen, Berlin 2001.

Lévinas, Emanuel: Die Spur des Anderen. Überlegungen zur Phänomenologie und Sozialphilosophie, Freiburg 1983.

Lussi, Carmen: Die Mobilität der Menschen als theologischer Ort. Elemente einer Theologie der Migration, in: Concilium 44/5 (2008), 551–562.

Manemann, Jürgen: Der Dschihad und der Nihilismus des Westens. Warum ziehen junge Europäer in den Krieg? Bielefeld 2015.

Manemann, Jürgen/Schreer, Werner (Hg.): Religion und Migration heute: Perspektiven – Positionen – Projekte, Regensburg 2012.

Mattes, Astrid: Integrating religion: The roles of religion in Austrian, German and Swiss immigrant integration policies, Wien 2016 (unveröff. Diss.).

Mette, Norbert: „Crossroads" – Eine Herausforderung für die katholische (Pastoral) Theologie und Pastoral, in: Arnd Bünker/Eva Munanjohl/Ludger Weckel/Thomas Suermann (Hg.): Gerechtigkeit und Pfingsten. Viele Christentümer und die Aufgabe einer Missionswissenschaft, Ostfildern 2010, 199–208.

Müllner, Ilse: Heimat im Plural. Biblische Stimmen zum babylonischen Exil, in: Johanna Rahner/Mirjam Schambeck (Hg.): Zwischen Integration und Ausgrenzung. Migration, religiöse Identität(en) und Bildung – theologisch reflektiert, Münster 2011, 83–106.

Myers, Ched/Matthew, Colwell (eds.): Our God is undocumented. Bible Faith and Immigrant Justice, Maryknoll/New York 2012.

Nagel, Alexander-Kenneth (Hg.): Diesseits der Parallelgesellschaft. Neuere Studien zu religiösen Migrantengemeinden in Deutschland, Bielefeld 2012.

Nagel, Alexander-Kenneth (Hg.): Religiöse Netzwerke. Die zivilgesellschaftlichen Potentiale von Migrantengemeinden, Bielefeld 2015.

Naprushkina, Marina: Neue Heimat? Wie Flüchtlinge uns zu besseren Menschen machen, München 2015.

Nökel, Sigrid: Die Töchter der Gastarbeiter und der Islam. Zur Soziologie alltagsweltlicher Anerkennungspolitiken. Eine Fallstudie, Bielefeld 2002.

Nussbaum, Martha: Die neue religiöse Intoleranz. Ein Ausweg aus der Politik der Angst, Darmstadt 2014 (2009).

Oltmer, Jochen: Migration. Geschichte und Zukunft der Gegenwart, Darmstadt 2017.

Oltmer, Jochen: Globale Migration. Geschichte und Gegenwart, München [2]2016.

Österreichische Forschungsgemeinschaft (Hg.): Migration. Bd. 15, Wien/Köln/Weimar 2013.

Österreichischer Integrationsfonds: Statistisches Jahrbuch Migration & Integration. Zahlen. Daten. Indikatoren 2015, Wien 2015.

Pelinka, Anton/Amesberger, Helga/Halbmayr, Brigitte: Integrationsindikatoren. Zur Nachhaltigkeit von Integrationspolitik. Endbericht, Wien 2000.

Perchinig, Bernhard/Troger, Tobias: Migrationshintergrund als Differenzkategorie, in: Regina Polak (Hg.): Zukunft. Werte. Europa. Die Europäische Wertestudie 1990–2010: Österreich im Vergleich, Wien 2011, 283–323.

PEW-Research Center's Forum on Religion and Public Life (2012): Faith on the Move: The Religious Affiliation of International Migrants, vgl. URL: http://www.pewforum.org/2012/03/08/religious-migration-exec/ (30.06.2017).

PEW-Research Center's Forum on Religion and Public Life (2014): Global Religious Diversity, vgl. URL: http://www.pewforum.org/2014/04/04/global-religious-diversity (30.06.2017).

PEW-Research Center's Forum on Religion and Public Life (2015): The Future of World Religions: Population Growth Projections 2010–2050, vgl. URL: http://www.pewforum.org/2015/04/02/religious-projections-2010–2050/ (30.06.2017).

PEW-Research Center's Forum on Religion and Public Life (2012): The Global Religious Landscape 2012, vgl. URL: http://www.pewforum.org/2012/12/18/global-religious-landscape-exec/ (30.06.2017).

Pohl, Walter: Die Entstehung des europäischen Weges: Migration als Wiege Europas, in:Österreichische Forschungsgemeinschaft (Hg.): Migration. Bd 15, Wien/Köln/Weimar 2013, 27–44.

Polak, Regina: Migration, Flucht und Religion: Praktisch-Theologische Beiträge. Band 1: Grundlagen, Ostfildern 2017.

Polak, Regina: Migration, Flucht und Religion: Praktisch-Theologische Beiträge. Band 2: Vertiefungen und Konsequenzen, Ostfildern 2017.

Polak, Regina: Religiosität und Migration. Eine qualitativ-empirische Studie. Unveröff. Werkstattbericht, Wien 2013 (in Zusammenarbeit mit Christoph Schachinger).

Polak, Regina/Reiss, Wolfram (Hg.): Religion im Wandel. Transformation religiöser Gemeinschaften in Europa durch Migration. Eine interdisziplinäre Studie, Wien 2015.

Rahner, Johanna/Schambeck, Mirjam (Hg.): Zwischen Integration und Ausgrenzung. Migration, religiöse Identität(en) und Bildung – theologisch reflektiert, Münster 2011.

Riesebrodt, Martin: Die Rückkehr der Religionen. Fundamentalismus und der „Kampf der Kulturen", München ^{2}2001.

Rohr, Elisabeth/Jansen, Mechthild M./Amadou, Jamila (Hg.): Die vergessenen Kinder der Globalisierung: Psychosoziale Folgen von Migration, Gießen 2014.

Rosenberger, Sieglinde/Seeber, Gilg: Kritische Einstellungen: BürgerInnen zu Demokratie, Politik, Migration, in: Regina Polak (Hg.): Zukunft. Werte. Religion. Die europäische Wertestudie 1990–2010: Österreich im Vergleich, Wien 2011, 165–189.

Rothgangel, Martin/Aslan, Ednan/Jäggle, Martin (Hg.): Religion und Gemeinschaft. Die Frage der Integration aus christlicher und muslimischer Sicht, Wien/Göttingen 2013.

Sander, Hans-Joachim: Migration as a Sign of the Times and a Precarious *Locus Theologicus Alienus*, in: Judith Gruber/Sigrid Rettenbacher (eds.): Migration as a Sign of the Times. Towards a Theology of Migration, Leiden 2015, 33–35.

Saunders, Doug: Arrival City, München 2011.

Scheidler, Monika: Interkulturelles Lernen in der Gemeinde: Analysen und Orientierungen zur Katechese unter Bedingungen kultureller Differenz, Ostfildern 2002.

Schiffauer, Werner: Parallelgesellschaften. Wie viel Wertekonsens braucht unsere Gesellschaft? Für eine kluge Politik der Differenz, Bielefeld 2008.

Schreiter, Robert: Katholizität als Rahmen für Nachdenken über Migration, in: Concilium 44 (2008), 537–550.

Schwienhorst-Schönberger, Ludger: „… denn Fremde seid ihr gewesen im Lande Ägypten.“ Zur sozialen und rechtlichen Stellung von Fremden und Ausländern im alten Israel, in: Bibel und Liturgie 63/2 (1990), 108–117.

Söding, Thomas: Das Refugium des Messias. Die Flucht der Heiligen Familie nach Ägypten, in: IKaZ Communio 4 (2015), 343–354.

Stepick, Alex/Rey, Terry/Mahler, Sarah J.: Churches and Charity in the Immigrant City. Religion, Immigration and Civic Engagement in Miami, New Brunswick/London 2009.

Stiftung PRO ORIENTE: Der Beitrag christlicher (Diaspora)Gemeinden für den Integrationsprozess in Österreich, unveröff. Projektbericht, Wien 2017.

Stringer, Martin: Managing Religious Diversity through the Discourse of Ordinary Members of Inner-Urban Neighborhoods in Birmingham, UK, in: P. Pratap Kumar (ed): Religious Pluralism in the Diaspora, Leiden 2006.

Theologisch-Praktische Quartalschrift 161 (2013): Katholisch. Festgelegt, umstritten, nachgefragt.

Todorov, Tzvetan: Die Angst vor den Barbaren. Kulturelle Vielfalt versus Kampf der Kulturen, Hamburg 2010.

Tomasi, Silvano: Migration und Katholizismus im globalen Kontext, in: Concilium 5 (2008), 44. Jahrgang, 520–537.

Treibel, Annette: Migration in modernen Gesellschaften. Soziale Folgen von Einwanderung, Gastarbeit und Flucht, Weinheim/München 1999.

United Nation: International Migration Report 2015, New York 2016.

Vertovec, Steve (ed.): Migration. 3 Volumes (I. Theories. II. Types. III. Trends), London 2010.

Vortkamp, Wolfgang: Integration durch Teilhabe. Das zivilgesellschaftliche Potential von Vereinen, Frankfurt am Main 2008.

Waldenfels, Bernhard: Der Stachel des Fremden, Frankfurt a. M. 1990.

Währisch-Öblau, Claudia: Migrationskirchen in Deutschland. Überlegungen zur strukturierten Beschreibung eines komplexen Phänomens, in: Zeitschrift für Missionswissenschaft 1–2 (2005), 19–39.

Weiss, Hilde/Ateş, Gülay/Schnell, Philipp: Muslimische Milieus im Wandel?: Religion, Werte und Lebenslagen im Generationenvergleich, Wiesbaden 2016.

Weiss, Karin/Thränhardt, Dietrich (Hg.): Selbsthilfe: Wie Migranten Netzwerke knüpfen und soziales Kapital schaffen, Freiburg im Breisgau 2005.

Winkler, Beate: Unsere Chance. Mut, Handeln und Visionen in der Krise, Berlin 2015.

Zeitschrift für Missionswissenschaft und Religionswissenschaft (ZMR) 99 (2015), 3–4: Flucht und Migration.

Zimmermann, David: Migration und Trauma: Pädagogisches Verstehen und Handeln in der Arbeit mit jungen Flüchtlingen, Gießen 2012.

Zulehner, Paul M.: „Entängstigt euch!“ Die Flüchtlinge und das christliche Abendland, Ostfildern ^{2}2016.

Allgemeine Literatur

Assmann, Jan: Exodus. Die Revolution der Alten Welt, München 2015.

Ataç, Ilker/Rosenberger, Sieglinde (Hg.): Politik der Inklusion und Exklusion, Wien/Göttingen 2013.

Berger, Peter L.: Altäre der Moderne. Religion in pluralistischen Gesellschaften, Frankfurt am Main 2015.

Brunner, Markus/Lohl, Jan/Pohl, Rolf/Winter, Sebastian (Hg.): Volksgemeinschaft, Täterschaft und Antisemitismus. Beiträge zur psychoanalytischen Sozialpsychologie des Nationalsozialismus und seiner Nachwirkungen, Gießen 2011.

Bude, Heinz: Gesellschaft der Angst, Hamburg 2014.

Casanova, José: Europas Angst vor der Religion, Berlin 2009.

Decker, Oliver/Kiess, Johannes/Brähler, Elmar: Die enthemmte Mitte. Autoritäre und rechtsextreme Einstellung in Deutschland, Gießen 2016.

Ette, Ottmar: Konvivenz. Literatur und Leben nach dem Paradies, Berlin 2012.

Ette, Ottmar: ZusammenLebensWissen. List, Last und Lust literarischer Konvivenz im globalen Maßstab, Berlin 2010.

Gruen, Arno: Verratene Liebe – Falsche Götter, Stuttgart ^{4}2016.

Heitmeyer, Wilhelm: Deutsche Zustände. 10 Bände, Berlin 2002–2011.

Kiesel, Doron/Lutz, Ronald (Hg.): Religion und Politik. Analysen, Kontroversen, Fragen, Frankfurt am Main 2015.

Kimmel, Michael: Angry White Men. American Masculinity at the End of an Era, New York 2013.

Maalouf, Amin: Die Auflösung der Weltordnungen, Berlin 2010.

Moïsi, Dominique: Kampf der Emotionen. Wie Kulturen der Angst, Demütigung und Hoffnung die Weltpolitik bestimmen, München 2009.

Nirenberg, David: Antijudaismus. Eine andere Geschichte des westlichen Denkens, München 2015.

Nolte, Paul: Religion und Bürgergesellschaft. Brauchen wir einen religionsfreundlichen Staat?, Berlin 2009.

Nussbaum, Martha: Politische Emotionen. Warum Liebe für Gerechtigkeit wichtig ist, Frankfurt am Main 2014.

Pollack, Detlef/Rosta, Gergely: Religion und Moderne, Frankfurt 2015.

Richter, Horst-Eberhard: Wer nicht leiden will, muss hassen: Zur Epidemie der Gewalt, Gießen 2007.

Sassen, Saskia: Expulsion – Brutality and Complexity in the Global Economy, Cambridge 2014.

Trojanov, Ilija: Der überflüssige Mensch. Unruhe bewahren. Ein Essay zur Würde des Menschen im Spätkapitalismus, Wien 2013.

Wilkinson, Richard/Pickett, Kate: Gleichheit ist Glück. Warum gerechte Gesellschaften für alle besser sind, Berlin ^{4}2012 (2009).

Willems, Ulrich/Pollack, Detlef u. a.: Moderne und Religion. Kontroversen um Modernität und Säkularisierung, Bielefeld 2013.

Wodak, Ruth: Politik mit der Angst. Zur Wirkung rechtspopulistischer Diskurse, Wien/Hamburg 2016.

Theologie (allgemein)

Bergeant, Dianne: Ruth: The Migrant who Saved the People, in: The Center for Migration Studies (Hg.): Migration, Religious Experience, and Globalization, New York 2003, 49–61.

Braulik, Georg: Das Volk, das Fest, die Liebe. Alttestamentliche Spiritualität, in: Georg Braulik/Norbert Lohfink: Liturgie und Bibel. Gesammelte Aufsätze (Österreichische Biblische Studien 28), Frankfurt am Main 2005, 29–49.

Chenu, Marie-Dominique: Les signes de temps, in: Nouvelle revue théologique 87 (1965), 29–39.

Eigenmann, Urs: Das Reich Gottes und seine Gerechtigkeit für die Erde. Die andere Vision vom Leben, Luzern 1998.

Eigenmann, Urs: Kirche in der Welt dieser Zeit. Praktische Theologie, Zürich 2010.

Englert, Rudolf: Wenn die Theologie in die Schule geht. Inkulturationserfahrungen, die zu denken und zu lernen geben, in: Norbert Mette/Matthias Sellmann (Hg.): Religionsunterricht als Ort der Theologie (Questiones disputatae 247), Freiburg im Breisgau 2012, 92–105.

Fürlinger, Ernst (Hg.): Der Dialog muss weitergehen. Ausgewählte vatikanische Dokumente zum interreligiösen Dialog (1964–2008), Freiburg i. B. 2009.

Füssel, Kuno: Die Zeichen der Zeit als locus theologicus, in: ZPhTh 30 (1983), 259–274.

Kuschel, Karl-Josef: Juden, Christen, Muslime. Herkunft und Zukunft, Ostfildern ^{3}2013 (2007).

Rahner, Karl: Zur theologischen Problematik einer „Pastoralkonstitution“, in: Karl Rahner: Schriften zur Theologie, Band VIII, Einsiedeln u. a. 1967, 613–637.

Ruggieri, Guiseppe: Zeichen der Zeit, Herkunft und Bedeutung einer christlich-hermeneutischen Chiffre der Geschichte, in: Peter Hünermann (Hg.), Das Zweite Vatikanische Konzil und die Zeichen der Zeit heute, 61–70.

Sander, Hans-Joachim: Pastoralkonstitution über die Kirche in der Welt von heute, in: Peter Hünermann/Bernd Jochen Hilberath (Hg.): Herders Theologischer

Kommentar zum Zweiten Vatikanischen Konzil, Bd. IV, Freiburg u. a. 2005, 581–886.
Schreiter, Robert: Die neue Katholizität. Globalisierung und die Theologie, Frankfurt am Main 1997.
Sölle, Dorothee: Lieben und Arbeiten. Eine Theologie der Schöpfung, Stuttgart 1985.
Sundermeier, Theo: Konvivenz und Differenz. Studien zu einer verstehenden Missionswissenschaft, Erlangen 1995 (hg. von Volker Kuster).
Theobald, Christoph: Zur Theologie der Zeichen der Zeit. Bedeutung und Kriterien heute, in: Peter Hünermann (Hg.): Das Zweite Vatikanische Konzil und die Zeichen der Zeit heute, Freiburg im Breisgau 2006, 71–84.
Vanoni, Gottfried/Heininger, Bernhard: Das Reich Gottes. Perspektiven des Alten und Neuen Testaments, Neue Echter Bibel – Themen IV, Würzburg 2002.
Veerkamp, Ton: Autonomie und Egalität: Ökonomie, Politik und Ideologie in der Schrift, Berlin 1993.
Veerkamp, Ton: Die Welt anders. Politische Geschichte der Großen Erzählung, Hamburg 2012.

Kirchliche Dokumente zu Migration (Auswahl)

Deutsche Bischofskonferenz: Leitsätze für kirchliches Engagement für Flüchtlinge (18.02.2016), vgl. URL: http://www.kh-freiburg.de/uploads/media/Leitsaetze_final.pdf. (30.06.2017).
Dokumentensammlungen, Praxishilfen und Initiativen: URL: http://www.dbk.de/fluechtlingshilfe/home/; http://www.dbk.de/katholischer-preis-gegen-fremden feindlichkeit-und-rassismus/lesenswert/. (30.06.2017).
Evangelisch-Methodistische Kirche: Unser Glaube hat einen Migrationshintergrund, URL: http://www.emk-kircheundgesellschaft.ch/de/resolutionstexte/resolu tionstexte-der-evangelisch-methodistischen-kirche/unser-glaube-hat-einen-mi grationshintergrund.html#.V2hahmx5gmY.twitter. (30.06.2017).
Kirchenamt der Evangelischen Kirche in Deutschland: Zur ökumenischen Zusammenarbeit mit Gemeinden fremder Sprache oder Herkunft. Eine Handreiche des Kirchenamtes der Evangelischen Kirche in Deutschland, Hannover 1996.
Kirchenamt der Evangelischen Kirche in Deutschland/Sekretariat der Deutschen Bischofskonferenz in Zusammenarbeit mit der Arbeitsgemeinschaft Christlicher Kirchen in Deutschland (Hg.): „(…) und der Fremdling, der in Deinen Toren ist." Gemeinsames Wort der Kirchen zu den Herausforderungen durch Migration und Flucht, 1997.
Ökumenischer Rat der Kirchen: Migration – neue Realität in den Kirchen, URL: https://www.oikoumene.org/de/resources/documents/central-committee/2006/report-of-the-general-secretary. (30.06.2017).
Päpstlicher Rat der Seelsorge für Migranten und Menschen unterwegs: Instruktion Erga migrantes caritas Christi, Vatikan 2004.

Päpstlicher Rat der Seelsorge für Migranten und Menschen unterwegs/Päpstlicher Rates Cor unum: In Flüchtlingen und gewaltsam Vertriebenen Christus aufnehmen. Richtlinien für eine Seelsorge, Vatikan 2013.

Sekretariat der Deutschen Bischofskonferenz: Eine Kirche in vielen Sprachen und Völkern. Leitlinien für die Seelsorge an Katholiken anderer Muttersprache, Bonn 2003.